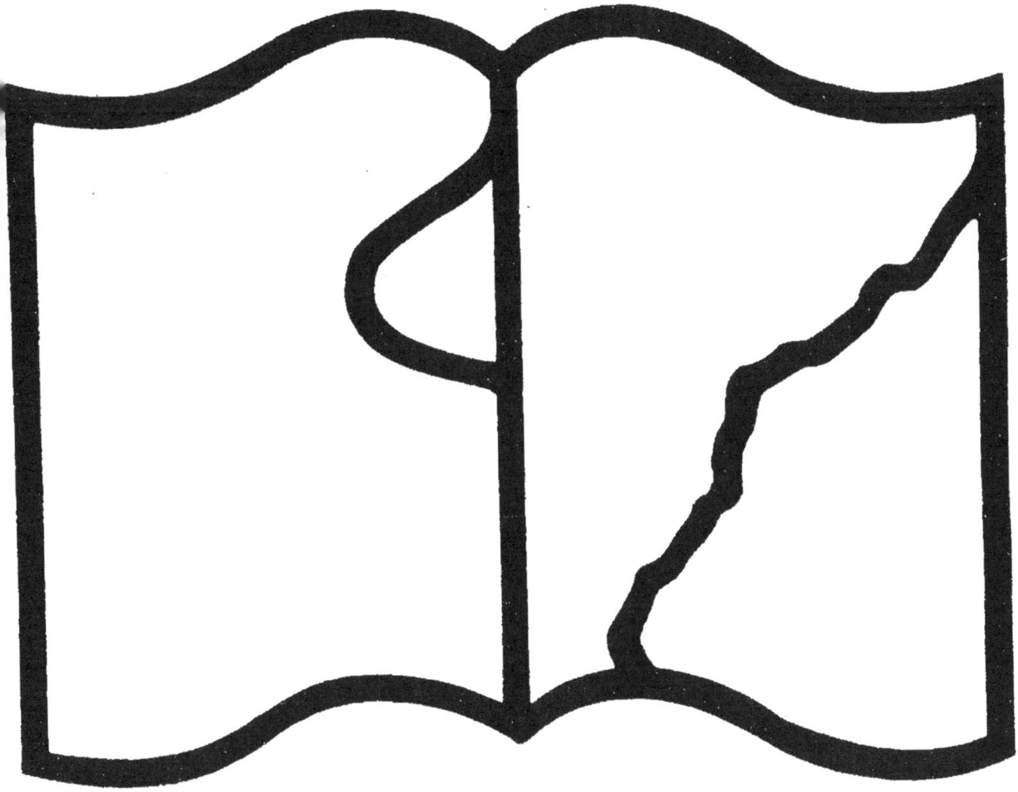

Texte détérioré — reliure défectueuse

NF Z 43-120-11

L'Auvergne

Historique

Littéraire & Artistique

Varia (2ᵐᵉ série)

RIOM

Chez ULYSSE JOUVET, IMPRIMEUR-ÉDITEUR

Rue de l'Hôtel-de-Ville, 8.

1897

L'Auvergne Historique

Littéraire & Artistique

Varia (2ᵐᵉ série) (1895-96).

Première Partie

Un gentilhomme d'Auvergne au xvi° siècle — Le mystère de la Passion à Saint-Flour. — Les Sociétés contre-révolutionnaires en Auvergne. — Actes de François I° relatifs à l'Auvergne et au Bourbonnais. — La momie des Martres-d'Artières. — Le maréchal Louis de Marillac. — La ville de Murat (Cantal). — Les Messageries d'Auvergne. — Le Régiment d'Auvergne. — Mémoire de Madame André d'Aubière. — Statuts du Chapitre d'Aurillac.

Deuxième Partie

Correspondance administrative sous Louis XIV. — Instructions au comte de Randan. — Procès criminel de Charles de Valois, de la marquise de Verneuil, etc. — Une famille de Trompettes. — Prise de possession d'un bien noble. — Mémoire au Roy par les possesseurs de fiefs. — Liste des Intendants d'Auvergne. — Requête à Monseigneur l'évêque, seigneur de Billom. — Collège de Montferrand. — Le château de Croptes. — Éloge de la ville de Clermont. — Le Collège de l'Oratoire de Riom.

RIOM

Chez ULYSSE JOUVET, IMPRIMEUR-ÉDITEUR

Rue de l'Hôtel-de-Ville, 8.

1897

Il ne leur faict austre responce : — Vous portés les armes pour vous enpescher de mourir et pour en faire mourir d'austre ; et moy, qui n'ay pas de plus fort ennemy que moymesme, je trouve que jay plus de mal à faire mourir ma nature que vous navés dedans tous vos exercises de la guerre à faire mourir vos ennemis. »

Les soldats se prindre à rire et luy dire : — « Cé bien faict ; bataille bien contre toy mesme. »

Ils sorte de la grotte et vont dans le jardin.

Cepandant l'ermite est en santimant contre ses beaux visiteurs et, dans ce santimant, il coumance de jetter la veüe sur leurs armes et disoit en luy-mesme : — « Voilà leur arquebus toute bandée et preste à tirer ; il faust que je les tue ; ils ne peuve antré que l'un après l'austre. Je feray bravemant mon coup. »

Et coume il tandoit la main pour prandre une de ses arquebuses, il ce retire tout dun coup et coumance d'élever les yeus au ciel. Il ce mest à dire : — « Illest vray, mon dieu, que je me suis tronpé en croyant que je n'avois plus de santimant de tout ce que le monde me pouvait faire ; et voillà qune petite bravade me faict boulougner le sanc. » Il ce jette tout soudain au pieds de sa crois et dit : — « Est-il pas vray, bon Jésus, que je vous ay crusifié ancore une fois, vous qui avés tant anduré pour moy, et je nay peu soufrir pour lamour de vous les moqueries que jay veu que lon fesoit de moy ; mais je vous feray reson de ma lachetté, mais quil san soit allés ! »

Et sur ceste promesse qu'il faict à Dieu, voisy sa conpagnie qui revient et coumance à luy dire : — « Et bien, père hermite, pour la paine que nous avons pris de vous venir visiter, vous nous pourriés bien donner a desjeuner et nous fère voir quel goust a vostre vin ?

L'hermite va à ung coing de sa grotte, aporte ses plaines mains de fruits sauvages et des rasines et va quérir dans son escuelle de terre de leau de la fontaine.

— « Buvés, mangés, Messieurs, des biens que Dieu m'a donné ; sy vous avés aussy bon apetit que moy, vous les trouverés délisieux. »

Un soldat coumance à vouloir mestre les dans dans une poume ; je croit qu'il fist coume Adam ; il mist sa main à la gorge de peur den avaler le mourseau et dit aux austres : « Messieurs, ne manjons pas les biens du père hermite ; il manqueroit de vivres si nous mangions sa provision. »

L'Auvergne Historique. — IIIᵉ année. — Gᴇɴᴛɪʟʜᴏᴍᴍᴇ.

Ils prènent alors leurs armes et sorte pour reprandre le chemain de leur garnison. Eux partis, nostre hermite ne manque pas de promesse à Dieu. Il prant une rude disipline pour faire mourir le santimant qui avoit voulu tuer son prochain, et retranche a son maistre l'asne sa pitance ordinaire pour vinte quatre heures. Je ne puis dire toutes les aostérités qu'il a faict en ce lieu-là, parce que je ne les peu savoir, n'ayant faict que ce discours sur l'information que nous luy faisions de tout ce qu'il avoit faict dans le désert. Et cestoit avec retenue qu'il nous faisoit ce discours, et sy nous ne luy eussions esté bien proche, l'on nust peu rien savoir de sa vie passée.

Cependant coume il y avoit bien près d'une année qu'il pouvoit estre là, il luy survint une austre visite : c'est de deux bons pères Minimes, lesquels, s'étant esgarés de leurs chemains, — Dieu le permetant ainsy pour l'instruction de ce bon hermite, — ils voye une fumée parmi l'espesseur du bois. Ils dirent lun à laustre : — « Tachons à aborder le lieu où nous voyons ceste fumée, nous pourrons aprandre de quel costé nous devons prandre nostre chemain. »

Ils estoit mal arivés, car illen savoit bien moins queux. Ils aborde donc l'ermitage, où soudain que nostre hermite les vist, il ce jette à leurs pieds et leur demande leurs bénédictions. Après s'estre entre salués, il lantre dans lermitage et ce mette à santretenir.

Après plusieurs discours de Dieu, l'un des pères Minimes coumance à dire : — « Jay une grande curiosité, mon père, de savoir vostre fasson de vivre à ce lieu ; je vous prie, au non de Dieu, de me dire vos exercises de la jornée. »

L'austre luy respon que par obédience — il ne pouvoit rien refuser à ung qui consacroit le corps de Jésus Crit — que sil estoit tous deux prestres quil diroit ingenuemant toute sa vie et ce qu'il fesoit dans la solitude. Le père, antandant cella, dit à son frère de s'aler promener dans la forest, et estant sorti, il coumance a luy fère résit de sa vie passée : le malheur qui luy estoit arivé de s'estre batu ; qu'à la vérité il n'avoit pas tué ; mais qu'estant blessé de sept coups d'espée, il lavoit veu la mort des deux qui avoit querelle ; que la justice avoit faict la recherche antière sur luy. Bref, il luy conte tout ce qui s'étoit ensuyvi, mais il ne luy dist pas qu'il estoit marié ; il luy dist bien que pas uns de ses proches n'avoit counoissance de l'estast an coy il estoit pour le présant.

Après luy avoir conté ses crimes, il coumence à luy dire la fasson de laquelle il agissoit dans la vie solitaire : ses exercises de la jornée, les mortifications qu'il faisoit à son corps, les conbats à vaincre sa nature, les tantasions quil le travailloit.

Ce père Minime demeure en admirasion de son exatitude, de la métode de toutes ses dévotions. Il s'avisa de luy demander qui estoit son directeur pour le conduire et conseiller.

Lui répont : — « Le saint Esprit et Jésus crusifié, qui est mon modelle ; car depuis que je suis àceste forest, je nay veu que ses trois ou quatre soldats que je vous ay dict, et vous à ceste heure, mon vénérable père. »

— Et où allés-vous à la messe et à confesse ?

Il répondit qu'il n'avoit sorty de son hermitage que pour aler travailler à son jardin et aler amasser des fruis et rasines qui nesse an ce lieu.

— Quoi ! n'allés-vous pas à la queste ?

— Non, mon père.

Alors ce Minime « lève les espaulles et les yeux au ciel » et dit :

— Je ne pouvois croire que lon ce peust passer de pain. Me voillà en grant estonnemant que vous ayés passé une année et plus àne vivre que de fruicts sauvages et rasines. Je ne désaprouve pas ce que vous avés faict par le passé : mais pour l'avenir, prenés, s'il vous plaict, mon conseil : nous ne soumes plus au temps des antiens anacorettes ; il ne ce rancontre plus de saint Paul au monde. Il faust que par humilité vous soyés soumis à quelcun qui aprouve ce que vous faictes ; il faust fréquanter les sacremants de confession et la sainte coumunion, sy peu et sy souvant que vostre père directeur le trouvera à propos pour vostre plus grande perfection. Il faust estre soumis à l'obéissance et, pour ymiter de plus près vostre modelle et patron Jésus, il faust estre humble coume luy ; aler à la queste, pour montrer que vous aymés la pauvretté, et lors vous verrés dans ce changemant de vie que Dieu vous mènera tout d'une austre fasson ; car vous faictes aprésant vostre volonté et vous ferés alors la volonté de celluy qui vous guidera.

L'hermite resseut ce conseil fort humainemant, et, pour s'y préparer, il suplie ce père de l'ouïr de confession et de luy ordouner ce qu'il feroit, en atandant quil lust faict election de quelcun pour le conduire.

Cella faict, il y présanta le disner ou colation, qui fust des betes rave cuite à la braise, car cestoit son plus délisieus manger ; quelques austres racines acoumodée à sa mode et des fruicts sauvages.

Les bons pères coumancent a manger de son festin et luy dire en leurs souriant : « L'on estime nostre fasson de vivre la plus difficille pour conserver un bon estoumact, mais la vostre exede par desus la nostre. Je ne pance pas, déclara l'un d'eux, que vous puissiés vivre longues annés de ceste fasson ; mais la prinsipalle nourriture est celle de lâme, laquelle il vous faust pratiqué. »

Cependant la nuit les surprant, et furent contrainct de paser la nuict a lermitage, ayant grand plaisir a ouyr le résit de la vie du solitaire. Chascun à son tour fesoit leur heure de repos sur le lit du bon père hermite, qui fesoit ce quil pouvoit affin qui ne le trouvasse pas sy dur. Il ala quérir dans la forest des feuilles et herbes qui mist par desou sa nate.

Le landemain ils prindrent congé les ungs des austres, chacun ravy de son costé de ceste heureuse visite.

Coume nostre hermite prant résolution d'aler à la queste et suivre en tout les conseils qu'il avoit ordouné.

Après avoir conduit ses hôtes jusques à la sortie de la forêts, notre solitaire s'en retorna à son hermitage, et coumance à pancer fort profondémant au conseil qui luy avoit esté douné.

Il disoit en luy mesme :

— Sy je va a la queste, je pourray estre recounu, car les guerres atire des personnes du païs à l'austre, qui peuvent estre de mesme contrée ; mès puisquil lia plus de mérite à obéir quà faire sa volonté, il faust suivre conseil.

Le diable luy aporta mille austres difficultés qu'il vint tousjours à rejetter par le mérite de l'obéissance.

Deux ou trois jours après, il prant son chemain à une ville proche d'une lieu ou deus de sa demeure et, avec sa besasce sur le cou, va par humilité faire la queste en ce lieu. D'abord presque qu'il luy fust, estant au milieu d'une rue, il trouve ung homme qui le vint envisager sous son chaperon. Luy croyant que cest homme le recougnoissoit, puis qu'il le venoit envisager, il baisse son chaperon plus avant sur le visage et se détorne dans une austre rue. Et coume illust passé encore une rue ou deux, il va trouver ancore son homme, qui ce baisse encore pour le voir. Il coumance de juger en luy mesme : « C'est pour tout assuré que cest homme me cougnoist ou me veust recougnoistre, » et, sans fère sanblant de rien, il passe viste à une austre rue. Et, coume illust questé à une rue ou deux, s'adresan a une hostellerie pour y demander laumosne, il va fère pour la troisiesme fois rancontre de son homme, qui ce mest à luy demander :

— Dites moy, père hermite, estes vous pas ligeus ?

Il lui respon :

— Je suis, puis qu'il plaict à Dieu, hermite.

— Je ne vous demande pas cella ; je demande s'il vous n'estes pas ligeus ?

— Je ne vous puis respondre si non que je suis hermite.

— Mais n'êtes-vous pas quelque espion ?

— Je suis hermite indigne, lui répète il.

Et ne pouvant tirer austre raison de luy, l'homme le lessa là et entre dans lotellerie.

Lhermite ne voulust plus pour ceste fois tanter la fortune à quester ; il reprant son chemain dans son hermitage pour vaquer à ses exercices cellon que le Minime luy avoit ordouné

Cependant la faiste de Pasques s'aprochoit ; voyant qu'il avoit desjà passé l'année présédante sans coumunier et toutes les autres bonnes faiste de l'année, il sachemine à une austre ville ung peu plus eslougnée que la précédante, où il li avoit plusieurs maisons de religions. Et parce qu'il avoit desjà veu des pères Minimes à son hermitage, il faict ses premières dévotions avec ses bons pères ; mais par sussession de tenps, à cause que les capusins estoit plus sortables à sa fasson de vivre, il jugea que c'estoit de cest ordre qu'il devoit prandre ung directeur et, cellon son chois, il fist élection d'un bon père qui le contanta fort. Mès sa nature vouloit reginber ; et il ce randoit fort fidelle àdire à son directeur toutes les dificultés qu'il pouvoit avoir et tous les asaus et tantasions que le diable lui sugeroit.

Il passa quatre ou cinq années dans ceste conduite, non pas sous ung mesme directeur, parce que l'obédiance les faict changer de couvant bien souvant. Mès laison le ung peu mener sa vie dange et venons ung peu dans le païs de Bourbounois.

Coume coy Mlle de Laroche faict ses effors de savoir, après deux années écoulées, des nouvelles de son mary ; et coume, malgré sa modestie, elle ne ce pust exanter de tunber dans la médisance.

Deux années estant passées sans pouvoir savoir qu'estoit devenu le jentillomme, sa fame et sa belle-mère sont en grande perplexité.

La fame pouvoit dire coume celle de saint Alexis : « Quel desplaisir vous ay je randu, mon cher espous, pour vous estre eslougné de moy, en sorte que je ne puisse savoir de vos nouvelles, ny le païs où vous pouvés estre pour en envoyer savoir ? »

Les demoiselles de Chasteau jeune ranvoye le laquais à Paris « pour voir sy ne ceroit point revenu. » Celuy cy s'informe à tous ceux aqui il lavoit heu affaire pandant quil estoit avec luy. Personne ne luy en peust rien dire. Il va jusques au lieu ou son maistre le despescha. L'hostelier dict ne l'avoir point veu despuis qu'il luy donna ses papiers en garde et luy en avoit donné un récipicé ; qu'il voudroit bien estre déchargé desdits papiers ; que s'il plaisoit à mademoiselle sa fame les retirer et luy en faire une décharge, qu'il en ceroit fort ayse, car, sy venoit à mourir, ses héritiers ne sauroit ce qu'il en faudroit faire.

Tellemant que le laquais s'en retorne aussy chargé des nouvelles de son maistre coume quant il lestoit party du païs, ce qui redoubla l'affliction des deux damoiselles.

Cependant, à toutes les conpagnies qui passe, toutes les armées qui estoit dans le païs ou austres circonvoisin, el s'informe si ny ceroit pas ou sil nen sauroit point de nouvelles. Personne ne les en peust aprendre. Il s'imagine ou qu'il est mort ou qu'il est ors de pais de cougnoissance.

Mademoiselle de Laroche, pour dernier resort, savise descrire à une sœur de son mary, religieuse à Ste Crois, de Poitiers, pour savoir sy n'auroit pas passé par là et pour la suplier de sen informer ou faire informer de ses nouvelles. En coy elle fust bien inspirée, car ce fust par elle qu'il hust les premières nouvelles.

La religieuse luy promet par sa responce qu'elle y fera tous ses efforts. Tout cella estoit bien avant dans la troisième année, tellemant que la fame ne savoit si elle ce devoit tenir pour vefve ou mariée.

Coume estant dans l'insertitude de lun ou de l'austre, elle jugea que pour s'exenter de la médisance, qu'il falloit qu'elle marchast dans la médiocrité, soit en son abillemant ou en ses visites. Elle sabilla donc dans la plus grande modestie cune fame de quarante ans eust peu faire, et elle nen avoit que disept ; nalla jamais en visite que de ses proches et tousjours en la conpagnie de sa mère.

Et tout cella ne l'exemta pas de la médisance noire ; jusques à ses beaux frères en fesoit destranges discour, lesquels elle nignora pas. Mais jamais elle nust du fiel pour leur en faire paroistre du santimant, disant que la vérité estoit plus forte que le mansonge. Elle consolloit sa mère qui san faschoit, luy disant : « Vous devés prandre vostre consolation, Mademoiselle, en ce que vous voyés toutes mes actions et que, ne vous abandounant nuict et jour, vos yeux sont les tesmoings que l'on me calonnie sans subiect. Pour moy, je me tiens si forte dans vostre tesmoignage et de ce que Dieu voit cler dans mes intansions que je laise parler les médisans. »

Ceste mère, cependant, qui couvoit ceste fille de ses yeus, ne pouvoit soufrir de sy rude discours. Ce qui luy fist dire, aprochant des sept ans quon navoit point des nouvelles : « Voisy le tenps qui aproche que la loy permet de ce remarier, cant lon apassé sept années sans savoir des nouvelles de son mary. Pour moy, je suis davis, pour fère cesser ses facheux discours, que vous vous remariés. »

— Quoy, Mademoiselle, luy répont Mlle de Laroche, me pansés vous si lache de courage que pour esuiet une médisance fausse, je fasse ung faus bon a lafection et la fidélité que je dois à mon mary ! Je sauray asurémant sa mort auparavant que je consente à ung segond mariage.

Et, en effet, elle estoit bien désiré par plusieurs qui fesoit demander sous main sy ceroist les bien venus. La mère disoit qu'il failloit avoir ung peu de pasience, mès la fille les ranvoyet sans leur donner nulle espérance.

C'estoit une grande constance à une jeune fame de hésister sy vivemant à toutes les conjurations que luy fesoit sa mère avec douseur.

A quoy la fille répondoit en gausant.

Et puis, la mère luy aléguoit son pouvoir de mère ; quelle luy feroit bien faire par coumandemant.

A coy elle répliquoit : « Mès savés vous bien que je suis mariée par vostre coumandemant ; et si je me remariois, il faudroit que ce fust par ma volonté ; et nestant pas encore en ce désir, vous ne pouvés plus me fère remarier. » Et en ceste dispute, il ce passoit une année après l'austre.

Mès tandis que ceulx cy se disputent pour le mariage, en voysy ung qui ce mettra en devoir de le rompre.

*Coume nostre hermite dedans sa queste ce met sy
avant à gouter la vie spirituelle, qu'il veust, sy
ce peust, y finir ses jours chés les Capucins.*

Coume nous avons lessé notre hermite fesant sa queste et sur le point de fère ellection de quelque bon père directeur, nous le retrouverons dans une nouvelle ferveur. Il venoit souvant voir ce père et passoit des huict, quinse jours et quelquefois le mois dedans leurs couvant à faire coume eux, aportoit sa queste a leur couvant et bien souvant laloit faire pour eux. Tellemant quen les fréquantant souvant, il prant ung grant désir d'estre religieux avec eux. Et coume illen parloit ung jour bien amplemant à son père directeur, celuy-cy — par inspiration divine, je crois — coumance à luy dire : « Pour estre hermite, rien ne peust enpescher la function dermite, car les gens mariés et autre sy peuve mestre pour quelque tenps ; et puis quant le terme de leur vœu est faict, il peuve quiter labit. Mais les religieux ce n'est pas de mesme ; il faust estre libre de corps et d'esprit ; voysy desjà, ditte vous, la septiesme année que vous exersés la vie hermitique ; cest bien une espreuve pour vous acheminer aquiter le monde ; mès pour fère les vœux de religion, il faust estre libre des anbarras du monde et qu'il ny aye rien qui nous puis anpescher de nous donner totalemant à Dieu. »

Ce discours anbarrasse ung peu nostre hermite, luy faict songer à répliquer prontemant, parce qu'il n'avoit pas touché sur la corde de son mariage. Et toute fois dedans sa pancée, il croyet que cella estoit fort aysé de quiter sa fame pour ce doner aDieu.

Il sarestoit sur ce pasage : « Qui ne quite son père, sa mère, sa fame, son frère, voire soy mesme pour venir amoy, nest pas digne de moy. »

Il ce fortifioit là dedans, qui ne luy faisoit point dire le fons de son affaire. Tellemant que son directeur, voyant bien qu'il entretenoit ses pancées sur le discours quil luy avoit faict : qu'il falloit estre libre d'esprit et de corps, jugea bien qu'il failloit quil ly eue quelque chose qui le liast parmi le monde, quil fust cause qu'il luy dit :

— Et quoy, mon frère, vous ay je faict perdre vostre ferveur, en vous disant qu'il faust estre libre pour faire des vœux ?

L'austre ce mest à jetter ung soupir et coumence à dire :

— Coument, mon père, si j'estois lié par le monde, ne puis je pas tout quiter pour suivre Dieu ?

— Mon frère, dit le père, le malade dit franchemant sa maladie au médecin pour en resevoir la guérison. Aussy il faust que vous disiés libremant vos liens est cordage pour resepvoir le conseil de ce que vous pouvés faire.

Alors il dit :

— Illest vray, mon père, que je suis lié d'un cordage, que je crois ce pourra rompre aysémant, puis que, pour suivre Dieu, tant de saints sen sont déliés et ont tout quitté pour navoir que luy seul !

— Cella ne veust rien dire, dit le père directeur ; il faust dire quel cordage vous tient lié. Illy en a de bien aysés et d'autres que l'on ne défait pas coume l'on veust.

Bref, il fallust qu'il déclarast tout au long qu'il estoit marié, et ensuitte tout ce quil s'estoit passé depuis son mariage et le subiect qui l'avoit provoqué à ce randre hermite ; et après il agensoit si bien son affaire par lexenple quil donnoit de plusieurs sains que cellon sa ferveur et son zelle, il pouvoit facillemant quiter sa fame.

Alors ce bon père luy dit :

— Je ne trouve pas les choses sy aisées que vous les faites, mon frère ; ne croyant pas que pas une Religion ne vous resoive, si vous

n'aportés le consentemant de vostre fame, coume elle ne vous
aportera nul trouble dans vostre bon et louable desain. Plusieurs
sains ce sont à la vérité séparés de leurs fames, mès c'est par ung
coumun consentemant ; mès vous, trois mois après vostre mariage,
avés quité une jeune fame, sans vous estre informé ce qu'elle afait
despuis. Vous metant dans le bon chemain, vostre absence est peust
estre cause qu'elle set mise dans le mauvais. Ie n'aprouve pas que
vous parliés de vous fère Religieux que vous nayés seu si vostre
ditte fame est morte ou envie. Au cas que Dieu laye ostée du
monde, je feré mon pausible de vous faire resepvoir dans nostre
ordre ; sy ellest anvie et qu'elle vous donne son consantemant, il
ly aura aussy moyen de vous resevoir. Austrement n'y songés
plus.

Et là desus, il le mest sur le point de la consience ; luy alègue
plusieurs maleurs et accidents qui sont arivés à des fames par
labsence de leurs maris. Il rendra ung conte estroit devant Diu de
tout le mal quil ce ceroit faict, sil li en avoit ; quil suplioit Dieu que
cella ne fust pas. Bref, il mest nostre hermite en si grant scrupulle
et paine d'esprit, que leure luy tardoit de trouver quelcun qui alast
du costé de la demeure de sa fame, affin de pouvoir aprendre en
quel estat elle peust estre.

Coume l'hermite faict rencontre d'un père Minime
qui avoit obédiance de venir dans ung de leurs
couvans en Bourbounois.

L'hermite, pour chercher de la consolation au travail de son
esprit, aloit quelquefois en d'autres religions parmy la ville, particulièremant à un couvant des Minimes où il avoit pris cougnoissance
de quelques pères. Tout en devisant, il aprant coume dans quelques
jours illi en avoit deux qui alloit au païs de Bourbounois, à ung de
leurs couvans qui estoit proche du lieu où demeuroit sa fame. Cella
luy donna quelque satisfaction à son esprit qui travailloit à trouver
quelque coumodité pour aprandre des nouvelles de la damoiselle.

Il dit au père :

« Vous m'obligeriés grandemant, si vous plaisoit de prandre la
paine, au lieu daller au Mayet decolle [1], de passer à Jansat et savoir

---

1 Mayet d'Ecole.

si les damoiselles du Château jeune [1], la mère et la fille, sont en bonne sancté et les entretenés sy vous en avés le tenps et tirés leurs santimans sur l'élougnemant du maistre de la maison et dans le vilage et aux lieux proches.

Ie vous prie de vous informer en quelle estime sont tenues ces damoiselles dans le païs ; de quel esprit est la fille ; si elle fréquente souvant les conpagnies ; si de leur costé il ayme que lon les visite, et plusieurs austre petites informations. Toutefois, luy dit-il, que ce soit avec le plus de modestie quil vous cera posible.

Ce que le Minime luy promit ; mès ce ne fut pas sans panser en luy-mesme que cet hermite ne feroit pas faire toutes ses enquestes (si) ces damoiselles ne luy apartinse de bien près : il le jugeront bien davantage lors quil ceront au païs.

Le jour de leur départ venu, lafaire leur fust recoumandée de rechef. Ils promire san acquiter fidellemant. Mais ils devoient passer l'année sans revenir. Cestoit ung long terme.

— Sy ma fame, pansoit l'hermite en luy-mesme, cest mal gouvernée, ce me sera ung subiect pour la quiter plus facillemant ; si aussy ella vescu dans la modestie et quelle aye pratiqué la dévotion, plus facillemant elle me pourra quitter, et alors lun et laustre nous mènerons une vie dange en terre.

Cepandant les pères Minimes avance leur chemain, et dans dix ou douse jours arive à la maison et au vilage où demeuroit les damoiselles. Et parce que la couchée estoit proche, il arive au matin, où de plain abort il vont à léglise ou ce préparant pour dire la messe. Ils voient ariver les damoiselles quil la venoit entendre.

La jeune s'aproche de luy et luy dit :

— Mon père, quant je vois des personnes de vostre robe ou austre religieux, je leur demande volontiers l'asistance de leur bonne prières, afin que par ycelle ce soit la volonté de Dieu de me délivrer de l'affliction dans laquelle mon esprit travaille jour et nuict. Suppliés ce bon Dieu, mon père, pour que je puisse savoir sy j'ay ancore ung mary au monde ou sil lua plu de le retirer à luy.

Entendant ce discours, ce bon père ce douta soudain que ce mary atandu devoit estre celuy quil l'avoit tant prié de s'informer des nouvelles de ces damoiselles. Il fist responce qu'il aloit dire messe

---

1 Mot douteux.

en son intension, laquelle la mère et la fille entendire de tous les deux pères Minimes.

Après coy, ces damoiselles prière ces bons pères de prendre le dîner en leur logis, ce qui ne refusère pas, tant pour savoir anplemant listoire de le lougnemant du mary de ceste affligée damoiselle que pour saquiter de la promesse quil avoit faict.

Les voillà donc au logis. Et pandant que le dîner s'aprestait, il ce meste sur le discours qui avoit esté coumancé et s'informe de la longeur des années.

— Illy a septans passés, dit-elle, quelle n'avoit ouy nouvelles de son mary, quelque diligence quelle aye peu aporter pour en savoir.

Et despaignoit le gentillomme en son discours en fasson que ses pères jugeoit bien que, véritablemant, cestoit le père hermite.

Mès de peur d'avencer ung discours sans savoir acoy il pourroit réussir, il dire seullemant coume par une manière de consolation aux damoiselles, qu'ils ne croyet pas que ceste affliction pust durer long temps ; ce qui les avoit enpeschés dans le sacrifise de leur messe de prier pour monseigneur son mary coume mort.

La jeune fame en tira bonne augure, ce prometant que Dieu la regarderoit en pitié.

Cepandant ses bons père considéroit dun costé la modestie de ceste jeune fame agée pour lors de vinte ung an, la simplicité de ses abits et l'afection quil voyet quelle avoit pour ce mary, car elle fondoit en larmes en parlant ; ils admiroit sa constance à résister aux suplications de sa mère qui la solicitait fort de ce remarier.

Ce qui fut cause que, s'adresant à la mère, luy dire :

— Mademoiselle, il faust croire que sy Dieu donne ceste résistance à Mademoiselle vostre fille, que ce nest pas pour contrarier à vostre volonté, mès cest qu'il y donne quelque présage à son esprit que Monsr son mari est vivant et questant remariée, sy elle venoit à en aprandre des nouvelles, que cella redoubleroit ses desplaisirs. Ayés pasience ancore quelque temps, je recoumanderay à Dieu ceste affaire et les suplieray de vous donner en brief toute consolation.

Le diner estant faict, il prant congé des damoiselles. Ils s'informe dans le vilage et d'autres circonvoisin, ils nentant dire que toute sortes de louanges de ses hostesses et donner toutes sortes de blâme au mary sur son eslougnemant.

Ils ne veust rien mander au père hermite ; par escrit, il ce réserve den faire le résit à son retour.

Coume il se fist que la religieuse de Ste-Crois, de Poitiers, aprant enfin des nouvelles de son frère par ung père Minime.

Il lest tenps de parler coume la sœur du R. père hermite faict ses efors pour savoir des nouvelles. Elle ne manquoit anulle occasion qui ce peust présanter de sinformer de religieux ou austres, sil ne cestoit point rancontrés dans quelque païs, villes ou contrées ou il lusse peu voir un jentillomme qui est de telle et telle fasson et tousjours le coup despée sur le nés estoit représanté pour la marque la plus recounoissable.

Jay oublié à dire que les pères Minimes qui aloit en Bourbounois, passant par ung de leurs couvans, firent rancontre du R. père André Chavigneau, et luy fire résit de la coumission que l'hermite leur avoit donnée. Tout soudain, il ly vint en mémoire coume une religieuse faisoit tout son pouvoir pour savoir des nouvelles d'un de ses frères, quil s'estoit eslougné de sa fame, païs, parans et amis ; celuy-cy s'informe plus amplement du persounage. Ylle dépeigne en la mesme fason que la Religieuse en parloit. Le père Chavineau dit alors :

— Je crois que je donneray du contentemant à une bonne religieuse de Ste-Crois, luy disant les nouvelles que vous me dites ; car infaliblemant c'est celluy quil lia sy longues années que lon demande. Il prie les Minimes de le venir voir à leur retour.

En ceste atante, le père Chavineau vint fère ung tour à Poitiers et, dès le landemain, il vint à Ste-Crois, où il demanda ceste religieuse, quil voyet fort souvant en des entretiens spirituels, et luy dit :

— Que diriés-vous, ma bonne mère, sy je vous aprenois des nouvelles de vostre frère que vous croyés mort ou perdu ?

Elle, coume tresaillant de joye ou d'étounemant, dit :

— Ceroit-il possible, mon père, qu'il fust au monde et qu'il lust heu le courage d'avoir demeuré neuf années sans fère savoir de ses nouvelles à fame, ny à frère, ny à sœurs !

Alors il coumance à luy faire résit de tout ce que les pères Minimes luy avoit dit et la coumission cun hermite leur donnoit pour s'informer de mesdamoiselles de Janzat, la mère et la fille.

Quant la ditte religieuse entendit noumer les damoiselles, elle répont :

— Mon père, il ne faust pas douter que ce ne soit luy, puis quillest tel que ses pères vous lont dépaint. Je vous suplie de me tant obliger que de pouvoir faire an sorte, par le moyen de ces pères qui ont sa cougnoissance, de le faire venir en ceste ville ; car de luy escrire, cella ceroit peustre cause qu'il s'élougneroit ancore plus loing. Et j'aimerois mieux pouvoir parler à luy et entendre de sa bouche le subiect de son eslougnement.

Le père Chavineau fist response que ce ne pourroit estre sy prontemant, car il ne devoit revenir qu'après que leur année seroit passée. Que sy d'aventure illen trouvoit d'autres qui sache minasse au lieu ou estoit ce père hermite, quil verroit s'illy avoit moyen de luy persuader de faire ysy ung voyage. L'esprit de ceste religieuse cera long temps en suspans, sans pouvoir aprandre de plus certaines nouvelles de son frère.

Celuy-cy, de son costé, avoit assés d'inpatienses sur le retour des pères Minimes pour le désir qu'il lavoit de ce randre vray fils de saint François.

Mès venons ung peu avoir ce que la mère et la fille sont délibérées de faire sur la longue absence de leur mary et beau-fils.

Coume la mère de nostre Aymée solicite sa fille à prandre une segonde aliance, ce qu'elle ne peust gaigner.

Sept années estant passées que l'on ne pouvoit entandre nulles nouvelles du sieur de la Roche, la belle-mère estant ung jour enconpagnie avec sa fille, quelque jentisomme acostant la mère, coumance à luy dire :

— Et coy, Mademoiselle, estes-vous tousjours dans l'incertitude de Monseigneur vostre beau-fils ? N'escrit-il point à sa fame ?

Elle respont quelle n'en savoit aucune nouvelles ; que, pour elle, qu'elle le tenoit pour mort ; mais sa fille ne pouvoit s'imaginer que cella fust.

L'austre poursuit son discours :

— Si cella estoit, coume illest àprésuposer que cella ne peut estre, puis que vous n'antendés point parler de luy, je say ung exélant parti pour mademoiselle vostre fille ; et qui s'estimeroit heureux davoir l'honneur de vostre aliance. C'est doumage cune sy belle et vertueuse damoiselle demeure sans estre aconpagnée de quelcun qui l'égalle en mérite.

La mère, qui désiroit fort que sa fille peust prandre ceste résolution de ce remarier, eust bien voulu que sa fille ust esté aussy aisée à persuader qu'elle ; mais pourtant elle ne faict rien paroistre de son désir au jentillomme qui luy tenoit ce discours. Seullemant, elle le remersie de lonneur quil faisoit à sa fille et aelle ; et que l'une et l'austre n'y avoit pas ancore pancé.

Ceste responce ferme la bouche du jentillomme. Mais le discours de celuy-ci demeure tellemant dans l'esprit de la mère, qu'elle ce résout ung jour den parler à sa fille et coumensa en ses termes :

— Je vous ay tousjours veüe dans ung désir extrême de me donner toutes sortes de contentemans, qui me faict persuader que ce que je vous pouré proposer ne vous cera désagréable et que vos volontés ce joindront tousjours aux miènes, puis qu'elle ne tande qu'à vostre aventage. Vous avés veü le jentillomme qui m'a entretenue ; il nous a tousjours tesmoigné avoir de l'affection pour vous et pour moy, coume bon parant et voisin ; vous savés aussy d'austre part que les loix ordonne cune fame, qui a demeuré sept ans sans entendre parler de son mary, est dans le pouvoir de ce remarier. Je n'ay que vous pour ma consolations : sy je venois à vous perdre, qui auray-je pour le suport de ma viellesse ? Et bien que je viene afalir devant vous, je mourois contante si je voyés quelque petit regetton venir de vous. J'ay passé sept années dans les afflictions de vous voir abandonnée d'un mary. Que plust à Dieu, mon anfan, que je nusse jamais songé avous marier sy jeune ! Mais que Dieu l'a ainsy permis. Donnés à ceste heure la joye à vostre pauvre mère de consentir à une segonde aliance. Ce jentillomme m'a parlé d'un parti fort sortable et qui est beaucoup relevé en calité et en moyens. Il ne reste que de savoir sy vous y donerés aussy tost vostre consantemant que gi donnerois volontiers le mien. Ce n'est pas que j'aye faict counoistre au dit jentillomme que jusse ce désir que au paravant je n'aye counu vostre santimant.

Mlle de Jansat, oyant parler sa mère, repart sur ce discours avec une modestie filialle et une affection d'une fame à ung mary et luy dit :

— Vous avés raison, Mademoiselle, de croire que mes volontés sont unies aux vostres pour vous randre toute l'obéisance cune fille doit à sa mère. Mais coume le lien de mariage lie ung mary et une fame anestre cune mesme chose, je ne puis désunir mon cœur de celuy aquy je suis desjà liée, sy auparavant je nantans dire que la mort nous a dessunis. Je ne porte point d'anvie aux grandeurs et richesses. Mes biens sont sufisant pour mon entretient et nouriture. Et puis que savés vous si ne mariveroit pas la mesme chose qui est arivée à Mademoiselle du Cendre, qui vist asa porte son mary coume alloit espouser le segond. Peustestre que mon mary est prisonnier entre les mains des Turs, coume estoit celluy-là, et qu'il ne peust mander de ses nouvelles. Anfin, Mademoiselle, je ne me puis représanter qu'il soit mort. En toute austre aucasion que de me remarier, vous cougnoistrés la très-hunble obéissance que je désire de vous randre. Je veus croire que vous auriés mille fois plus de desplaisir, si vous my contraigniés et que vous visiés après ariver mon mary.

La mère, ayant ouy la responce de sa fille, luy dit :

— Je me doutois bien que mes larmes n'avoit pas assés de force pour esbranler ung cœur qui set afermy dans la roche. Jouissés de vos contentemans invisible, cependant que je passeray mes jours visiblement dans les afflictions.

— Non, non, repart Mademoiselle de Jansat, je ne crois pas que Dieu nous laise ancore long tenps plongées dans le maleur où nous soumes. J'ay pris quelque force à l'esprit depuis que ses bons pères Minimes ont passé par ysy ; car il mont donné quelque sorte d'espérance, qui me faict croire que mon mari n'est pas mort.

— Il faudroit donc, dit la mère, quil tesmognast quil la autant d'afection pour vous que vous faictes voir en avoir autant pour luy.

Sur ce, elles se séparèrent et se retirèrent chacune à leur chanbre pour entretenir leurs pancées, meicontentes l'une et l'austre de cet entretien. Mais nous verrons que la mère ne ce tiendra pas pour entièremant rebutée.

Coume les pères Minimes, ayant passé le tenps ordouné de leur obédiance en Bourbonnois, s'an retourne en Bretagne.

Le tenps de l'obédience de ses pères Minimes estant passé, illeur est ordouné de revenir. C'est pour coy ils ce dispose à faire leur voyage. Et parce que ce n'estoit pas ce détorner beaucoup, ils vont voir ancore les damoiselles pour en porter de plus fraisches nouvelles. L'une et l'austre fure fort ayse de les voir. La fille ne manque pas aleur dire :

— Mes pères, depuis que je ne vous ay veü, ma mère ma voulu remarier ; mais jay pris une telle créance sur ce que vous me dittes, que vous n'aviés pas peu prier pour mon mary coume mort, que j'ay résisté avec courage pour ne luy acorder pas ce qu'elle désire.

Ses bons pères, qui ne vouloit pas déclarer leur créance apertemant, luy dire seullemant :

— Nous avons ceste espérance que Dieu ne vous laisera pas sans consolations. Nous l'avons tousjour prié despuis que nous avons heu lonneur de vous voir : nous continuerons d'inportuner le bon Dieu, affin qu'il vous donne l'aconplissemant de vos désirs. Nous voudrions estre sy heureux que de pouvoir estre la cause de vostre repos d'esprit ; nous y travaillerons anostre possible.

Coume en effect y sy sont enploiés àbon essien. C'est ainsy quils prindrent congé des damoiselles.

Ils passe à Tours ou il font ancore rancontre du R. père André Chavineau ; il ce font ressit les ungs aux austres de ce qui set passé despuis leur dernière veüe. Ils luy dire qu'ils croyaient fermemant que cest hermite estoit le mary de la jeune damoiselle qu'ils ont veüe ; que la mère et la fille sont fort affligées ; que néantmoins ils nont voulu rien descouvrir, de peur que les choses ne fusse pas coume il les pancé.

Le père André les confirme en leurs créance et leur dit qu'il avoit à Poitiers et qu'il lavoit parlé aune religieuse de Ste-Crois quil s'informe fort des nouvelles du mary de ceste dite damoiselle, qui est sa belle-sœur.

— Je lui ay dit, ajouta-t-il, ce que vous maviés dit et la coumission que vous avoit donné ung père hermite de vous informer de la vie et des mœurs de ses damoiselles. Après luy avoir dépaint le personnage coume vous me l'aviés dépaint, elle ma dit que c'estoit celluy-là qu'elle demandoit, illi avoit desjà longues années ; mais elle ma fort prié de vous conjurer, sy je vous revoyés, de lobliger de tant que de pouvoir faire an sorte qui peust venir à Poitiers. Illest son frère ! Elle voudroit bien donner ce contentemant asa belle sœur de luy en pouvoir faire savoir dasurée nouvelle ; mais elle craint qu'il s'élougne ancore. Ménagés cest affaire avec prudance. Je pourray me trouver à Poitiers dans cinq ou sis mois ; faictes moy savoir de vos nouvelles.

Ces deux pères luy promette de s'y enployer de tout leur pouvoir :

— Ils le prandront sy bien par la consiance, qu'il ne pourra résister, qu'il ne fasse ce quils luy diront.

Ils ce sépare donc sur ses promesses.

Ce ne fust que deux ou trois jours après leur venüe (car ils désiroient ung peu se reposer du travail du chemain), qu'ils mande à l'hermite sil luy plaict de les venir trouver et qu'il sont de retour.

L'hermite, fort joyeux, ne manque pas de les aller trouver et, après avoir discouru quelque peu de leurs voyages, ils viène à tunber sur la coumission qu'il leur avoit donnée.

Ils font ressit qu'il lont veu les damoiselles ; ils l'assurent que c'estoit des personnes qui vivoit en très grande réputasion dans ce païs-là ; de leurs vertus chacun faict grant estast.

En leur particulier, ils lan avoit plus remarqué que lon ne leur en avoit dit : qu'il s'estounoient coume la fille, en la grande jeunesse qu'elle avoit, vivoit dedans sa grande affliction avec tant de modestie et de prudance ; et coume elle avoit heu la force de résister aux coumandemant d'une mère quil l'a plusieurs fois solisitée de ce remarier. Car n'ayant que ceste fille et la voyant délésée d'un mary, sans savoir s'il est au monde ou non, le nonbre des années luy donnant loy daquiesser, ella tousjours résisté virillement.

Ils ajoustent qu'ils croyet, sy le mary estoit envie qu'il offensoit Dieu mortellemant d'avoir abandonné une fame dans la grande jeunesse questoit celle-là. Si d'aventure illest mort — encore sy la mort ne l'a pris soudain — il pourroit avoir prié : « Faictes savoir ama fame en tel lieu que je ne suis plus au monde. Si la esté pris des Turs, en ce cas il luy est pairdonnable, mais non austremant. »

Quand l'hermite hust ouy parler les pères Minimes de la sorte, il veust aporter quelques raisons pour sa justificasion ; et sans ce vouloir découvrir, il ce découvroit luy-mesme.

Ils fure long tenps à disputer sur la vie de plusieurs sains qui avoit abandouné leurs fames pour servir Dieu ; mès tousjours lon le venoit à convaincre sur ce que cestoit du consentemant des parties. Tellemant que les pères, ne pouvant plus douter, lui dirent :

— Vos discours nous font voir véritablemant que c'est vous qui avés délaisé ceste jeune damoiselle.

Après luy avoir fait avouer ce quill'en estoit, ils le mettent sy avant sur les points de consiance, avec la dificulté que les pères Capusins faisoit de le resepvoir, qu'il prant résolution de faire savoir de ses nouvelles à sa belle-mère et asa fame et trouver moyen de la gaigner, pour pouvoir exécuter son désir d'estre capuchin.

Il demande alors à ces pères « s'ils luy pourroit faire tenir des letres. »

— Mon père, luy dirent-ils, ceste affaire est de longue traicte ; il faudra escrire peutestre plus d'une fois et y envoyer exprès ; l'afaire le requiert.

Bien, vous avés une sœur religieuse à Ste-Crois de Poitiers, qui s'informe de tous les costés de vos nouvelles à la requeste de mademoiselle vostre fame qui luy a fait message plusieurs fois. Acheminés vous à Poitiers ; par son moyen, vous pourrés mieux faire vostre affaire.

Sur ceste proposition, il coumance ung peu à songer, et considérant que c'estoit le moyen le plus propre, il prant résolution de s'acheminer dans quelques jours à Poitiers avec les pères qui promettent au R. Père André Chavigniau de luy tenir conpagnie de peur qu'il ne s'élougnast.

*Coume l'hermite part avec les Minimes pour
Poitiers et va loger au couvant de ces pères
au dit Poitiers et de l'entre veüe qu'il eust avec
sa sœur.*

Deux ou trois jours estant passés, nostre hermite vient voir sy les Minimes continue en leur promesse. Ils prène résolution du jour de leur départ.

Pandant ce tenps, les Minimes escrive au père Chavineau, disant que l'hermite estoit infaliblemant le mary de la damoiselle et que dans dix ou douze jours il ceroit à Poitiers et quils luy tiendroit conpagnie coume ils luy avoient promis.

Le père André fust fort resjouy d'aprandre ceste nouvelle. Il n'en voulust toutesfois rien dire à la sœur, parce qu'il le luy vouloit mener sans qu'elle sût qu'il devoit venir.

Les voilà donc (les pères Minimes et l'ermite) qui ce mette an chemain au jour pris. Tout an cheminant, ils discourent sur le subiect. Mais l'hermite ne ce trouve point an résolution de san retorner avec sa fame ; il pance avoir des persuations assés forte pour fère consantir sa fame de ce randre religieuse.

Laissons luy jouer son personnage et puis elle jouera le sien. Venons faire ung tour au païs de Bourbounais, y ayant près de deux ans que les pères Minimes en sont de retour, et que ses bonnes damoiselles ne voict point réussir le fruict de leurs prières.

Neuf années c'estant desjà passée qu'elles ne savoit nulles nouvelles, l'une de son mary, l'austre de son beau-fis, la mère, qui venoit sur lage, estoit tousjours sur le desplaisir de voir sa fille sans savoir si elle estoit pourveüe ou à provoir.

Elle coumence à luy dire ung jour :

— Et-il posible, ma fille, que vous aymiés sy peu ma consolation que vous voullés que je consoume ma vie dedans ung ennuy qui me ronge lame et le corps ; et que vous soyés si aretée que de ne vouloir donner contentemant que je désire de vous ? Pouvés vous croire que vous ayés ung mary au monde après neuf années de pasées ? Ou, si li est, ou est l'affection qu'il la pour vous ? La loie ordonne qu'après sept années passées que lon na pas ouy parler d'ung mary, que l'on ce peust remarier.

Pour vostre consolation, je ne vous ay pas voulu trop précipiter après les sept ans ; mès maintenant je désire que vous consentiés à ma volonté. Voillà ancore deux ou trois partis avantageus qui ce présante ancore. Faictes élection de celuy qui vous cera le plus agréable et me donnés quelque satisfaction en consantant ama volonté, afin que sy Dieu venoit à abréger mes jours, je meure avec repos d'esprit.

La fille, voyant que sa mère la pressoit tousjours fort sur ung segond mariage, luy dit que pour la contenter et luy randre quelques devoirs d'obéissance, quelle feroit ce quil luy plairoit. Mais ce fust après luy avoir représanté beaucoup de choses qui contrariet fort à ce desain, et pour conclusion quelle ne choisiroit ny l'un ny l'austre des partis quelle luy noumait ; qu'elle en fict elle-mesme le choix, ue croyant pas que cella peust réussir.

La mère ce tint pour contante de la parolle que luy donna sa fille. Elle passa toute la jornée à considérer tantost les biens de celuy-là, les perfections de celuy sy ; bref, elle se coucha.

Desjà elle croyet le landemain de pouvoir parler aquelcun qui peust mestre les fers au feu pour parachever son affaire. Mais elle aura quelque acroche : car la fille, sur le minuit, antant une voix qui lapelle :

— Mademoiselle de Jansat !

Elle respont :

— Qui esse qui m'apelle ?

La voix luy répliqua :

— Ne vous mariés pas. Sy vous vous mariés, vous vous en repantirés !

Illust quelque effroy et ce mest toute dans son lit, ne voulant pas effrayer sa mère. Mais au matin, en luy donnant le bonjour, elle luy dit en suitte :

— Mademoiselle, je ne suis plus an volonté de me remarier ; j'ay ouy ceste nuict une voix qui m'a apellée et ma dit que si je me remariés, que je man repantirois.

La mère ce moque de ce discours et dict :

— C'est des reveries de ses bonnes fames de vilage qui ajoute foy à leurs songes !

Sur ce différant, ung mois se passe que la fille résistoit toujours.

Cependant, ce voyant grandemant inportunée de sa mère, elle doune ancore son consentemant. Elle ne manqua pas la nuict ansuyvant d'antandre ceste voix qui lapelle et luy dit la mesme chose qua la première fois. Elle assure le landemain à sa mère qu'elle ne ce remarieroit pas ; qu'elle avoit ouy encore ceste voix qui luy avoit dit la mesme chose.

La mère, coume toute an inpatiance, luy repart :

— Je ne say quant vous cesserés de croire vos ymaginations. Est-il posible que des songes occupe tellemant vostre esprit qu'il faille les suivres coume des vérités ? Ou il faust que vous les croyés coume révélations ou que vostre esprit soit sy foible que vous preniés pour vérité ce qu'il s'ymagine en dormant.

Les damoiselles de Jansat furent ung mois à disputer leur petit différant, la mère se metant tantost en inpatiance et puis, une austre fois, elle flatoist ceste chère fille. Anfin elle la gaigne pour la troisiesme fois.

Ce cera tout ce qu'elle an pourra avoir pour toute résolution ; car la nuict ancore ansuivante, elle antant ceste vois qui l'apelle plus fortemant que les austres nuicts :

— Je vous ay dit, desjà dit deux fois, que sy vous vous remariés, vous vous en repantirés. Je vous le dis pour la troisiesme fois.

Ceste damoiselle, plus effrayée que les austre fois, prant la ferme résolution de soposer a toutes les suplications. Dès le matin, allant donner le bonjour à sa mère, elle ce jette à ses pieds, luy disant :

— Je vous suplie, mademoiselle, de me fère ceste grasse que de ne me parler plus de me remarier ; car toutes les fois que ma volonté ce soumet à la vostre, jantans ceste vois qui me solisite ane le fère pas, me menasant tousjours du repantir.

A la vérité, vous et moy en aurions ung très grant si j'estois remariée et que, après, je vinse asavoir que mon mary est anvie. Et peutestre, puisque ceste voix me persécute, en dois-je savoir bien tost des nouvelles ?

Moitié ancollère de voir sa fille se dédire sy souvant, et moitié impressionnée sur ce que pouvoient signifier ces avertissements, la mère s'écria :

— Vous avés atandu neuf ans des nouvelles ; atandés ancore neuf ans ! Je ne vous en parlerés jamais !

Et la lesse dans sa chambre et ce va promener dans son jardin, pansant à toutes ces choses et ce décidant à s'armer de passience pour quelques mois.

*Coume l'hermite ariva à Poitiers et ala loger
aus couvant des Minimes. Et coume le père
André Chavigniau le mena à sa sœur.*

Ayant mis trois ou quatre journées à faire leur voyage, l'hermite
et les pères Minimes arrive à Poitiers coume vers les jours gras.
Les pères mène leur pèlerin de voyage à leur couvant pour estre
leur oste jusques ace qu'il plairoit à Dieu d'en ordouner autremant.
Par bonheur, le père André Chavigneau ce rencontre. De coy les
pères, fort contans, le vont trouver à sa selule et, après avoir faict
leurs complimans religieus, luy dirent :

— Voysi leure ou nous aconplisons ce que nous vous avons
promis ; nous vous avons amené le père hermite qui est vérita-
bleman celluy qui a demeuré neuf ans caché a sa fame et ases
parans. Il a consanti de venir ysy affin que par le moyen. de sa
sœur, il fasse savoir de ses nouvelles a sa fame, à sa belle mère et
à ses frères. Il a desain de ce séparer de sa fame pour ce randre
capusin. Je croix quil li aura du temps enployé à désider ceste
afaire, parce que je nay pas recounu la fame en nulle délibération
de ce randre religieuse coume il prétant.

Le père André fust fort ayse d'entendre dire la venue de l'hermite.
Il sort de sa sellule pour faire la bien venu a leur nouveau hoste.

Ils sentretiène long tenps sur sa longue absence et sur le subiect
qui le retenoit de faire savoir de ses nouvelles.

Et tousjours, de crainte qu'il ne vînt ancore à prandre humeur
de selougner, ne luy osoit dire parolles qui le peust piquer. Mais
après ung jour d'antretien, pour luy donner tans de ce reposer de
son voyage, le père André luy dit le landemain :

— Il ne faust pas laiser ceste bonne seur plus long tans sans luy
faire paroistre que vous estes proche delle. Alons la surprandre,
car je ne luy ay pas faict savoir que vous estes an ceste ville.

Ils s'achemine dont à Sainte-Crois, où, estant arivés, font
demander la seur de la part du R. père André, et quil laloit atandre
au « pas Dieu. »

Lon vient dont dire à ceste religieuse que ledit père André la
demandoit « au pas Dieu. » Tout soudain et sans qu'on luy ust

parlé d'austre personne, il luy prit ung grant batemant de cœur qu'il falut quelle demeurast quelque espasse de tenps sans pouvoir ce déplacer. Après, elle sachemine au lieu où on la demandoit. Estant en my le cloistre, le bastemant de cœur la reprant, en telle sorte qu'il falut ancore quelle ce reposast, ne pouvant marcher. Elle disoit en elle mesme : « Quesse que je puis avoir ? Ce que me peust sinifier ce bastemant de cœur qui moste la respirasion et le pouvoir de marcher ? »

Si elle eust heu quelcune avec elle, elle ust envoyé faire ses escuses. Mais ce voyant seule, elle prist courage.

Antrant dans le « pas Dieu », elle nust le pouvoir que de dire :

— Mon père, excusés moy et me permetés de reprandre mes espris, car je crois qua ce coup le cœur me va falir. Je ne say quelles nouvelles vous maportés, mais aussy tost que lon ma dit que vous me demandiés, voilla coume je suis devenue.

Et elle demeura là sans parler quelque espasse de tenps....

Le père André prant la parolle et dit :

— Equoy, ma bonne mère, faust il estre si sansible ? Je vous croyés ung *cœur de roche ;* mais je vois bien *que vous nen portés seullement que le nom* [1]. Sus, sus ! prenés courage ; car il faust que vous en ayés pour en donner à ceux qui en manque.

Elle coumance ajetter ung soupir et, ouvrant ses yeus, les jettant sur la grille, elle apersoit son frère quelle ne pouvoit recougnoistre aux trais du visage pour lavoir quité fort jeune anfan, lors quelle sortit de la maison paternelle. Elle ne lavoit veu despuis ; mès bien au coup despée qui luy fendoit le nés, elle coumance a sécrier :

— Hellas ! quesse que je vois ! Je pance que voilla mon frère, que vous avés avec vous. Je ne m'étonne plus sy le sanc de mes vaines cest esmeu et sy mon cœur cest trouvé tout saisy.

— Et coy, repart le père, je ne croyés pas que vous fusiés ancore atachée a la chair et au sanc. Il faust quiter toutes ses tendreses pour asister ce bon frère.

La seur, ayant repris abon essient ses espris, fait une forte réprimande à son frère d'avoir abandouné sa jeune fame ung sy long espasse de tenps dans les orages du siècle.

---

[1] Jansat de la Roche.

— Sy ella heu de la vertu en son afflition, dit-elle, ce nest pas de vous de qui elle en a pris la conduite ; mais sy Dieu lavoit de tant dellivrée quelle ce fust portée au mal, ce ceroit vous qui en ceriés le coupable. Et je ne puis croire que vous ayés aquis de grans mérites dedans vostre retraite ny que vos oraisons aye esté fort agréable a Dieu.

Il prant la parolles et dit :

— Il ne me cera pas nécessère danployer davocat pour plaider ma cause, puis que me voilla desja condanné. Je ne viens pas aussy me présanter à vous coume juste, mais coume coupable ; et coume tel, je viens vous demander asistance, affin que par vostre moyen je puisse faire savoir à Mesdamoiselles de Jansat que je suis au monde. Et demande par mesme celle de vos prières, affin que je leur puisse persuader eficacement ce que je demande pour eux.

Le père Chavineau prant congé affin de les leser antretenir. Et de fait, ils lavoient asés de choses à conter depuis le tans de leur dernière veüe.

Nostre hermite santant reprocher la paine en coy il avoit mis toute la paranté, la perquisition qu'il avoit de sa personne ; on luy remonstre la longue persévérance que sa fame avoit heu de ne ce point remarier, quelque persuation que sa mère luy en aye faict ; l'affliction an coy estoit ceste mère qui navoit que ceste fille et lavoir mariée pour n'avoir pas la consolation de la voir en la conpagnie de son mary.

Atous ses discours, luy ne respondoit quasy rien, si non que la Providance l'avoit ainsy ordouné de toute éternité. Mais il songeoit en luy-mesme que le détachement qu'il avoit montré feroit qu'on ne se sousieroit guière de le ravoir et qué plus facillemant il pourroit persuader à sa fame de ce randre religieuse. Mais il contoit bien sans son hoste.

Bref, il fust conclu qu'il escriroit à sa fame, sa belle-mère et ses frères, tandis que de son costé la religieuse escriroit à chascun pour confirmer la vérité.

Chacun va ranplir du papier pour fère savoir que la drame perdue estoit recouverte. Sy ces letres ce pouvoit recouvrer, elle ceroit sufisante d'en faire ung gros volume. Je ne prétans pas de les metre au long.

*Coume Madame de Bourbon, abbesse de Ste Crois,
est supliée de prester son laquais pour porter
les letres en Bourbounois.*

L'hermite, qui n'avoit nulle conpagnie que sa personne, suplie sa seur d'obtenir le laquais de Madame de Ste Crois pour faire ce voyage au païs de Bourbounois. La sœur, qui estoit du nonbre de celles qui rendoient du servisse aceste grande princesse, nust pas beaucoup de paine à obtenir sa très hunble suplication. Mès de plus, par un effect de sa bonté et libéralité, elle en voulut payer les frais.

— Elle vouloit, disoit-elle, estre le motif du contentemant quelle ce représantoit cauroit ceste damoiselle de savoir des nouvelles de son mary.

Les letres sont faictes. La religieuse, escrivant à sa belle sœur, luy exprime toute la joye qu'elle resepvoit de ce que ses paines navoit pas esté innutilles pour retrouver son mary. Dieu avoit permis quelle voyet de ses yeux celluy quelle croyet estre réduit en poudre, pour ne le voir envie qu'au jour du jugemant. Elle luy assuroit par toutes les parolles qui pouvoit contenir vérité quelle ne devoit douter que ce ne fust véritablemant son mary ; qu'elle luy assuroit, cellon quelle le luy avoit dépaint, que ce n'estoit pas ung corps fantastique, mais véritablemant celluy qu'on avoit sy long tenps cherché ; qu'elle l'avoit veü, qu'il luy avoit respondu que son crime méritoit bien une longue pénitance.

Il avoit esté le premier, luy avoit-il dit, à faire mourir ung homme, duquel il ne savoit sy l'ame estoit en voye de salut ; que quant il vivroit ung milion d'années, il ne sufiroit pas pour effascer sa fauste.

C'est son intension, disoit-elle, de terminer ses jours dans une continuelle pénitance. Mais il ne peust venir au desus de ses prétansions sans votre consantement. Il ce faict fort de vous gaigner à Dieu et de soter de l'engagemant de la terre. Enfin elle la conjure de luy mander anplement son dessein et de quelle fasson elle veust qu'elle se comporte envers son mary.

De son côté, l'hermite écrit à sa femme une lettre de douze ou quinze feuilles de papier pour le moins. Voici en substance ce qu'elle contenait :

« Vous cerés estounée, ma très-chère seur, d'antandre dire que celuy que vous croyés peut estre mort soit ancore vivant. J'aurois bien des escuses à vous faire sur le long temps que j'ay diféré à vous faire savoir de mes nouvelles, mais quant vous saurés au long ce qui a retenu ma main, vous jugerés que Dieu a heu plus de force sur mon esprit que la créature. » Il luy citoit beaucoup de passages de la sainte escriture, afin de l'amener à le quitter. Il seroit coume ung segond Saint Benoist et elle Ste Scolastique ; coume ung segond saint François et une sainte Clère, et plusieurs autres saints qui avoient quitté le lien du mariage pour d'autres liens plus relevés. Bref, il veust croire qu'elle a l'ame sy bonne qu'elle ne fera dificulté de chercher la voye la plus assurée pour son salut et n'avoir nul objet que celluy de Jésus crusifié. Enfin il n'omet rien pour la persuader de le quitter.

Hélas ! le pauvre Gervais perd bien sa peine ; certes sa femme ne s'est pas informée de luy si longtemps pour luy permettre sy paisiblement de faire sa volonté.

L'hermite écrit aussi à ses frères : il leur faict, pour leur faire trouver bon son long sillence, des sermons auxquels ils ne trouveront guière de goust.

Il mande à son frère le chevalier qu'il la apris coume Dieu le traicte par les soufranse ; qu'il l'estime heureux de pouvoir ymiter en quelque fasson Celuy qui a tant soufert pour luy ; que l'on luy a dit que ses douleur l'enpesche de ce randre à son devoir et daller à Malte. Il luy conseille de faire violance ason mal et d'y aller plus tost avec ung baston à sa main ; que Jésus n'a pas cherché des montures pour opérer nostre salut.

Tout cella ne fust pas trouvé de bonne digestion, veu la diférance quil lia des discours de Dieu a ceux du monde ; il len verra lespériance par les réponses qu'il recevra quil ne trouvera pas conformes aux siènes.

Je vous puis pas mettre en lumière toutes ces responses, parce qu'an ce tenps-là je nestois en délibération d'escrire ceste istoire ; c'est pour coy je n'ay pas heu la curiosité d'en garder les manuscris, ce que jusse bien peu faire, puis que jestois présant lors qu'ils rescure les letres, leur estant asés proche ; mais j'estois pour lors bien eslougné des désir que jay a présant. Je vous lesse seullemant juger coume les personnes du monde se gausse de ceux qui ne save parler que de mortifications.

Coume le laquais fust despesché en Bourbounais.

Ses letres faites, l'hermite les aporta à sa sœur et font leur despesche ensenble, fesant partir le laquais. Celuy cy fist tant par ses jornées qu'il arive ung soir à la maison du frère ayné qui ne pansoit à rien moings qua son cadet. Et coume l'heure estoit induc, les portes du chasteau estoit fermées. Lon entant une voix qui cria près des fenestres que « l'on ouvrit pour voir ce que lon demandoit. » Et lors lon fust estouné d'entendre que le porteur venoit de la part de Madame de Ste Crois.

Ne pouvant simaginer ce qu'il ly pouvoit avoir pour resepvoir cest honneur que destre visités de la part d'une sy grande princesse, l'on fist dont ouverture des portes.

Le voyageur estant entré, l'estounemant fust grand quand on vist qu'il portoit des nouvelles de leur frère. Les deux jentillommes ne savoit sy cestoit ung songe ou une vérité ; ils mescounaissoient lescriture ; leur estounemant redoubla d'aprandre quil lestoit revêtu d'un abit d'hermite. Quel changement ! veü la vie qu'il avoit menée en sa jeunesse !

Et voyci que l'inpatience et la collère saisissent les deux jentillommes à la pancée que leur frère avoit atandu quil aye esté marié pour faire ung changemant de vie. Il ne ce peuve tenir de dire :

— Voysy de nos caphars, quil veuille faire les ypocrites après avoir faict toutes choses plaines de dérision en leur jeunesse ! Ancore luy pairdonnerions-nous sil navoit pas lessé une jeune fame à la sensure des discours du monde. Que sy Dieu luy ust osté sa mère, aussy bien cun mary eslougné d'elle, que ceroit elle devenue ?

Ce fust ancore pis, quant ils fire lecture de leurs letres. Je ne say quelle réplique il ne fesoit point.

Toute la soirée ce passe soit ala lecture des lettres ou a informer le laquais de toute la vie quil pouvoit savoir du père hermite, coume il vist à Ste Crois, ce quil faict et où il faict sa demeure.

C'estoit prinsipallemant ses niepce qui prenoient ung grant plaisir dantretenir ce dit laquais.

Le lendemain, sans plus tarder, lon despesche le porteur pour aler trouver la damoiselle. Celle-cy estoit partie sur latante, celon son songe ou révélation, de resepvoir des nouvelles de son mary. Elle ne set que pancer, venant de ce promener d'une de ses fermes avec sa mère, de trouver ung laquais de Madame de Ste Crois, lequel luy présante premièremant la letre de sa belle seur, coume illuy estoit coumandé.

En la lisant, lon ly voit changer de couleur et un bastemant de cœur la saisit sy viollammant que sa mère ne peust symaginer le subiect de ce subit changemant et luy en demande la cause. Sa fille, jettant ung grant soupir, lui répondit :

— Bon Dieu, ma mère, qui ne ceroit esmeue à la nouvelle que ma belle-seur me mande !

Et ce tornant vers le laquais, luy dit :

— Est-il posible, mon amy, que mon mary soit vivant ?

— Ouy, mademoiselle, vous le pouvés croire et, pour plus grant tesmoignage, il le vous confirme luy-mesme.

Lors le messager présanta les letres de l'hermite.

Je vous laise à panser toutes les choses qui ce passe par lesprit des damoiselles de Jansat.

— N'esse pas quelque tragédie que l'on joue, ce disoit la mère, parce que j'ay fort pressé ma fille de ce remarier ? Car quelle aparance cun homme s'estant eslougné sans subiect après l'avoir espousée et ayant demeuré sy long temps sans faire savoir de ses nouvelles, et puis me venir dire à ceste heure qu'il est vivant ? Cella n'est pas aisé acroire.

Lune et laustre ne peuve recougnoistre lescriture. La fame faict recherche de toutes les letres qu'il luy escrivoit durant qui la recherchoit en mariage ; elle les confronte contre celle-là et n'y trouve rien de sanblable, qui ly faict croire que cest quelque letre apostée. Elle regarde la sinature, elle trouve que « *Gervais, hermite indigne.* » Ne voyant pas son sur non, elle coumansa à dire : « Ce n'est pas mon mary qui mescrit » ; sa mère la confirme en ceste créance.

Cependant, par un retour d'esprit bien naturel, elles vindrent à ce dire :

« Sa sœur nous assure que cest luy ; cest pour coy il faust croire quelle ne le voudroit mander s'il n'estoit véritable ! »

Ils (elles) fesoient tous ces discours par ansanble, au paravant que de faire lecture.

Mais elles ce trouvent bien estounées sur ses prédications et sur la sollisitasion qu'il fesoit à sa fame de le quiter pour anbraser la vie religieuse. La mère se mest en inpatianse et dit plusieurs parolles cellon son santimant sur son eslougnemant et l'abandonnemant qu'il la faict de sa fille.

Il faudroit ung volume bien anple ou une mémoire meileure que la miène pour en fère le ressit.

La fille, qui navoit nulle inclination a renoncer au monde, faict plusieurs homélies en sa pansée et plusieurs chateaus en Espagne ce batisse en son esprit. Sy elle respont cellon ses désirs à ce père hermite, il se peust que cella luy fasse prandre ancore la fuitte dans le désert.

Coume les choses ne doive pas estre faicte à la volée, les damoiselles de Jansat se consulte ansanble ; elles coumunique ses letres à deux honcles quelle avoit, seigneurs de Jansat en partie et elle l'austre, et ung qui estoit d'esglise.

D'un coumun acort, ils disent tous qu'elle luy devoit faire responce coume si elle vouloit adérer à ce qu'il requiert delle : mais que cepandant elle prandroit le tenps de consulter plus anplemant ce quelle auroit affaire ; quil ne falloit pas suivre la prontitude de lesprit ; ne faire rien cellon la passion ; et puis quil lavoit heu la pasiance durant neuf années, quil falloit par leurs prudances que la fin courounast l'œuvre.

Tellemant que leur résolution estant prise et leurs espris estant ung peu remis, pour ce consoller il coumance a entretenir ce laquais. On luy demande force détails sur l'arrivée du père hermite à Poitiers. Qui l'y avoit conduit ? Coume il estoit venu trouver sa seur ? Sy elle l'avoit bien counu, puis qu'il estoit sy jeune, quant elle ala en religion ? Sy elle estoit bien assurée que ce fust luy ? et plusieurs austres information qui leur fesoit.

A coy celuy cy fist responce cellon qu'il avoit veu luy mesme.

Il arrivoit que la fame pleuroit en abondance de savoir son mari hermite ; d'austres fois elles s'esclaffoient l'une et l'austre, coume ce moquant de ses façons de faire.

Bref, il passère la soirée prenant ung singulié plaisir à toutes les répliques du laquais, lequel ils garde pour fère leur responce.

Coume les damoiselles de Jansat despesche le laquais de Mme de Sainte Crois pour s'en retorner à Poitiers.

Les damoiselles prirent le tenps pandant deux jours pour fère leur responce.

La mère parle du desplaisir qu'elle lavoit sy long tenps esprouvé. Elle nust jamais creu qu'il lust voulu espouser sa fille pour la lesser ; que sy leur usse donné avis de ses pieux desains, elles ussent coopéré plus tost à ce qu'il aspire àprésant. Il luy eschape par fois quelque point d'inpasiance et de santimant : après elle sadoussit, craignant de le rebuter.

La fille melle son discours de joye, d'étounemant, de douleurs et dannuis ; de joye de voir que Dieu la regardée de son œuil de conpassion, puisque, contre toutes ses espéranses, il luy fesoit cougnoistre qu'elle avoit ancore un mary ; d'étounemant, en ce qu'il lavoit heu le courage de l'abandouner sy jeune et presque aussy tost que Dieu les avoit asenblés, et de savoir qu'il s'étoit réduit dans la vie des ansiens anacorètes. Elle luy représante après les annuis et douleurs dans lesquels ella mangé son pain, que cepandant quil vivoit dans les délises coume il luy faict paroistre par sa lestre ; elle croit avoir, pris pour pris, avoir receu autant dans la solitude que luy, puis que dans sa jeunesse illa falu quelle ce soit retirée de la fréquentation de conpagnies ; que si elle ust aveu que sut esté son dessain de la quiter pour ce donner à Dieu, quelle nust pas soufert tant de martire au corps et alesprit ; qu'elle ce fust aler jetter de son costé dans le désert de la religion. Bien qua présant elle nust pas pris ceste résolution, voyant quil la portoit à ung sy heureux changemant quelle souetoit que Dieu coopérast en elle ce qu'il souestoit ; mais qu'il falloit quelque tenps, que la chose le méritoit bien et qu'elle croyet qu'il entreroit bien dans ceste considération quil ne faust rien faire à la volée.

Ainsi les deux femmes palie leur discours au mieux qui leur est posible et parle au plus loing de leur pansée, de peur qu'il ont qu'il repregne la fuicte. Elles luy donne enfin toute sorte despérance.

Le laquais est dont despesché avec force belles parolles à transmettre ; il vien repasser ala maison du frère aîné pour prendre aussy ses responces.

Celui-cy ny estoit pas. Il ny eust que le chevalier et ses niepses, qui escrivirent témoignant chascun l'estounemant en coy il cestoit trouvés de le savoir au monde. Le chevalier luy fist counoistre ung peu ses santimans. Mais il s'en fallut que leurs lettres eussent l'estandue de la siène ; ils ne samusère pas à rechercher les pasages de la sainte Escriture pour luy faire cougnoistre qu'il n'avoit pas bien pris le tenps de sa retraite.

Ils font dont leur despesche et ne peuve ce représanter quelle fin prandra ceste tragédie.

Muni de ces responce, le valet prent le chemain de son retour à Poitiers avec la plus grande diligence que ses janbes pure faire.

Il y estoit atandu avec inpatience par l'hermite et sa sœur.

A peine arivé, le porteur s'en va trouver la seur du père hermite, à qui tous les paquets sadressoit, car rien des secrets des ungs et des autres ne luy estoient cachés. Celle-cy envoyast dont quérir son frère, qui fesoit sa demeure aux pères Minimes, et estant arivé au « pas Dieu », elle luy met entre mains les letres de sa fame, belle-mère et frère.

L'hermite ne veust faire lecture que auparavant il ne ce soit mis en la présance de Dieu pour prandre tout ce quil trouveroit dans les letres coume venant de luy et non de la créature.

Après quil lust faict ung peu doraison sur la resination de sa volonté, il revient à la grille, près de sa seur, qui avoit faict lecture des siènes et avoit apris par une letre à part qu'on ne donnoit à son frère que de vaines espérances ; ce ne fust pas cette lettre quelle luy montra, mais une seconde où on parloit d'un tout autre langage.

L'hermite prenant lecture de ses letres, eslevoit les yeux au ciel, monstrant ainsy qu'il avoit de grandes satisfactions ; il faict des trésaillemant de joye.

L'hermite faict encore suplier Mme de Ste Crois de luy prester son laquais pour le ranvoyer en Bourbounais.

Quelque quinse jours ou trois semaines après, l'hermite prist la résolution de ranvoyer ancore au païs ; pour ce subiect, il vint trouver sa sœur, la priant de faire ancore suplication trèshunble à

Mme de Ste Crois de luy prester quelcun pour ranvoyer à sa fame, pendant qu'elle monstroit bonne volonté d'aquiser son désir. Sa seur, qui savoit bien que tout luy ceroit innutile, ne le veust pas metre ors de ceste espérance. Elle redemande le dit laquais, le quel luy est octroyé.

L'hermite faict ses letres, apportant tous les pasages de la saincte Escriture qu'il avoit recherchés de nouveau pour persuader à sa fame d'anbraser la vie religieuse ; il luy persuade mille contentemans que resoit l'ame qui renonce au monde ; il luy montre par mille exanples que les mespris sont les délises du Ciel.

Bref, il luy sanble que aussy tost que sa fame aura reseu ceste segonde exortasion, quelle cera sy ranplie de ferveur quil ne luy restera qua prendre ung voille.

Il escrit par mesme à ses frères qui ne sémouvront non plus de ses nouvelles letres que des premières. Il despesche le porteur qui prist son chemain.

Chez M. de Janzat, lon resoit le mésagier avec ung certain contantemant. Lon ne manqua pas de sinformer bien anplemant des nouvelles du père hermite, sy ne prétendoit pas de venir dans le pais ; qui gagneroit mieux de venir luy mesme faire ses sermons, que de prandre la paine de les escrire, et qu'ils luy feroient responce verbalemant et enfin plusieurs austres discours, de coy je n'ay pas la mémoire résante. La soirée ce passa en plusieurs entretiens.

Le landemain, le mesagier va trouver les damoiselles, qui estoient le prinsipal subiect de son voyage.

Celles-cy se montrèrent fort heureuses de le revoir, mais bien eslougnée du désir de l'hermite ; ils font lecture de leurs letres et nentre pas davantage en ferveur.

La fame est tousjours dans la créance que ce n'est pas son mary, parce qu'elle ne voit pas sa sinature, ne mestant en la souscrition de ses letres que « Gervais, hermite indigne. » Ce qui luy faict prandre résolution d'anvoyer à Poitiers le valet qui avoit servy son mary, et lequel il lavoit ranvoyé lors quil prist le chemain de l'ermitage.

Elle despesche premièrement celluy de Mme de Ste Crois, donnant tousjours de belles espérances.

Après qu'il fust parti, elle envoya quérir celluy quelle vouloit envoyer pour recougnoistre son mary. Elle luy demande s'il ceroit bien ayse de revoir encore son maistre ?

Il luy dit :

— Quant il ceroit au bout du monde, sy elle luy coumandoit de l'aler trouver, que le chemain ceroit bien dificille sy ne trouvoit le moyen de l'aler trouver.

— Je me resjouis, dit-elle, que vous estes en ceste bonne volonté. J'ay reseu desjà deux letres de Poitiers ; mais parce quil ha pas mis son surnon, je ne puis bien croire que ce soit luy : c'est pour coy je désire vous envoyer jusques là pour en recougnoistre la vérité.

Je verray après ce que je dois fère. Mais dites que je ne croiré jamais que ce soit luy, sy ne mest sa sinature.

Elle fist sa despesche, escrit au père hermite et à sa belle seur. Elle mande à ceste dernière qu'elle en voyet l'ancien valet de son mary, affin d'estre plus assurée ; à son retour, elle suivra la délibération d'aler elle mesme trouver celluy qui avoit tant danvie de ce séparer delle ; mais elle la suplioit de n'en donner pas avis a l'hermite, de crainte quil ne s'eslougnast encore une fois.

Cependant que celuy cy part du païs, celuy de Mme de Ste Crois ariva à Poitiers. L'hermite, aux nouvelles qu'il apporte, est au période de ses contantemans ; il ne ce posède plus de joye ; desjà il faict de beaux projets et propose à sa seur de luy faire ung formulaire à l'usage de sa fame pour la conduite dans la vie religieuse.

Sa seur se rist dans son intérieur de tout cela ; sachant bien le fond des choses, elle ce garde de rien dire qui puisse diminuer ceste alégresse.

Cepandant, en attante que son laquais arive, l'hermite visite souvant sa sœur au couvent. Il voudroit anvoyer quelcun à sa fame pour tâcher dan tirer une antière résolution.

— Ayé pasience, luy dit-elle, ne vous présipité pas tant de peur d'atiédir les espris.

Laisons nostre hermite ruminer et bastir tous les chasteaux en Espagne ; sa fame en bastit bien d'austres, à quoy il ne songe pas.

Coume l'ancien valet fust despesché par les damoiselles à Poitiers.

Quelques semaines après, les damoiselles despeschent à Poitiers le laquais qui avoit servi M. de la Roche, affin d'aprendre véritablemant sy c'estoit le personnage qui avoit demeuré neuf ans caché, croyant que c'estoit quelque artifice du diable ou de quelque créature quil les voulust tenir le bec an l'eau.

Elles disent au mésagier en luy donnant ses letres qu'il dise bien quelles ne croiront jamais que ce soit luy si ne mest sa sinature.

Il luse toutes fois de tous les artifises quil leur est posible pour le tenir tousjours dans l'espérance qui feront ce qu'il prétant. Mès ce cera plustost luy qui subira aux prétansions de sa fame, que sa fame aux siènes. Et je ne say s'il leust atandu sy long tenps à Poitiers, s'il lust creu ses désains ranversés.

La damoiselle de Jansat de la Roche mande ases beaux-frères si voulait escrire quelle avoit pris résolution danvoier à Poitiers quelcun qui pust seurement cougnoistre s'il ni avoit point d'artifice, afin qua son retour elle s'acheminast elle-mesme pour l'aler faire défroquer.

Les frères escrive, mais des gauserie coume naprouvant pas tout son procédé.

Le porteur passe à la maison du frère ayné, prent ses despesches et, estant arivé à Poitiers, s'en va tout droit à Ste Crois coume l'on luy avoit ordouné.

La seur volant avoir le plaisir de voir l'abort du maistre au valet, anvoye quérir son frère et faist tenir le mesagier au pas Dieu.

L'hermite estant arivé, apersoit ung homme auprès de la grille. Il ce doute que c'est de la part de sa fame ; mais afin quil puisse resepvoir de bonnes nouvelles celon son souet, il va à son acoutumance ce prosterner devant le pas Dieu.

Il faict son oraison sy longue que sa seur fust contrainte de l'apeller pour venir resepvoir ses letres ; il ce lève donc de son oraison.

Et dabor quil lust torné visage, le laquais cougnoist fort bien son maistre. Il prant sa course et ce va jetter ases pieds, disant :

— Mon bon maistre, est il posible que je vous revoye et que vous soyés ancore au monde ?

Quant le maistre vist son laquais à ses pieds, il ce jette aux pieds de son valet et aqui mieux mieux s'enbraceroit les pieds. Je crois que sy n'usse esté conviés par la seur de quiter leur point d'humilité, qu'il ly eusse demeuré long tenps !

Il viène donc de la grille où l'hermite receut ses despesches. Après en avoir faict lecture, il s'informe fort des nouvelles de sa fame ; particulièremant lors quil eust mené son homme chez les Minimes. Là, il coumansa a l'informer de tous les déportemans de sa fame, en quelle réputasion ella esté dans le païs durant son absence.

Dieu permet a ceste homme rustique de parler non pas en serviteur, mais coume une personne bien entendue dans les maxime du monde, luy disant :

— Monsieur, je m'étoune des informations que vous me faictes, car sy elle avoit vescu dans une vie libertine, aqui vous en prandriésvous ? Qu'à vous mesme, qui l'avés abandonnée dans ung tenps qu'elle devoit avoir suport d'un mary. Lon a veu beaucoup de dames et damoiselles estre soumise à la volonté des soldats. Vostre maison n'est pas sy forte pour résister à tous les maleurs du siècle ; mais, Dieu mercy, elle aheu le bonheur de ce garantir de tous ces inconvéniens et vous puis assurer que vous avés la plus sage fame qui soit au monde et qui a vescu avec la plus grande modestie pour sa jeunesse ; quelle cest faict admirer dans toute les conpagnies du païs ; mais il faust que je vous die, Monsieur, que despuis que lon aseu que vous estiés ancore au monde, que vous avés esté blamé, non seullemant de messieurs vos frères, mais de toute la noblesse. Chacun dit son avis sur l'abandonnemant que vous avez faict de mademoiselle vostre fame al'age de quatorse ans, au plus fort des gueres sivilles. Ils ne ce peuve tenir qu'il ne die leur mot sur vostre retraite, et si lon vous peut voir de retour, vous naurés pas assés doreille pour entendre tout ce que l'on vous pourra dire.

Lors le père hermite luy repart qu'il len auroit assés pour ce subiect ; qu'il n'espéroit pas d'y retorner ; que mademoiselle de Jansat luy fesoit espérer quelle ce jetteroit en religion ; et luy de son costé embraseroit la vie religieuse et lesseroit dire aceux du monde tout ce qui ceroit dans leurs fantaisie.

— Ne vous a elle pas dit quelle fesoit ce desain ?

— Monsieur, luy repart le valet, je ne mérite pas de savoir ce segret ; mais elle ma dit seullemant de vous dire quelle ne croira jamais que ce soit vous qui luy escrivés sy vous ne metés vostre sinature.

Ella confronté tous vos escris du passé avec ceux du présant ; elle n'y trouve rien de sanblable. Cest ce qui est cause quelle m'a envoyé par devers vous, affin qua mon retour elle soit assurée que cest véritablemant vous de qui elle ressoit des nouvelles.

Durant lespace de trois jours que cest homme demeura à Poitiers, l'hermite luy tind plusieurs discours, s'efforçant de prandre excuse légitime. Il s'informoit aussy coume ses frères et elles avoit vescu ansanble.

Sy le dit valet ust heu une langue médisante, il estoit en son pouvoir de semer bien de la divorse.

Parmy tous ses discours, il prenoit le tenps de faire la despesche du porteur et les damoiselles préparoit leur voyage. A cest effet, elles envoyent savoir à Monsieur de Saragousse, honcle de la fame, pour savoir s'il les voudroit aconpagner à ce voyage, ce qu'il leur accorda fort volontiers, et se tint prest.

*Coume le laquais, estant venu en Bourbounais,
les damoiselle parte pour aler à Poitiers.*

Nostre hermite, ayant faict sa despesche, donne charge de bouche au porteur de dire à sa fame de faire une pronte conclusion sur tout ce quil luy mande ; que les choses de Dieu ce doive traiter avec ferveur. La séparation fut curieuse.

Ils preine congé l'ung de l'austre en présance de la seur avec forses enbrassemans de pieds l'ung à l'austre ; le valet ne se voulant séparer de son maistre qu'il nust heu sa bénédiction ; lumilité du maistre faisoit son refus ; la ferveur du valet continuet en ses suplications. Et fure ases longtenps en leurs adieux.

Et la sœur faict tousjours les holà.

Quoy que san soit, le valet heut la bénédiction et prant son chemain.

Il ne fust pas plus tost arivé que la damoiselle ne prist pas quasy le loisir de bien informé le porteur, ce contantant d'estre assurée que cestoit véritablemant son mary.

Tout soudain, après avoir leu sa letre, elle vist la sinature qui disoit : « Gervais, hermite indigne. » Et pour vous faire croire que c'est véritablemant moy, « de la Roche. »

A ce mot, elle s'escrie à sa mère :

— Ha ! mademoiselle, cest véritablemant mon mary !

Puis, tout soudain, elle despesche a son honcle pour le suplier de la venir trouver affin qu'elle peust partir dans deux jours, tant elle souétoit voir la bonne mine que son mary avoit dans ung capuchon.

L'honcle estant arivé, dès le landemain, les damoiselles ce mette en chemain et passe chés M. de Jansat, où la fame faict paroistre, par la gayetté de son visage, le contentemant qu'elle avoit.

Ses beaux frères coumance agausser et luy faire la guerre, disant : « Sy elle avoit bien le courage d'aler à plus de cent lieu du païs pour aller trouver ung homme qui ne parle par toutes ces letres que de ce séparer d'elle et aler paroistre la fame d'un hermite dedans une ville.

— Je ne pers pas le courage, dit-elle, sur ce que vous me dites. Je ne saurois mieux vous tesmoigner combien je chéris l'honneur de vostre aliance que de faire cent lieux pour aller chercher celluy qui m'a faict aquérir ce bonheur et nauray point de honte de paroistre la fame d'un hermite, parce que j'espère d'anporter la victoire par ce contract.

Et elle montrait, disant cela, celluy de mariage.

— Mais prenés garde, réplique ses beaux frères ; prenés garde quil ne vous fasse estre religieuse à Ste Crois ?

— Je me tiens plus forte, dit elle, de le vous ramener que de voir ung voille sur ma teste.

Toute la soirée ce passe fort joyeusemant dans plusieurs entretiens, et tous jours on luy disoit qu'elle nauroit pas la forse de ramener le père hermite. Et elle respondist quelle y brusleroit ses livres.

— Lors que je reviendray, sy je ne le ramène, quand j'ariverai au château, sy l'on me demande : « Qui va là ? » je respondrai fort tristemant : « C'est mademoiselle de Jansat. » Mès sy je le ramène, je dirai : « C'est mademoiselle de tout y faust ! »

Le landemain, ils partent aussy fort joyeux quil estoit arivés.

La jeune fame ust bien désiré d'anmener avec elle une des niepses de son mary, qui n'auroit pas mieux demandé ; mais elle n'osa pas en fère l'ouverture à ses beaux-frères, tellemant qu'elle ce contenta de fère son voyage avec son premier train.

Et le fist en ung tenps assés facheux qui estoit sur l'iver au mois de janvier ; mais le désir de voir son mary luy fesoit vaincre les injures du tenps. Le mauvais tenps n'estoit point tant à craindre

pour elle, qui n'avoit alors que vintetrois ans, que pour sa mère et
son honcle, qui estoit ung peu plus avant dans lage. Ce qui leur
donna ocasion, quant ils fure de retour, de dire qu'ils n'avoit pas
heu tant de paine à vaincre le froit coume ils lavoit heu de paine en
leur esprit pour venir à fort à conbatre contre toutes les inventions
de l'hermite.

Il leur estoit avis qua près avoir dit à Gervais de la Roche :
« Nous vous sommes revenu quérir, qu'il ceroit aussy prest de
partir. » Mais il n'en yra pas ainsy ; ils feront plus de demeure à
Poitiers qu'il ne prétende. Coy quil en soit, ils y arivent assés
heureusemant.

Coume estant arrivées, les damoiselles de Jansat
font savoir leur venue à la seur, qui fust ravie
de joye.

Estant arivée à Poitiers, parce qu'il estoit trop tar pour aler
randre ses devoirs à Mme de Ste Crois, mademoiselle de Jansat se
contenta de faire savoir sa venue à sa belle sœur. Celle-cy ne
manqua pas de le randre pour elle, et Mme de Ste Crois tesmoigna
qu'elle auroit beaucoup de contantemant de les voir et de leur
pouvoir montrer son affection et ses bonnes volontés.

Le landemain, les voyageuses délibère d'aller ouïr la messe à
Ste Crois et par mesme voir la religieuse pour savoir d'elle coume
on pourroit aborder leur homme et premièrement faire la révérance
à Madame de Bourbon.

La seur, sur l'avis quil leur avoit donné, faict tenir une messe
preste, au pas Dieu, ou après leur dévotions faictes, vindrent à la
grille se resjouir ansanble de leurs venues et parle fort amplemant à
la seur du desain quil avoit d'enmener leur hermite.

— J'ay peur qu'il vous fera bien du mal, réplique la seur, car il
croit que vous estes toute preste dantrer en religion.

— Illest bien eslougné de sa prétansion, respont la fame.

— Sy jusse désiré de mestre ma fille en religion, dit la mère, je
nusse pas atandu qu'elle ust esté mariée ; mais, au contraire, sy
elle must voulu croire, illya plus de deux ans qu'elle ceroit remariée.

Là desus, elle luy faict ses plaintes, cellon les santimans quelle
pouvoit avoir disant qu'elle ne croyet pas que Dieu ny les créa-

tures peust aprouver la conduite du père hermite blanc. Et après plusieurs discours, elle ajoute :

— Syl nous donne de l'exercisse, nous luy en donnerons aussy !

La desus, ils demande d'avoir lonneur de fère la révérance à Mme de Bourbon, pour lors abesse, pour luy randre grâses de tant donneur quil ont reseu de sa grandeur et pour ce gouverner en ceste occasion cellon ses ordounances.

Ce qui ut lieu, et maditte dame leur fist des honneurs quil ne ce peuve exprimer et leur tesmoigna avoir ung grant contantemant de les voir, et après les avoir entretenues sur le subiect de leurs venue, elle leur promit asistance en tout ce dépandroit de son pouvoir. Elle voulut quils dinasse en sa maison, affin qu'ils nussent pas la paine de revenir de leur logis, quant reviendroit le père hermite. Aussy bien la seur vouloit voir ce premier abort, puis qu'elle avoit desja veu le coumancement de l'istoire.

Les damoiselles vont donc prandre leur réfection et la seur de son costé, en espérance de ce revoir après. Il ne fure pas longue expace de tenps sans ce rasenbler, sur le désir qu'il lavoit de voir la mine de leur homme.

Celuy-cy avoit, de son costé, passé une nuict en inquiétude. Il luy sanbloit que le ciel et la terre le traversoit, que tous ses pas luy estoit innutilles. Bref, où il pansoit trouver du repos, il ne trouvoit quespines et chardons.

Or coume il resvoit sur les traverses de son songe de la nuict, lon luy vint dire que sa seur le demandoit à Ste Crois.

Et coume il entroit dans le pas Dieu, alant faire ses dévosions acoustumées devant que d'aler parler à sa seur, il apersut près de la grille les deux damoiselles, ce qui luy fist prandre ung batemant de cœur et ce représanter que ces damoiselles estoit le subiect de ses traverses.

Et estant trop long temps, à leur fantaisie, en dévosion, sa seur coumance alapeller. Et venant ace retorner, la fame venant à recougnoistre son mary, va audevant de luy pour l'enbraser.

Mès luy, voyant sa fame venir en ceste action, luy mest les mains devant, disant :

— Toubeau, toubeau, mademoiselle de Janzat, considérés labit que je porte pour y porter quelque respect.

Sa belle-mère vient aussy pour le saluer ; il la repousse de mesme et luy faict la mesme arangue.

Tellemant quil ne sure avoir raison de luy. Alors ils s'aproche tous de la grille et parle anplemant sur tous leurs diférant. L'hermite put voir qu'il estoit bien eslougné de ce qu'il prétendoit deux.

Après beaucoup de raisons contées d'une part et daustre, la fame coumance à dire :

— Au bien, Monsieur, toutes les douleurs et afflictions du passé ne me sont plus présante devant mes yeux, puis que je vous revois. Je passeray désormais le tenps qu'il plaira à Dieu me laisser vivre en contantemant, vous ramenant avec nous. Combien de tenps désirés vous que je lasse séjour en ceste ville pour vous préparer à partir ?

Tout estouné de ce discours, De la Roche réplica :

— Ce nest pas ce que vous mavés faict espérer par vos letres ; je prétans plustost en voir réussir l'effect.

— Je crois, dit-elle, que je verray plustost réussir celluy de vostre départ de ce païs pour le Bourbounais que vous de me voir ung voille sur la teste. Ce que je puis vous avoir dict par mes letres ne peust pas ronpre le contrat que vous avés faict et siné pour m'espouser. La crainte que j'ay heu que vous prinsiés ancore la fuitte m'a faict fère sanblant dadérer à vostre proposision, parce que je désirois moy mesme en venir faire la conclusion, laquelle nest austre que de vous enmener.

Bref, ne pouvant acorder leurs différans, ils sanvont ansanble tous trois jusques au logis, où estoit resté l'oncle. Après les salutasions faictes, on parle de l'affaire. L'hermite, qui n'avoit pas prémédité tous ses assauts, demande tenps de ne rien faire à la volée ; qu'il falloit quil consultast avec Dieu ; que mademoiselle de Jansat l'avoit tronpé par ses escris ; qu'il veroit, dans ung jour ou deux, ce que sa consience l'obligeroit de fère.

M. de Saragousse lui réplique :

— Ouy, cest la raison que vous consultiés avec Dieu pour vous résoudre à vous décapuchonner ; mès ne nous allés pas jouer ancore une basque de prandre la fuicte.

L'hermitte promet qu'il ne s'élougnera plus, qu'il ne voye s'il le peust faire ouy ou non. Illest raisonnable qu'il preigne conseil là desus.

Il prant congé et loncle le va conduire jusques aux pères Minimes, où il logeoit, pansant tousjours le mestre en raison et en pouvoir tirer quelque résolution sur le retour.

Le landemain, tous estoient au pas Dieu, la seur, la fame, la belle mère et l'oncle. Chascun fist son pouvoir pour tirer quelque parolle de luy pour leur retour. Mais il batoit à froit. Ce qui mist la belle-mère fort en inpasience, qui coumance à luy parler fort rudemant sur l'afront qu'il fesoit à sa fille et à elle mesme. Luy escoute sans austre réplique, sinon : « Dieu me fera la grase de mestre ordre à tout. »

La seur va suplier Mme de Sainte Crois de les voir tous en sanble, croyant que l'octorité de sa Grandeur pourroit fère prandre une résolution au capuchin ; mais ce fust en vain tout ce que ceste bonne princesse peust aléguer....

Il fallust ce retirer ceste jornée coume l'austre sans savoir ce quil adviendroit et sy demeureroit long tenps ou non en suspans, sans savoir sy partiroit ou non ; tellemant que chascun de son costé estoit logé chés Guillot le Songeur et passe la nuit coume cella.

Ce que l'hermite desclare à sa fame pour résoudre
de ce quil doit fère.

Le troisiesme jour estant venu, il ce trouve ancore tous au pas Dieu. L'hermite coumance à desclarer qu'il ne leur pouvoit donner de son mouvemant nulle satisfaction ; qu'il falloit qu'ils prisse des docteurs de leur costé et qu'il en prandroit du sien. Illavoit des propositions sy forte à démeller que lesprit de sa belle-mère, ny celluy de sa fame, ny le sien n'estoit capable d'en résoudre.

— Je me doutais bien, dit la belle-mère, qu'il ce passoit bien des choses sous vostre capuchon, puis que vous estiés sy long tenps à mestre fin à nos demandes.

— Bien ! bien, dit la fame, il faudra voir qui en sortira ason honneur et sur qui tunbera la confusion. Pour moy, je me tiens tellemant assurée de mon baston, que je ne pance pas que nul docteur me puise esbranler, et coumansons quant il vous plaira nostre dispute.

Chacun ce retire donc pour aler chercher des docteurs pour disputer leur cause et en prènent chacun quatre.

Les voilla au quatriesme jour entrés en lisse pour demeller leurs diférans. La fame faict la première la harangue, disant :

— Ce m'est ung desplaisir extrême, Messieurs, que vous soyés ysy asenblés pour résoudre une chose où il nia que Dieu seul qui en puisse disoudre le neu. Vous saurés par ce contract que j'ay espousé ce jentillomme non pas en labit qu'il est, car je ne me serois pas lesser porter de pasion d'espouser ung hermite ; ny ma mère ny mes proches n'y auroit douné leur consentemant. Il la demeuré trois mois avec moy. Ung sertain malheur survint en ce tenps-là que, par une mauvaise rancontre, il ce trouva obligé de ce bastre avec ung jentillomme pour défandre la cause d'ung austre, qui estoit avec luy, et en aheu des marques que vous pourrés juger, qui le rande recounaisable. Luy estant navré fortemant, et les austres estant restés tués sur plase, coume on l'acusoit de meurtre, il falut après sa guérison qu'il fust à Paris pour obtenir sa grasse. Ce fust ung eslougnemant sy cruel et si malheureux pour moy que j'ay esté frustrée de sa présance neuf ans et plus sans pouvoir savoir ce quil estoit devenu. A présant que jaye seu que jaye ung mary au monde et le lieu ou il estoit, je suis venue de plus de cent lieux pour luy randre preuve de contantemant et combien jay de désir de le revoir en sa maison ; il ne me rant pas le mesme tesmoignage, puis qu'il veust faire paroistre à toute ceste asanblée qu'il désire ce séparer de moy.

Je ne say pas les raisons qu'il pourra aléguer pour randre sa cause bone ; mès j'ay ce contract sur coy je fonde mon bon droit et n'ay austre chose dire sinon que cest mon mary et que les hommes ne peuve délier ce que Dieu alié.

Et là desus elle mest son contract de mariage entre les mains des docteurs qui estoit pour elle, disant : « Voillà, Messieurs, mon droit que je mets entre vos mains : disputés avec assurance, car personne ne me peust condanner a ce que je prétans. »

Alors l'hermite coumansa à mestre sur le tapis ses propositions sur lesquelles il prétandoit avoir droit de quiter sa fame pour ce donner tout à Dieu, sans obmettre a montrer les letres où elle luy donnoit espérance danbrasser la vie religieuse aussy bien que luy. Mais la présance de la fame ne confirmoit ce qu'elle avoit escrit.

Je ne puis pas mestre ysy toutes les propositions que l'hermite fist pour se désangager du mariage ; il suffira de dire que la dispute dura quinse jours, ou tous les jours l'hermite estoit condanné de retorner avec sa fame. Mès, le landemain au matin, il raportoit encore ung mot d'escrit, sur coy lon disputoit toute la journée. Huict jours estant passés, il coumance à dire :

— Sy je suis contrainct de retorner avec Mlle de Jansat, je veux savoir sy ellest crestiène et sy ella lesprit de Dieu gravé en l'ame ; je veux quelle aille aconfesse à ung père que je luy noumeray qui men respondra.

— A cella ne tienne, dit la damoiselle, sil nia que ceste dificulté qui vous areste, je suis preste de tesmoigner à qui que ce soit que je suis catolique.

Et dès le landemain, elle fust à confesse acelluy que son mary luy donna et fust coumuniée et sa mère aussy. Mais cella ne fust pas sufisant sans doute à notre hermite, car une huitaine se passa ancore. Finalemant, n'ayant plus rien au fond du sac, ymagina pour dernière conclusion de dire que le mariage nestoit pas consommé et vouloit que sa fame sexpozât à la visite....

Ce fust alors que mademoiselle de Jansat ce mist en inpatiense et, le tirant en particulier, luy dit :

— Jusques à ceste heure, j'ay soufert avec patiense tout ce que vous avés proposé pour tascher avous séparer de moy ; mais quel désain, je vous prie, vous avés en fesant ceste dernière, si ce nest que vous me veüillés faire passer pour une fame de mauvaise vie, ce que je ne puis soufrir qu'avec amertume de cœur ? Metté la main à la consience et sondés bien que vous vous eslougnés de la vérité.

Lors elle luy dit beaucoup de particularités qui le randire tout confus.

La fame, se retornant vers leurs docteurs, leur dit :

— Messieurs, j'ay rafreschi à ce bon père la mémoire du passé ; vous navés rien à conclure là-desus, car je me résous, s'il ne veust revenir avec moy, de le suivre par tout où il lyra.

Lors l'hermite s'écria :

— Que diroit-on de voir une jeune fame suivre ung hermite ?

— Que pourra on dire, dit-elle, de voir une honeste fame qui suit son mary ? Car à tous ceux qui me calonnieront, je leur montreray mon contract de mariage.

Tous ses messieurs admiroit la constance de ceste fame qui ne s'ébranloit pour coy que son mary pust dire et faire pour la quiter.

Monsieur de Poitiers, qui estoit de la maison de Saint Belin, parant du père hermite, qui estoit lors à la dispute avec les docteurs, le condamnèrent pour dernier arest de retorner avec sa fame. Et mondit sieur de Poitiers donna force louanges à la fame sur sa persévérance.

Après coy, il déclara que pour qu'il plust à Dieu de bénir leur mariage, il vouloit le reconfirmer. Qu'ils ce mise en bon estast et l'ung et l'austre, et qu'ils ce trouvasse le landemain à la grande esglise épiscopalle ou de son costé il ce prépareroit pour en faire la sérémonie.

Ainsi fust finie la dispute et chascun ce retira.

Ceste nouvelle confirmation de mariage, à ce que je crois, ne s'estoit jamais veu. Le bruit en court par Poitiers, qui fust cause que chascun y vint à la foulle.

Cependant nos damoiselles vont acheter des étofes pour abiller le père hermite en labit du monde ; non pour reconfirmer le mariage, car il ne voulu changer dabit qu'en sortant de la ville.

J'ay obmis à dire plus haut que tous les jours après la dispute faicte, l'hermite et les damoiselles ne manquoit d'aler à Ste Crois faire ressit à la seur de ce qui s'estoit passé. Mais coume chaque jour aportoit de nouveaux retards et que cella fesoit de grant frais, il leur falut enprunter une soume dargent tant pour payer leurs despans que pour leur retour.

> *Coume l'hermite, estant condenné, va au pas Dieu,*
> *où il luy arriva ce qui s'ensuit et coume*
> *Mgr l'esvesque de Poitiers confirma le ma-*
> *riage.*

Condanné à retorner avec sa fame, l'hermite heust bien de la paine à senpescher de faire paroistre devant la conpagnie laffliction qui saizisoit son cœur. Il dit à sa fame quelle acheta de l'étofe pour labiller et quelle fist despescher labillemant parce qui ne vouloit pas demeurer vinte quatre heures dans Poitiers après le mariage confirmé.

Fort resjouie d'entandre cette résolution de son mary, la fame faict diligence de fère fère son abit, affin de venir faire ses adieux à sa belle-seur et prendre congé de Mme de Ste Crois.

Nostre hermite prant son chemain au pas Dieu, ou sa sœur estoit en prière a son acoutumée. De premier abort, il ce prosterne en jetant ung soupir et s'écrie en jetant de grans sanglots : « O mon Dieu ! pour coy permetre à ceste heure que je sois perdu ! » Et tout en ung instant il coumence à jetter du sang par la bouche, le nés, les oreilles et les yeux.

Ceste pauvre religieuse ce trouve bien épeschée, ne le pouvant secourir ; son recours fust de luy jetter deux ou trois mouchoirs blans et luy dire :

— Eh coy, mon frère, voullés vous murmurer contre les desains de Dieu, puis quil vous avoit apellé au mariage, cest qu'y recougnoist que vous le pouvés !

Mès luy n'a point d'oreille pour entendre ce que lon luy dit ; il n'a que des aspirations et des soupirs quil lance dans le ciel. Il fust bien deux heures ou plus ou moings dans ses lamentasions. Et pandant ce temps là, sa seur fist tant quelle le fist lever et venir à la grille ou, après plusieurs discours, il reprit ses espris et dit : « Puis que cest la volonté de Dieu, jespère qu'il prandra soing de moy ! »

La dessus les damoiselles arive et viène avec une fausse joye. La fame dit ala seur :

— Cest a ce coup que j'ay gaigné ma cause et que ce bon père est amoy pour la segonde fois ! Et dit coume Monsieur de Poitier avoit donné le dernier arest et qui leur fesoit lonneur de vouloir confirmer leur mariage.

Et se torne devers son mary :

— Ne vouléz pas vostre abit pour demain aceste sérémonie ?

— Non, dit-il, la ville de Poitiers ne me verra quavec labit d'hermite.

— Voillà qui cera beau, dit sa fame, de voir ung hermite et une damoiselle devant ung esvesque ! Illest vray que quant je passe par les rues j'entens des persones qui dise : « Voillà la fame de l'ermite. » Vous verrés que nous servirons d'entretient à la postérité de siècle en siècle.

Les damoiselles demande à prandre congé de Mme de Sainte Crois pour luy faire très-hunble remersiemant de tant donneur qu'il avoit reseu, ce qui leur fut accordé. Ils counurent encore la grande bonté de ceste grande princesse par miiles offres qu'elle leur fist et à l'hermite aussy.

Toutes les actions de grasses randues, Mme de Sainte Crois ce retire et la seur dit à la fame :

— Vous faictes une grande joye de ce que vous enmenés vostre mary ; mais j'ay veu lheure que vous le trouveriés mort ycy.

Et luy conte ce qu'il s'estoit passé. Alors mademoiselle de Jansat s'écrie :

— Coy, Monsieur, pansés-vous estre perdu pour retorner avec moy ? Et bien, vous maiderés à me retrouver, car vous me croyés aussy en partie perdue. Au bien, alons nous trouver au pied du confesseur et nous préparer pour demain. Alons prandre congé de Monsieur et Madame de la Pélisonnière, qui nous a faict tant dhonneur durant nostre demeure en ce lieu.

Ce Monsieur estoit aussy parant ung peu du père hermite, qui voulust fère le festin de la confirmation du mariage.

Prenant congé de la seur, la remersie de tant de paine quelle a pris pour recouvré la drame perdue. La seur leur tesmoigne le contentemant quelle avoit de ce que ses paines n'avoit pas esté innutilles et ne demandoit pour réconpance que l'abit du père hermite. Il lust bien de la répugnance aluy acorder sa demande, parce qu'il vouloit, disoit-il, estre enterré dans cest abit là ! On fit tant qu'il promist quen changeant d'abit il luy ranvoiroit le sien d'hermite.

Les voillà donc tous contans ; ils prène leurs chemain au logis de M. de la Pelisonnière. Ce seigneur voulust servir de père et sa fame de mère au nouveau remarié, le présenter à Monsieur de Poitiers le landemain. Il les obligea de venir prandre le diner chés luy après la sérémonie faicte. Ils fire leur posible pour fère ansorte que le père changeast dabit et ne ce présenter pas en cest abit devant Monsieur de Poitiers avec une jeune fame a costé de luy ; mais jamais ils ne sure gaigner ce poinct sur luy, tellemant que le landemain, sur les huict ou neuf heures du matin, nos nouveaux remariés ce trouve à la grande esglise de Poitiers, ou une affluance de peuple ce trouva sans y avoir esté conviés, qui occupoit tellemant la place qua paine ceux qui s'y devoit trouver pouvoit avoir lentrée.

Les voillà devant Monsieur lesvesque, qui dit la messe *inpontificalibus* et après donne la bénédiction nuptiale et renoue encore le neu de leur mariage.

La sérémonie faicte, mon dit seigneur esvesque coumande au

père hermite de baiser sa fame. Celuy-cy résiste ace coumandemant, il suplie mon dit seigneur d'avoir esgar alabit qu'il porte ; que cella ne ceroist pas bien séant de voir en présance de tant de peuple ung hermite baiser une jeune fame.

— Coy, mon cousin, dit monseigneur de Poitiers, vous avés bien heu le courage de vous présanter devant moy et n'avés pas craint lafluance du peuple pour garder vostre abit dermite. Et vous la craignés pour faire une actions que doive fère toutes les personnes quant lon les unit au mariage ? Cesy et une reconfirmation de réunion. Cest pour coy coume estant aprésant sous ma puisance, je le vous coumande.

Et coume lhermite faict résistance, mon dit seigneur répète pour la troisiesme fois :

— Mon cousin, je vous en suplie coume parant, et le vous coumande coume vostre esvesque, puis que vous estes aprésant dans mon diosèse.

Le pauvre hermite ce voyant ainsy contrainct, ce retorne devers sa fame, qui ne ce peust tenir de rire de laction de son mary, qui fust si pronte, qua paine santit elle son visage.

Le peuple ne lessa pas de fère une grande clameur et dire : « C'est ce coup là que lermite abaisé sa femme. »

Alors chacun se retira. De la Roche prant son chemin avec M. de Saragousse, l'oncle de sa fame, droit au logis de M. de la Pélisonnière, et mesdemoiselles de Jansat san vont droit a sainte Crois, dire leur dernier adieu ala seur et la remersier de larjent quelle leur avoit faict prester. Elles luy jurent toute sorte de servisse et luy tesmoignent le regret de l'élougnemant du païs quil ne leur permetra de ce revoir jamais et fire ressit de ce quil cestoit passé ; qui fist meller les ris parmy les pleurs de leurs adieux.

Adoncques elles ce rande au logis de M. de la Pelisonnière, ou lon les attendoit.

Coume l'hermite et sa fame, après le diner,
prindre leur chemain pour retorner en Bour-
bounais.

Gervais de la Roche estant arivé au logis de M. de la Pelisonnière, lon le mène en une chanbre que lon luy avoit préparée. Le dit sieur de la Pélisonnière voulust estre son homme de chambre, mais le père refusa set honneur. Il leust besoin pour tant de quelcun qui luy aydast, car il ne savoit plus coume il ce falloit abiller à la mode du monde. Après estre abillé en jentillomme, il anvoya à sa seur sa robe dhermite, coume il luy avoit promis, par le laquais de son honcle.

Cependant la belle-mère et la nouvelle remariée arive ; lon coumance à fère les resjouissance. Le marié vint resevoir sa fame ; celle-cy, transportée de joye de voir son mary sous d'austres abits, s'écria : « Hélas ! conbien il lia de tenps que j'ay souesté de voir ce que je vois aprésant ! Pancés que vous ne me rebuterés plus pour me faire considérer vostre abit, et crois que la conpagnie ne ce scandalisera pas de me voir fère l'action que je vas faire. »

Et ce jette au cou de son mary. Luy répond par une petite gausserie du monde :

— Messieurs, ne prenés pas garde à la folie d'une fame.

Lors chacun coumance sa gauserie. Les ungs luy dise :

— Il vaust bien mieux estre caressé d'une belle fame que de mourir dedans labit dermite.

Les austre :

— Il la faust couronner de loriers, car ella enporté la victoire sur vos prétansions.

En fin chacun luy donne sa santance qui continua tout au lon du diner, qui estoit aussy exellant que sy sut esté pour la plus grande asenblée du monde.

Quelcun ayant dit au marié :

— Eh bien, Monsieur, les viandes du désert sont elles de mesme goust ?

Il respondit :

— Sy vous les aviés goustées et aseisounées de rosées célestes, vous y trouveriés plus de saveur. J'ay faict meilleur cher avec des racines et des fruicts sauvages que je ne fais avec toutes ses viandes délisieuses.

Sa fame réplique :

— Sy vous l'entretenés long tenps sur ce discours, il vous donnera atous lenvie destre hermite.

L'Auvergne Historique. — IIIe année. — Gentilhomme.

Ce fust ancore une grande suite de parolles ace répliquer les ungs aux austres, tellemant que le dîner ce passa en fort joyeux devis.

Lors nostre jentillomme, pour ne manquer point ace qu'il avoit dit qu'il ne demeureroit pas vinte quatre heures dans Poitiers après avoir quitté son abit dermite, déclara qu'il ne falloit pas que lonneur que lon leur faisoit, ny la bonne chère les aveuglast ; mais qu'il falloit songer au départ.

Là desus, Monsieur de la Pelisonnière et Madame sa fame dire quil satendoit, quil passeroit le reste de la jornée a son logis. Ce quil ne leur peust estre octroyé, le jentillomme estant trop aresté à son départ.

Il ne faust pas lesser à dire coume durant le dîner lon parla du grant jubillé de l'an 1600 qui aprochoit. Monsieur de la Pelisonnière et Monsieur de Jansat, ainsy ce noumait le nouveau marié, fire promesse ansanble daler à Roume au grant jubillé et que chascun mèneroit sa fame resepvoir la bénédiction du Saint Père. Mais Dieu en ordouna austremant, car auparavant ce tenps là, il austa du monde ledit sieur de la Pélisonnière pour luy fère fère le pèlerinage du Ciel.

Cependant nostre remarié s'aprestoit à gaigner païs sans qu'il s'informast s'il lavoit ung cheval ou non. Desjà il coumançoit à prandre congé de la conpagnie ; mais lon luy demande sy son esquipage estoit prest.

— Cest acelle qui veust que je fasse le voyage de Bourbounais, dit-il, asavoir coume elle prétant que je marche.

Lors Monsieur de la Pélissounier prant la parolle et luy dit :

— Ce cera moy qui vous passeray chevalier.

Et le fesant antrer dans une chanbre proche de la salle du festin, il luy mest une sainture et ung bodrié ; après il prent une espée et la luy mest à son costé.

L'austre ce lessoit tout faire et ce tenoit coume immobille, mais son esprit agissoit dans luy mesme. Il aborroit cest ornemant mondain ; il aymoit bien mieux sa sainture de corde, son chapellet et sa disipline au costé que de tant de broderie et espée. Ses galoches estoit bien plus propre ases pieds que des botes et des esperons. Il ce lessoit tellemant enporter dans son entretient intérieur qu'il falut len tirer.

M. de la Pélisonnière luy donna aussy ung cheval, désirant quil
tint de luy tout lornemant d'un cavalier.

Coume le jentillomme prinst congé de la conpagnie et ce mest en chemain.

Après tous les remersiemans faits à M. de la Pélisonnière de tous
les biens et honeurs receus, nostre remarié prist congé de toute la
conpagnie, les saluant tous à la mode du monde.

Sa fame luy avoit offert de luy aprendre ses sérimonies sy
daventure il les avoit oubliées ; il luy avoit respondu qu'il feroit
coume il entendoit, que chascun s'en contentast s'il vouloit.

Poursuivant ses adieux à tous ceux et celles qui rancontroit, il
sadresse pour la dernière à la fame de chanbre de sa fame, qui luy
dist :

— Monsieur, je suis des vostres.

— C'est tout un, répondit-il ; vous y passerés coume les austres.

— Cest dont, dit-elle, pour coumancer la bien venue dans le païs
de Bourbounais.

Lors chacun ce prist à rire et dire : « Voillà ung bon couman-
cemant. » Cella ne l'étoune pas davantage. Faisant une révérance
au général de la conpagnie, le cadet de Jansat mest le pied à
l'étrieuse et montre bien qu'il n'avoit oublié sa destérité à monter à
cheval et coumance à le piquer pour sortir de la ville le plustost
posible.

Par les rues de Poitiers, chacun luy disoit : « Adieu, monsieur
l'hermite ! » car il ne savoit pas son non autremant.

M. de Saragousse, qui le voit marcher dune vitesse sy grande,
pique aussy son cheval pour le suivre, craignant qu'il ne prist une
austre route.

Dès qu'ils furent sortis de Poitiers et des fauxbourgs, ils atande le
reste de leur conpagnie, et puis ils poursuive tous ansenble leur
chemain, sentretenant des choses du passé. Mès tousjours le jentillomme n'oublioit areprésanter les délises du désert et leur faisoit
souvant des sermons. Acoy ils ne prestoit pas tousjours l'oreille, et

jouet bien souvant au propos ronpus pour ne luy entretenir l'esprit dans toutes ses dévotions.

Arivés ung peu tar au premier gitte, ne pure avoir du logement asés anple celon le désir de nostre gentillomme, lequel voyant qu'il n'y avoit cune chanbre qui n'avoit que deux lits et une petite ou il n'y en avoit cun, nostre cadet coumance ace randre pansif et ruminer coume il pourroit faire pour acoumoder tout son train, qui estoit, en ce contant, au nonbre de six personnes.

Sa belle-mère le voyant promener au lon de la chanbre en ravasant, ce douta bien de lentretient qui occupoit son esprit. Elle ne lesse de l'interroger. Luy respont qu'il ruminoit coume ils s'acoumoderois de gitte, veu le peu de lits qu'il avoit.

— Mais, luy dit-il, vostre fille et vous coucherés ensanble a ce lit-là ; vostre fille de chanbre acelluy-là et mon honcle et moy coucherons dans ceste petite chanbre où il nia cun lit.

— Je say bien mieux ordouner que cella, dit la belle-mère ; c'est que vostre fame et vous coucherés au lit que vous ordounés pour ma fille et pour moy. La fille de chanbre et moy aceluy là et vostre honcle à ceste petite chanbre. Et, sy bon luy sanble, son laquais àses pieds ; on fera mettre quelque lit par terre.

Notre cadet faict une grande résistance ; mais anfin il fallut que cella fust, car il ni avoit que luy de son avis. Toute la soirée ce passa partie en entretiens tant spirituel que de divertissemant.

Quant ce vint à fère la retraicte, nostre jentillomme dit quil falloit auparavant que chacun fist ung acte de crétient. Il les faict mettre àgenous et leur faict dire des prières vocalles comme les litanies de la Vierge ou austres, et puis chacun coumança à se désabiller.

Luy faict son oraison de deux ou trois heures, tousjours agenous, après laquelle il lust bien du mal de consentir de ce coucher auprès de sa fame. Anfin il ce mist sy fort sur le bor du lit que le bois luy servit plutost de gitte que le lit de plume. Il ne manqua d'estre matineus pour fère autant d'oraison quillen avoit faict le soir. Avant que de partir, il voulut que tout son train ouït la messe. Il luy faschoit asés de ne pouvoir entendre des sermons, parce que cestoit le caresme. Mès ils luy dire quillen faisoit assés et qu'il ly avoit bien des prédicateurs quil n'en savoit pas tant.

Pendant les neuf ou dix jours quils fure sùr les chemains, leur voyage s'effectua ainsy qu'on avoit faict à la première jornée. Il tardoit fort à tous destre en leurs domicilles.

Coume le cadet ariva avec son train à la maison de son frère ayné.

Enfin nos voyageurs coumancent à se resjouir à l'air du païs. Estant proche de la maison de M. de Jansat, la fame ne manqua pas asa promesse de savanser devant les austres. Elle vint avec diligence crier aux fenestres du château, avec une voix qui tesmoignoit vouloir estre entendue, redoublant souvant ses cris, affin de fère ouvrir les portes. Lors une des niepses, pressentant qui c'étoit, demanda par une fenestre :

— Qui esse qui crie ?

Lon entant une voix avec une gayetté que je ne vous puis représanter, qui dit :

— Cest mademoiselle, Mademoiselle « de Tout y faust ! » Cest mademoiselle de « Tout y Faust ! »

Ainsy avoit-elle promis de dire sy elle ramenoit son mary. Tellemant quentendant ses parolles, chascun coumance à faire des resjouissanses sur le retour de ce jentillomme que l'on acreu si long tenps ors du monde. Il len estoit déors, àla vérité, puisque le monde ne le posédoit plus et quil ne ce posédoit pas luy-mesme.

Lon va dont baiser un pont-levis qui estoit en ceste maison et ouvrir les portes pour aller au devant de celluy qui ne revenoit qua regret. Dans le païs, chascun luy faict la bien venue avec enbrassades et force tesmoignage de joye.

Mès luy, au contrère, ce tenoit coume inmobille a toutes ses caresses et disoit seullemant : « Voillà tout ce que le monde set faire. Pleurés, pleurés sur ma perte plustost que vous resjouir sur mon retour. »

Son frère, le chevalier, le prant — car M. de Jansat l'ayné estoit à Paris — et luy dit :

— Entrons dans la maison, mon frère, lair et asés frais pour voir auprès du feu sy nous devons pleurer vostre perte ou nous resjouir de vostre retour.

Et après être antrés, la jeune fame dit :

— Et bjen, mon frère, ne suis-je pas fame véritable ? Vous avais-je pas promis que vous veriés plustost M. de la Roche que de voir ung voille de religieuse sur ma teste ? Mais illà falu qu'elle aye esté bien forte pour enporter la victoire, car voillà ung homme qui a cherché toute les inventions qu'il la pu pour ce séparer de moy ; je ne say coume jay heu le courage de tenir bon à toutes les traverses qui ma donné ! Mès anfin je dois porter le non de la fame forte.

Chacun dit son mot pour la louer et, pandant ce discours, lon met la colasion sur la table, après laquelle pour laction de grases, il coumance à faire ung long sermon auquel chacun prestoit l'oreille. Mais le chevalier, annuyé dun si lon discour, l'interonpt, luy disant qu'il lust bien mieux valu qui lust mis son nés dans les estudes, lors que lon lavait voulu faire estudier pous estre ung jour ung bon esclésiastique, que datandre qui fust marié pour aller fère un frère cafar....

— Mais vous n'aviés que vos débauches en teste, qui ne vous fesoit pas conprandre ce qui estoit pour vostre bien et, puis que vous aviés choisy le lien de mariage, il ne falloit pas lesser une jeune fame à la proye des soldats parmy les misères du siècle. Je crois que vous navés heu nul mérite dans vostre solitude et que vous vous estes plus chargé de démérites que de mérite.

— Du moins, respondit le cadet, quant je naurais apris qua me taire et a soufrir pasienmant toutes vos calonnies, je nauray pas perdu tout mon tenps, si j'enporte la victoire sur moy mesme. Ung tens a esté que la prontitude de lesprit ne must pas permis dendurer la moindre pointille de vos discours, et dans le tenps qui est, je me suis préparé dendurer tout ce que vous et daustres moindres que vous me voudra dire.

— Coy, lui repart le chevalier, vous endurerés que l'on vous injurie ? que lon vous donne des démantis, et vous nen dirés mot ?

— Je tandray mon chapeau, dit-il, et qu'on le ranplisse tout conble d'injure et de démantis, cella ne m'esmouvra pas davantage.

— Au bien, dit le chevalier, puisque vous estes devenu sy saint homme, je vous lesse avec les filles pour leur randre lesprit bien souple abien andurer les réprimandes que lon leur faict.

Et luy donna le bonsoir et ce retira asa chanbre. Les niepses, ce voyant gardiènes de leur honcle, ce mette à causer et sy avant en discours, qui ce passa pour ceste première fois une grande partie de la nuict.

Et parce qu'il falloit que sa belle-mère ce retira asa chanbre, il coumence affaire fère les prières acoutumées et fère fère l'examan qui estoit une chose qui nestoit guière usitée parmy les damoiselles du païs.

La mère estant retirée, l'entretien reprit de plus belle avec les niepses. Lors la fame fist remarquer quil falloit donner du repos au voyageurs et quil auroit assés de tenps pour sinformer de toutes choses et savoir amplemant ce que son mary avoit faict lespasse de neuf ans dans les bois. Ce qui fust cause que chascune coumance ace desabiller et le jentillomme ce retire en ung coing de la chanbre pour faire son heure doraison.

Coume les damoiselles de Jansat, lessant le cadet
chez son frère, vont fère ung tour à leur
maison.

Le landemain, chacun ce revoit a lheure de la messe, car lon disoit trois fois la semaine messe à la chapelle de ce château. Ceste chapelle estoit presque la segonde retraicte du dit jentillomme, car dès qu'il estoit jour jusques al'heure du diner, je l'ay veu, et plusieurs austres aussy, estre tousjours à genous, la teste nue, les bras croisés, les yeux élevés a une ymage de la Vierge, sans ce mouvoir ny cracher, ny tousser, ny ce retrancher de sa dévotion pour quelque personne qui peust aller et venir en ce lieu-là.

Ceste grande dévotion inportunoit ung peu au frère, le chevalier de Malte, qui vouloit quil prist daventage lesprit du monde. Il ne lessère passer lon tenps sans luy en entamer le discours, luy disant :

— Ung jentillomme, revenu dans ung ménage pour devenir père de famille, est obligé à savoir ce qui ce passe à sa maison. Vous n'y estes pas revenu pour estre obligé àfaire la vie d'hermite.

— Ma fame en sait plus que moy, répliqua-t-il ; elle vaquera au mesnage cependant que je suplierai Dieu de bénir ses pas et sa paine.

Puis il ce mist à fère ung long sermon sur ce sujet.

Mais il vist bientost que ses sermons desplaisoit fort à ses frères. Doncques il n'en fist plus qu'à ses niepces qui y prenoient grand plaisir, et encore quand ils étoient en particulier.

Cependant M. de Chemojan, frère du jentillomme qui avoit été tué, apprenant le retour du cadet de Jansat, s'agitoit et montroit quelque résolution de luy faire ung mauvais party pour venger la mort de son frère.

Après 3 ou 4 jours passés pour leur reposer du travail du chemain, les damoiselles prène resolution daller faire ung tour à leur maison. Mais, avant de partir, elles supplie leur beau-frère de recoumander à leurs niepses de nentretenir plus tant leur honcle dans ce souvenir du passé ; puis quil n'estoit plus hermite, qu'il failloit qu'il fist au monde coume au monde. Tellemant que coumandement fust faict aux niepses quil tinse des discours qui le divertisse de l'umeur solitaire. En aparence, elles obéire ; mais il choisisoit le tenps de promenade pour fère autrement.

Le cadet de Jansat ne manquoit d'aler à la messe toutes les festes et dimanches, à demi-lieue du chasteau, et il ce promenoit souvant bien loing avec ses niepces. M. de Chemojan prant résolution de venir avec ung de ses amis pour voir s'il pourroit atraper le jentillomme. Mais Dieu, qui conserve ceux qui s'abandonne antièremant sous sa protection, la tousjours préservé qui na jamais trouvé de mauvaise rancontre. Il na jamais manqué pourtant à fère ses exercises acoutumés, bien qu'il esvita de donner ocasion à ses frères de murmurer de ses actions ; il demeura deux ou trois ans chés son frère ayné. Anfin l'on fist en sorte d'acoumoder la vielle querelle au sujet de la mort de M. de Chemojan, pour donner subiect à M. de Jansat de ce tenir en liberté à sa maison.

*Coume le cadet de Jansat ce retira à sa maison
avec sa fame et coume il la réduit à la dévotion.*

L'acort ayant esté faict avec Monsieur de Chomejam, sa fame, qui le venoit voir de tenps en tenps chés son beau-frère, faict an sorte de faire prandre résolution a son mary de venir demeurer en sa maison. Ce fust en ce lieu là quil ne randit pas innutile le talant que Dieu luy avoit donné de gaigner les âmes, car il randit ceste jeune damoiselle aussy fervante que luy ala vie spirituelle. Ce nestoit plus cun corps et une ame et une volonté sy unie quils vivoit sur la terre coume les anges dans le ciel.

Je luy ay ouy dire bien souvant qu'il pouvoit dire de sa fame coume Dieu disoit de Daniel : « qu'elle estoit celon son cœur. »

Il passe dans ces délices deux ou trois années ou, après ce tenps-là, sa fame devint grosse. Ceste damoiselle avoit tousjours heu apréantion quelle mouroit sy elle venoit en cest estat.

Et parce que c'est la coutume du païs de pouvoir donner le car de son bien et la jouissance du tout la vie durant des personnes, pour tesmoigner dans son apréhansion l'affection qu'elle avoit pour son mary, elle luy dit à la moitié du terme de sa grossesse :

— Monsieur, il faust que je vous ouvre mon cœur pour vous dire ce qui me travaille sans me travailler — parce que je ne veux que la volonté de Dieu — c'est que j'ay tousjours creu que sy je venais en lestast où je suis que je ne relèveray jamès de ma couche ; c'est pour coy je vous suplie que je vous lesse après ma mort ung tesmoignage en tier de mon affection. Alons, s'il vous plaist, chés ung notaire, et que je vous fasse donation du car de mon bien et de la jouissance du tout vostre vie durant.

Le mary, estouné de ce discours, luy veust oster de limagination ceste pansée ; il luy dit qu'ellest une reveuse, qu'elle offance Dieu, et coumance à la prescher et divertir de ceste pancée.

Elle faict ce qu'elle peust pour ranverser son ymagination et conplaire à son mary ; mais l'image de la mort, qui ne labandounoit point, luy faict coumanser par deux ou trois fois ce mesme discours. Son mary ne voulut jamais adérer à cecy, de crainte que cella ne l'antretint tousjours dans la pancée de la mort.

Durant sa grosesse, elle redoubla bien ses dévotions ordinaires. Elle acoucha fort heureusement d'un fils qui fust une resjouissance très grande, mais qui fust de peu de durée, car trois ou quatre heures après, il luy prist des convultions sy grandes, que quelque remède que l'on y peust aporter, ne la peut garantir de la mort.

Et pandant que lon faisoit les remèdes tenporels, son mary estoit au chevet de son lit qui préparoit lame pour jouir de la béatitude. Chacun admiroit sa constance et son zelle, car lespasse de près de deux fois vinte quatre heures que ceste damoiselle fust alestrémité et coume agonisant, il ne labandonna atousjours faire le père spirituel que pour aler ouïr la messe, non pas seullemant pour manger ny prandre nul repos, tant quil vist quelle avoit tant soit peu de respiration.

Et après quil vist que Dieu en avoit disposé, il ce mist en oraison près du corps mort, jusques ace quil le fallut ensevelir. Il ne samusa pas afaire les honeurs du monde aus funérailles, mais plustost aluy faire fère cantité de prières.

Tous les jours, deux fois le jour, il aloit fère l'oraison deux heures durant prosterné sur sa fosse.

Toutes ses actions estoient le subiect de moqueries. Les ungs estimoit sa vie, les austres l'atribuét acafarderie et à obstantion. Mais il nust jamais plus grant contentement que de ce voir mesprisé. Lon ne l'a jamais guière apellé que « M. l'hermite », c'est de coy il faisoit sa gloire.

Sa vie, jusques aquatre vingt douse ans qu'il la vescu, a esté en perpétuelle mortification et de masérer son corps.

J'ay veu ung père hermite à qui illa servi de directeur dans le païs, qui ma dit qu'il fesoit la mesme vie par le monde qu'il fesoit dans la retraicte de lermitage et que ses nerts estoit tous noués de coups de disipline.

Je reviens amon propos sur la mort de mademoiselle de Jansat :

Illavoit tousjours dit que si sa fame venoit amourir devant luy, quil ce randroit religieux. Il voit sy luy sanble que Dieu veust favoriser son désir, mais il ce voit aresté par ce petit rejetton que Dieu luy a donné ; il pance qui faust qu'il preigne soing de ceste petite créature.

*Coume le jentillomme, voulant se retirer du
monde, ne peust metre la chose en effect.*

Trois mois après que la fame de M. de Jansat fust morte, Dieu
ne luy voulut lesser nulle créature qui le peust atacher à la terre,
par la mort de son fils. Il ce trouve coume obligé de suivre le désain
qu'il avoit heu sy ardant de ce donner tout à Dieu.

Coume il estoit dans ceste résolution, n'ayant plus ny fame ny
anfans qui le peust retenir, il propose sa retraitte asa belle-mère,
en faict savoir quelque chose ases frères. Mais coume lomme
propose, Dieu dispose.

Il ariva que pour sortir ors des affaires et misères ou les guerres
sivilles l'avoit réduit, M. de Janzat layné fust contraint de vendre
Sébazat, qui estoit la maison paternelle, qu'il avoit au païs d'Auvergne.

Mais avanr que den venir ala vente, il fist coume un angagement
et, par sussestion de tenps, voyant que trante mille livres qu'il avoit
pris dessus ne le pouvoit sortir d'afère, il fallut parler de vendre et
prandre de l'argent davantage.

Tellemant que le frère et deux sœurs qui restoit à marier sopose
pour avoir leur bien paternel. Il ce trouve lié par la prière de ses
sœurs, de son nepveu et de sa niepse, fils et filles du vendeur, ane
les abandonner pas dans ceste affaire. Et luy-mesme qui avoit de
l'intérest aretirer ce qui luy apartenoit, il s'enbarrasse tellemant
dans ceste occupation, qu'il croyet nestre pas de longue durée, qu'il
voit passer une année sur l'austre sans pouvoir faire prandre fin
aceste affaire. Il ce trouve en son particulier chargé dage qui le
frustre de pouvoir survenir aus austérités régulières. Les communautés nayant besoing que de resepvoir des jeunes personnes pour
les soulager, non de celles qui passe soixante ans. Il ne lesse pour
tant de fère sa proposition au gardien des pères Capusins, qui le
mest bien loing de sa prétansion.

Ce voyant dont frustré de ce qu'il avoit tant souetté, il ce résout
de vivre dans le monde coume estant en religion. C'est pour coy,
durant lespasse de plusieurs années qui demeura à la maison de sa

fame, il aloit bien souvant à Ganat, adeux lieu de là, visiter ung
père Augustin, qui estoit prieur du couvant qui estoit en ce lieu là,
pour ce gouverner celon sa direction, et passoit bien souvant les
grant feste. Il y alloit apied par humilité et y passoit quinse jours
ou trois semaines ou le mois, coume jen ay ouy parler par ung
religieux qui venoit ce ce pays-là.

Quelques années s'estant passées, M. de Jansat layné venant
amourir et sa fille estant vefve, il cest retiré avec elle.

Ce lieu-là est eslougné de la paroisse dune bonne demy lieu ;
il na pas pourtant manqué, jusques àdeux ou trois mois près de sa
mort, à aler festes et dimanche à pied ouïr la messe et continuer ses
mesmes ostérités, jeuner exatemant le caresme et jeûnes coumandés
de l'Eglise. Bref, sa vie na esté cun continuel miroir de sainteté,
soit aux gentisommes ses voisins, et au coumun peuple par ses
pieux discours et bien fais.

Il fesoit la charité aux pauvres plains dulcères de pancer leurs
plaie et en tirer des vers qui luy sanbloit perles précieuses. Il sanble
que le Diable avoit quelque terreur d'ouïr noumer son non.

Illy avoit à Jansat une pauvre fame ensorcellée et de plus obsédée,
car le diable la voloit bien souvant faire présipiter et passoit
quelques nuits ala tormanter.

Ung jour ce jantillomme ce mist à entretenir ceste pauvre fame
et la fesoit venir en sa maison. Et parce quelle ne mangeoit pas les
jours qu'elle estoit ainsy travaillée, il prenoit soin de la fère manger.
Il dit à ceste pauvre fame que cant le diable la persécuteroit pour
la faire précipiter, quelle luy dit qu' « il ne le vouloit pas. » Elle
luy obéit tellemant que quant le malin esprit estant venu fère ses
efors pour luy fère jouer sa tragédie, elle ce défendit, disant :
« Mon maistre m'a défandu de tobéir ! » Et aceste parolle, le malin
esprit la lessoit en repos.

J'aurais apris bien d'austres merveilles de toutes ses actions,
ajoute le père Minime, sy je n'avais vescu eslougné de luy a
soixante ou quatre-vint lieu et despuis trante huict ans.

Je ne puis parler de sa mort qui fust environ la Tousaint de l'an
mille sis cent quarante ung, que par le discours que les seurs de
Sainte Clère man ont dit, venant fère la queste ance lieu. El
maprire sa mort, mais la mort d'un saint, coume lon le tient dans
le païs, et maprire que le lit où il couchoit estoit de sermant et

sanbloit bien paré aux yeux de seux qui entroit dans sa chanbre. Ancore en sa maladie qu'il fust plus atainte de viellesse que de douleurs, estant coume je vous ay dit sy dessus agé de quatre vint douze ans, et ronpue dostérités que ataint de violente douleurs, il ne voulut pas que lon luy changeast de lit. Ancore ne voulut il pas mourir dans ce lit, bien qu'il ne fust pas trop délisieux, disant quil nestoit pas raisonnable quil mourust ason lit, puis que Jésus, son maistre, estoit mort en crois.

Et tenant une crois à la main, est mort dans une chaize.

C'est tout ce que ses bonnes seurs men ont peu aprandre. Si vient d'autre choses a ma counoissance, je ne manqueray danplifier le discours, ayant suplié ung jentillomme, qui doit faire ung voyage en ce lieu là, de ce bien informer de tout ce qui set passé en sa maladie et asa mort et de retirer tous ses escris, affin de pouvoir mettre en veüe ce qui la tenu caché durant sa vie.

Je n'ay pas faict dificulté de noumer son non sur la fin de ces escris [1], ayant apris que Dieu lavoit retiré du monde. Mais bien donné je assuranse que je n'ay rien escrit qu'il ne soit véritable, ayant apris une partie de sa vie par luy mesme ; les austres parties par sa fame, par sa sœur et par moy mesme qui en ay veu quelque partie. Et ne puis que je ne crois quil est au nonbre des bien heureux.

·※※·

----

1 Au commencement du manuscrit, en effet, les noms ne figurent pas, si ce n'est par les premières lettres des syllabes : *J. s.* pour Jansat ; *C. m. j.*, Chomejan.

LE

Mystère de la Passion à Saint-Flour

en 1425.

Le texte publié ci-dessous donne quelques détails sur une représentation de la *Passion* qui eut lieu à Saint-Flour les 10, 11 et 12 juin 1425. Un article publié en 1884 dans la *Romania* a parlé aussi d'une représentation de la *Passion* à Martel [1]. « On sait, dit M. Ant. Thomas, que depuis lors on a trouvé d'importants fragments d'un mystère de la *Passion* en provençal [2], mystère dont l'origine rouergate paraît assurée. Le Rouergue confinait au nord à la Haute-Auvergne. Il est possible que la représentation donnée à Saint-Flour, en 1425, ait eu pour base le texte que nous connaissons ; mais je n'oserais l'affirmer absolument, car ce texte ne me paraît pas pouvoir remonter, au moins sous la forme où il nous est parvenu, au premier quart du xvᵉ siècle. »

Lo jous a vij de juing... Fos payat per despensa... et per so aussi que après dinar y vengron beure maistre St. Guoyetz [3], Guillaume La Comba et plusors altres que eront de la festa que si devia far, menestrers et trompetas foras,... per tot xxxviij s. x d.

Item, lo venres, l'endeman, fos donat a Leonart Bicha et Guono Sabbater et altres que porteront de postalha [4] per far l'estatgha [5] fayta davant la fenestra del cossolat per d'aqui veser la festa, en vin xij d.

Item, per despensa de pan, vin, fromatge a los que feyront la dita estatgha, iij s. iiij d. et per j cartayro de tacha [6] meghana, xviij d., per tot iiij s. x d.

Item, lo dimenge a x de juing, lo lus et lo mars après enseguens, fos fayta en personatges la festa de la Passio de Nostre Senhor, et

---

1 *Romania*, xiii, 41 et suiv.

2 *Annales du Midi*, ii, 385 et suiv.

3 Etienne Goyet était régent de la temporalité de l'évêque de Saint-Flour.

4 Ensemble de planches et de poutres. Ce collectif manque à Raynouard ; Mistral ne le donne pas non plus dans son *Tresor dou felibrige*.

5 Raynouard ne donne pas le sens de « balcon » que présente ici le mot *estatgha*.

6 Ce mot, qui signifie « clou », manque dans Raynouard. V. *tacho,* dans Mistral, *trésor*.

fos donat a los de la festa, de voluntat dels senhors juratz de cossolat, per adjudar a lor despensa, en condant xl l. torn., plus j mueg de vin, agut de m^e P. Chassainh, val. xj l. iiij s., per tot lj l. iiij s.

Item, fos payat per despensa de pan et de vin fayta a los que foront mes en garda a la porta del Teule [1], a la torre et sus lo grant mur dels Lacs [2], per tot ix s.

Item, per so que M. de S. Flor [3] se venguet metre en l'estatgha del cossolat per veser la festa losditz jours, et plusors altres notables senhors en sa companhia, fos payat per despensa de pan et vin et buou salat donat losditz jours après dinar a los de sa companhia et altres que y survengront en la mayson del cossolat, per tot xv s. viiij d.

Item, fos donat a madama d'Arlet [4], ayssi venguda per veser la festas, las grans simarras [5] del cossolat de vin agut de m^e P. Chassainh, val. iiij s. viii d.

Item, a Jehan Seaume [6], aussi las ditas simarras del dit vin, val. iiij s. viij d.

Item, fos payat a Guynot Paya per xij trans velhs que foront pres de luy de la fusta de la Nadala et foront pres en la gleysa dels frayres [7] et foront totz rotz et mes en chavalos [8] a far la barieyra de la festa de la Passio, xl s.

Item, a St. Chitre, per tres chabros que foront pres de luy et mes a la festa de la Passio, vj s.

(Arch. comm. de St-Fl., ch. xi, art. 2, reg, n° 56 (1425-1426),

---

1 La porte *del Teule* (*du Tuile,* dans les documents français postérieurs), empruntait son nom au *teule,* ou « égout. » (Renseignement dû à M. Boudet, président du tribunal de Saint-Flour). Raynouard ne donne pas ce sens au mot *teule.*

2 Les Lacs, région voisine de la ville, qui devait son nom aux nombreuses citernes qui s'y trouvaient. (Renseignement dû à M. Boudet).

3 Bertrand de Cadoent.

4 Arlet, commune près de Brioude (Haute-Loire).

5 Mot qui manque dans Raynouard. Mistral enregistre « *chimarro,* grand flacon, en Languedoc », et « *chimarroto,* bouteille, en Auvergne. » Il est curieux de constater que Durand Colonghas, greffier du consulat de Saint-Flour, qui a tenu les registres de comptes de 1415 à 1429, écrit toujours *simarras,* et son successeur, P. Avinhol, toujours *simaysas.* V. dans Du Cange, la forme *symaisia* d'un texte latin du Puy.

6 Ancien bailli des Montagnes d'Auvergne, receveur de nombreuses tailles en Auvergne et en Languedoc au commencement du xve siècle. Il possédait à Saint-Flour une maison qui, en 1436, avait passé aux mains de l'évêque et des mains de l'évêque aux consuls, qui en firent la maison de ville. (Reg. n° 45, f° 15 v°).

7 Les Frères prêcheurs, qui avaient un couvent à Saint-Flour.

8 Ce mot manque dans Raynouard. Le sens paraît être celui de « piquet » ; l'étymologie, *chaval.* Mistral ne connaît pas ce sens figuré. (V. son article *cavalot*).

LES

Sociétés contre-révolutionnaires en Auvergne

à la fin du XVIIIe Siècle

Les études déjà nombreuses qui ont été faites sur les hommes et les choses de la Révolution, dans notre province, ont laissé jusqu'ici dans l'ombre un côté de notre histoire locale, qui mérite cependant de n'être ni inconnu ni oublié.

Nous voulons parler de la formation dans notre pays de plusieurs sociétés successives, en vue de lutter contre le désordre des courants nouveaux. Ces associations, utilisant tous les prétextes politiques et religieux, ne cessèrent de couvrir de leurs ramifications le sol de notre région, pendant toute la période de la transformation révolutionnaire.

En vue d'établir ce fait, nous avons réuni et coordonné ci-après les quelques documents qui nous sont restés sur les sociétés et leur fonctionnement. Nous y joindrons une liste des membres dirigeants de ces associations. Cette liste, accompagnée d'une série de notes biographiques que nous résumerons, est l'œuvre d'un contemporain, M. Le Brun de Chards, qui n'était autre que le chef même des groupes contre-révolutionnaires de l'Auvergne. Enfin nous complèterons ces données par la reproduction d'un plan d'insurrection de la province, dressé par le général Sauvat.

Dès les débuts des temps orageux de la Révolution, il s'était formé à Clermont une association de bons citoyens, en vue d'enrayer le mouvement anarchiste et de provoquer, s'il avait été possible, la contre-révolution.

Ce premier groupe, qui, selon toute apparence, commença à prendre vie après l'exécution de Robespierre et de Couthon, survenue le 9 thermidor, an II (27 juillet 1794), était composé de quelques gentilshommes non émigrés et d'un certain nombre d'autres citoyens, animés d'un égal dévouement à la cause de la religion et de l'ordre. Il restreignit d'abord son action aux villes de Clermont et de Montferrand, qu'il avait divisées en quatre sections.

Le président de l'association était M. Le Brun de Chards, ancien conseiller à la Cour des Aides, chez qui les réunions avaient lieu au faubourg de Rabanesse, dans l'habitation de l'Enclos, devenue de nos jours la résidence du colonel Rougane de Chanteloup. M. de Chards était assisté de quatre commissaires dont les noms suivent :

MM. Pellissier de Féligonde, Bellaigue de Bughas, et Mossier, pour Clermont, et M. Imbert de Trémioles, pour Montferrand.

Autour d'eux s'étaient groupés, sur leur appel, d'autres membres bientôt nombreux.

En toute occasion, les affidés s'efforçaient d'agir sur les différentes classes de la population. Tantôt ils abordaient individuellement les citoyens dont le concours leur paraissait utilisable et s'efforçant de les enrôler plus ou moins étroitement dans leurs rangs, ils obtenaient d'eux, soit un concours pour la résistance, soit la neutralité ou la modération, lorsqu'il s'agissait de personnes chargées de l'exécution de mesures disciplinaires. Tantôt, les mêmes hommes dévoués, agissant à découvert, se mêlaient aux groupes de la rue, et cherchaient par des propos calculés à provoquer dans le sens du bien, les fluctuations de l'opinion populaire.

S'il est difficile de préciser en détail les services rendus avec un dévouement sans égal, par ce groupe de courageux citoyens, il ne reste cependant pas de doute snr l'action qu'ils durent exercer au sein de nos populations, quand on lit les instructions qu'ils adressaient à leurs affidés, et dont nous reproduisons ci-après deux fragments parvenus jusqu'à nos jours.

La première de ces instructions s'exprime en ces termes :

« A ceux dont l'opinion vous est connue, représentez les avantages que notre organisation peut procurer à la cause de l'ordre et de la religion et enrôlez-les directement sous vos ordres.

» A ceux que vous connaissez moins, bornez-vous à dire que la rue peut être ensanglantée d'un jour à l'autre, qu'il est indispensable d'être prêts à tout événement et qu'en cas d'émeute le rendez-vous est chez vous. »

La pièce qu'on vient de lire n'est pas datée, mais devant ce laconisme et cette distinction des affiliés en deux catégories, ne semble-t-il pas qu'on est en présence de la pensée première du groupement telle qu'elle a dû se produire en 1794, au jour où les atrocités à peine interrompues de la première Terreur, commençaient à rendre la réaction praticable.

La seconde pièce, plus étendue, est intitulée : « Instruction aux agents secondaires. » En voici la teneur :

« L'agent secondaire devra s'attacher, dans l'étendue de sa direction, des sujets dont la moralité et le dévouement à la cause du rétablissement de l'ordre seront bien assurés. Pour cet effet, il s'adjoindra un agent militaire propre à le seconder par son zèle et ses sages avis. Ils engageront leurs affidés à prendre une exacte connaissance de l'opinion publique autour d'eux.

» Ils les inviteront à se concilier la confiance de tous les hommes propres à seconder nos vues, à employer pour cet effet tout ce que la bonté et la justice de la cause ont de plus convaincant aux yeux des hommes purs, et à l'égard des hommes timides ils invoqueront tous les genres d'oppression qui pèsent sur tous indistinctement : tels que la surcharge des impôts, l'enlèvement forcé des bras les plus utiles à l'agriculture, l'invasion des domiciles par la force armée, la spoliation des meubles, ustensiles, denrées, bestiaux, les ordres tyranniques et arbitraires, les emprisonnements, etc., enfin tout ce qui touche de plus près aux intérêts individuels.

» L'agent secondaire dirigera les mouvements des affidés avec sagesse et circonspection et d'après leurs renseignements il remettra à l'agent principal des détails pour chaque commune, conformément au modèle d'état ci-annexé..... (Ce modèle ne nous est pas parvenu).

» Il n'agira jamais que d'après les avis et instructions de l'agent principal, qui les recevra lui-même du centre, qui doit donner l'impulsion à toutes les parties subordonnées d'une manière égale et rapide, puisqu'il est le seul dépositaire des volontés du chef suprême.

» Par l'entremise de ses affidés et d'après l'assurance qu'il en aura acquise par lui-même, il désignera à l'agent principal les hommes dont le mérite personnel et l'expérience militaire sont faits pour être distingués dans la composition des cadres de la force armée. Tout militaire, soit retiré, soit en exercice, qui, fidèle à son légitime souverain embrassera sa cause, doit être assuré de la conservation de son grade et de son avancement, en raison du zèle qu'il aura montré.

» L'agent secondaire et son adjoint inviteront tous les affidés et les amis de la cause, à faire les sacrifices que leur aisance peut leur permettre, pour en assurer la marche et le succès ; notamment ils les inviteront à se pourvoir, suivant leurs moyens, de deux ou plusieurs fusils et de munitions en proportion, afin que la classe aisée puisse venir au secours de celle qui ne l'est pas et qui néanmoins embrasse la même cause. Cette mesure est d'autant plus importante qu'on ne pourrait sans danger faire de gros approvisionnements de ce genre.

» Enfin, il informera soigneusement l'agent principal des mesures et arrêts pris par les autorités de son arrondissement, afin que l'agent principal puisse de sen côté étendre ou modifier ses dispositions, ainsi qu'il le jugera convenable ou utile. »

Les détails contenus dans cette instruction indiquent suffisamment par quels procédés les amis de l'ordre étaient parvenus à se grouper, à s'organiser et même à armer les leurs. Il n'y a pas à insister sur ce point.

Mais ce qu'il est utile de noter, c'est que ne portant pas de date, pas plus que la précédente, elle se réfère néanmoins avec évidence à une époque où les limites étroites de la première association avaient été franchies. Il ne s'agit plus là d'un groupe défensif s'étendant aux seules villes de Clermont et de Montferrand, comme en 1794, mais bien évidemment d'une organisation déjà commune à plusieurs arrondissements.

Que s'était-il donc passé dans notre province, depuis le jour où la mort de Couthon avait paru lui permettre de reprendre haleine ?

Divers documents et notes, parmi lesquels est un rapport rédigé en 1815 par M. de Chards, pour être envoyé à Paris, nous permettent d'en juger.

« Après avoir », disent ces pièces, « sensiblement contribué à modé. rer dans notre ville les premiers excès de la Révolution, l'association royaliste de Clermont prit plus tard un grand accroissement. Dès le milieu de l'année 1797, elle s'étendit à l'Auvergne entière sous le nom d'*Institut philanthropique*, et enfin, en décembre 1798, elle céda la place à une autre association appelée l'*Agence royale*, dont l'objet principal était de préparer l'insurrection de la province et des pays limitrophes. »

De l'attitude défensive, les honnêtes gens avaient passé hardiment à l'offensive. Tel est le fait établi par les documents sus-indiqués, auxquels nous emprunterons, le plus possible textuellement, l'histoire des deux sociétés secrètes successives que nous venons de nommer.

« L'*Institut philanthropique* prit naissance vers le mois de mai 1797, à la suite de la lutte qui s'éleva au sujet des élections de l'an V, entre ceux qui étaient attachés au parti républicain et ceux qui désiraient le respect des propriétés, un gouvernement modéré et le retour de la religion et des Bourbons. »

M. Le Brun de Chards resta, comme dans l'organisation précédente, chargé de la présidence, avec M. Bellaigue de Bughas pour vice-président. Ces deux honorables citoyens étaient « le conseil, l'âme et les régulateurs des projets. »

La ville de Clermont, divisée jusque-là en quatre sections, comme nous l'avons dit plus haut, fut dès lors répartie, avec le surplus de la province, entre six chefs, savoir : les quatre anciens commissaires dont nous avons déjà donné les noms et avec eux deux nouveaux venus, le colonel Sauvat et M. Albarède. « Ces six chefs avaient seuls le droit d'admettre dans la société de nouveaux membres et de recevoir le serment que ceux-ci étaient tenus de prêter.

» Un nombre très considérable de citoyens de la ville de Clermont entra dans l'association et, de tous les points de la province, se présentaient, pour y prendre place, les hommes les plus recommandables et qui avaient le plus d'influence. Ces différents membres de l'association, sans en laisser pénétrer le secret, ralliaient à la bonne cause le plus grand nombre de personnes qu'il leur était possible.

» En peu de mois, cet établissement avait fait les plus grands progrès et on s'était assuré d'une foule de bons citoyens, prêts à soutenir de toutes leurs forces et au besoin les armes à la main, la cause que servaient leurs chefs, en qui ils avaient une grande confiance. »

A ces renseignements, le rapport de M. Le Brun de Chards ajoute le commentaire suivant :

« L'esprit public s'était à cette époque singulièrement amélioré dans toute la province, et si la France entière eût été préparée alors de la même manière, on eût pu se promettre bientôt d'importants résultats. »

Ces heureux progrès furent momentanément interrompus vers le 4 septembre 1797 (18 fructidor) par les proscriptions qui furent dans toute la France la conséquence du coup d'Etat de Barras contre les « modérés ».

« A çette époque, vingt-deux citoyens de Clermont, victimes de leur zèle, furent mis en accusation par les autorités révolutionnaires. Emprisonnés ou obligés de se cacher, tous furent condamnés à des peines plus ou moins grandes. L'un d'eux, le colonel Sauvat, condamné à la peine de mort par une Commission militaire, sous prétexte d'embauchage, n'échappa au supplice qu'en se cachant chez ses amis.

» Forcés d'attendre des moments plus heureux, les principaux membres de l'*Institut* ne se découragèrent cependant pas et continuèrent à s'assembler, quand les circonstances le permettaient ou l'exigeaient, pour délibérer sur ce qu'ils pouvaient faire d'utile. »

C'est sans doute ce qu'avaient appris les princes dans leur exil, lorsqu'au mois de décembre 1798 ils se décidèrent à établir en Auvergne une agence plus spécialement militaire, qu'on appela l'*Agence royale,* et dont l'objet principal était de préparer le soulèvement de cette province, conjointement avec les autres provinces du Midi.

L'initiateur de cette nouvelle organisation fut un envoyé direct du comte de Provence, le général de Chardon des Roys.

Cet officier, natif des environs d'Allègre (Haute-Loire) et d'abord émigré, avait été sur les bords du Rhin chargé de la formation de l'un des régiments de l'armée de Condé, dit des « Chevaliers de la Couronne », et s'était acquitté avec succès de cette mission. Rentré en France sur les ordres des Princes, en décembre 1798, il établit son centre d'action à Clermont, où il comptait plusieurs parents, et s'y mit aussitôt à l'œuvre, d'accord avec M. Le Brun de Chards et ses anciens affidés.

« La nouvelle oganisation, partie civile et partie militaire, conserva toujours pour chef M. de Chards, sous le nom de Visiteur de l'Institut et de l'Agence. Dépositaire de la correspondance des serviteurs du Roi et des instructions qui leur étaient envoyées, il centralisait leurs relations et son domicile resta leur point de réunion. Mais tandis que l'ancienne hiérarchie civile et son personnel étaient conservés, des chefs militaires leur furent adjoints et se mirent à l'œuvre dans toute l'étendue des provinces d'Auvergne et de la Marche, pour préparer les cadres de l'insurrection projetée et lui ménager des intelligences. »

Les noms de quelques-uns des officiers qui composaient cet état-major nous ont été conservés.

« Le premier des chefs militaires était », comme nous l'avons dit, M. de Chardon des Roys. Pourvu d'un brevet de Maréchal de camp ou général de brigade, il commandait en chef dans la Haute Auvergne et dans la Marche.

» Son chef d'état-major était un ancien colonel d'infanterie de l'armée du Rhin. M. Sauvat, à qui était également confié, sous les ordres de M. de Chardon, le commandement de la Basse Auvergne, avec un brevet de Maréchal de camp.

» M. le comte du Prat commandait dans la Marche, au même titre.

» M. Feuillade, ancien capitaine, était destiné à commander la gendarmerie du corps d'armée, avec le grade de chef d'escadron.

» MM. Deval de Saunade et de Viry du Montel, avaient un pareil brevet et à ce titre préparaient l'organisation militaire de leurs arrondissements, etc., etc. »

A ces renseignements partiels, le rapport de M. Le Brun de Chards ajoute que « l'Agence Royale s'était procuré ainsi une force armée très imposante et s'en promettait les meilleurs effets, en vue du rétablissement du trône et de l'autel. »

Quant aux procédés projetés pour procurer les premières ressources pécuniaires aux groupes d'hommes embauchés par l'Agence Royale, nous en trouvons l'indication dans une instruction, écrite par une main inconnue.

La saisie des caisses publiques, la prise de possession provisoire des biens nationaux jusqu'au retour de leurs anciens propriétaires et enfin l'imposition de contributions militaires aux acquéreurs riches des biens « dits nationaux », devaient remplir à la première heure la caisse du Trésorier général.

« L'objet de l'insurrection », poursuit l'instruction, « étant de s'assurer promptement du pays.., l'essentiel est de frapper un coup décisif dès le premier instant, d'écraser partout à la fois la gendarmerie, de livrer à la vengeance populaire les hommes que leur conduite atroce rend impardonnables et d'arrêter comme otages ceux que leurs principes rendent suspects.

» Un mouvement subit, inattendu et bien concerté, peut nous assurer le succès, et s'il est permis de compter sur l'exaltation que produira nécessairement une insurrection générale, ce succès ne paraît plus douteux.

» Le visiteur et le commandant en chef sont autorisés à promettre au nom du Roi à tous les officiers, à tous les fonctionnaires civils, le grade ou la place qu'ils occupent maintenant, s'ils passent volontairement au service de sa Majesté et même un grade supérieur ou une place plus importante, s'ils rendent un service essentiel.... Ceux qui refuseront seront gardés comme otages. . . . .

. . . .

» On distinguera les troupes royales en leur faisant porter au bras gauche une écharpe blanche, sur laquelle sera appliquée une fleur de lys jaune, sur médaillon bleu.....

» Toutes les autorités renouvelées prêteront serment de fidélité à Sa Majesté T. C. Louis XVIII, roi de France et de Navarre, et seront soumises après le mouvement au commandant militaire.

» Le culte divin sera rétabli sur le champ.... On profitera de tous les moyens qui s'offriront dans les premiers instants, pour annuler les preuves existantes des ventes de biens nationaux.....

» Quand les premiers moments de l'insurrection en laisseront la facilité, on s'empressera de régulariser la formation des cadres, suivant le modèle ci-joint. » (A la suite de cette prescription vient un tableau des émoluments destinés à chacun des officiers, bas-officiers et soldats de différentes armes : infanterie légère, cavalerie, artillerie, état-major, prévôté, commissaires ordonnateurs, commissaires des vivres et trésorerie. La solde affectée au grade de colonel devait être de quatre cent cinquante livres par mois; les simples fantassins devaient recevoir huit sols par jour.)

Enfin il était stipulé « qu'on séparerait les *troupes de ligne* des *auxiliaires* et que ces dernières troupes ne recevraient la solde que lorsqu'elles sortiraient de leurs paroisses respectives, ou dans le cas où les circonstances exigeraient d'elles un service continuel... »

Tel est l'intéressant document qui nous est resté comme témoignage des plans arrêtés par l'Agence Royale, et à ces « instructions » sont joints quelques brevets de différents grades, colonel, capitaine et autres, revêtus « d'un X entouré de huit points en couronne, faisant la signature de Louis XVIII ». Les noms des titulaires sont encore en blanc sur ces brevets. Enfin *un plan général d'insurrection* dressé, d'après ce que nous apprennent diverses notes, par le chef d'état-major, colonel Sauvat, indique, avec une carte à l'appui, les différents points de l'Auvergne, de la Marche et des pays limitrophes, qui devaient être occupés par les insurgés royalistes et le nombre d'hommes auquel devait s'élever chacun de ces corps d'occupation improvisés. Nous publions ces derniers documents in extenso, à la suite de la présente note.

Comment des projets aussi avancés et paraissant mûris à ce point n'ont-ils laissé aucune trace dans notre province, autre que les papiers qu'on vient d'analyser et les vagues légendes conservées dans quelques-unes des familles qui avaient pris part à ces préparatifs ? Comment le silence et autant qu'on peut le comprendre la dispersion ont-ils pu se produire, en apparence subitement, dans les rangs de tous ces hommes énergiques ?

Le rapprochement de deux dates suffira peut-être à nous en fournir l'explication.

Dans les premières années de la Restauration, la veuve du général de Chardon, alors retirée au Puy, conservait encore l'original d'une lettre du comte de Précy s'entretenant, au nom du Roi, avec le futur chef de l'insurrection, de la levée d'armes dont il allait être chargé de donner le signal en Auvergne, pour le *rétablissement du trône et de l'autel*. C'est en ces termes que s'exprimait M. de Précy. Sa lettre portait la date du 1ᵉʳ novembre 1799.

Dix jours plus tard, c'est-à-dire avant même probablement que ce message n'ait pu parvenir en Auvergne à son destinataire, une nouvelle arriva de Paris, qui modifiait profondément la situation intérieure de la France et des partis. Bonaparte, revenu inopinément d'Egypte, avait les 9 et 10 novembre 1799, renversé le Directoire discrédité et s'était emparé du pouvoir. On était au 18 brumaire; les grenadiers du vainqueur d'Aboukir avaient créé le Consulat.

Les Sociétés secrètes royalistes qui, trois fois depuis l'origine de la Révolution, avaient rallié dans notre province un nombre important d'adhérents, s'éteignirent-elles à cette date de 1799? Rien ne l'indique absolument. Il semblerait même, d'après les pièces restées entre nos mains, que l'Agence vécut encore pendant une partie du régime consulaire.

Les deux brevets d'officiers dont nous publions plus loin le texte et dont l'un est un fac-simile, sont datés du 1ᵉʳ juillet 1800, c'est-à-dire postérieures à l'établissement du Consulat et à la bataille de Marengo. Sans doute les Princes cherchaient encore à cette date à stimuler le zèle de leurs partisans. Mais si ces pièces sont restées inutilisées, *avec les noms en blanc,* au dossier qui nous est parvenu, n'y a-t-il pas lieu d'en conclure qu'au lendemain de Marengo il n'était plus possible de recruter des hommes ayant assez de foi et de confiance en eux-mêmes, pour accepter des mains des Princes l'épée que ceux-ci leur tendaient, en vue d'une tentative qui aurait eu pour adversaire Bonaparte?

Ce qui est certain, c'est que l'auteur du plan d'insurrection, le colonel Sauvat, reprit du service dans l'armée régulière quelque temps après le 18 brumaire et qu'il y reçut par la suite le grade de général de brigade dans le corps du maréchal Gouvion Saint-Cyr, dont il fut le chef d'état-major.

Quant à ceux qui avaient failli devenir ses compagnons d'armes

LE CONVENTIONNEL **MONESTIER**
Dessiné au Physionotrace et gravé par Kenedey
Rue Neuve des Petits Champs - Paris 1794

en 1799, après avoir fourni, pendant tout le cours de la Révolution, une carrière de fidélité et de dévouement, nous avons achevé la tâche que nous nous étions assignée à leur égard, en restituant à notre histoire locale les preuves ignorées de leurs efforts.

A. B.

Ancien Consul général.

Liste des principaux membres de l'Institut philanthropique établi à Clermont en mai 1797 et de l'Agence royale d'Auvergne, qui remplaça l'Institut en décembre 1798, dressée le 15 février 1815 :

MM. Albarède, ancien chef de bureau de l'Intendance d'Auvergne, actuellement résidant à Clermont. Secrétaire de l'Institut philanthropique et ensuite de l'Agence royale d'Auvergne, il était à ce titre en correspondance avec l'Agence principale établie à Lyon, et la rédaction des plans arrêtés était le plus souvent due à sa plume.

Le Baron André d'Aubière [1]..... résidant à Clermont, membre de l'Institut et de l'Agence.

de Bellaigue aîné, ancien lieutenant de maire de la ville de Clermont, où il avait de l'influence. Il fut en 1789 écarté de ses fonctions à cause de ses principes. Devenu plus tard membre de l'Institut et de l'Agence, il a servi à divers titres.

Bellaigue de Bughas, ancien conseiller au présidial de Clermont, domicilié à Paris depuis plusieurs années. Vice-président de l'Institut et de l'Agence pendant toute leur

---

1 La note concernant M. d'Aubière, ainsi que celle relative au colonel de Chabrol, ne figurent pas dans la collection. Elles y sont remplacées par une fiche indiquant qu'elles ont été remises aux familles qu'elles intéressaient.

durée, il suppléait parfois M. de Chards. Doué d'un esprit résolu et réfléchi, il était le conseil, l'âme et le régulateur des projets et mouvements des royalistes.

BELLAIGUE DE RABANESSE, ancien conseiller au présidial de Clermont. Membre de l'Institut et de l'Agence, il contribuait avec dévouement à répandre leur esprit dans la population.

BOUVERET, actuellement payeur général du département du Puy-de-Dôme. Trésorier civil et militaire de l'Institut et de l'Agence, il était constamment astreint par ces fonctions à des actes d'administration dont la divulgation aurait pu le conduire à l'échafaud. Plein d'énergie, il affrontait avec courage les tâches les plus difficiles.

DE CHARDON DES ROYS (PIERRE), ancien officier, habitant Le Puy, avait fait toutes les campagnes de l'émigration sous les ordres du comte de Précy. Rentré en France en 1797 pour y être employé à Lyon et ailleurs pour préparer l'insurrection projetée des provinces du midi de la France, il fut désigné par les Princes, en 1798, pour prendre le commandement militaire de l' « Agence royale » de la province d'Auvergne et de la Marche, substituée à cette date à l' « Institut philanthropique. » Après avoir déployé la plus grande activité dans cette mission pleine de périls, le général de Chardon est mort le 3 mai 1801 des suites de ses fatigues multipliées et miné par le chagrin qu'il avait ressenti de la ruine de ses espérances.

CHARDON DU RANQUET (DOMINIQUE), actuellement vice-président du tribunal de Clermont. Membre de l'Institut et de l'Agence, il a été successivement chargé dans ces deux sociétés de correspondre en leur nom avec les étrangers.

CHARDON DU RANQUET DE CHALUS, ancien officier de cavalerie à l'armée de Condé. Rentré dans ses foyers peu de temps avant la dissolution de l'Agence, il en devint membre et devait avoir un commandement dans l'insurrection. Les amis du Roi comptaient autant sur ses connaissances civiles que sur ses talents militaires.

CHARDON DE NOHANENT. Capitaine d'infanterie en service à Saint-Domingue au moment de la Révolution, il fut renvoyé en France en 1792. Membre de l'Institut et de l'Agence, il était destiné à prendre un commandement dans l'insurrection.

Le colonel CHABROL, parent de M. le comte de Chabrol-Volvic, préfet de Paris, membre de l'Institut et de l'Agence.

DE COURTILLE DE GIAT..... habitant le château de..... Membre de l'Institut et de l'Agence, il était spécialement occupé d'entretenir les esprits et de préparer l'insurrection dans la partie de la montagne qu'il habitait.

DE DIENNE, ancien officier, actuellement secrétaire général de la chancellerie de la Légion d'honneur. Membre de l'Institut et de l'Agence royale, il devait prendre dans le Cantal, où il habitait, un commandement dans l'insurrection, avec le brevet de colonel.

DE DOUHET, baron D'AUZERS, ancien capitaine au régiment de Lafère-infanterie. Prit part à la défense de Lyon, après laquelle il resta caché dans Paris jusqu'à l'an V. Rentré dans ses foyers à cette date, il organisa dans l'arrondissement de Mauriac une section de l'Institut et de l'Agence royale, sur les ressources de laquelle ses chefs de Clermont comptaient fortement pour l'insurrection.

DE DOUHET DE ROMANANGES (DOMINIQUE), ancien officier au 25ᵉ régiment de cavalerie légère, cousin de M. de Douhet d'Auzers, résidant à Mauriac. Membre de l'Institut et de l'Agence, il avait noué des intelligences avec des prisonniers de guerre autrichiens et russes, cantonnés en grand nombre dans sa région, et qu'il comptait utiliser en cas d'insurrection.

DE DOUHET DE ROMANANGES (BARTHÉLEMY), ancien émigré, officier à l'armée de Condé. Rentré aux environs de Mauriac peu avant le 18 fructidor an V, il devint l'un des membres les plus entreprenants de l'Institut et de l'Agence. Au début, il eut un conflit armé avec un détachement de vingt gendarmes faisant partie de la colonne mobile de Mauriac. Ce fait fit condamner son père à payer 36,000 francs de dommages et intérêts aux gendarmes blessés et 3o,ooo à l'administration départementale d'Aurillac, pour cause de révolte.

DUFAYET DE LATOUR, ancien capitaine au régiment de Condé-infanterie. Domicilié à Saint-Vincens, canton de Salers, il fut agrégé à l'Agence au commencement de 1799 et la servit activement dans sa région.

DEVAL DE SAUNADE, officier d'infanterie avant la Révolution. Résidant à Clermont, il devint membre de l'Institut et de l'Agence dès leur établissement. Son aptitude pour les lettres l'a souvent mis à même de répandre courageusement dans la province des écrits utiles à la cause du Roi. Il devait avoir un commandement dans l'insurrection projetée.

PELLISSIER DE FÉLIGONDE (MICHEL-CLAUDE), résidant à Clermont. L'un des principaux membres de l'Institut et de l'Agence pendant toute leur durée. Son dévouement et son influence se sont particulièrement manifestés dans les circonstances les plus critiques. Il avait charge spéciale de correspondre avec les principaux membres de l'association répandus dans la province.

DUFRAISSE DE VERNINES, fils d'un ancien avocat général à la Cour des Aides, résidant à Clermont. Membre de l'Institut et de l'Agence royale, il est mort peu après la dissolution de cette dernière association. Il avait été particulièrement actif dans la périlleuse mission de répandre dans la province les plans et projets qui avaient pour but l'insurrection.

FEUILLADE (NICOLAS), résidant à Clermont-Ferrand. L'un des premiers agrégés à l'Institut et à l'Agence. Son caractère déterminé en faisait l'effroi des Jacobins. Il a plusieurs fois réussi à arrêter des mouvements révolutionnaires dans la ville de Clermont, notamment à l'occasion des élections de l'an V. Il était alors capitaine d'infanterie. Il fut destitué et condamné à mort comme royaliste. C'est seulement après le 18 brumaire qu'il rentra dans l'armée.

HEYRAUD père, ancien expert-géomètre à Clermont. Membre

de l'Institut et de l'Agence, il profitait de ses voyages sur tous les points de la province pour rendre de nombreux services à l'Association et à la cause royaliste.

LE BRUN DE CHARDS, ancien conseiller à la Cour des Aides de Clermont, président de l'Institut philanthropique et de l'Agence Royale pendant toute leur durée ; M. de Chards avait précédemment été le chef du groupe des royalistes non émigrés, qui, dès les premières années de la Révolution, avaient constitué une association, limitée à Clermont et à Montferrand [1].

DE LA SALLE DES GRANGES, ancien officier de l'armée de Condé, résidant à Faydit, canton de Giat. Rentré en France en 1796, il fut agrégé comme militaire à l'Agence royale au début de l'année 1799. Il aida le chevalier du Prat, qui commandait dans la Marche au nom de l'Agence, à organiser le parti royaliste dans cette province.

DE LA SALLE DE ROCHEMAURE, ancien officier émigré, actuellement comptable du haras de Tarbes. Membre de l'Agence pour la Haute-Auvergne en 1799, il seconda également l'organisation de la Marche.

MAURET, militaire au début de la Révolution, actuellement avoué à Mauriac. Membre de l'Agence en 1799, il secondait avec zèle les entreprises de MM. de Douhet. Il fut décrété de prise de corps pour faits de propagande et embauchage et envoyé à Lyon. Le 18 brumaire lui sauva la vie.

MAUGUE-MASSIS D'ENNEZAT, ancien conseiller à la Cour des comptes d'Aix, demeurant à Clermont. Agrégé à l'Institut et à l'Agence, il était l'un des membres les plus assidus aux séances, qu'il éclairait par ses lumières et par l'esprit qui l'animait. Ses deux frères avaient émigré.

MOSSIER, pharmacien, ancien échevin de Clermont, mort en 1809. Agrégé à l'Institut et à l'Agence, a toujours été l'un

---

1 Il convient de remarquer que le document dont nous donnons ici le résumé est l'œuvre personnelle de M. de Chards et cela explique la sobriété avec laquelle y sont appréciés les services rendus par lui. En réalité, le rôle de M. Le Brun de Chards dans sa province a été plus ample et l'œuvre qu'il a su y poursuivre sans relâche, en la transformant suivant le temps, a fait de lui, on peut le dire, le principal point d'appui des désespérés durant l'une des périodes les plus difficiles de notre histoire.

des membres principaux et des plus dévoués des diverses associations royalistes de la ville et de la province. Au temps de l'Agence royale, il était spécialement chargé d'une partie importante de la correspondance.

DE RIOLZ, résidant à Marieuge, près Saint-Germain-Lembron. Agrégé à l'Agence en 1799, il en était le plus jeune membre.

Le colonel SAUVAT, d'une honorable famille de notaires de Clermont-Ferrand. D'abord lieutenant-colonel du 1ᵉʳ bataillon des volontaires du Puy-de-Dôme à l'armée du Rhin, il commandait la force armée à Clermont lors des élections de l'an V (4 mai 1797). Il devint alors membre de l'Institut philanthropique. Son attitude énergique à cette époque, en faveur de la liberté des élections, l'ayant compromis, il ne tarda pas à être arrêté (après le 18 fructidor, 4 septembre 1797) et fut condamné à mort par une Commission militaire. Parvenu à s'échapper, il resta caché dans le pays. Lors de la création de l'Agence royale, en décembre 1798, il fut désigné pour remplir les fonctions de chef d'état-major et fut l'auteur du plan de l'insurrection projetée. Il devait être chargé du commandement de la province d'Auvergne, sous les ordres de M. de Chardon des Roys. C'est seulement sous le Consulat qu'il reprit du service dans l'armée régulière, sur le conseil de ses amis. Il fut ultérieurement nommé général de brigade et chef d'état-major du corps d'armée du maréchal Gouvion-Saint-Cyr.

TEILLARD DU ROQUET D'EYRY, ancien mousquetaire, domicilié à Eyry, canton de Saint-Germain-Lembron. Membre de l'Institut et de l'Agence dès leur établissement, il a été très utile à la propagation des idées royalistes, par l'influence qu'il exerçait dans son arrondissement.

TIXIER, ancien lieutenant particulier en la sénéchaussée de Clermont, membre du tribunal de Clermont à l'époque de l'Institut et de l'Agence, et en dernier lieu procureur général à la cour de Turin. Agrégé à l'Institut et à l'Agence, il a rendu les plus grands services. A l'occasion d'une émeute organisée à Clermont le 9 juillet 1797 par les Jacobins, il éclaira la justice, comme juge d'instruction, sur les véritables agresseurs et fut député à Paris pour faire reconnaître l'innocence de ceux que le parti révolutionnaire accusait. Les événements du 18 fructidor (4 septembre 1797) arrêtèrent le succès de ses démarches, et plusieurs des prévenus royalistes furent condamnés à la mort ou à d'autres peines.

DE TRÉMIOLES père, domicilié dans la section de Montferrand. Membre de l'Institut et de l'Agence dès leur origine, il avait une grande influence sur les habitants de Montferrand, dont l'esprit a toujours été excellent. Il les a déterminés souvent à se montrer avec énergie et ainsi à rendre service plus d'une fois à la ville de Clermont, lorsqu'elle était agitée par les Jacobins. L'Agence avait tout spécialement chargé M. de Trémioles d'organiser des forces pour l'insurrection dans cette partie de la ville.

DE VIRY DU MONTEL, ancien officier d'infanterie résidant à Clermont. Membre de l'Institut et de l'Agence, il devait prendre un commandement lors de l'insurrection.

DE VIRY DE LISLE, ancien officier de cavalerie, résidant à Clermont. Membre très zélé de l'Institut et de l'Agence, il a fourni d'utiles conseils pour l'organisation de la force armée, en vue de l'insurrection projetée.

« Chacun de ces affidés portait, dans la société secrète, un nom d'emprunt. Ainsi M. de Chards s'appelait Renaud et signait de ce nom ; le général de Chardon des Roys se nommait Laurent, etc.

» En dehors des trente-cinq personnes qu'on vient de désigner et qui, pendant tout le cours de la Révolution, dirigèrent les travaux des associations royalistes et leur donnèrent l'impulsion, il existait beaucoup d'autres membres, trop nombreux dans la province pour qu'il soit possible de recueillir séparément des notes sur chacun d'eux. Nous citerons cependant ceux qui suivent :

MM. DE LEYVAL frères, dont l'un fut condamné à mort ; SAUTON, ancien capitaine de gendarmerie ; RATOIN, ingénieur des ponts et chaussées à Clermont ; SERVAGNAT, employé dans la Direction des domaines ; DE BLOT DE CHAMPS, aujourd'hui décédé ; ARNAUD, d'Artonne, maire de cette ville ; Son frère, commandant de la garde nationale d'Artonne ; DE FALVART DE BONPARENT ; DE BONNEVIE ;

DE BÉGON DE LA RONZIÈRE, qui a été enfermé au Temple ; BOUYON, d'Herment ; BONJOUR, des Martres ([1]).

» Enfin, parmi les ecclésiastiques ayant servi avec zèle la cause de Dieu et du Roi, nous citerons :

MM. RAYMOND, aujourd'hui curé de la cathédrale ; COUVERT, directeur de l'Ecole ecclésiastique du diocèse ; l'abbé DUREL, professeur ; FLORET, actuellement curé de Combronde, qui fut pendant quelque temps l'un des aumôniers de l'armée catholique et royale en Vendée ; l'abbé MERCIER, ancien professeur de rhétorique à Billom.

Signé : LE BRUN DE CHARDS,
Président et Visiteur de l'Institut et de l'Agence.

Pour le Secrétaire (M. ALBARÈDE, décédé), signé : BOUVERET,
Trésorier de l'Institut et de l'Agence.

Mémoire. — 1° Plan d'Insurrection
(De la main du colonel Sauvat).

Si la province d'Auvergne, hérissée de montagnes, de forêts et de défilés, présente une retraite presqu'assurée aux déserteurs ou à quelques rassemblements de royalistes, quels avantages bien plus grands offre sa position topographique, pour devenir, *à l'approche des armées étrangères,* le point central d'une insurrection générale dans toute la partie méridionale de la France. Entourée à l'orient par les montagnes du Forez, du Lyonnais et du Dauphiné ; au midi par celles inaccessibles du Gévaudan et des Cévennes, d'où elle communique avec le Languedoc et la Provence ; voisine à l'occident et au nord des pays extrêmement boisés du Berry, de la Marche et du Limousin, provinces limitrophes de celles si souvent insurgées sous le nom de la Vendée ; avec des points d'appui aussi rassurants, comment ne pas attendre d'une insurrection en Auvergne le succès le plus décisif ?

A la vérité, l'insurrection de cette province, si heureusement située, la clef du Midi relativement à Paris, offre des difficultés à surmonter. Le défaut d'énergie nécessaire dans une partie de ses

---

1 Un projet de réaction politique et religieuse, qui semble indépendant de celui dont il est question dans la présente monographie et auquel furent mêlés, dit-on, MM. de Guérines, a existé, paraît-il, à une date que nous ne saurions préciser, et provoqua, même dans la région de Tours et de Vollore, un commencement de levée d'armes. La publication des documents relatifs à ce sujet, s'il en subsiste encore quelque part, aurait assurément de l'intérêt pour notre histoire provinciale. A. B.

habitants, l'insouciance de la plupart de ceux qui ont le plus grand intérêt au retour de l'ordre et de la monarchie, sont deux obstacles qu'on ne saurait se dissimuler. Mais faut-il pour cela se rebuter et abandonner ainsi au hasard des événements, peut-être, le salut spontané de toute la France ? Je ne le pense pas. Les résultats incalculables d'une insurrection sagement combinée qui se manifesterait d'abord dans la capitale et qui se propagerait à l'instant même dans les différentes parties de la province, sont à nos yeux trop précieux pour être dédaignés.

D'abord toute insurrection qui n'atteindrait pas directement les administrations du chef-lieu pour les réorganiser, et détruire, par là, toute communication avec les autorités inférieures, serait une mesure insuffisante, elle pourrait échouer ; et les mauvais traitements qui retomberaient sur les communes et sur les familles de ceux suspectés faire partie du rassemblement, imprimeraient dans toutes les âmes le découragement le plus funeste. Porter les premiers coups dans le chef-lieu, c'est le moyen d'étourdir nos ennemis et de paralyser leurs mesures, de détacher de leur cause les douteux et de relever tout à coup le courage abattu des royalistes. Espérons en outre beaucoup de la circonstance et du moment où nous agirons ; mais donnons premièrement tout à la prudence et à la réflexion. Qu'une réunion soit chargée de régulariser ce mouvement, d'en prévoir toutes les difficultés et prévenir ainsi le désordre.

Voici les mesures préparatoires et de détail que je soumets à leur sagesse :

On doit supposer qu'il existe sur différents points du royaume des agents directs du Roi, et qu'une correspondance est établie entre eux et des agents principaux dans chaque arrondissement militaire ; que l'agent principal doit avoir autant de sous-agents qu'il existe de chefs-lieux de cantons dans les départements ressortant de son arrondissement ; que c'est par eux qu'il acquiert une connaissance exacte de l'esprit public du pays, et qu'il met ainsi l'agent direct du Roi en état de régulariser avec sagesse un mouvement général d'insurrection.

Partant de cette supposition, pour parvenir à insurger, presque dans le même moment, toute la province d'Auvergne, voici comment on peut d'abord soumettre la capitale :

Quatre cents hommes d'élite en infanterie et cent hommes à cheval, sous le même commandement d'un chef, semblent suffisants pour cette première expédition. Je divise cette infanterie en dix pelotons de quarante hommes chacun, qui serviraient ensuite à former les cadres de deux bataillons. Le commandant n'aurait de communication et ne serait connu que des chefs de pelotons, et ceux-ci ne seraient également connus que de leurs soldats respectifs, choisis par eux et organisés en compagnie. Quelque confiance qu'ils dussent tous inspirer, le plus grand mystère leur serait fait sur le véritable motif de leur armement.

Jusqu'au jour fixé pour l'expédition, l'agent principal et ses sous-agents dans chaque canton s'attacheraient, par toutes sortes de rapports supposés, à détourner l'attention inquiète du préfet et des autres autorités civiles et militaires. Des lettres arrivées à dessein des armées et des villes frontières, annonceraient toujours de nonveaux désastres, tels que la désertion des corps entiers à l'ennemi, une désorganisation totale dans les armées, enfin tout ce qui peut inspirer le découragement et l'effroi.

D'un autre côté, ils parleraient avec attendrissement des sentiments paternels et bien connus du Roi ; ils citeraient de lui des déclarations ou manifestes, son intention de tout pardonner et tout oublier et sa ferme résolution de ne point frustrer les acquéreurs de biens ecclésiastiques. Enfin l'agent principal préparerait les opérations administratives qui doivent succéder à l'ordre de choses actuel, ainsi que les proclamations et discours les plus capables d'inspirer de la confiance et porter en même temps le peuple à l'insurrection.

La veille du jour marqué pour l'expédition, des émissaires se rendraient auprès des chefs de peloton, si tous n'habitaient pas la capitale, et, avec toute l'assurance du succès, ils assigneraient l'heure et le lieu du rendez-vous. Les plus éloignés auraient depuis dix heures du soir jusqu'à une heure après minuit, pour arriver tous sur un même point, à quelque distance de la ville. Il leur serait recommandé d'armer leur troupe en fusils de munition déposés chez eux d'avance, de leur fournir des cartouches et des vivres pour la matinée du lendemain.

Arrivés au rendez-vous, le chef destiné à conduire l'expédition, après une courte harangue propre à exciter l'enthousiasme, apporterait la plus grande attention à former militairement sa troupe, à lui faire reconnaître ses officiers et sous-officiers et à lui faire prêter le serment inviolable de fidélité.

Quatre principaux détachements seraient par lui commandés à l'avance pour occuper les postes essentiels du magasin à poudre du département, de la municipalité et de la caserne du Séminaire ; cinq homme choisis, avec chacun une escorte, seraient aussi chargés d'aller, au nom du Roi, apposer les scellés sur les cinq caisses publiques.

Toutes ces mesures sagement prises, les détachements parvenus dans le silence de la nuit à leur destination respective, et le surplus de la troupe établi en corps de réserve sur la place d'armes, de nouveaux fonctionnaires publics seraient aussi installés et proclamés ; des patrouilles nombreuses empêcheraient tout rassemblement séditieux, et, pour le même jour, un désarmement général de sabres et de fusils de munition serait ordonné, sous peine pour celui qui n'irait pas les déposer d'être jugé militairement comme rebelle à son pays et à son Roi.

Ce premier succès, annoncé sur-le-champ dans l'arrondissement militaire, et principalement dans toute la province, avec cette exagération inséparable de ces sortes de récits, y produirait infailliblement une insurrection générale. Mais pour la soutenir avec avantage, au lieu de ces masses d'hommes de tous les âges et de tous les états, aussi embarrassants que dangereux, il importe essentiellement d'en séparer aussitôt tous les jeunes gens, conscrits et réquisitionnaires, pour en former une légion vraiment militaire. Elle pourrait être composée d'un officier général avec son état-major, de deux escadrons de cavalerie, deux régiments d'infanterie et d'une compagnie d'artillerie, en se conformant pour l'organisation de ces différents corps à l'instruction transmise par le général en chef.

Cette marche méthodique, en prévenant la confusion, éviterait peut-être l'effusion du sang. Je doute qu'il en fût versé. A ce prix je m'estimerais trop heureux si elle obtenait l'assentiment de mes chefs légitimes.

2° Plan d'Attaque et de Défense

La division militaire de Clermont se compose des départements du Cher, de la Nièvre, de la Creuse, de l'Allier, du Cantal et du Puy-de-Dôme. Ces six départements, placés de deux en deux dans la direction du nord au midi, couvrent très imparfaitement les départements méridionaux. Cette ligne transversale, distante de soixante à soixante-dix lieues des côtes de l'ouest, flanquée à l'est par les montagnes du Beaujolais et du Forez, nous impose l'obligation absolue de concentrer nos forces et de n'insurger de cette division défectueuse que la partie dénommée ci-devant la province d'Auvergne.

J'ai présenté dans la première partie de ce mémoire les moyens d'effectuer une insurrection en Auvergne ; actuellement, voici comment on peut, je crois, soutenir cette insurrection et en attendre les plus heureux effets, en supposant qu'elle soit générale, au moins dans le midi de la France, et qu'un manifeste royal ne nous laisse plus de doute sur les dispositions des puissances étrangères.

Après avoir distrait de cette masse d'hommes insurgés, de tous les états, les jeunes gens, conscrits et déserteurs, propres à former une légion vraiment militaire d'environ quatre mille hommes, tout ce qu'il y a de propriétaires honnêtes dans chaque chef-lieu de canton, composerait une garde sédentaire organisée par compagnie, bataillon ou régiment, suivant la population du canton.

Cette force armée, également aux ordres du commandant en chef de la division, répondrait de la sûreté intérieure du canton. Ennemie du désordre et du pillage, elle assurerait par tout l'exécution des lois, protègerait les personnes et les propriétés et arrêterait tous les malfaiteurs. Elle obéirait en outre, comme troupe auxiliaire, aux réquisitions qui lui seraient faites pour la défense commune de la division. Dans ce dernier cas, elle serait soldée et considérée comme troupe réglée.

Les attroupements séditieux, le vagabondage, etc., ne sauraient être trop sévèrement punis ; pour la prompte répression de ces délits, il conviendrait de rétablir, dans son ancienne institution, le corps de la maréchaussée et de lui restituer l'attribution des délits prévôtables.

Ce corps, scrupuleusement choisi dans la division commandée par un grand prévôt, composerait un escadron de trois compagnies. Partie de cette maréchaussée serait distribuée, dans les chefs-lieux, en petites brigades de quatre et huit hommes, pour y faire le service qui lui est propre et pour la correspondance de l'état-major général ; l'autre partie servirait à la suite de la légion et la suivrait dans tous ses mouvements.

J'ai proposé les moyens d'opérer un mouvement général d'insurrection dans la province ; j'ai divisé cette masse d'hommes insurgés en gardes sédentaires et en une légion royale d'entour quatre mille hommes, dont trois mille en infanterie, le surplus en cavalerie ou artillerie. Je dois maintenant indiquer les principales positions militaires qu'il convient d'occuper, autant pour garantir le pays d'une incursion ennemie, que pour la communication libre de cette division avec les autres divisions militaires environnantes.

Quatre routes principales aboutissent à Clermont, ville désignée pour notre premier point de réunion et centre de toutes les opérations militaires de la division. Ces quatre routes, qui se prolongent du nord au midi et de l'orient à l'occident, jusques aux frontières de la France, semblent la diviser en quatre parties égales. L'on conçoit la nécessité de choisir sur chacune de ces routes, à une distance de deux ou trois journées du quartier général, un poste militaire et d'en confier la défense à un officier supérieur expérimenté.

Quatre routes de seconde classe partagent les intervalles existants entre les quatre principales routes ; il importe également de les occuper et d'établir par là une communication journalière entre celles-ci et les postes ci-dessus précités.

Maîtres de toutes les routes de première et de seconde classe, une surveillance active établie jour et nuit, au moyen des gardes sédentaires, sur tous les chemins vicinaux, des affidés placés à des distances éloignés pour nous informer de tous les mouvements hostiles dirigés contre nous. Avec des dispositions semblables, on peut, je crois, raisonnablement attendre d'une insurrection en Auvergne le succès le plus décisif. L'esquisse d'un plan figuré de la division, que je joins au mémoire, offre au premier coup d'œil, avec leurs fortifications naturelles, les routes qu'il importe d'occuper.

Mille ou douze cents hommes de troupes réglées, renforcés au besoin par des auxiliaires, suffisent à l'occupation de ces différents postes ; les trois mille hommes restants de la légion pourraient remplir le double objet de défendre le pays en cas d'attaque et de marcher au secours des divisions voisines. Cette insurrection ainsi organisée étant l'ouvrage de huit jours au plus, ne permet pas au gouvernement d'en arrêter la marche.

Nous avons entre mains ce plan tracé au crayon, sans nul souci des distances, sur les deux côtés duquel sont écrites à l'encre les indications suivantes, destinées probablement à certains chefs :

A. La route de Clermont à Limoges traverse la partie méridionale de la Creuse. Le plus mauvais esprit anime les habitants de ce département. Pour prévenir toute hostilité de leur part, il importe de couvrir cette route par un poste militaire. St-Avit paraît être la partie la plus montagneuse ; entouré de montagnes et de grandes forêts, deux cents hommes suffisent pour sa défense.

NOTA. — Ne sont pas compris dans l'énumération des forces pour chaque poste les secours extraordinaires, soit en troupe réglée, soit en gardes auxiliaires.

B. Montaigut, situé entre les départements de la Creuse et de l'Allier, réclame aussi un poste fixe de deux cents hommes, y compris un détachement de cinquante hommes à Pionsat, sur la route d'Evaux. Ce pays, très fourré, est d'une défense facile.

C. St-Pourçain, sur la route de Paris, renferme 2 à 3,000 âmes ; la rivière de Sioule mouille ses murs ; voisine en outre de la rivière d'Allier, entourée de coteaux et de grandes forêts, trois cents hommes peuvent en défendre l'approche et rendre la communication de cette grande route libre jusqu'à Moulins. Cinquante hommes détachés de ce poste sont nécessaires à Chantelle.

D. Cusset, sur la rivière de Sichon, présente une population d'environ 2,000 âmes ; quatre routes de seconde classe s'y réunissent. Un poste militaire de cent hommes, correspondant avec celui de Thiers, peut d'autant mieux s'y maintenir que le pays est très montagneux et boisé. Sa retraite est assurée par Vichy, sur l'Allier.

E. La ville de Thiers, sur la route de Clermont à Lyon, est un poste très important à défendre : sa population, de 8 à 9,000 âmes, composée en majeure partie d'ouvriers, exige un détachement capable de lui en imposer. Un poste avancé de cinquante hommes, placé sur l'embranchement des deux routes de Lyon, est indispensable. La route offre des défenses naturelles.

F. La population d'Ambert est d'environ 4,000 âmes ; une route traverse la ville. Il importe de se rendre maîtres de cette seconde communication avec le Forez et Lyon. Un poste militaire de cent cinquante hommes peut d'autant mieux remplir cet objet, que l'esprit des habitants est bon et le pays hérissé de montagnes ou de forêts.

G. 1,000 âmes au plus composent la population de Lempdes ; ce bourg est limitrophe entre la division militaire de Clermont et celle plus méridionale du Puy. L'insurrection nous étant commandée et nous arrivant par le midi de la France, une communication libre doit exister entre ces deux divisions. Cinquante hommes néanmoins doivent suffire à l'occupation de ce poste où se joignent les deux routes de St-Flour et du Puy.

H. Enfin la ville d'Aurillac, quoique rapprochée de la division destinée à nous servir de point d'appui, exige un poste de trois cents hommes pour couvrir la route de Clermont, tracée en partie dans le département de la Corrèze. Ce poste fournirait trois détachements de cinquante hommes chacun : l'un à Vic, près du Cantal, sur la route de St-Flour, les deux autres à Bort et à Mauriac, sur la route de Clermont.

Brevet de Commission Militaire

Nous, Visiteur de l'Institut séant dans la province d'Auvergne, muni des pouvoirs donnés par Sa Majesté le 1er décembre 1798 ;

Et nous Général de brigade, commandant en chef la division militaire comprenant ladite province et autres, en vertu de l'instruction du Général en chef, et jusqu'au moment de sa ratification ;

D'après la connaissance acquise du zèle et du dévouement de à la cause de notre Souverain légitime, de son expérience à la guerre et des preuves constamment soutenues qu'il nous a données de son attachement aux principes qui nous dirigent, le maintenons dans son grade de Chef de brigade ou Colonel, et le désignons pour remplir les fonctions importantes de Chef de l'Etat-Major, dont ses talents militaires le rendent justement digne. En conséquence, lui avons fait expédier la présente commission scellée du sceau royal. Le 1er juillet 1800.

L. :Ẍ:

Le Général de Brigade commandant la Division,
LAURENT.

Le Visiteur de l'Institut,
RENAUD.

Actes de François Ier

Relatifs à l'Auvergne et au Bourbonnais[1]

1515

1. — *11 janvier (n. s). Paris.* — Lettres d'autorisation de la bulle de Léon X en faveur de l'église Saint-Cerneuf à Billom. (N° 42).

2. — *12 janvier. Paris.* — Provisions de l'office de connétable de France en faveur de Charles de Bourbon. (N° 43).

3. — *5 février. Compiègne.* — Confirmation de la commission donnée par le feu roi à Austremoine Faure, élu sur le fait des Aides en Auvergne, de terminer le paiement d'un million d'écus promis par le traité conclu l'année précédente entre Louis XII et Henri VIII. (N° 80).

4. — *13 février. Paris.* — Rétablissement de la monnaie de Saint-Pourçain, supprimée par Louis XII. (N° 83).

5. — *18 février. Paris.* — Provisions de la charge de lieutenant

---

1 Le *Catalogue des Actes de François 1er*, entrepris, il y a quelques années, par l'Académie des Sciences morales et politiques, comprend aujourd'hui 18,914 numéros, répartis dans cinq volumes in-4°. Les documents relatifs à l'Auvergne et au Bourbonnais sont perdus dans cette masse énorme ; il m'a semblé utile de les en extraire, en indiquant le numéro du *Catalogue* où ils se trouvent et en mettant les actes du supplément à la place qu'ils doivent occuper. — Les volumes suivants seront dépouillés au fur et à mesure de leur apparition, et je joindrai au prochain dépouillement quelques actes des cinq premiers volumes dont les fiches ont été égarées.

F. CHAMBON.

L'Auvergne Historique. — IIIe année. — ACTES.

général et gouverneur des villes de Paris, de l'Ile-de-France, etc., en faveur de Charles de Bourbon. [Enreg. au Parlement le 6 mars]. (N° 86).

6. — *Février*. — Erection du comté de Vendôme en duché-pairie, en faveur de Charles de Bourbon, comte de Vendôme. (N° 108).

7. — *13 mars. Paris*. — Lettres portant prorogation pour dix années, commençant au 1er octobre 1514, du don fait par Louis XII à Anne de France, duchesse de Bourbonnais et d'Auvergne, du revenu des huitièmes et équivalents dans l'élection de Gien. (N° 15,828).

8. — *19 mars. Paris*. — Don au s^r de Bellenave et à Madeleine d'Anjou, sa femme, de 600 l. par an à prendre sur le domaine de Montferrand. (N° 15,847).

9. — *Mars. Paris*. — Lettres permettant à Jacques, baron de Châteaumorand, d'avoir des fourches patibulaires à quatre piliers en ses seigneuries de Châteaumorand, Châtelus, Pierrefitte, Montourmantier et Bournat. (N° 15,886).

10. — *23 août. Lyon*. — Permission à la duchesse de Bourbonnais et d'Auvergne de racheter de Gilbert Filhol les salines de Valduc en Provence, l'achat ayant eu lieu à réméré. (N° 343).

11. — *12 novembre. Milan*. — Concession à Anne de France, duchesse de Bourbonnais et d'Auvergne, du revenu des greniers à sel de Moulins, Montluçon, Bourbon-Lancy, Vierzon, Creil, Clermont en Beauvoisis, Issoudun, Cosne, Gien et Saint-Pierre-le-Moutier, et des chambres à sel en dépendant, pour l'année commençant au 1er octobre 1515 [1]. (N° 16,059).

1516

12. — *10 mars (n. s.). Lyon*. — Confirmation d'un octroi accordé par Louis XII à la ville de Cusset pour en employer le produit aux réparations des fortifications. (N° 430).

---

[1] Concession renouvelée 1° le 30 juin 1517, pour l'année commencée au 1er octobre 1516 (n° 16,422) ; 2° le 13 février 1519 (n. s.) pour l'année commencée au 1er octobre 1518 (n° 16,990 et note 1), puis le 17 février 1520 (n. s.) pour l'année commencée au 1er octobre précédent (n° 17,226) ; le 4 décembre 1520 pour l'année courante (n° 17,330), etc.

13. — *28 août. Amboise.* — Mandement aux élus des Haut et Bas pays d'Auvergne de répartir, après octroi des Etats desdits pays, la somme de 50,000 l. tournois qu'Anne de France et le duc de Bourbon, son gendre, se proposent de demander auxdits Etats, convoqués à Riom pour le mois de septembre prochain. (N° 16,201).

1517

14. — *13 juillet.* — Lettres ordonnant la répartition sur les habitants de l'Auvergne de leur quote-part de la taille de 2,400,000 l. tournois imposée sur tout le royaume.

15. — *Août. Rouen.* — Confirmation, en faveur de la duchesse et du duc de Bourbon, du privilège par lequel les rois Louis XI et Charles VIII avaient exempté leurs prédécesseurs de la levée des droits de francs-fiefs et nouveaux acquêts dans leurs domaines et extension dudit privilège au duché de Châtellerault. (N° 16,472).

16. — *31 octobre. Moulins.* — Lettres de réception de foi et hommage fait au roi par Charles, duc de Bourbonnais et d'Auvergne, connétable de France, pour les seigneuries de Marignane et de Gignac, en Provence. (N° 16,502).

1518

17. — *1ᵉʳ février (n. s.). Amboise.* — Mandement aux bailli, châtelain et prévôt de Montferrand, de faire procéder à la visite de la rivière d'Allier et de s'enquérir si on pourrait la rendre navigable d'Issoire à Pont-du-Château. (N° 16,587).

1519

18. — *13 août. Paris.* — Lettres en faveur d'Antoinette de Polignac, veuve de Geoffroy de la Tour, seigneur de Montgascon, enjoignant à la femme et aux enfants de son frère Arnaud, vicomte de Polignac, de lui payer 5,000 l. tournois restant dues de sa dot, sur peine de saisie de leurs terres de St-Paulien et de Beaumont en Auvergne. (N° 1,074).

19. — *5 septembre. Blois.* — Déclaration portant qu'Anne de France, duchesse de Bourbonnais et d'Auvergne, doit continuer de

jouir des revenus des greniers à sel à elle concédés, nonobstant les octrois obtenus par les habitants d'Orléans et les chapitres cathédraux d'Orléans, de Troyes et de Senlis. (N° 17,177).

1520

20. — *9 janvier (n. s.)*. — Provisions pour Jean de Torcy de l'office de bailli des Montagnes d'Auvergne. (N° 17,216).

21. — *14 juin*. — Provisions de l'office de bailli des Montagnes d'Auvergne en faveur de Gabriel de Nozières, sur la résignation de Jean de Torcy. (N° 17,267).

22. — *7 août. Mauny*. — Commission donnée à Roger Barme, président, et Nicolas Brachet, conseiller au Parlement de Paris, à l'effet de rédiger par écrit, publier et autoriser les Coutumes du pays et duché de Bourbonnais [1]. (N° 124).

1521

23. — *13 mars (n. s.). Fontainebleau*. — Lettres de confirmation des Coutumes nouvelles du Bourbonnais, réformées, rédigées et publiées par Roger Barme et Nicolas Brachet, commissaires royaux à ce députés, avec défense d'alléguer d'autres textes de ces Coutumes. (N° 1,520).

1522

24. — *31 janvier (n. s.). St-Germain-en-Laye*. — Mandement à l'audiencier de la chancellerie de France de payer à Jean Barthélemy, notaire et secrétaire du roi, 162 livres parisis pour un voyage qu'il a fait de Paris à Clermont-Ferrand et pour les dépenses de la chancellerie pendant les Grands Jours qui y furent tenus en septembre et octobre 1520. (N° 17,447).

25. — *18 juin. Lyon*. — Privilège accordé à Jean Maréchal, imprimeur de Lyon, pour les bréviaire, missel et petites heures à l'usage des diocèses de Clermont et de St-Flour, avec défense à tous autres d'imprimer lesdits livres pendant trois ans. (N° 1,595).

---

1 Impr. *Les Coustumes du pays et duché de Bourbonnoys*, imprimé à Paris par *Anthoine Couteau*, pour Galliot du Pré, le 10 avril 1524, pet. in-4° goth., f° 61. — Et Ch. Bourdot de Richebourg : *Nouveau Coutumier général*, III, 1283.

26. — *Juin. Lyon.* — Lettres portant exemption des droits de francs-fiefs et nouveaux acquets en faveur du clergé d'Auvergne. (N° 17,501).

1523

27. — *11 septembre. Lyon.* — Lettres qui ordonnent l'arrestation du connétable de Bourbon, avec offre de 10,000 écus d'or au soleil à celui qui le mettra entre les mains du roi, du comte de Villars, du grand-maître ou du maréchal de La Palisse. (N° 1,900).

28. — *11 septembre. Lyon.* — Commission à Jean de Selve, Jean Salat, François de Loynes et Jean Papillon de faire le procès du connétable et de ses complices, Antoine de Chabannes, (évêque du Puy) ; Jean de Poitiers (s^r de Saint-Vallier), et Aimar de Prie. (N° 17,702).

29. — *14 septembre. Lyon.* — Commission à Pierre de La Guiche, bailli de Mâcon, pour saisir sur le connétable de Bourbon les pays de Beaujolais et de Dombes. (N° 17,705).

30. — *23 octobre. Lyon.* — Lettres maintenant en l'exercice de leurs états les officiers des vicomtés, terres et seigneuries de Carlat et de Murat, saisies et confisquées sur Charles de Bourbon, connétable de France, et ordonnant au bailli des Montagnes d'Auvergne de leur faire prêter serment de fidélité au roi. (N° 17,715).

31. — *Novembre. Lyon.* — Création d'un siège royal et bailliage à Saint-Flour, compris jusqu'alors dans le bailliage des Montagnes d'Auvergne. [Enreg. au Grand Conseil le 27 mai 1527]. (N° 1,935).

1524

32. — *22 janvier (n. s.). Blois.* — Lettres portant injonction aux gens des Comptes à Moulins de faire payer aux religieuses de Sainte-Claire de Moulins les sommes d'argent et quantités de blé et de vin qui leur ont été déléguées pour les aider à vivre. (N° 1,971).

33. — *5 avril. Blois.* — Confirmation du legs de 100,000 l. fait par Jeanne de Valois au profit du collège Sainte-Marie de Bourges, lors de sa fondation, en 1504, assigné sur les châtellenies d'Ainay et de La Bruère, par Anne de Beaujeu, duchesse de Bourbon, sœur de la fondatrice. (N° 2,002).

34. — *17 mai. Blois.* — Commission à plusieurs présidents et conseillers des Parlements de province, pour revoir et juger à nouveau avec le Parlement de Paris le procès du connétable de Bourbon. (N° 17,782).

35. — *2 juin. Tours.* — Mandement au Parlement de Paris pour l'instruction du procès dirigé contre le connétable Charles de Bourbon [1]. (N° 2,014).

36. — *Septembre. Avignon.* — Lettres d'affranchissement en faveur de François de La Plaine, maître ès-arts, dont le père et la mère, demeurant à Néris en Bourbonnais, étaient de condition serve. (N° 17,828).

37. — *27 octobre. St-Just-sur-Lyon.* — Don à Charles Canche, maréchal des logis de la duchesse de Bourbon, sa vie durant, du profit et émolument du greffe et sceau de Montluçon. (N° 17,848).

38. — *28 octobre. St-Just.* — Permission à Blanche de Langeac, abbesse de Blesle en Auvergne, d'envoyer à Rome pour obtenir la signature de la résignation qu'elle veut faire de son abbaye au profit d'Anne de Langeac, sa nièce. (N° 17,850).

39. — *9 novembre. St-Just.* — Mandement au bailli des Montagnes d'Auvergne, juge et garde des sceaux, de laisser Jacques de Tournemire ériger des fourches patibulaires en sa seigneurie de « Val », où il a le droit de haute justice, basse et moyenne, si lesdites fourches n'ont pas été abattues par autorité de justice. (N° 17,876).

40. — *Novembre. St-Just.* — Lettres de naturalité accordées à André Billon, natif de Cordon en Savoie, établi en France et demeurant à Saint-Pourçain. (N° 17,931).

41. — *12 décembre. St-Just.* — Don à Jean de La Haye, s^r de Salles, du droit de franc usage en la forêt de Grosbois, pour son chauffage et la construction de sa maison de Salles en Bourbonnais, avec permission de mettre chaque année vingt porcs dans la paisson de ladite forêt. (N° 17,970).

42. — *15 décembre. St-Just.* — Provisions pour Gilbert Giraudet

---

[1] Impr. Isambert : *Recueil des anciennes lois françaises,* XII, 229.

de l'office de greffier du lieutenant du maréchal de Bourbonnais à Souvigny, vacant par la mort de Jean Regnault. (Nᵒ 17,981).

43. — *20 décembre. St-Just.* — Prorogation pendant dix ans, à partir de l'expiration du précédent octroi, de l'affranchissement de la taille accordé aux habitants de Moulins. (Nᵒ 17,997).

44. — *20 décembre.* — Prorogation en faveur des habitants de Moulins de l'aide de 4 livres par muid de sel vendu à Moulins, Montluçon et Bourbon-Lancy, le produit de cette aide devant être consacré aux réparations dont ladite ville a besoin. (Nᵒ 17,998).

1525

45. — *2 janvier (n. s.). St-Just.* — Lettres autorisant l'exécution des bulles conférant à Antoine d'Angerant l'abbaye d'Issoire. (Nᵒ 18,026).

46. — *2 janvier.* — Lettres de mainlevée du temporel de l'abbaye d'Issoire, en faveur d'Antoine d'Angerant, abbé dudit lieu. (Nᵒ 18,027).

47. — *2 janvier.* — Lettres de surséance accordées à Antoine d'Angerant de prêter le serment de fidélité pour le temporel de l'abbaye d'Issoire. (Nᵒ 18,028).

48. — *12 janvier. St-Just.* — Lettres de surséance accordées aux religieuses et couvent de « *la Vue* » (*sic*), près Maringues [1], de payer les 155 livres 17 sols tournois qui constituent leur part de l'aide demandée par le roi aux gens d'église. (Nᵒ 18,061).

49. — *25 janvier. St-Just.* — Mandement de la régente à la Chambre des Comptes de Bourbonnais de faire payer par les receveurs d'Hérisson, Montluçon et Murat, au couvent de l'Annonciade de Bourges, fondé par feue Jeanne de France, la somme de 343 livres 5 sols tournois. (Nᵒ 18,083).

50. — *6 février. St-Just.* — Permission à Guillaume Marillac d'exercer sous la main du roi l'office de châtelain du comté de Montpensier. (Nᵒ 18,115).

---

1 Ne s'agirait-il pas du couvent de *la Veine* ? (F. Ch.).

51. — *25 mars. St-Just.* — Don à Jean de Breulles de la capitainerie de Cusset, vacante par la mort du bâtard de Clèves. (N° 18,189).

52. — *15 mai. Lyon.* — Commission à Jeanne du Refuge, veuve de Jean de Diesbach, pour lever et percevoir sous la main du roi les revenus de la terre et seigneurie de Vodables en Auvergne, saisie à cause de la rébellion du connétable de Bourbon, à charge d'en rendre compte. (N° 18,314).

53. — *17 mai. Lyon.* — Don à Philippe Condor, aumônier de Louise de Savoie, de la chantrerie et prébende de St-Nicolas de Montluçon, vacante par la mort de Jean Paillart. (N° 18,320).

54. — *18 mai. Lyon.* — Don à Jeanne du Refuge et à ses héritiers du revenu de la terre de Vodables en Auvergne, déduction faite des gages des officiers et autres charges ordinaires de ladite seigneurie. (N° 18,321).

55. — *23 mai. Lyon.* — Lettres de Louise de Savoie, régente, confirmant en faveur de Charles de Chabannes le don de la baronnie de Mercœur fait à son père Jacques, sieur de la Palice, maréchal de France, par François Ier. (N° 18,338) [1].

56. — *28 mai. Lyon.* — Mandement à la Chambre des Comptes de Moulins de faire payer par le trésorier de Bourbonnais 100 sous tournois par quartier à chacun des trente mortes-payes du château de Chantelle. (N° 18,347).

57. — *19 juin. Lyon.* — Lettres d'acquit aux receveurs comptables de la maison de Bourbon pour 1,500 livres tournois données à Jean Chanteau, maître des comptes à Moulins, en remboursement de pareille somme prêtée à feue Madame de Bourbon. (N° 18,403).

58. — *26 juin. Lyon.* — Commission à M. de Saint-Pol pour administrer, sous le nom du roi, le comté de Clermont en Auvergne, les seigneuries de Vodables, Roannais, Montaigut, Diou-les-Combrailles et la Tour de Bussières-lès-Montpensier. (N° 18,414).

59. — *10 juillet. Lyon.* — Provisions pour Mathieu Gollefer de

---

1 V. Ch. de Chabannes : *Preuves pour servir à l'histoire de la Maison de Chabannes.* Dijon, 1892, 4°, p. 707. (Non mis dans le commerce).

l'office d'assesseur et lieutenant particulier du sénéchal d'Auvergne, vacant par la mort de Jean Reynaud. (N° 18,443).

60. — *Novembre. St-Just.* — Lettres de la régente confirmant les statuts et ordonnances des gaîniers et fabricants d'étuis de la ville et de la baronnie de Thiers en Auvergne. (N° 18,508).

1526

61. — *25 janvier (n. s.).* — Lettres portant continuation pendant six ans, en faveur des habitants de Moulins, d'un octroi sur le sel. (N° 2,287).

62. — *Mars. Dax.* — Lettres de don à Jean, duc d'Albany, de tout le droit et action appartenant à Jean de Poitiers, sieur de Saint-Vallier, sur la baronnie de La Tour et autres biens et successions du feu comte Bertrand III de Boulogne et de Louise de la Trémoille, confisqués et adjugés au roi [1]. (N° 18,555).

63. — *Avril. Bordeaux.* — Création de deux foires annuelles, l'une au Vernet et l'autre au Valbeleix, localités dépendantes de la seigneurie de Saint-Nectaire en Auvergne, en faveur de Nectaire de Sennectaire. (N° 2,344).

64. — *20 juin. Angoulême.* — Provisions pour Pierre Thierry de l'office de receveur des tailles et équivalent du Bas Pays d'Auvergne, vacant par la résignation d'Aimé Du Prat. (N° 18,692).

65. — *28 juin. Angoulême.* — Provisions pour le duc d'Albany de l'office de lieutenant général du roi et gouverneur en Bourbonnais, Auvergne, la Marche et Combrailles, vacant par la mort du maréchal de Chabannes. (N° 18,704).

66. — *28 juin.* — Provisions pour le même de l'office de capitaine du château de Chantelle. (N° 18,705).

67. — *Juillet. Angoulême.* — Lettres d'abolition en faveur de Philippe des Escures, écuyer, au service des ducs de Bourbon depuis l'âge de dix ans, qui avait comme tel suivi le connétable de Bourbon et combattu contre la France [2]. (N° 18,734).

---

1 A la suite de la condamnation du sire de Saint-Vallier comme complice du connétable de Bourbon.

2 Ces lettres d'abolition seront publiées prochainement à la suite d'un article sur le *Procès du connétable de Bourbon*, dans les *Archives historiques du Bourbonnais*.

68. — *17 août. Amboise.* — Provisions pour Philippe Condor de la prébende de Montluçon, vacante par la mort d'Arnoul de Montmeslier. (N° 18,749).

69. — *16 novembre. St-Germain-en-Laye.* — Don à Louis d'Angerant, chevalier, seigneur de Bois-Rigaud, de la terre d'Usson, assise au bailliage de Montferrand. (N° 2,478).

70. — *Novembre.* — Lettres d'affranchissement de Gilbert Berthonier, de Berthon en Bourbonnais. (N° 2,491).

1527

71. — *Février. St-Germain.* — Création de quatre foires annuelles, deux à Bourbon et deux à Gannat en Bourbonnais, en faveur de Jean de Torcy, chambellan du roi, seigneur desdits lieux. (N° 2,590).

72. — *Février. St-Germain.* — Création d'une foire annuelle et d'un marché hebdomadaire à Ferrières, en Bourbonnais, en faveur de François de la Tour, vicomte de Turenne, et de Claude de Chalençon [1], seigneur de Rochebaron, coseigneurs de Ferrières. (N° 2,593).

73. — *20 mars. St-Germain.* — Lettres portant permission à Pierre Grasdepain, chanoine et curé de Romagnat, de faire assigner en paiement de dîmes plusieurs habitants de cette paroisse. N° 2,612).

74. — *Mars.* — Lettres d'anoblissement octroyées à Guillaume Bertrand, juge du Puy. (N° 2,638).

75. — *26 septembre. Compiègne.* — Lettres de don à Henri, duc d'Orléans, deuxième fils du roi, de l'office de grand chambrier, en remplacement de Charles de Bourbon. (N° 2,760).

76. — *Septembre.* — Création d'une foire annuelle et d'un marché hebdomadaire à Bourré, en Bourbonnais, sur la requête de Jacques Thomassin, dit de Montmartin. (N° 2,770).

1528

77. — *19 mars. St-Germain.* — Don de 60 livres parisis à Jean Martel, pauvre homme de labour du pays d'Auvergne. (N° 2,917).

---

1 Lisez : *Chalencon.*

78. — *Mars.* — Déclaration portant confirmation du don de la baronnie de la Tour et autres biens provenant de la confiscation du comte de Saint-Vallier, faite par le roi au duc d'Albany, malgré les lettres d'abolition dudit comte de Saint-Vallier. (N° 2,931).

79. — *30 juin. Paris.* — Lettres portant suspension des Grands Jours de Bourbonnais, de Châtellerault et de Clermont, la vie durant de la duchesse d'Angoulême, et ordonnant que cependant les appels interjetés des sénéchaux de Bourbonnais et de Châtellerault et du bailli de Clermont, seront portés et relevés au Parlement de Paris. (N° 3,035).

80. — *Juin.* — Création de quatre foires par an et d'un marché hebdomadaire à Reilhac en Auvergne, en faveur de Nicolas de Fontanges, seigneur dudit lieu. (N° 3,042).

81. — *23 novembre.* — Mandement à Guillaume Prudhomme, trésorier de l'épargne, de faire payer à Jean Stuart, duc d'Albany, gouverneur et lieutenant général du Bourbonnais, de l'Auvergne, etc., la somme de 6,000 livres tournois à lui due pour l'année 1527. (N° 3,237).

82. — *22 décembre.* — Lettres portant cession à la duchesse d'Angoulême du duché d'Auvergne, en échange du duché de Nemours. (N° 3,269).

1529

83. — *20 juillet. Coucy.* — Confirmation d'une transaction conclue le 10 juin 1529 par Anne de Montmorency, maréchal de France, pour et au nom du roi et de sa mère, avec les procureurs d'Antoine, duc de Lorraine et de Bar, et de Renée de Bourbon, sa femme, touchant la dot de cette dernière, et le droit de succession par elle prétendu aux biens de la maison de Bourbon et de Montpensier. La jouissance des terres de Mercœur, Fromental, Blesle et Gerzat, est conférée au duc et à la duchesse. (N° 3,425).

84. — *1er octobre. Rome.* — Bulles de Clément VII pour la réformation de l'abbaye de la Chaise-Dieu. (N° 3,495).

85. — *Octobre. Paris.* — Création de deux foires annuelles et d'un marché hebdomadaire à Paulhaguet, en Auvergne. (N° 3,521).

1530

86. — *Mars. Blois*. — Etablissement de trois foires par an et d'un marché chaque semaine à Arfeuilles, en Bourbonnais. (N° 3,652).

87. — *Mai. Angoulême*. — Création de trois foires par an et d'un marché hebdomadaire à Nonette, en Auvergne. (N° 3,707).

88. — *Juin. Bordeaux*. — Création de quatre foires à Molles, dans le Bourbonnais, en faveur de Balthazar de Séveret, seigneur du lieu. (N° 3,727).

1531

89. — *25 mars. Paris*. — Lettres portant décharge de la faculté de rachat de la baronnie de Mercœur et des seigneuries de Fromental, Blesle et Gerzat, cédées avec cette restriction au duc Antoine de Lorraine. (N° 3,920).

90. — *Juin*. — Etablissement de deux foires annuelles et d'un marché hebdomadaire à Lodde, en Bourbonnais. (N° 4,125).

1532

91. — *1er janvier. Abbeville*. — Lettres portant mandement de François Ier au Parlement de Paris de casser et annuler les lettres extorquées à Madrid, par lesquelles il avait déclaré conserver et maintenir les biens confisqués au connétable de Bourbon aux héritiers et successeurs de celui-ci. (N° 4,375).

92. — *16 janvier. Dieppe*. — Lettres de don à Renée de Bourbon, duchesse de Lorraine, des revenus du comté dauphiné d'Auvergne, pour lui servir de pension tant qu'il plaira au roi. (N° 4,384).

93. — *Janvier*. — Edit de suppression du bailliage de Montferrand portant réunion de ce siège et attribution du ressort au lieutenant du sénéchal d'Auvergne au siège de Riom. (N° 4,392).

94. — *Janvier*. — Edit de translation à Montferrand du siège d'élection et de la recette des tailles du Bas pays d'Auvergne qui était à Clermont et de la Monnaie et Chambre des monnaies siégeant à Saint-Pourçain. (N° 4,393).

95. — *13 février. Rouen.* — Nomination de P. Damiens à l'office de trésorier receveur général des comtés de Montpensier, Clermont, baronnie de Mercœur, etc. (N° 4,408).

96. — *19 mars. Argenton.* — Commission à Jacques Luillier, clerc et auditeur des comptes, de faire un inventaire des titres de la maison de Bourbon qui se trouvent aux Chambres des comptes de Moulins, Montbrison et Villefranche, et de les transférer à la Chambre des comptes de Paris et au Trésor des chartes. (N° 4,462).

97. — *Mars.* — Edit portant attribution de la qualité de juge royal au sénéchal de Bourbonnais, extension de sa juridiction et maintenue de l'office de lieutenant du domaine audit pays. (N° 4,493).

98. — *4 octobre. Paris.* — Lettres confirmant François des Cars, chevalier, dans l'office de sénéchal de Bourbonnais. (N° 4,942).

1533

99. — *31 janvier.* — Provisions de l'office de changeur des monnaies dans les sénéchaussées de Lyonnais, Bourbonnais, etc., dans les bailliages de Montferrand, etc., pour Jean Blauf, marchand d'Issoire. (N° 5,334).

100. — *Mai. Moulins.* — Etablissement de quatre foires par an et d'un marché hebdomadaire à Ygrande en Bourbonnais. (N° 5,878).

101. — *7 juin. Lyon.* — Création d'un office d'enquêteur examinateur dans chacun des bailliages et sénéchaussées des duchés d'Anjou, Bourbonnais, Auvergne, etc. (N° 5,890).

102. — *14 juillet.* — Commission donnée à Jean de Pierrefitte, élu en l'élection de la Basse-Auvergne pour la levée des deux décimes récemment accordés par le Pape. (N° 6,077).

103. — *Juillet. Clermont.* — Création de deux nouvelles foires annuelles et un marché hebdomadaire à Noirétable. (N° 6,101).

104. — *16 août.* — Lettres par lesquelles le roi commet le sénéchal d'Auvergne pour connaître des différends entre l'abbaye de Saint-Allyre, l'évêque et les habitants de Clermont. (N° 6,159).

105. — *Septembre. Avignon.* — Etablissement de trois foires et d'un marché le jeudi à Artonne en Auvergne. (N° 6,268).

106. — *11 décembre. Lyon.* — Commission de François Ier pour le renouvellement du terrier de sa châtellenie de Murat. (N° 6,372).

1534

107. — *5 janvier. Dijon.* — Ordonnance touchant les juridictions de l'Auvergne. Les élus de la Basse-Auvergne auront leur siège et le receveur son bureau à Clermont ; le temporel des églises de fondation royale sera du ressort du bailli de Montferrand ; la monnaie sera fabriquée à Saint-Pourçain. (N° 6,677).

108. — *17 avril. Compiègne.* — Suppression de l'office de trésorier des comtés de Montpensier et de Clermont, dauphiné d'Auvergne, et vicomtés de Carlat et de Murat, et réunion de ces pays à la recette générale d'Auvergne. (N° 7,004).

109. — *22 juin. Chantilly.* — Ordonnance pour la tenue des Grands Jours devant siéger à Moulins du 1er septembre au 31 octobre 1534. (N° 7,188).

110. — *28 octobre. Montrésor.* — Nomination du duc d'Albany au gouvernement des terres et seigneuries de la maison de Boulogne sises en Auvergne, appartenant à Henri de France, duc d'Orléans, à cause de sa femme la duchesse d'Urbin. (N° 7,402).

111. — *20 décembre. Saint-Germain.* — Mandement au sénéchal et aux officiers du domaine de Bourbonnais de faire la recherche des tailles et autres droits dûs au roi dans le duché de Bourbonnais· (N° 7,436).

1536

112. — *25 mai. Lyon.* — Lettres maintenant Pierre Filheul, archevêque d'Aix, en dérogation à l'édit de réforme et en surplus du nombre fixé par l'édit dans ses fonctions de premier conseiller d'église au Parlement d'Aix. (N° 8,461).

113. — *10 octobre.* — Provisions de la charge de lieutenant général du roi en Lyonnais, Auvergne, etc., en faveur du cardinal de Tournon. (N° 8,665).

114. — *20 octobre.* — Edit portant réduction des notaires et sergents royaux au bailliage d'Aurillac et dans la vicomté de Carlat. (N° 8,673).

1537

115. — *17 avril. Hesdin.* — Mandement à Ponce Brandon, conseiller au Parlement, et à Antoine Bohier, général des finances, commissaires royaux, sur le fait des aliénations du domaine, d'asseoir une rente annuelle de 30 livres tournois sur la terre de Belleperche, en Bourbonnais, au profit de Guillaume Bourgoing, conseiller au Parlement, pour un prêt de 9,000 livres qu'il a fait au roi. (N° 8,904).

116. — *18 avril.* — Provisions de l'office de lieutenant général au bailliage de Montferrand, pour Christophe Régin, licencié en lois. (N° 8,910).

117. — *6 juillet. Chailly.* — Commission à Nicolas Viole, conseiller en la Chambre des Comptes, pour examiner avec Antoine Bohier, commissaire sur le fait des aliénations du domaine, les comptes de la seigneurie de Belleperche. (N° 9,184).

118. — *24 juillet. Meudon.* — Lettres de confirmation du contrat de la vente à réméré faite par les commissaires du roi sur le fait des aliénations du domaine, de la terre de Belleperche, en Bourbonnais, à Guillaume de Bourgoing, conseiller au Parlement de Paris, pour le prix de 9,000 livres qu'il avait prêtées au roi. (N° 9,196).

119. — *9 septembre. Ferrières.* — Don à Jacques Chasteigner, seigneur de la Roche-Pozay, de l'office de maître des eaux et forêts de Bourbonnais et de la capitainerie de Labruyère-Laubépin, vacants par suite de la mort de Regnault de Laloue. (N° 9,297).

120. — *Septembre. Fontainebleau.* — Etablissement de deux foires annuelles à Sennetaire (*sic*), en faveur de Nectaire de Saint-Nectaire, chambellan du roi. (N° 9,322).

121. — *Septembre. St-Satur-sur-Cher.* — Confirmation des statuts et règlements des bouchers de Moulins. (N° 9,328).

1538

122. — *24 janvier. St-Vallier.* — Provisions en faveur de Jean de Lévis, chevalier, seigneur de Châteaumorand, de l'office de sénéchal d'Auvergne, en remplacement du sieur de Barbezieux, décédé. (N° 9,602).

123. — *22 février. Moulins*. — Don à Cécile Girard de la somme annuelle de 50 livres tournois à prendre, sa vie durant, sur la boucherie de Moulins, comme faisait feue Françoise Girard, sa sœur. (N° 9,694).

124. — *Février. Moulins*. — Confirmation des privilèges, franchises et libertés des habitants d'Aigueperse, en Auvergne. (N° 9,758).

125. — *Février*. — Confirmation des privilèges, etc., de Montaigut-en-Combraille. (N° 9,762).

126. — *Février*. — Lettres de sauvegarde octroyées au prieur et au chapitre de Saint-Ursin de Montcenaux, en Bourbonnais. (N° 9,763).

127. — *18 mars. La Palisse*. — Provisions en faveur de Jean Chasteigner, sieur de la Rochepozay, maître d'hôtel ordinaire du roi, de l'office de maître des eaux et forêts du duché de Bourbonnais, en remplacement de Renaud de·Laloue. (N° 9,855).

128. — *18 mars*. — Déclaration portant que le sieur de La Roche-Pozay et ses successeurs à son office prendront dorénavant, chaque année, sur la trésorerie et recette ordinaire de cet office, la somme de 400 livres tournois de gages, y compris ceux qu'ils avaient coutume de prendre auparavant. (N° 9,856).

129. — *Mars. Moulins*. — Etablissement de quatre foires par an et d'un marché chaque semaine à Bellenaves. (N° 9,895).

130. — *Mars*. — Lettres de sauvegarde octroyées au chapitre de St-Sauveur de Hérisson. (N° 9,898).

131. — *Mars*. — Lettres de sauvegarde octroyées aux Célestins de la Ste-Trinité-lèz-Vichy. (N° 9,879).

132. — *9 mai. Romans*. — Lettres aux consuls de Riom leur ordonnant de faire provision de six milliers de salpêtre, cette année et l'année prochaine, sur les deniers communs de ladite ville. (N° 10,024).

133. — *23 juillet. Montélimar*. — Mandement à la Chambre des Comptes de Paris de faire payer Charles de Bièvres, sieur de la

Salle, écuyer d'écurie de la reine, concierge et garde des meubles du château de la Chaussière, en Bourbonnais, par le receveur ordinaire du lieu, de ses gages à raison de 60 livres tournois par an. (N° 10,135).

134. — *18 novembre. Chantilly*. — Permission à Jean Aubert de résigner, avec réserve de survivance, son office de garde de la porte du château de Moulins, au profit de Jean Pinel, sans rien payer du droit ordinaire. (N° 10,459).

135. — *Décembre. Paris*. — Permission aux habitants de Romagnat, en Auvergne, d'enclore leur ville de murs et de fortifications. (N° 10,602).

1539

136. — *Mars. Paris*. — Etablissement de deux foires annuelles et d'un marché hebdomadaire à Chaliers, en Auvergne, au profit de François d'Apcher, seigneur du lieu. (N° 10,978).

137. — *22 juin. Paris*. — Mandement aux officiers de Montluçon d'envoyer au roi un état des deniers communs, don et octrois, et des charges ordinaires de la ville. (N° 11,070).

138. — *Juin*. — Confirmation des trois foires annuelles et des deux marchés hebdomadaires de Riom. (N° 11,091).

139. — *Juillet*. — Institution de quatre foires par an et d'un marché chaque semaine à Volvic, en faveur de Jean d'Albon de St-André, seigneur du lieu. (N° 11,132).

140. — *Juillet. Royaumont*. — Permission aux habitants d'*Asquiem* (sic), en Bourbonnais, de fortifier leur ville. (N° 11,136).

141. — *Octobre. Compiègne*. — Création de deux nouvelles foires, outre les trois anciennes, à Aurillac. (N° 11,263).

1540

142. — *Février. Noyon*. — Création de quatre foires annuelles à Châtelus, en Bourbonnais, de trois foires à Saint-Martin-d'Estreaux, etc., en faveur de Jean de Lévis, baron de Châteaumorant, seigneur desdits lieux. (N° 11,400).

143. — *29 mai. Fontainebleau*. — Commission à Claude Genton, prévôt général des connétables et maréchaux de France et à ses lieutenants pour exécuter les ordonnances de prise de corps qui seront rendues par les Grands Jours, qui doivent siéger à Moulins. N° 11,498).

144. — *7 juin*. — Ordonnance pour la tenue des Grands Jours à Moulins du 1er septembre au 31 octobre. (N° 11,521).

145. — *14 juillet. Anet*. — Provisions en faveur de Jean et Louis Dubois, frères, gentishommes de la vénerie, de l'office de maître particulier des eaux et forêts du duché de Bourbonnais et de celui de capitaine de la Bruyère-Laubépin, y annexé, vacants par la résignation pure et simple du sieur de La Roche-Pozay. (N° 11,582).

146. — *Août. Watteville*. — Permission aux habitants de Ceyssat, en Auvergne, de clore leur bourg de fortifications. — (N° 11,624).

1541.

147. — *Février. Fontainebleau*. — Anoblissement d'Oudin Aubert, dit Le Rat, originaire de Cusset en Auvergne, colonel d'une bande de gens de guerre, actuellement en Piémont. (N° 11,836).

148. — *2 juin. Châtellerault*. — Provisions de l'office de lieutenant général du bailliage des Montagnes d'Auvergne pour Antoine Hurye en remplacement, sur résignation, de Jean, son père. (N° 11,904).

149. — *Juin*. — Edit de création d'un verdier général et réduction du nombre des sergents des eaux et forêts dans le duché du Bourbonnais. (N° 12,003).

150. — *6 juillet. Persac*. — Provisions en faveur de Just de Tournon de l'office de sénéchal d'Auvergne, vacant par le décès de Jean de Lévis, seigneur de Châteaumorand. (N° 12,014).

151. — *Août. Moulins*. — Confirmation des privilèges, franchises et libertés des habitants de Moulins. (N° 12,086).

152. — *Août. Bourbon-Lancy*. — Création de trois gardes pour les forêts de Tronçais, Dreuille, Grosbois et Messarges, dans le duché de Bourbonnais. (N° 12,092).

153. *Novembre. Fontainebleau.* — Edit de translation du siège du bailli des Montagnes d'Auvergne de Chaudesaignes à Murat, avec interdiction au sénéchal d'Auvergne de le déplacer (N° 12,218).

1542

154. — *Janvier. Paris.* — Confirmation des privilèges, franchises et coutumes des habitants de Villefranche en Bourbonnais. (N° 12,312).

155. — *Mars. La Guette en Brie.* — Rétablissement d'un marché hebdomadaire à Bourg-le-Comte dans le Bourbonnais. (12,425).

156. — *Avril. Villeneuve-l'Archevêque.* — Etablissement de trois nouvelles foires annuelles à Rochefort, au bailliage de Montferrand, en faveur de Joachim de Chabannes, baron de Curton, seigneur dudit lieu. (12,437).

157. — *22 juillet. Messigny.* — Ordonnance pour la tenue des Grands Jours à Riom, du 1er septembre au 31 octobre. (N° 12,639).

158. — *Août. Lyon.* — Edit de création de deux nouveaux offices de notaires à Clermont-Ferrand, outre les douze en exercice. (N° 12,716).

159. — *Août. Lyon.* — Création de quatre foires annuelles et un marché hebdomadaire à Marcillat, en Bourbonnais, en faveur de Jacques de Gouzolles, écuyer d'écurie du roi, d'Antoine de Gouzolles, maître des requêtes de la reine, seigneurs de la moitié de la terre, et de Gilbert et Michel de Rochedragon, seigneurs de l'autre moitié. (N° 12,717).

160. — *Octobre. Lyon.* — Lettres de création d'un deuxième office de notaire dans la châtellerie de Larodde, en Auvergne. (N° 12793).

1543.

161. — *17 février. Fontainebleau.* — Provisions de l'office de lieutenant général du bailli de Montferrand en faveur de Jean Régin, licencié ès lois, en remplacement et par la résignation de Christophe, son père. (N° 12,884).

162. — *Mars.* — Création de quatre offices de conseillers en la sénéchaussée d'Auvergne (N° 12,952).

163. — *18 mai. Saint-Germain.* — Provisions pour Jacques Cornillier de l'office de lieutenant général de la sénéchaussée du Bourbonnais en remplacement, par résignation, d'Antoine Chauveau. (N° 13,076).

164. — *Mai.* — Edit de création de deux nouveaux offices de conseillers en la sénéchaussée d'Auvergne, siège de Riom (N° 13,106).

165. — *Mai. Paris.* — Edit de création d'un deuxième office d'enquêteur-examinateur en la sénéchaussée d'Auvergne, près le siège de Riom. (N° 13,122).

166. — *20 juin.* — Commission à Antoine Soubrany, Antoine Escudier et Jean Arnoul, consuls de Riom, pour répartir sur les habitants de cette ville deux impositions, l'une de 800 l. pour les frais de garnison d'une partie de la bande de M. le Dauphin, l'autre de 2.500 l. pour combler le déficit de la caisse communale.

167. — *Juin. Villers-Cotterets.* — Création de quatre offices de conseillers en la sénéchaussée de Bourbonnais, siège de Moulins. (N° 13,179).

168. — *14 juillet.* — Provisions pour Claude Vernet de l'office de receveur ordinaire du domaine de Montferrand, en Auvergne, en remplacement d'Antoine, son père, et avec réserve de survivance. (N° 13,210).

169. — *Août. Chamery.* — Union et incorporation des justices de Charmeil, Cérésat, Quinssat, Saint-Christophe et autres, à la ville et châtellerie de Saint-Germain-des-Fossés en Bourbonnais, en faveur de Jean d'Albon de Saint-André. (N° 13,310).

1544.

170. — *Janvier. Fontainebleau.* — Création d'un office de conservateur des privilèges royaux du prieuré de Souvigny, pour connaître de toutes les causes civiles dudit prieuré, au lieu du commissaire nommé jusque-là par le sénéchal de Bourbonnais, et permission au cardinal de Tournon, archevêque d'Auch, prieur commendataire de Souvigny et à ses successeurs, de pourvoir audit office. (N° 13,583).

171. — *5 février.* — Don à Charles de France, duc d'Orléans,

du duché de Bourbonnais, pour le tenir en pairie et en jouir à titre d'apanage. (N° 13.595).

172. — *26 février. Paris.* — Décharge en faveur du clergé du diocèse de Clermont des arrérages des décimes et dons gratuits, moyennant certaines sommes y énoncées (N° 13,638).

173. — *7 mars. Paris.* — Règlement pour les fonctions de général au siège d'Aurillac, dépendant du bailliage des montagnes d'Auvergne (N° 13,695).

174. — *Mai. Saint-Germain.* — Edit de suppression de l'un des deux offices d'enquêteur en la sénéchaussée de Bourbonnais. (N° 13,902).

175. — *12 juin. Paris.* — Provisions pour Ponce Brandon, conseiller au Parlement de Paris, de l'office de lieutenant général civil et criminel de la sénéchaussée d'Auvergne en survivance de son père Michel. (N° 13,95c).

176. — *11 août. Villers-Cotterets.* — Lettres déclarant que l'édit de création d'un deuxième office d'enquêteur en la sénéchaussée de Bourbonnais sortira entièrement son effet, et que Jean Becquas, licencié ès lois, pourvu dudit office devra en jouir pleinement et paisiblement, nonobstant l'opposition de Claude Aubert, premier enquêteur de ladite sénéchaussée (N° 14,098).

177. — *22 août. Coincy-l'Abbaye.* — Mandement au Parlement de Paris d'enregistrer les lettres révoquant l'édit de suppression du deuxième office d'enquêteur récemment créé en la sénéchaussée de Bourbonnais. (N° 14,118).

1545

178. — *5 août. Jumièges.* — Commission donnée à Guillaume Bourgoing, conseiller au Parlement, envoyé par le roi dans le Bourbonnais, le Nivernais et le Berry, pour y rechercher les prédicateurs et fauteurs d'hérésies et instruire leur procès. (N° 14,534).

179. — *20 septembre. Picquigny.* — Provisions en faveur d'Hector de Nançay, notaire et secrétaire du roi, de l'office de receveur des

tailles et équivalents au Bas pays d'Auvergne, en remplacement de feu Pierre Thierry. (Nº 14,573).

180. — *12 novembre. Compiègne.* — Provisions de l'office de maître des eaux et forêts de Bourbonnais pour Guillaume Quénart, en remplacement de François Descourtilz, décédé. (Nº 14,628).

1546

181. — *22 mars. Jerres.* — Mandement au sénéchal de Bourbonnais de faire rembourser à Guillaume Duval une somme de 2,000 écus d'or qu'il avait prêtée au duc d'Orléans et qui lui avait été assignée d'abord sur le revenu des offices de tabellions nouvellement créés en Bourbonnais, mais qu'il n'avait pu toucher, ces offices n'ayant pas été maintenus. (Nº 14,853).

182. — *30 mars. Fontainebleau.* — Lettres prescrivant la montre et revue des compagnies d'archers et de gens d'armes d'Auvergne, de Bourbonnais etc. (Nº 14,866).

183. — *30 mars.* — Don à Jean Devis, de Pontgibaud, sommelier d'échansonnerie du commun, de l'office de notaire royal au bailliage et prévôté de Cusset, vacant par la mort de Claude Bardet. (Nº 14,870).

184. — *Mars. Paris.* — Lettres de légitimation accordées à Guynot de Lespinace, fils naturel de Louis de Lespinace, prêtre du diocèse de Saint-Flour, et d'une veuve nommée Christine de la Rochette. (Nº 14,924).

185. — *16 avril. Montargis.* — Don à Philibert Pascalon de l'office d'huissier et concierge de la Chambre des Comptes de Moulins en Bourbonnais, vacant par la résignation de Jean Chartier, et nonobstant la suppression de ladite Chambre des Comptes. (Nº 15,003).

186. — *Id.* — Don au même de l'office de concierge et geôlier des prisons de Bourbonnais, vacant par la résignation de Jean Rochat. (Nº 15,004).

187. — *Mai. Fontainebleau.* — Lettres de légitimation accordées à Blaise Baudonat, âgé de 10 ans, natif de Pailhès, au diocèse de

Clermont, fils naturel de messire Anne Baudonat, prêtre, et d'Anne Pellicier. (N° 15,105).

188. — *5 juin. Villeneuve-le-Comte.* — Lettres de relief d'adresse, au grand-maître des eaux et forêts, des provisions de lieutenant du maître des eaux et forêts de Bourbonnais, données le 12 novembre 1545 (n° 14,628), en faveur de Guillaume Quénart. (N° 15,121).

189. — *16 juin. Paris.* — Don à Pierre Chancel, trompette du roi, de 20 écus d'or soleil à prendre sur le produit de la vente de l'office de notaire royal au bailliage d'Aubière, dans la sénéchaussée d'Auvergne, auquel il n'avait pas encore été pourvu depuis la réduction des notaires dans ce pays. (N° 15,130).

190. — *29 juin. Fontainebleau.* — Don à Mathurin Courtet, porteur en la cuisine de bouche, de l'office de notaire royal au bailliage de Montferrand, vacant par la mort de Pierre Besset. (N° 15,165).

191. — *Id.* — Don à Pierre Chancel, huissier de salle, de l'office de notaire royal à Aurillac, vacant par la mort d'Annet Bavat. (N° 15,167).

192. — *Id.* — Don à René Chesneau, archer des toiles du roi, de l'office de notaire royal au Puy en Velay, vacant par la mort de Cl. Fabre. (N° 15,168).

193. — *12 juillet. Challeau.* — Don à Jean de Courteau, huissier de salle du roi, de l'office de notaire royal à la Chaise-Dieu, vacant par la mort de Guillaume Combraille. (N° 15,523).

194. — *24 juillet. Le Coudray.* — Don à Baudichard de Versellon et à Simon Viel, maître queux de la cuisine du commun, de 70 écus d'or à prendre sur le produit de la vente de l'office de notaire royal à Clermont-Ferrand, vacant par la mort de Guillaume Varat. (N° 15,242).

195. — *31 juillet. Fontainebleau.* — Don à Christophe Petit, saucier, et à François Sager, huissier en la cuisine de bouche, de l'office de sergent royal à Moulins, vacant par la mort de Pierre Thomas. (N° 15,258).

196. — *Id.* — Don à Jean Houillier, fruitier ordinaire du roi, de

l'office de notaire royal à Brioude, vacant par la mort de Guillaume Sauvagant. (N° 15,263).

197. — *Id.* — Don à Etienne Dubois, aide en la fourrière du roi, de l'office de notaire royal à Moulins, vacant par la mort de Nicolas Guenin. (N° 15,269).

198. — *Id.* — Don à Louis Lemaire, valet de fourrière, de l'office de notaire royal à Pierrefitte, en Bourbonnais, en la châtellenie des Basses-Marches, vacant par la mort de Pierre Rollet. (N° 15,270).

199. — *Id.* — Don à Pierre Chancel, huissier de la salle du roi, de l'office de notaire royal à St-Flour, vacant par la mort de Guill. Brousse. (N° 15,272).

200. — *Juillet. Fontainebleau.* — Création de deux foires par an et d'un marché hebdomadaire à Montaignet [1] en Bourbonnais. (N° 15,292).

201. — *Id.* — Permission de faire relever les fortifications de la ville de La Tour, appartenant au dauphin. (N° 15,297).

202. — *19 août. Moulins.* — Ordonnance pour la tenue des Grands Jours à Riom du 13 septembre au 10 novembre 1546. (N° 15,313).

203. — *20 août.* — Don à Pierre Boullay, dit Moricault, de 30 écus d'or à prendre sur le produit de la vente de l'office de notaire royal dans la sénéchaussée d'Auvergne, vacant par la mort de Benoît Salle. (N° 15,323).

204. — *26 août. Chevagnes.* — Don à Jean Le Faucheur, aide du garde vaisselle à la cuisine du commun et à Jean Cosse, clerc du garde-manger, de 15 écus d'or sur le produit de la vente de l'office de notaire royal à St-Amand, en Bourbonnais, vacant par la mort de Jean Martin. (N° 15,330).

205. — *11 septembre. Cuisery.* — Don à Jean Houillier, fruitier du roi, de 20 écus d'or sur le produit de la vente de l'office de notaire royal à Aigueperse, vacant par la mort de Guillaume Garnault. (N° 15,363).

---

1 *Montaignet* (près Gannat), ou *Montaignet* (près La Palisse).

206. — *Octobre. Roches.* — Lettres de légitimation accordées à Jean Astier, natif de Pont-du-Château, en Auvergne, fils naturel de François Astier et de Hugonne Bastice, dite Jeanne la Pâtissière. Nᵒ 15,412).

1547

207. — *7 février. St-Germain.* — Provisions, pour Claude Coste, de l'office de sergent royal en la prévôté de Cusset, vacant par la mort de Pierre Gaye. (Nᵒ 15,547).

208. — *6 mars. Rambouillet.* — Provisions, pour Antoine François, de l'office de sergent royal en la ville du Puy, vacant par la mort de Jean Bonhomme. (Nᵒ 15,605).

APPENDICE

— ❈❈❈ —

1527

209. — *10 janvier. Saint-Germain-en-Laye.* — Don à Jean Des-breulle, chevalier, sieur de Poifonds, de l'office qu'occupait à la Chambre des Comptes de Moulins feu Antoine de Mortillon, avec 5oo l. t. de pension annuelle. (Nᵒ 18,942).

210. — *Janvier.* — Lettres de légitimation accordées à Jean de Semur, fils naturel de feu Maurigon de Semur et d'A. Delsolliers, du bailliage des Montagnes d'Auvergne. (Nᵒ 18,984).

211. — *2 février.* — Commission pour Pierre d'Anlézy, sieur de Boisbuart, de l'office de capitaine et châtelain de Nonette, qu'il tenait avant la confiscation des terres de Charles de Bourbon, jusqu'à ce que le roi en ait ordonné autrement. (Nᵒ 18,993).

212. — *Id.* — Déclaration portant que ledit de Boisbuart jouira, sa vie durant, selon le don que lui en a fait la feue duchesse de Bourbon, de l'étang de St-Bonnet et de 3o livres tournois de rente sur le greffe de la châtellenie d'Ainay-le-Château. (Nᵒ 18,994).

213. — *3 février.* — Déclaration en forme de mandement à la Chambre des Comptes de Moulins, lui ordonnant de payer à Jean des Aages, homme d'armes des ordonnances du roi, les gages de capitaine de Billy et de Vichy, en Bourbonnais, à partir du jour de sa commission (20 décembre 1523) jusqu'à celui de son institution (25 novembre 1526), qui, par suite de ses occupations au service du roi, n'a pu être faite plus tôt. (Nᵒ 18,997).

214. — *13 février.* — Mandement à la Chambre des Comptes de Moulins de faire payer par le trésorier de Forez, à Jacques, bâtard de Bourbon, 3oo livres tournois par an, montant de la pension qu'il recevait de la maison de Bourbon et que le roi lui continue. (Nᵒ 19,016).

215. — *20 février.* — Mandement à la Chambre des Comptes de Moulins de faire payer les fruits, profits et émoluments de la baronnie de Mercœur, échus depuis le 24 juin passé, au duc d'Albany, à qui le roi en avait fait don. (N° 19,028).

216. — *Id.* — Don au duc d'Albany de tout ce qui sera dû par Jean Reboul, commis à la recette de la baronnie de Mercœur, depuis le décès du maréchal de Chabannes. (N° 19,029).

217. — *Id.* — Déclaration portant que le roi entend que la seigneurie de Vieille-Brioude soit comprise dans le don du gouvernement de la baronnie de Mercœur fait au duc d'Albany. (N° 19,030).

218. — *Mars.* — Lettres de légitimation en faveur de Jean Garie, fils naturel de feu frère Antoine Garie, religieux de l'ordre du Carmel, du bailliage des Montagnes d'Auvergne. (N° 19,094).

219. — *12 mai. Bois de Vincennes.* — Commission à Jean de La Loue, gentilhomme de la chambre du roi, de se transporter à Moulins et de faire dresser l'inventaire des titres et papiers relatifs à la maison de Bourbon, qui se trouvent au château de Moulins. (N° 19,162).

220. — *Septembre. Compiègne.* — Lettres de naturalité accordées à Jean du Rogier, écuyer, natif de Rhodes, retiré à Montluçon en Bourbonnais, pour se soustraire à la domination des Turcs, maîtres de l'île. (N° 19,369).

221. — *12 novembre. Paris.* — Provisions pour Antoine de Montceaux, écuyer, de la charge de prévôt des maréchaux du haut et bas pays d'Auvergne, aux gages de 25 livres tournois par mois, de 12 livres pour son lieutenant, 10 livres pour chacun de ses neuf archers et 40 sous à son greffier. (N° 19,389).

222. — *Décembre.* — Lettres de création d'une foire annuelle et d'un marché le mercredi de chaque semaine à Viverols, au bailliage de Montferrand, en faveur de Christophe d'Allègre, écuyer, seigneur du lieu. (N° 19,434).

223. — *Id.* — Lettres de légitimation accordées à Jacques et Etienne Faure, fils naturels de Pierre Faure et de Jeanne de Noyers, de Moissat, au diocèse de Clermont en Auvergne. (N° 19,437).

1528

224. — *Iᵉʳ juin.* — Lettres de renouvellement pour 10 ans, en faveur des habitants de Montferrand, de la permission de lever un droit de barrage ou tribut sur « les bestes estans et passans » par la ville. (Nᵒ 19,534).

Droit renouvelé pour 10 ans le 18 février 1538. (Nᵒ 21,379).

225. — *Juillet.* — Lettres de légitimation accordées à Jeanne de Lastic, fille naturelle d'Hector de Lastic, chevalier d'Auvergne. (Nᵒ 19,592).

226. — *Octobre. Fontainebleau.* — Don à Guillemette Aubaux, veuve de Claude de Mortagne, tapissier et valet de chambre de Louise de Savoie, et à Claudine de Mortagne, leur fille, des biens de Pierre et Jean Vachier, dit Cordier, situés à Moulins et ailleurs, confisqués à cause de leur rébellion et de leur complicité avec le connétable de Bourbon. (Nᵒ 19,679).

1529

227. — *23 mai. La Bourdaisière.* — Déclaration du serment de fidélité de Guillaume du Prat, pour le temporel de l'évêché de Clermont. (Nᵒ 19,801).

228. — *Mai.* — Don à Laurent Leblanc et à Robinet Duluc, valets de chambre de la duchesse d'Angoulême, des biens confisqués de Pierre Bauchy, bâtard légitimé, pendu pour ses brigandages par sentence du prévôt des maréchaux du Bourbonnais. (Nᵒ 19,809).

229. — *Octobre.* — Création de quatre foires par an et d'un marché chaque semaine à Champagnac-le-Vieil, au diocèse de Clermont, en faveur de Jean Marcher, religieux, hôtelier mage de l'abbaye de la Chaise-Dieu, prieur et seigneur dudit Champagnac. (Nᵒ 19,893).

1530

230. — *Février. Moulins.* — Lettres de légitimation accordées à François et Antoine Pezaud, fils naturels de maître Pierre Pezaud et de Jeanne Pegnot, du bailliage de Montferrand. (Nᵒ 19,990).

231. — *Février.* — Lettres de légitimation accordées à Jean Rougier, notaire et receveur du duc d'Albany en Auvergne, fils naturel de feu Guillaume Rougier et de Guillaume Peigauld. (N° 19,991).

232. — *Id.* — Lettres de naturalité accordées à Camille de Rozat, natif de Novare, au duché de Milan, praticien, demeurant à Montferrand en Auvergne. (N° 19,994).

1531

233. — *24 juillet.* — Lettres confirmant la nomination faite par Louise de Savoie, de François le Faure à l'office de receveur des tailles de la Haute-Auvergne, en remplacement et sur la résignation d'Anne du Prat. (N° 20,234).

234. — *Décembre.* — Lettres de légitimation accordées à Rigaud de Turenne, clerc, fils naturel de feu noble Antoine de la Tour et de Marie Dubois. (N° 20,316).

1532

235. — *13 avril. Caen.* — Mandement à la Chambre des Comptes de Paris de procéder à la vérification des lettres par lesquelles le roi a fait don à Renée de Bourbon, duchesse de Lorraine, des revenus du comté-dauphiné d'Auvergne. (N° 20,384).

236. — *20 août. Nantes.* — Mandement à la Chambre des Comptes de Paris de remettre au duc et à la duchesse de Lorraine les titres de la baronnie de Mercœur. (N° 20,454).

1533

237. — *31 mai. Lyon.* — Lettres autorisant les habitants de Thiers à s'imposer extraordinairement, durant dix années, et à mettre une surtaxe sur les objets de consommation pour en employer le produit à la réparation des murailles, ponts et fossés de la ville. (N° 20,583).

238. — *7 août. Toulouse.* — Déclaration de foi et hommage de Jean de Lévis, chevalier, sieur de Châteaumorant, conseiller du roi

et gentilhomme de la chambre, pour les seigneuries de Boisvert, de Mauvernet, d'Audes et la terre de Chinières, mouvant du duché de Bourbonnais et du comté de Forez. (N° 20,608).

239. — *Août*. — Lettres de légitimation accordées à Guillaume Pinedon, fils naturel d'Antoine Pinedon et d'Annette Monteil, du pays d'Auvergne. (N° 20,621).

240. — *Id*. — Lettres de naturalité accordées à Jacques Champery, natif de Savoie, établi à Clermont-Ferrand. (N° 20,623).

241. — *Octobre. Marseille*. — Lettres de légitimation accordées à Jean de Rochedragon, écuyer, fils naturel d'Antoine de Rochedragon et d'Alix Duclaux, de la sénéchaussée d'Auvergne. (N° 20,648).

1534

242. — *6 mars. Vanves*. — Foi et hommage de François de Villaines, écuyer, sieur de la Mothe-de-Villiers, comme procureur de Claude Grivet, chevalier, pour la seigneurie de Saint-Aubin-la-Forêt, mouvant de Bourbon-l'Archambault. (N° 20,703).

243. — *Mai. Paris*. — Lettres de naturalité accordées à *Dimitre Daugreca*, natif de Grèce, archer des ordonnances sous M. le Grand-Maître, résidant à Solignat, près Issoire, en Auvergne. (N° 20,751).

244. — *Mai*. — Lettres de légitimation accordées à Pierre Palat, notaire d'Apchon, du bailliage des Montagnes d'Auvergne, fils naturel de maître Girard Palat. (N° 20,750).

245. — *14 novembre. Châtellerault*. — Don à Archambaud de Villars, Guillaume de Gibertes et Annet de Fontenet, gentilshommes de la maison de Louis de Nevers, de la somme de 600 écus soleil sur le produit des offices de notaires et sergents du haut et bas pays d'Auvergne, de nouvelle création. (N° 20,835).

1535

246. — *1er février. Paris*. — Mandement aux trésoriers de France de faire payer, par le receveur ordinaire d'Auvergne, à Renée de Bourbon, duchesse de Lorraine, le montant des revenus du comté-dauphiné d'Auvergne, échus depuis la date des lettres par lesquelles le roi en a fait don à ladite duchesse. (N° 20,869).

247. — *23 août. Bar-le-Duc.* — Commission au sénéchal d'Auvergne pour faire dresser le terrier de la baronnie de Mercœur, appartenant au duc et à la duchesse de Lorraine. (N° 20,940).

1536

248. — *Février. Lyon.* — Lettres de légitimation accordées à Marie Thierry, fille naturelle de Pierre Thierry et de Françoise N..., de la sénéchaussée d'Auvergne. (N° 21,011).

249. — *21 mars. Crémieu.* — Mandement au bailli de Montferrand, l'autorisant à garder pour les réparations de la ville la moitié de la somme du revenu des aides, qu'il aurait dû envoyer en entier au Louvre, conformément à l'ordonnance. (N° 21,024).

250. — *Avril.* — Lettres de légitimation accordées à Antoine, fils naturel de feu Robert d'Espinchal, écuyer, du bailliage de Saint-Flour, et de Guinotte Soubert. (N° 21,043).

251. — *16 septembre.* — Lettres de main-levée en faveur de Marie de Melun, veuve de Jacques de Chabannes, sieur de la Palice, maréchal de France, de la terre de Chavroche. (N° 21,118).

1537

252. — *Février. Compiègne.* — Lettres de naturalité accordées à Michel Daugier, natif de Piémont, archer des ordonnances du roi en la compagnie du sieur de Saint-André, marié à Aigueperse en Auvergne. (N° 21,216).

253. — *6 juillet. Paris.* — Foi et hommage d'Annet de Lamer, seigneur de Mathat, en Auvergne, l'un des cent gentilhommes de l'hôtel de la compagnie du sieur de Canaples, pour la seigneurie du Bost, mouvant de la châtellenie de Vichy en Bourbonnais. (N° 21,288).

Il prêta aussi hommage, en février 1540, pour la seigneurie de Champs. (N° 21,968).

254. — *15 août. Melun.* — Foi et hommage de Jean Pointet, écuyer, seigneur de Laugère et de Saint-Aignan-des-Noyers, contrôleur des postes et des chevaucheurs du roi, pour certains cens et tailles mouvant de Verneuil en Bourbonnais. (N° 21,311).

1538

255. — *14 février.* — Provisions pour Jean de Lévis, s^r de Châteaumorant, de l'office de sénéchal d'Auvergne, en remplacement du s^r de Barbezieux. (N° 21,378).

256. — *21 février. Moulins.* — Foi et hommage de Gilbert Bayard, secrétaire des finances, pour les seigneuries du Parroy et de Julliers, mouvant de Billy et de Verneuil, ayant appartenu autrefois à Florimond Robertet. (N° 21,381).

257. — *15 mai. Avignon.* — Foi et hommage de Jacques Hurault, audiencier de la chancellerie, notaire et secrétaire du roi, pour la seigneurie de Huriel, mouvant de Hérisson en Bourbonnais. (N° 21,422).

1539

258. — *23 janvier. Paris.* — Foi et hommage d'Adrien de Gamaches, seigneur de Jussy, pour la vicomté de Raymond-la-Ville, mouvant d'Ainay-le-Château en Bourbonnais. (N° 21,623).

259. — *2 février.* — Hommage d'Antoine Du Prat, gentilhomme de la chambre, fils du feu chancelier, pour la baronnie de Thiers. (N° 21,644).

260. — *24 mai.* — Foi et hommage de Pierre Le Long, écuyer, seigneur de Chenillat, gentilhomme de l'hôtel du roi, pour ladite seigneurie située (paroisse de Cusset) dans les châtellenies de Chantelle et de Verneuil. (N° 21,811).

261. — *20 juin.* — Foi et hommage de Charles Quénard, procureur du roi en la châtellenie de Billy, pour plusieurs dîmes situées en la paroisse d'Yzeure, mouvant de Moulins. (N° 21,844).

262. — *Juin.* — Lettres de légitimation accordées à Antoine Maître, fils naturel d'Antoine Maître, de Clermont-Fd. (N° 21,861).

263. — *Id.* — Lettres de légitimation accordées à Pierre Vendese, notaire à Saint-Flour, fils naturel de Mathieu Vendese, curé de Paulhenc, et de Marguerite Gasparet. (N° 21,863).

264. — *24 juillet.* — Mandement au bailli des Montagnes d'Auvergne de désigner des notaires pour dresser le terrier de la

seigneurie de Cheylade, appartenant à Guillaume Du Prat, évêque de Clermont. (N° 21,880).

1540

265. — *7 mars.* — Foi et hommage de Jean Dinet, conseiller et avocat du roi, pour la seigneurie de Lonzat, mouvant de Billy en Bourbonnais. (N° 21,978).

1541

266. — *8 janvier.* — Foi et hommage de Pierre Perreau, docteur en médecine, demeurant à Moulins, pour une maison située sur la paroisse de Saint-Bonnet et mouvant de Moulins (n° 22,100), et pour 12 setiers et 8 boisseaux de froment. (*10 mars.* N° 22,126).

267. — *8 mars.* — Foi et hommage de Catherine Regnart, veuve d'Antoine Fedeau, et d'André Fedeau, licencié ès-lois, son fils, pour la seigneurie de Rochefort, mouvant du duché de Bourbonnais. (N° 22,125).

268. — *19 août.* — Foi et hommage de Gaspard Caux, procureur d'office en la châtellenie d'Ussel, pour 74 setiers de froment, 3 setiers de seigle, 60 sous tournois, 3 poinçons de vin, de cens et de rente, assis dans les châtellenies d'Ussel, Chantelle, Bellenaves et Ecole, mouvant de Chantelle. (N° 22,193).

269. — *22 août.* — Foi et hommage de Gilbert d'Oyron, écuyer, seigneur des Montets, pour 80 setiers de terre, 8 de seigle, 3 d'avoine et 23 sous 8 deniers tournois de cens et de rente mouvant des châtellenies de Murat et de Villebret en Bourbonnais. (N° 22,194).

270. — *26 août.* — Foi et hommage d'Antoine Myart, écuyer, seigneur de Chezelle et de Ressye, pour lesdites seigneuries, mouvant des château et châtellenie de Moulins. (N° 22,195). — De Jean de Larzat, écuyer, seigneur dudit lieu, archer de la garde du roi, pour la seigneurie de Larzat, mouvant de Chantelle. (N° 22,196). — De Denis Moncel pour 17 setiers de froment, 2 setiers 9 coupes de seigle, 3 quartes d'avoine, deux jars et deux gélines, mouvant de Chantelle. (N° 22,197).

271. — *27 août.* — Foi et hommage de Jean Héraud pour une

dîme de blé mouvant de Murat et Montluçon. (N° 22,198). — De Simon Vernes pour 20 setiers de terre et un moulin, mouvant de Chantelle. (N° 22,199). — De Claude Bonger, pour 9 setiers de blé mouvant du duché de Bourbonnais. (N° 22,200).

272. — *28 août.* — Foi et hommage de Julien de Lyon, seigneur de Quinssaines, pour ladite seigneurie mouvant de Montluçon. (N° 22,202). — De Pierre Du Chapt, comme procureur d'Antoine Coeffier et d'Anne Terris, seigneurs par moitié de la Mothe-Mazerier, mouvant de Gannat. (N° 22,203). — De Louis Jacquinet, écuyer, pour les seigneuries de Fontignoux et de la Verpillière, mouvant de Bourbon-l'Archambault. (N° 22,204). — De Gilbert de Chapettes, écuyer, seigneur dudit lieu et du Cluseau, mouvant des châtellenies de Murat et Chantelle. (N° 22,205).

273. — *29 août.* — Foi et hommage d'Antoine de Combetes, écuyer, seigneur du Plaix, en la paroisse de Target, mouvant de Chantelle. (N° 22,206).

274. — *30 août.* — Mandement à Jean Duval, trésorier de l'épargne, de payer à Jean Piretoux, maître charpentier, la somme de 1,000 livres tournois pour travaux faits au manoir royal de Chevagnes. (N° 22,207).

275. — *31 décembre.* — Foi et hommage de Jean Verrier, dit de Nîmes, seigneur de Villemartin, pour la métairie de Chassagne, en la paroisse de Chevagnes. (N° 22,284).

1543

276. — *15 septembre.* — Foi et hommage de Pierre Roger pour plusieurs fiefs mouvant du duché de Bourbonnais. (N° 22,667).

277. — *26 septembre.* — Lettres portant augmentation de 260 livres tournois de gages pour Nectaire de Senneterre, écuyer d'écurie du Dauphin, bailli d'Aurillac et des Montagnes d'Auvergne. (N° 22,672).

La Momie des Martres-d'Artières

(Février 1756)

Le 4 du mois de février dernier (1756), des paysans qui bêchaient dans un champ près du lieu des Martres-d'Artières, à deux lieues et demie de la ville de Riom, en Auvergne, y ont découvert, à un demi-pied de profondeur, un tombeau ancien qui contenait un cercueil de plomb où était enfermé un cadavre précieusement embaumé et très bien conservé.

Ce tombeau, tourné d'orient en occident, long de sept pieds, large de deux pieds huit pouces et haut de cinq pieds trois pouces, était fait de deux pierres du corps du sépulcre creusé en forme d'auge, et de la couverture aussi creusée en dedans, taillée en pente un peu concave sur les côtés et terminée au sommet par une bande plate de largeur de huit pouces. Ces deux pièces sont d'une pierre de couleur cendrée, friable et assez légère. On ne connaît point encore la carrière dont on les avait tirées. L'auge est taillée d'une manière fort brute ; la couverture a été beaucoup plus polie ; on n'y voit aucun ornement, inscription ni figure.

Le cercueil, long de quatre pieds et demi et large d'un pied et demi, n'est point fait en forme de bière. Il est aussi composé de deux pièces, d'un coffre d'égale largeur dans toute son étendue et d'un couvercle qui s'emboîtent comme une tabatière sans charnière ; l'emboîture du coffre est terminée par une bordure relevée en rond ; le couvercle est percé de deux fentes de la longueur chacune d'environ deux pouces, qui répondent l'une à la bouche du cadavre et l'autre à peu près à son estomac ; on ignore leur destination ; elles étaient bouchées par une espèce de bourre ou de feutre. Il n'y a sur le cercueil, non plus qu'au tombeau, aucune inscription ni signe caractéristique que quelques traits irréguliers qui représentent à peu près, à une des extrémités, une étoile, et à l'autre un triangle. L'intérieur du cercueil était enduit de la matière de l'embaumement mêlée d'argile.

Le cadavre est d'un jeune garçon de dix à douze ans ; la manière dont il a été embaumé répond assez à celle des Egyptiens la plus recherchée. Tout le corps était oint d'une couche épaisse de baume et recouvert d'abord d'étoupes imbues de la même matière ; une toile très fine l'enveloppait ensuite, et il était lié de bandes comme un enfant emmaillotté. Le tronc et chacune des extrémités étaient bandés séparément : les mains et les pieds étaient renfermés à nu dans des sachets remplis de baume et la tête dans une coiffe ou calotte que l'on a dit être d'une peau préparée. Ce cadavre était couché la tête à l'orient, les bras étendus aux côtés du corps ; il était plié dans deux suaires, le premier d'une toile de la plus grande finesse, et le deuxième d'une grosse toile tissue en forme de natte. Tous ces linges et la coiffe étaient aussi chargés et pénétrés de baume.

Ce corps n'a souffert d'autre altération que dans la couleur de la peau qui, paraît tannée par le baume dont elle est enduite et pénétrée. La tête est grosse ; la peau du sommet avait été séparée du crâne par une incision, pour y introduire du baume qu'on y trouve mêlé d'argile. On ignore si on en avait injecté dans sa cavité et quel est l'état du cerveau ; on n'a pu y découvrir aucune ouverture ; ce cadavre n'a de cheveux que sur le derrière de la tête ; ils sont d'un châtain brun et longs seulement d'environ deux pouces. Toutes les parties du visage, les oreilles, la langue, se sont soutenues en bon état ; les yeux sont encore dans leur orbite. Le nez, quoique un peu écrasé, a conservé sa forme, et il ne lui manquait aucune dent lorsqu'on l'a trouvé. La peau forme au sol un repli qui fait croire que l'enfant était gras. La poitrine ne paraît point avoir été ouverte, non plus que le crâne, et comme on n'a pas voulu mutiler ce corps, il n'a pas été possible de s'assurer de l'état des viscères qu'elle contient. Toutes les côtes ont cependant conservé la liberté de leurs mouvements ; en introduisant le doigt dans une ouverture pratiquée depuis à la région de l'estomac par un chirurgien trop curieux, on fait jouer toute la poitrine comme un soufflet ; on sent le diaphragme

souple, tendu, et tous les viscères du bas-ventre entiers comme dans
un cadavre frais ; en soufflant dans les boyaux, ils se gonflent et sont
transparents ; ils paraissent enduits d'un baume moins solide que
celui qui est à l'extérieur du corps. On n'a aperçu au ventre d'autre
ouverture que celle qui a été faite après coup, ce qui fait douter s'il
a été vidé, si les boyaux ont été nettoyés et aromatisés séparément
ou si on s'est contenté de faire cette opération en injectant des
liqueurs par le fondement ; le défaut d'ouverture au ventre peut le
faire penser ; la grande transparence des boyaux, plusieurs ruptures
qu'on y trouve et le baume dont ils sont enduits extérieurement
favorisent la première opinion. Le sexe est très bien marqué, et on
voit très distinctement que cet enfant n'avait pas été circoncis. Les
bras et les jambes sont, s'il est possible, encore mieux conservés que
le tronc. Les mains surtout et les pieds sont dignes d'admiration ;
les ongles y paraissent adhérents et l'on y remarque au mieux sur
les jointures des doigts et dans la paume des mains toutes les lignes
qui sont tracées dans celles d'une personne vivante. Toutes les
jointures du tronc et des extrémités, si on en exempte celles des
jambes avec les pieds, sont flexibles ; toutes les parties se prêtent
aux mouvements qu'on leur imprime ; les doigts ont même assez
de ressort pour se restituer lorsqu'on les plie. Mais, ce qui paraît
surprenant, c'est que les os des bras et des jambes sont mous et
pliants ; ceux de l'avant-bras sont très faciles à courber ; ceux du
crâne, au contraire, ont conservé leur solidité. Serait-ce l'effet du
baume ? Les parties spiritueuses et actives ne s'opposaient-elles pas
au ramollissement des os ? Comment ses parties huileuses ou onc-
tueuses auraient-elles pu s'insinuer à travers les téguments et les
muscles pour pénétrer dans le tissus de ceux-ci, pendant qu'appli-
quées immédiatement sur le crâne, elles n'ont produit aucun effet ?
Pourquoi les jointures des pieds se sont-elles raidies ? Cette raideur
et le ramollissement des os ne pouvaient-ils pas être aussi des
accidents de la maladie dont cet enfant est mort ? Cette découverte
fournit un vaste champ à réflexions. Ce qu'il y a de constant, c'est
que ce baume est très bien fait et des plus odorants. Le corps du
sépulcre de pierre exhale encore beaucoup de cette odeur, quoique
exposé au grand air depuis plus d'un mois ; et les mains de ceux qui
ont touché le cadavre l'ont conservée plusieurs heures après les
avoir lavées avec de l'eau chaude, de l'eau-de-vie ou du vinaigre. Il

paraît difficile de connaître la véritable nature de ce baume ; on le croit un composé d'huiles, de gommes ou de résines odorantes et de poudres aromatiques qui donnent un mélange d'odeurs qui n'en laisse distinguer aucune particulière ; un apothicaire, qui en a goûté, assure n'y avoir trouvé aucune amertume ni âcreté.

Ce corps, exposé pendant quelques jours à la curiosité du peuple, en a été un peu défiguré [1] ; on lui a coupé une partie de la peau du front ; on lui a arraché toutes les dents incisives et canines ; on a même fait effort pour lui arracher la langue ; on a emporté une grande partie des linges dont il était enveloppé, et la coiffe dont sa tête était couverte, parce qu'on le prenait pour un saint. Dès que MM. les officiers de la sénéchaussée d'Auvergne, dans le ressort de laquelle il a été trouvé, en ont eu avis, ils ont ordonné de le transporter dans la ville de Riom qui en est le siège, et il a été mis en dépôt dans la pharmacie de l'hôpital général de cette ville ; on croit bien qu'il ne se corrompra pas, mais on craint qu'il ne se dessèche [2] et ne perde sa fraîcheur et sa flexibilité. Des curieux, qui l'ont mesuré peu de temps après qu'on l'eut tiré du tombeau, prétendent que depuis il s'est raccourci de près de trois pouces. Pour prévenir ce dessèchement et le garantir de la trop grande action de l'air, sans priver le public de la curiosité de le voir, MM. les intendants de cet hôpital ont fait enchâsser à l'ouverture du coffre de plomb où il a été trouvé et où on le conserve, un cadre vitré et mastiqué.

La manière somptueuse dont cet enfant a été embaumé et inhumé, annonce assez qu'il était fils d'un grand seigneur, peut-être même d'un prince. On ne peut douter que l'antiquité n'en soit pas très reculée. L'usage de pareils embaumements n'a pas été familier parmi nous : on connaît d'ailleurs les sépulcres des grandes maisons de cette province, et il ne reste aucune tradition qu'il y ait jamais eu dans le champ où celui-ci était situé, aucune chapelle ni cimetière. On a même observé, dans le grand creux qu'on a fait pour en retirer les pierres du tombeau, que les différents bancs de terre et d'argile étaient continus et n'avaient été fouillés qu'à l'endroit où ce tombeau était enterré, ce qui pourrait faire présumer que la terre

---

1 On peut encore en juger. Il est, en effet, exposé sous une vitrine dans la galerie d'anthropologie du Muséum d'histoire naturelle, à Paris.

2 C'est ce qui est arrivé, comme l'on peut s'en convaincre *de visu*.   F. C.

n'avait point été fouillée, et conséquemment qu'il n'y avait eu ni édifice ni cimetière.

Ce creux, plus bas que le ruisseau voisin, s'est rempli d'eau, et un des paysans qui a découvert le tombeau a assuré en avoir trouvé dans le cercueil, sans pouvoir soupçonner qu'elle y fût entrée par l'ouverture qu'il avait fait (*sic*) aux pierres du sépulcre.

Croirait-on qu'elle y fût depuis longtemps ? Il ne lui était pas difficile, il est vrai, de s'insinuer dans le cercueil rongé en plusieurs endroits par la rouille ; mais comment aurait-elle pu pénétrer une pierre épaisse d'un demi-pied ? Le cadavre, d'ailleurs, s'y serait-il conservé sans se corrompre, et le baume sans perdre son odeur ? Il faudrait supposer les poudres aromatiques bien embarrassées dans les huiles, et les pores du cadavre bien imprégnés de cette matière, pour avoir résisté à l'action de ce fluide dissolvant.

Le tombeau avait, au midi, le ruisseau d'Artière, à la distance de vingt-six pas, et au nord, un grand chemin de vingt-quatre.

Cette découverte n'aurait pu être qu'intéressante pour l'histoire de la province d'Auvergne, peut être même de la nation en général, si on avait trouvé quelque inscription, ou autre monument qui l'eût éclaircie. On ne saurait se persuader qu'on ait cherché par de grands frais et beaucoup de soins à conserver ce corps à la postérité, sans y avoir joint quelque marque propre à l'en faire reconnaître. On pense qu'il pouvait y avoir dans l'intérieur du cercueil quelque médaille d'or ou d'argent, que les paysans qui l'ont trouvée tiennent sans doute cachée, de crainte qu'on ne s'en empare. On a fait cependant toutes sortes de tentatives pour leur arracher cet aveu. On leur a promis de leur en payer le quadruple, mais, toujours méfiants, ils ont persisté dans leur silence.

(Mercure de France, avril 1756.)

Le Maréchal Louis de Marillac

Son Arrestation, son Procès, sa Mort

(1630-1632).

Depuis le Conseil du 26 décembre 1628, où avait été résolue, contre l'avis de la Reine mère, l'expédition de Mantoue, le conflit, longtemps latent, survenu entre Marie de Médicis et Richelieu, s'était accentué de jour en jour et avait enfin éclaté ouvertement. Aussitôt, la Cour de se diviser en deux camps bien tranchés, et chacun de se porter du côté où le poussaient ses inimitiés et ses calculs.

Parmi les plus chauds partisans de Marie, on comptait les deux frères de Marillac, Michel et Louis, dont le dernier avait épousé une de Médicis, propre parente de la Reine ; et c'était sur eux que les ennemis du Cardinal fondaient surtout leurs espérances. L'un, Michel, le garde des sceaux, deviendrait premier ministre ; l'autre, Louis, le maréchal, briserait au besoin avec son épée les résistances possibles.

Richelieu n'ignorait pas ces menées, et, dès le milieu de l'année 1630, son principal objectif avait été de les déjouer. Dans ce but, il avait donné au maréchal de Marillac, alors gouverneur de Verdun, l'injonction « d'amener sa petite armée en Piémont[1]. » Louis, fort connu en Champagne, où il avait résidé le plus habituellement depuis 1625, pouvait y devenir redoutable à son adversaire ; en Italie, près des maréchaux Schomberg et de La Force, dont le

---

[1] Griffet *Histoire du règne de Louis XIII*, II, 3.

dévouement à Richelieu était à toute épreuve, ses tentatives d'opposition ne pouvaient manquer d'être annihilées.

Marillac devina aisément le dessein du Cardinal. Celui-ci avait cependant dissimulé son jeu avec habileté ; il avait accordé au nouveau général d'Italie un pouvoir égal à celui de Schomberg et de La Force, et à cette marque de déférence il avait ajouté l'argument toujours péremptoire d'une gratification de 10,000 écus. Néanmoins, Louis essaya de résister, alléguant « que si l'on dégarnissoit la Champagne, elle demeureroit exposée aux incursions de l'ennemi[1]. » Il différa le plus posible l'exécution des ordres du ministre. Mais ce fut en vain : il fallut obéir.

Louis donc se rendait, plein de rancunes, au poste qui lui avait été assigné par le redoutable Cardinal, lorsqu'en passant à Lyon, à la fin de septembre 1630, il trouva la Cour réunie dans cette ville et ourdissant des trames de toute espèce autour du lit où Louis XIII semblait agoniser. Ce lugubre événement, dont le premier résultat allait être de placer la couronne sur la tête de Gaston d'Orléans, l'ennemi juré de Richelieu, avait gonflé d'espérance le cœur des amis des Reines. Sans perdre de temps, Marillac désire jouer son rôle dans la tragédie qui s'apprête. Il se mêle aux intrigues, les noue, les dénoue, les fomente, et un jour que les adversaires du Cardinal tiennent conseil sur le sort qu'il convient de lui réserver après la mort du Roi, il prend la parole et propose tout simplement de le tuer !... Richelieu, caché derrière une tapisserie, aurait entendu ce sanguinaire projet ![2]

Mais soudain la santé était revenue au Roi, et, avec elle, la fortune à Richelieu. Marillac dut partir, sans plus tarder. Le trois octobre, il s'achemine vers le Piémont, emportant les instructions qui règlent sa conduite en Italie[3]. Il arrive au camp de Folizzo, non loin de Casal, avant l'expiration de la trève précédemment conclue, et constate que sa présence n'y est guère utile. On sait en effet qu'à la première menace de combat faite par l'armée française, Giulio Mazarini, gentilhomme que le Pape employait depuis quelque temps à conclure la paix entre les puissances belligérantes,

1 Griflet, *ibid.*

2 H. Martin, *Histoire de France*, XI, 338.

3 *Instruction donnée au Maréchal de Marillac*, Avenel. *Lettres, instructions diplomatiques et papiers d'État du cardinal de Richelieu*, III, 924.

s'élançait entre les combattants, criant : « La paix ! la paix ! » et annonçant que l'Espagne acceptait nos conditions.

Cependant, quoique la campagne fût terminée, nos troupes étaient encore nécessaires en Italie pour assurer l'exécution du traité. Marillac resta à Folizzo avec ses collègues Schomberg, de La Force, et avec Toiras, qui venait à nouveau de s'illustrer dans sa défense de Casal. Pour la Cour, elle avait quitté Lyon et était rentrée à Paris.

Quelles intrigues se nouèrent alors au Luxembourg, quelles instances furent faites auprès de Louis XIII par sa mère pour obtenir le renvoi de Richelieu, personne ne l'ignore. Le 11 novembre au matin, le Roi, semblant céder aux obsessions de la Reine, avait paru abandonner le Cardinal. A son départ pour Versailles, il avait laissé au garde des sceaux, Michel de Marillac, l'ordre de l'y venir rejoindre et avait même signé la nomination de Louis de Marillac au commandement en chef de l'armée d'Italie. Michel s'était empressé d'envoyer en grande hâte toutes ces nouvelles à son frère.

« Ce message, raconte de Pontis, réjouit extraordinairement le maréchal et lui fit concevoir de très hautes espérances [1]. » Ivre de joie, il ne songe qu'à jouir de la déconvenue que ce coup de la fortune va causer à ses collègues, amis du Cardinal. Il cherche une occasion de les accabler par la foudroyante nouvelle de la chute de leur protecteur. Il la trouve le jour même. Toiras, bloqué dans Casal et réduit à la dernière extrémité, avait dû, à défaut d'argent pour payer la solde de ses soldats, donner cours à une monnaie de cuivre à laquelle il avait attribué une valeur fictive, et un marchand de la ville, un sieur Georges Rossi, confiant en l'étoile de la France, s'était engagé à la prendre pour le prix qu'on y avait attaché. A la fin du siège, il se trouvait avoir ainsi payé une somme de 250,000 livres, qu'il réclama à Toiras. Le général s'adresse à Schomberg pour l'apurement du compte. Mais Schomberg, jaloux de la gloire de Toiras, refuse d'acquitter cette dette sacrée, prétextant n'avoir pas de pouvoirs suffisants. De là, entre les deux guerriers, des discussions qui, après avoir duré plusieurs jours, venaient de se renouveler quand Marillac, porteur des importantes dépêches de son frère, arriva vers ses collègues. Intervenant dans le débat :

1 *Mémoires,* collection Michaud et Poujoulat, 2ᵉ série, VI, p. 567.

— Monsieur, dit-il en s'adressant à Schomberg, si vous ne voulez pas donner l'ordre de payer M. de Toiras, je le donnerai.

— Je ne crois pas, répond Schomberg, que vous ayiez assez de pouvoir pour cela.

— Je l'ai, réplique Marillac, et bien scellé.

Et, disant ces mots, il fait passer sous les yeux du général le message qu'il vient de recevoir. A cette lecture, Schomberg demeure stupéfait ; déjà il redoute une disgrâce pour lui-même. Quant à Marillac, il triomphe bruyamment.... Ce succès allait être de courte durée.

Paris, en effet, avait vu se dérouler bien des péripéties dans cette journée du 11 novembre, qui, à peine achevée, s'était déjà nommée la *Journée des Dupes*. Vingt-quatre heures après la désignation de Louis de Marillac comme généralissime de l'armée d'Italie, Richelieu avait obtenu du Roi une lettre pour Schomberg. Dans cette missive, le Roi informait son général que Louis de Marillac avait écrit contre lui « des lettres très-insolentes » et lui ordonnait de « s'asseurer » de sa personne, le conjurant, « sur tous les plaisirs qu'il sauroit lui faire, de ne manquer à exécuter cette volonté[1]. » Le Cardinal avait envoyé immédiatement la lettre au camp et recommandé à l'exprès de faire diligence. Celui-ci remplit si bien sa mission, « qu'étant parti deux jours après le premier courrier dont j'ay parlé, qui avoit porté les nouvelles de la disgrâce de M. le Cardinal, il ne laissa pas d'arriver au camp un jour après lui[2] », c'est-à-dire le 21 novembre.

Ce fut un coup de foudre pour Schomberg et ses amis, qui étaient très décontenancés de la prétendue disgrâce du Cardinal. Remis de leurs inquiétudes, ils se mettent en devoir d'exécuter aussitôt les ordres du Roi. Ce n'était pas chose facile : Marillac « avoit à sa disposition 7,000 hommes dévoués qu'il avoit amenés de Champagne[3] », et il était à craindre qu'il ne fît appel à leur dévouement pour s'enfuir. Il était donc sage d'user de précautions ; il est vrai que leur tâche était singulièrement favorisée par la profonde confiance où le message de son frère avait jeté le maréchal. Il faut lire

1 Avenel, IV, lettre du 12 novembre 1630, p. 7.
2 Pontis, 568.
3 *Mémoires.* De Puységur.

dans les mémoires du temps [1] les curieux détails de ce drame. Quand ils se crurent bien à l'abri de toute éventualité de révolte, Schomberg et de La Force montrèrent enfin à Louis la lettre signée du Roi, que leur avait expédiée Richelieu, et l'exhortèrent à recevoir ces ordres « sans murmurer, sans s'emporter et même avec patience. »

Comment le maréchal apprit-il cette terrible nouvelle ? Avec calme ou avec emportement ? Les récits sont contradictoires. Ce qui est certain, c'est que, pas plus que son frère en semblable occurrence, il ne pouvait croire que son hostilité pour le cardinal fût suffisante pour motiver son arrestation. S'il éclata, ce fut contre Richelieu ; et il faut avouer, comme le remarque naïvement un chroniqueur que « l'occasion étoit légitime, et que tout autre qui eût été en sa place auroit reconnu par sa propre expérience ce que peut sur l'esprit de l'homme le plus constant un coup aussi imprévu et aussi rude [2]. » Mais, en ce qui concernait le Roi, Marillac protesta « n'avoir rien fait contre son service », et pour témoigner de son dévouement à sa personne, il déclara vouloir se soumettre à son commandement et rendit sans murmurer son épée. Gardé à vue dans son appartement, il obtint de voir le jeune colonel d'Attichy, son parent, et lui recommanda « de servir fidèlement le Roi et de n'être jamais contre son service. » — « Dites de ma part, ajouta-t-il, à tous ces Messieurs qui sont venus de Champagne et qui commandent les troupes que j'ai amenées de le bien servir, et que s'ils ont jamais dessein de m'obliger et faire plaisir, ils ne m'en peuvent faire un plus grand que celui de servir Sa Majesté. » Et, pour achever de donner des preuves de son entière soumission à son souverain, il écrivit aussitôt au sieur Biscarat, qui occupait pour lui la citadelle de Verdun, de la remettre au Roi [3].

Cette disposition d'esprit lui fit négliger, dit-on, un moyen facile qu'il eût eu de se sauver en sautant « par la fenêtre d'une garde-robe sous laquelle il y avoit une charretée de foin, et il n'auroit été obligé de sauter que six ou sept pieds de haut [4]. » Aussi bien, par une étrange illusion, croyait-il que « la fin de cette affaire lui seroit aussi

<hr>

1 Puysségur, de Pontis.
2 *Mémoires* de de Pontis, 570.
3 Griffet, II, p. 97.
4 Pontis. *Mémoires,* 570.

glorieuse qu'elle lui fut au contraire funeste, et que ses ennemis auroient lieu de rougir d'avoir attaqué son innocence ! »

Il employa son temps à écrire des lettres de justification, que Schomberg s'engagea à faire parvenir à destination. Mais, bientôt, il fut envoyé avec une escorte de 5oo chevaux à Paris, et de là à Sainte-Menehould, où on l'emprisonna sous bonne garde.

Quel sort Richelieu allait-il réserver à son antagoniste vaincu ? Dès le lendemain de la Journée des Dupes, il l'avait décidé : le maréchal était voué à la mort !

Nous avons dit ailleurs [1] les raisons qui poussèrent le Cardinal à prononcer cet arrêt. Richelieu, fermement convaincu que ses ennemis personnels étaient ceux de l'Etat lui-même, voulait en finir une bonne fois avec ces perpétuelles intrigues qui, chaque jour, remettaient en jeu, avec sa fortune, celle de la France. Il fallait un exemple : le maréchal le donnerait !

Assurément le garde des sceaux, son frère, eût été la victime préférée. Mais l'existence de cet homme, aussi intègre magistrat qu'il avait été politique médiocre, prêtait mal le flanc à une accusation capitale. La vie plus aventureuse et moins irréprochable de Louis rendait la tâche plus aisée. Il serait donc sacrifié, et selon le mot de M. Henri Martin, « il paierait pour deux. » Sa parenté avec la Reine mère rendrait même le coup plus cruel pour Marie de Médicis et sa faction.

Nous ne rechercherons pas ici à nouveau si la gloire de Richelieu n'eût point gagné à plus de mansuétude, et si la clémence eût en lui diminué le génie. Troublant débat qui, même aujourd'hui, et surtout à l'endroit des deux frères de Marillac, passionne toujours les esprits ! Sans vouloir le raviver, et pour rester impartial, disons toutefois que, si l'on peut absoudre Richelieu d'avoir invoqué la raison d'Etat à l'encontre de ses ennemis privés, on ne saurait, semble-t-il, l'excuser encore quand il transformait des crimes politiques en crimes de droit commun, et quand, pour atteindre sûrement ce but, il violait ouvertement les principes les plus certains d'une procédure protectrice ou l'ordre des juridictions établies. Le succès et le génie expliquent les coups audacieux ; ils ne sauraient suffire à les légitimer.

---

[1] Voir dans l'*Auvergne Historique* notre étude sur *Michel de Marillac*, p. 175 et suiv.

Or, c'est là le reproche que parfois — nous disons parfois, car, nous le répétons, l'accord est loin d'être fait sur la question — les contemporains d'abord, la postérité ensuite, ont adressé à Richelieu à propos du procès de Louis de Marillac ; c'est en tout cas celui que nous formulons et le seul que nous veuillons retenir contre lui. Nous allons, en effet, assister à ce spectacle vraiment étrange d'un procès (et c'est là ce qui le rend si particulièrement intéressant) introduit, instruit et mené d'une façon tout exceptionnelle : les actes qui le motiveront ne seront manifestement pas ceux qu'il s'agira de réprimer ; les règles de l'information seront spéciales à l'accusé ; les juges enfin seront choisis, inspirés et dirigés par l'accusateur, et, en fin de compte, lors de la sentence, délibèreront dans sa propre maison !

Résolu à décharger tout le poids de sa vengeance sur le maréchal et obligé, pour le traîner à la mort, de l'accabler d'accusations non politiques, Richelieu eut bientôt arrêté son plan. Comme gouverneur de sa province, Louis avait foulé et oppressé le pauvre peuple de Champagne ; il avait, il est vrai, imité en cela ses devanciers ou ses égaux, et ç'avait été de sa part plutôt bravade militaire et acceptation d'abus invétérés et presque consacrés par les usages de la guerre, que cruauté ou avidité des richesses. Qu'importe ! il avait commis des exactions ! C'est pour ce crime, impuni jusqu'alors, qu'il sera poursuivi et châtié. Comme toujours, la cause du Cardinal sera vengée en même temps que celle de l'Etat, et pour des motifs tirés du bien public !

Rude autant que nouvelle était l'entreprise. A la conduire à son terme sanglant, Richelieu déploiera toute la ténacité de son indomptable génie.

La première difficulté à vaincre — et non la moindre — était d'obtenir le consentement du Roi à ce procès pour une telle cause.

Aux premières ouvertures, Louis le Juste le refusa. Malheureusement pour Marillac, des amis maladroits vinrent compromettre sa cause.

La Reine mère ne pouvait se consoler de sa défaite : elle allait partout, hautaine, acerbe, furieuse, décriant le Cardinal, l'accusant de cruauté et de passion, prenant pour exemple le sort qu'il faisait aux frères de Marillac. Ces attaques enflammées aigrirent le Roi, de plus en plus subjugué par Richelieu, et l'indisposèrent contre les protégés de sa mère.

Cependant l'on tentait de réconcilier Marie et le Cardinal. La Reine voulut imposer ses conditions. En première ligne, elle exigea la mise en liberté de Michel et de Louis de Marillac, de Louis surtout, le mari de sa parente. « Avouez la vérité, disait-elle à Richelieu ; le maréchal seroit-il prisonnier, si je vous avais gardé dans ma maison[1] ? » Parole imprudente qui fut habilement exploitée par le ministre et commença d'ébranler le Roi !

L'ambassadeur d'Espagne, le marquis de Mirabel, qui avait trempé dans toutes les intrigues des Reines et que Louis XIII détestait, acheva de perdre la cause de Louis par une pure forfanterie. Il savait que Richelieu voulait mettre le maréchal en jugement et que le Roi y répugnait : « Vous êtes obligé, dit-il un jour au Cardinal, croyant l'humilier et lui jeter un défi qui ne serait pas relevé, vous êtes obligé de faire le procès à M. le maréchal de Marillac, parce qu'autrement l'on seroit persuadé que des inimitiés personnelles plutôt que des raisons d'Etat ont été la seule cause de sa détention. » Ce propos était bientôt répété au Roi ; quelques heures après, par haine pour l'Espagne et pour la faction que favorisait l'ambassadeur, le souverain accordait le consentement qu'il refusait depuis près d'un mois.

Et non seulement il autorisait le procès, mais, sur le désir de son ministre, il permettait de distraire le maréchal de ses juges naturels, les membres du Parlement de Paris, et de le faire juger à l'extraordinaire ! Le 16 décembre, le fameux maître des requêtes de Laffemas, âme damnée de Richelieu, recevait la commission d'informer contre le maréchal, et Testu, chevalier du guet, celle de saisir ses papiers.

La réalisation du plan de Richelieu, confiée à de telles mains, était dès lors assurée.

Le Cardinal débuta en formulant nettement l'accusation. « Sa Majesté, disait-il, depuis qu'elle a donné au maréchal de Marillac le gouvernement de Verdun et lui a commis le soin et le commandement de son armée de Champagne, a reçu de divers lieux, tant des frontières de France que de la ville de Verdun et de ses gens de guerre, tant Français que Suisses, plusieurs plaintes des malversa-

---

1 Griffet, II, 95.

tions et concussions qu'il faisait [1]. » C'est de ces concussions et de ces malversations que l'accusé doit se disculper.

Et déjà on produit contre lui des témoins, un entre tous dont le témoignage devait être écrasant : Gaston d'Orléans, le propre frère du Roi. Prince léger, versatile, sans foi ni loyauté, violant audacieusement le serment juré la veille, passant sa vie à ourdir des trames secrètes et à les dévoiler ensuite à ceux mêmes contre qui elles étaient dirigées, prompt à abandonner dans le danger ceux qui avaient la faiblesse de se compromettre pour lui, ne rougissant point enfin de profiter de ses révélations pour grossir son apanage ou obtenir des largesses du Trésor, Gaston n'avait eu garde, en cette circonstance, de dévier de sa voie ordinaire. Il avait été l'un des plus fermes soutiens du parti des Reines et l'un des ennemis les plus déclarés du Cardinal. Il n'en fallait pas davantage pour que, sur les sollicitations de Richelieu, qui connaissait à merveille ce cœur plus italien que français, le prince passât du côté du vainqueur. Ainsi avait-il déjà envoyé à l'échafaud, quelque temps auparavant, son jeune ami, l'infortuné Chalais. Bientôt le ministre pouvait publier que « Monsieur avoit accusé le maréchal de Marillac de l'avoir engagé à spéculer sur les munitions de l'armée d'Italie et d'avoir excité le duc de Lorraine à lever des troupes contre la France [2]. »

Faisant bruit de ce témoignage, Richelieu donne aussitôt à Laffemas l'ordre d'inventorier les papiers saisis du prisonnier et envoie à Verdun le sieur de Moricq, autre maître des requêtes complètement dévoué à sa fortune, pour recueillir les dépositions des victimes du maréchal.

Le procès prenait ainsi, dès l'origine, une tournure alarmante. Marillac et ses amis le comprennent. Immédiatement, ils protestent contre la mesure qui a inauguré l'information et renvoyé l'accusé devant une juridiction extraordinaire. Ils commencent la lutte en présentant au conseil royal une requête de récusation contre Laffemas. Cette requête est rejetée le 17 janvier ; le surlendemain, ils recourent au Parlement dans l'espoir de trouver en lui un abri contre les poursuites du Cardinal.

Cette Compagnie avait toujours protesté contre l'érection des

1 *Mémoires,* collection Petitot, VII, p. 70.
2 Griffet, II, 120.

commissions extraordinaires, qu'elle considérait comme une atteinte portée à sa juridiction. Elle ne pouvait donc manquer de saisir cette occasion de faire entendre ses réclamations. De plus, Louis de Marillac, par sa qualité de maréchal de France, était justiciable de la Cour souveraine, laquelle avait seule le droit de faire le procès aux grands de la Couronne. Enfin Molé, alors procureur général, était l'intime ami du frère du maréchal, de l'ancien garde des sceaux, et l'on pouvait compter que, dans ses conclusions, il ferait entendre à la fois les accents du magistrat indigné de la violation de la loi et de l'ami blessé dans une de ses plus chères affections. L'événement vérifia ces prévisions. Sur le réquisitoire du procureur général, le Parlement, par arrêt du 4 février, reçoit Louis de Marillac et sa femme, Catherine de Médicis, appelants, et ordonne que les informations déjà faites soient apportées au greffe.

A cette nouvelle, Richelieu, irrité, convoque le Conseil, fait casser la décision et obtient du Roi des lettres patentes enlevant au Parlement la connaissance de l'affaire, lui défendant de troubler à l'avenir les commissaires dans leur mission, et interdisant enfin à tous huissiers de signifier les arrêts que le Parlement pourrait rendre désormais sur cette affaire.

Malgré cette vigoureuse réplique, le Parlement ne désarme pas. Le 8, il fait signifier son arrêt du 4. De leur côté, Laffemas et Moricq continuent leur procédure, sans s'occuper de la sentence de la Cour. Le maréchal dénonce le fait au Parlement qui, après de nouvelles et plus fortes conclusions de Molé, rend, le 22, un autre arrêt sommant les commissaires de cesser leur instruction et faisant à Sa Majesté de très humbles remontrances sur l'arrêt prononcé le 6 par le Conseil et sur les termes de cet arrêt. Cette résistance audacieuse excite Richelieu. Pour terroriser ses adversaires, il frappe à grands coups. Il fait emprisonner le malheureux huissier qui, au mépris de sa défense, a signifié le dernier arrêt du Parlement, et chasse de Paris Mme Catherine de Marillac, femme de l'accusé, sa nièce, belle-fille du garde des sceaux, et tous les parents ou amis qui sollicitent en sa faveur. Puis, le 13 mai, bravant tout préjugé, il compose lui-même la chambre qui doit juger le maréchal et affecte de la former des ennemis déclarés de Marillac : des maîtres des requêtes de Laffemas, de Moricq, du Chastelet, et de treize conseillers du Parlement de Dijon, qu'il ne prend pas en suivant l'ordre du tableau, mais en les choisissant parmi ceux qu'il juge devoir lui être le plus dociles.

Ces nominations causèrent un scandale effroyable. Pour l'apaiser, Richelieu fait sortir Laffemas de la Chambre et le remplace dans ses fonctions de rapporteur par le conseiller de Bretagne, une autre de ses créatures. Cette commission aussitôt s'occupe du jugement : elle devait, dans le principe, se réunir à Dijon, mais une épidémie survenue dans cette ville la contraignit à s'établir à Verdun, où l'on conduisit le maréchal (28 juin).

On interroge Marillac. Déclinant la compétence du tribunal, il refuse de répondre aux questions qui lui sont faites, déclare qu'il ne reconnaît d'autres juges que les membres du Parlement de Paris, et, sans désemparer, en appelle devant cette Cour. Dans un troisième arrêt, cette Compagnie accueille sa revendication et défend aux commissaires de passer outre (4 septembre).

Richelieu, de plus en plus aigri par cette opposition furieuse, se résout à la briser. Sans hésitation, il enjoint à Molé, le principal auteur de la résistance, de comparaître en personne devant le Conseil pour justifier son attitude, et, par provision, il le suspend de sa charge. Molé ne s'effraye pas : il réunit le Parlement et lui demande de formuler d'énergiques remontrances qui rappelleront le Roi aux règles de la justice. Mais, cette fois, le Parlement est saisi de terreur : le président de Bellièvre, de la Chambre des vacations, fait entendre des paroles de crainte et de soumission et représente combien il serait dangereux de se mettre en révolte ouverte contre le terrible ministre. Le procureur général ne trouve pas d'écho ; il ne lui reste qu'à présenter sa propre défense devant le Conseil. Il le fait avec un inébranlable courage. Mais sa protestation, désormais isolée, ne pouvait être efficace.

Le Conseil, entièrement dominé par Richelieu, casse l'arrêt du 4 septembre et ordonne à Moricq et à de Bretagne de continuer l'instruction (12 septembre). Assuré de n'avoir plus rien à redouter désormais du Parlement, Richelieu, qui, du reste, ne tenait pas à abaisser outre mesure cette Compagnie, se hâta de rétablir Molé dans ses fonctions.

Le maréchal, ainsi privé de l'appui de sa femme et de ses amis et abandonné du Parlement, restait livré à ses propres ressources. Le duel devenait inégal et l'issue n'en pouvait plus être douteuse.

Il ne renonce cependant point à la lutte. Avec l'énergie du malheureux naufragé qui saisit toutes les épaves pour sauver sa vie ou tout au moins retarder sa mort, il ne laisse perdre aucune occasion de protester, et par tous les moyens, contre les illégalités de la procédure instruite contre lui. Aussi bien, l'émotion soulevée par son procès est-elle extrême : tous, la ville comme la Cour, les petits comme les grands, en suivent avec anxiété les phases dramatiques, tenant, les uns pour le Cardinal, les autres (le plus grand nombre, s'il en faut croire les amis du maréchal), pour l'accusé.

Marillac formule d'abord une récusation générale contre ses juges. Il représente que presque tous les membres de la Commission passent ouvertement pour les ennemis jurés ou de lui-même, ou de son frère Michel, et pour des créatures dévouées de Richelieu. « Ainsi, dit-il, la Commission est formée par MM. Desbarres et Bouchu, présidents au Parlement de Dijon ; Brulart, de Moricq, du Chastelet, maître des requêtes, et de douze conseillers du Parlement de Dijon, tels que de Millières, Le Compasseur, de Bretagne, Arsivet, etc. » Or, le président Bouchu est le parent de M. Le Boutilhier, secrétaire d'Etat, l'un des plus intimes confidents du Cardinal, qui a fait sa fortune [1], et le conseiller Arsivet est le neveu de ce président. M. de Bretagne, le successeur de Laffemas dans la charge de rapporteur, est aussi parent de Le Boutilhier, et celui-ci « lui a fait » avoir un brevet de conseiller d'Etat avec pouvoir de se démettre » de sa charge de conseiller au Parlement de Dijon, quand le procès » du maréchal seroit fini [2]. » Son frère, en outre, a eu, en 1627, une querelle très vive avec le garde des sceaux de Marillac, et toute sa famille a conservé contre celui-ci une grande animosité. MM. de Millières et Le Compasseur sont poursuivis au criminel à la requête d'un nommé Commeau, dont la plainte présente un tel caractère de gravité qu'elle peut à bon droit faire suspecter la moralité de ces juges. Enfin, ajoute-t-il, le maître des requêtes Hay du Chastelet est surtout fameux par la haine qu'il porte aux Marillac et pour son dévouement au Cardinal. C'est lui qui, après la Journée des Dupes, a, sur l'ordre du ministre, rédigé le célèbre

1 Avenel, II, 204.
2 Griffet, 187.

libelle dirigé contre le garde des sceaux Michel, sous le nom d'*Entretiens des Champs-Elysées*. C'est lui encore qui a composé contre le même et contre son frère « une prose latine et rimée » contenant les invectives les plus cruelles [1]. Enfin le maître des requêtes de Moricq, l'un des deux rapporteurs du procès, est connu par tous pour l'ennemi personnel de Michel de Marillac, depuis le jour que le garde des sceaux lui a « refusé la commission d'aller établir à Autun la Chambre des Comptes et Cour des aydes de Dijon qui devoit y être transférée [2]. »

Ces reproches n'étaient pas pour la plupart sans fondement. Aussi, le 22 décembre, un arrêt statuant sur toutes les récusations proposées par l'accusé, décide que Bouchu, de Moricq, du Chastelet et de Bretagne demeureront juges, qu'Arsivet se retirera de la Chambre, et que de Millières et Le Compasseur seront exclus, pour leur procès être jugé par le Parlement de Grenoble. Par chaque récusation rejetée, Marillac est condamné en 20 livres d'amende, soit au total 500 livres, applicables à des œuvres pies.

Pendant qu'on s'occupait de ces incidents, le Maréchal faisait entendre ses témoins à décharge. Ces dépositions lui étaient-elles trop favorables, ou l'accusé en profitait-il, ainsi que le soutiennent les partisans de Richelieu, pour contester des faits indéniables et traîner les choses en longueur ? Quoi qu'il en soit, pressé d'arriver à une solution, le Cardinal, dès la fin de septembre, fait décider par le Conseil que la Commission déterminera les chefs d'accusation, d'ores et déjà établis pour elle, et ceux qui sont encore douteux, et que, sur les premiers, aucune déposition ne sera reçue à l'avenir. Décision étrange qui amène le Père Griffet, assez enclin d'ordinaire à justifier Richelieu, à déclarer que le Cardinal « vouloit absolument que le maréchal de Marillac pérît sur un échafaud [3]. » Cet abus de pouvoir permit aux amis de Marillac de crier bien haut qu'on l'empêchait de se justifier [4] et d'exciter en sa faveur les sympathies populaires.

Cette précipitation permit à la Commission de terminer les travaux préparatoires le 15 novembre. La copie des pièces, la

1 Tallemant des Réaux, Mme du Fargis.
2 Griffet, 187.
3 II, 223.
4 Richelieu se défend vivement de cette accusation dans ses *Mémoires*, VII, 72.

rédaction des extraits occupèrent la fin de l'année. Dès le commencement de 1632, Richelieu convoque la Chambre et, pour la surveiller de plus près puisqu'on approche du dénouement, il la transfère d'abord de Verdun à Pontoise. Mais bientôt, sous le prétexte que Pontoise est une place forte et que les juges n'y pourraient délibérer en liberté, il fixe le siège de ses réunions à Rueil, dans sa propre maison de campagne [1], « laquelle, remarque M. Petitot, n'était pas à la vérité fortifiée comme le château de Pontoise, mais où les commissaires, travaillant sous ses yeux, ne devaient pas certainement avoir plus de liberté [2]. » Le Maréchal suit la Chambre dans ces différents lieux : à Pontoise, il est confié à la garde de Puységur ; à Rueil, à celle de Pontis [3].

L'information étant terminée, il s'agissait de procéder au jugement. A raison de la qualité du Maréchal, le Cardinal décida que « la Commission seroit présidée par le garde des sceaux [4] et que, pour plus de solennité, le nombre de ses membres seroit augmenté. » Il y eut alors vingt-quatre juges : c'étaient de Châteauneuf, garde des sceaux, président ; du Bullion, Le Brest, conseillers d'Etat ; de Moricq, de Paris, du Chastelet, de Villemontée, de Resmond, de Barillon, Prévôt d'Herbelay, Le Voyer d'Argenson, maîtres des requêtes ; Bouchu, président au Parlement de Bourgogne, et de Bretagne, de Berbis, Caterine, Lerat, Degan de Moutiers, de Bernugat, Jaquot, Frémiot, Fiot, Bernardon, de Macheco, tous conseillers au même Parlement. M. de Xaintonge occupait le siège du ministère public, et Fillotte celui du greffier.

On communique à Marillac la composition de ce nouveau tribunal, et en même temps on lui permet de prendre un conseil (16 mars). Son choix tombe sur Me Garnier, avocat distingué du Parlement de Paris. Mais celui-ci ne peut conférer avec son client qu'à ces quatre conditions : 1° pour chacun de ses entretiens avec lui, il obtiendra une permission spéciale du garde des sceaux ; 2° avant d'entrer, il indiquera au sieur des Réaux (prédécesseur de de Pontis dans la garde Marillac), le sujet qu'il va traiter avec son client ; 3° il communiquera au même les papiers qu'il se proposera de

---

1 *Mémoires,* Puységur.
2 *Mémoires,* Richel., VII, 71, note.
3 *Mémoires,* 571, 6.
4 *Mémoires,* VII, 71.

soumettre au maréchal ; 4° enfin il ne lui parlera qu'en présence de des Réaux, d'un exempt et de sept ou huit gardes.

Malgré ces entraves apportées à sa défense, Louis, se sentant appuyé par un homme de savoir et d'expérience, reprend courage. Et, sans se laisser abattre par ses précédents échecs, il récuse à nouveau la plupart de ses juges : Bullion, Moricq, de Bretagne, du Châtelet.... Ses efforts se portent principalement sur le président de la Commission, le garde des sceaux de Châteauneuf. Celui-ci avait, lors de la Journée des Dupes, joué un rôle des plus significatifs, et ce n'était un mystère pour personne qu'il avait travaillé très activement à la ruine de Michel de Marillac et au maintien de Richelieu, et que le Cardinal ne l'avait élevé à ce haut poste qu'en récompense de ses services. L'accusé critiquait avec force ce choix. Ces nouvelles récusations n'eurent pas un meilleur sort que les autres : elles furent impitoyablement rejetées par arrêt du Conseil du 22 mars.

Le maréchal ne se tint pas pour battu. De Châteauneuf était sous-diacre ; or, en vertu des constitutions ecclésiastiques, il ne pouvait assister au jugement des procès criminels, ni donner des ordres verbaux ou écrits pour l'exécution des coupables, sans encourir l'irrégularité. Marillac souleva cette exception. On lui répondit en obtenant une dispense de Rome. Le maréchal alors appelle comme d'abus du bref. C'est peine perdue.

Il avait épuisé tous les moyens dilatoires. Force lui fut de se préparer au jugement. Ses récriminations répétées et successives contre la plupart de ses juges les avaient singulièrement animés contre lui. Aussi ses amis ne se faisaient-ils guère illusion sur le sort qui lui était réservé. La Reine mère eut de rechef la maladresse de dissiper, par des tentatives inopportunes, le peu d'espoir qu'on pouvait conserver. Elle s'était réconciliée avec Monsieur, qui ne se souvenait déjà plus que sa déposition avait gravement compromis Marillac, et qui ne rougissait pas, après son éclatante défection, de s'affirmer pour lui. De concert avec le prince, elle écrivait de Bruxelles, où elle s'était retirée, lettre sur lettre aux commissaires, leur déclarant « que s'ils condamnoient le maréchal, ils en répondroient dans leurs biens et dans leurs personnes, et qu'elle les prendroit à partie, en leurs propres et privés noms, comme complices du cardinal de Richelieu et adhérens au parti qu'il avoit

formé contre le Roi et contre l'Etat. » Ces missives étaient portées
au propre domicile des juges. « Quand les gentilshommes porteurs
de celle qui étoit destinée à de Bretagne se présentèrent à sa maison,
ce dernier étoit absent. Alors, la remettant à ses gens, ils leur
recommandent de remettre sûrement le paquet à leur maître et de
bien lui dire que s'il ne faisoit justice à M. de Marillac, on lui
donneroit un coup de pistolet dans la tête [1]. »

Ces menaces ne firent naturellement qu'indisposer de plus en
plus la Commission contre le maréchal. Les amis de Louis cependant ne se lassaient pas de protester en sa faveur. Cette obstination
leur fit même remporter un léger succès. Ce fut à propos du fameux
de Chastelet. Qu'il fût l'auteur des libelles répandus contre les
Marillac, personne n'en doutait ; et c'était avec stupeur qu'on le
voyait siéger encore parmi les juges. Fortifié par le sentiment de
l'opinion publique, Marillac le récuse pour la troisième fois. Cette
persistance de l'accusé obligea Richelieu à faire interroger de
Chastelet sur le bien fondé des griefs qu'on lui reprochait. Le
maître des requêtes ne put nier l'évidence : il dut reconnaître, ce
que Richelieu savait au reste à merveille, qu'il était l'auteur des
pamphlets et qu'il avait réellement tenu le propos qu'on lui
imputait, à savoir que « le garde des sceaux de Marillac et son
frère le maréchal étoient si méchans et si voleurs, que s'ils passoient
jamais par ses mains, ils n'en sortiroient qu'avec un arrêt de mort. »
Devant de telles révélations, le Cardinal feignit de faire arrêter
de Chastelet, qui, l'instruction terminée, ne lui était plus utile. Il le
relégua au château de Noisy, où le maître des requêtes demeura
jusqu'à la fin du procès. De là, il fut transféré à Tours. C'est alors
que, peut-être sur la demande de Richelieu, il fit paraître l'*Observation sur la Vie et la Condamnation du maréchal de Marillac* [2].
Cet ouvrage, qui justifiait complètement le Cardinal, fut si agréable
à celui-ci, qu'il fit immédiatement élargir le prisonnier. Personne ne
se laissa tromper par cette habile comédie.

Encouragés par ce premier succès, les partisans du maréchal font
imprimer à Nancy un manifeste en sa faveur et en sèment 2,000
exemplaires à Paris [3]. Richelieu riposte en faisant procéder, le

1 Griffet, 227. Richelieu, *Mémoires*, VII, 72.
2 *Archives curieuses*, 2ᵉ série, 3, note p. 436.
3 Richelieu, *Mémoires*, VII, 72.

28 avril, à l'interrogatoire du maréchal. Cet interrogatoire dura trois jours. Marillac commença par lancer au président de Châteauneuf cette apostrophe qui ne manque ni d'éloquence ni de grandeur :

« Je veux croire que la puissante conjuration de mes ennemis, que vous connaissez bien et que je n'ose nommer, plutôt que votre volonté propre, vous fait présider à cette Compagnie. Je sais que vous y avez des surveillans qui éclairent vos actions. Mais quand, d'ailleurs, je viens à considérer cette affectation sans exemple, ce choix inaccoutumé de juges, ces dispenses extraordinaires obtenues sans nécessité, pardonnez-moi si je vous dis qu'un ange même descendu du ciel et soumis à vos jugements, s'il étoit susceptible d'une impression de crainte, auroit sujet d'appréhender de la contrainte et de la violence dans les jugements, si ce n'est de votre part, au moins de celle qui vient de l'autorité de votre charge [1]. »

Ensuite il souleva une fin de non-recevoir absolue contre la procédure, fondée sur le défaut de vérification par une Cour souveraine des lettres d'établissement de la Chambre de Rueil. Dès le lendemain, un arrêt du Conseil le déboutait de sa requête, comme de toutes les récusations précédemment proposées ou de celles qu'il pourrait demander à l'avenir.

En sortant de l'audience, le premier jour de son interrogatoire :

— Voilà bien des gens contre un seul ! dit-il à l'un de ses gardes.

— Oui, Monsieur, lui répondit ce dernier, ils sont vingt-quatre.

— Et moi, répliqua-t-il, j'espère que Dieu sera le vingt-cinquième [2].

Il s'acharnait à garder de l'espoir : « De quoi peuvent-ils me convaincre, répétait-il souvent à de Pontis, sinon d'avoir toujours très fidèlement servi le Roi ? Pourvu que l'on me fasse justice, je sais qu'ils ne sauroient me faire aucun mal [3]. » D'autres fois, il lui disait gaiement : « Voyez-vous, Monsieur, dans tout ce dont je me sens coupable, il n'y a pas de quoi fouetter un page. »

Cependant les débats étaient clos ; il ne restait plus qu'à formuler la sentence. Avant de vaquer à ce soin, les commissaires, comme s'ils eussent voulu témoigner publiquement que, dans toute l'affaire, ils n'avaient fait qu'obéir aux volontés du souverain, se rendirent à

1 Griffet, II, 232.
2 Griffet, 232.
3 Pontis, 572.

Saint-Germain « recevoir les ordres du Roi. » Louis XIII se contenta de leur répondre qu'ils eussent à « juger le maréchal avec la même justice qu'ils rendroient au moindre de ses sujets. » La chronique n'a pas consigné ce que leur recommanda le Cardinal.

Le 7 mai, on alla aux voix. Les juges n'étaient plus que vingt-trois, par suite de la révocation de du Chastelet. Marillac demanda à être entendu encore une fois ; on le lui refusa. On lui avait déjà enlevé la permission de communiquer avec son avocat. La délibération dura deux jours. Les commissaires déclarèrent à l'unanimité « le maréchal atteint et convaincu des crimes de péculat, concussions, levées de deniers, exactions, faussetés, suppositions de quittances, foules et oppressions par lui faites sur les sujets du Roi [1]. » Sur l'application de la peine, cette majorité se divisa en deux parts presque égales. Dix commissaires opinèrent simplement pour le bannissement ou la prison perpétuelle, au choix du Roi ; c'étaient MM. de Villemontée, de Resmond, Barillon, Berbis, de Macheco, Lerat, de Montgé, Frémiot, Fiot et Bernardon. Les treize autres, tous ceux que Marillac avait voulu en vain récuser, le garde des sceaux de Châteauneuf, les deux rapporteurs de Moricq et de Bretagne, puis Le Brest, Bouchu, de Bullion, de Paris, Prévôt, d'Argenson, Caterine, de Gand, Bernugat, Jaquot, votèrent pour qu'il fût privé « de tous honneurs, états et dignités, et condamné à avoir la tête tranchée en la place de Grève, ses biens confisqués, sur iceux préalablement pris 100,000 livres pour être employées à la restitution des deniers et autres choses par lui exigées sur les communautés et autres particuliers. » (Samedi 8 mai).

En vain la minorité avait-elle représenté « que ce n'étoit pas la première fois qu'on avoit vu des généraux d'armée et des officiers de la couronne mis en justice pour des crimes semblables, mais qu'il étoit inouï qu'aucun d'eux eût été condamné à la mort. » La majorité passa outre, fidèle aux injonctions de Richelieu, qui déclare dans ses *Mémoires* [2] qu' « il est vrai qu'il y en avoit beaucoup qui étoient atteints de ces crimes, mais la multitude des coupables fait qu'il n'est pas convenable de les punir tous : il y en a qui sont bons pour exemple et pour retenir à l'avenir, par crainte, les autres dans

1 Richelieu, *Mémoires*, VII, 73.
2 VII, 77.

le respect des lois. » Il convient toutefois de remarquer que la majorité absolue des voix étant exigée pour une condamnation capitale, le déplacement d'un seul suffrage aurait suffi pour que le maréchal « en fût quitte pour perdre ses biens et ses charges. »

A l'annonce du verdict, Richelieu feignit de n'avoir pas désiré cette issue fatale. « Il faut avouer, s'écria-t-il, que Dieu donne aux juges des lumières que les autres n'ont pas. Je ne me serois jamais imaginé qu'il y eût de quoi condamner à mort le maréchal de Marillac [1]. »

Pour Marillac, on ne lui annonça pas aussitôt son sort. Mais il n'eut pas de peine à lire la fatale décision sur les physionomies de ceux qui l'entouraient. « Son corps s'affoiblit si fort dans ce moment qu'il ne pouvoit presque plus se soutenir. La mort étoit peinte sur son visage et dans ses yeux. « Oh ! s'écria-t-il, où est le Dieu de » vérité qui connoît mon innocence ? Seigneur, où est ta providence, » où est ta justice ? Venez, mon Dieu, à mon secours ! [2] »

A la fatale nouvelle, les parents du maréchal tentent un dernier effort pour le sauver ; et, puisque c'est le premier ministre qui a exigé sa condamnation, ils vont droit à lui et le supplient d'intervenir en sa faveur. « Messieurs, leur répond le Cardinal, je suis bien fâché que M. de Marillac se soit mis en cet état par sa faute. Voyez le Roi, il est bon. — Monseigneur, reprend le baron de Vandy [3], ne nous ferez-vous pas la grâce d'en parler vous-même au Roi et d'intercéder pour M. le Maréchal ? — Je vous ai dit que vous vissiez le Roi, réplique-t-il sèchement. » C'était le rejet pur et simple de la grâce. Le lendemain, cependant, nouvelles instances auprès de lui, même insuccès [4]... Il fallut laisser suivre son cours à la justice du Cardinal.

Le lundi 10, à 6 heures du matin, le sieur des Réaux, qui avait à nouveau remplacé Pontis dans la garde du prisonnier, vint chercher l'infortuné maréchal pour le conduire à Paris. On le fit entrer dans un carrosse que cinquante cavaliers entourèrent aussitôt, et en tête duquel marchait une compagnie du régiment des gardes. On le

1 Griflet, II, 249.
2 Pontis, 572.
3 Jean d'Aspremont de Vandy avait épousé une nièce du maréchal, la sœur de la sainte Mme Legras, fondatrice des Filles de la Charité. Il fut tué au siège de Brisach en 1638. (Voir la généalogie de la famille de Marillac dans notre *Vie de Michel de Marillac*, p. 204).
4 Griffet, II, 242.

descendit à l'hôtel de ville, où il attendit quelque temps le greffier. Il en profita pour dire aux assistants : « Messieurs, c'est une chose étrange que l'on m'ait poursuivi comme on a fait. Il ne s'agit dans mon procès que de foin, de paille, de bois, de pierres et de chaux. Il n'y a pas dans tout cela de quoi faire fouetter un laquais. Il y a quarante ans que je sers deux rois.... Péculat ! bon Dieu ! Péculat !... » Fillotte vint enfin lui lire l'arrêt qu'il ne connaissait pas encore. Marillac entendit cette lecture à genoux. Dès les premiers mots de l'arrêt, il se récria avec force contre les crimes dont on le chargeait. Il interrompait vivement le greffier à chaque mot de la sentence. Quand il s'entendit déclarer atteint et convaincu des crimes de péculat, concussion : « Cela est faux, cria-t-il avec force. Un homme de ma qualité accusé de péculat ! » A la disposition qui le condamnait à restituer 100,000 écus : « Mon bien ne les vaut pas ! » dit-il avec une agitation extrême.

Mais bientôt il s'apaise. Se prosternant à genoux, il adore la « croix de cristal où estoit un crucifix d'or », posée sur une table voisine, et s'écrie : « Mon Dieu ! je vous résigne mon âme, mon corps est sacrifié ! » Dès lors il ne se départit plus d'une attitude pleine de calme et de résignation. Des Réaux s'étant approché de lui pour lui demander de rendre son bâton de maréchal de France, Marillac lui répondit avec dignité : « Le voici, Monsieur. Le Roi me le donna et m'en mit le pouvoir entre les mains, les ayant teintes du sang de ses ennemis. Je le lui rends aujourd'hui d'une façon bien plus sanglante.... Au moins, Messieurs, vous avez entendu, par la lecture de mon arrêt, que je ne suis accusé d'aucun crime de lèse-majesté, de félonie ni de desservice que j'aye rendu contre le Roi et l'Etat. C'est une chose horrible d'avoir trouvé des juges qui m'ayent condamné, puisque, comme je vous ai dit, il s'agit de si peu de chose dans tout mon procès ! »

Des Réaux se retire et l'abandonne aux bourreaux. Un des exécuteurs le lie, lui ôte son chapeau, son manteau et son livre, « ce qui le fascha grandement, et dit qu'il luy sembloit qu'un homme de la qualité et de la condition qu'il estoit ne devoit point estre traicté de la sorte [1]. » Le condamné demande alors la suprême consolation d'entendre la messe et de communier. On ne lui accorde pas cette

_____

1 *Archives curieuses,* 439.

cette faveur, mais on lui permet de se confesser à l'un des deux Pères Feuillants que l'on a mandés. Marillac accepte, après quoi il récite à genoux les psaumes de la Pénitence, et demande à remettre son testament à son confesseur ou à son ami, le sieur Jacob, ce qu'on lui refuse. Il est contraint de laisser cette pièce entre les mains du greffier, et de faire entendre tout haut à Jacob les dernières recommandations qu'il adressait « à son frere, à son nepveu et à sa niepce. » Alors il déclare vouloir employer au salut de son âme le reste de son temps et converse avec les Pères Feuillants et deux docteurs en Sorbonne arrivés sur ces entrefaites. Il prie le chevalier du guet « de dire au Roy de sa part qu'il luy demandoit pardon de tout ce qui le pouvoit avoir offensé », et le greffier « de demander pardon pour luy à tous ces Messieurs de la Chambre. » Puis, une dernière oraison terminée, il se livre au bourreau. « Faites de moi ce que vous voudrez. — Et commença à paslir comme l'exécuteur le toucha pour lui oster son rabat, et se laissa faire le poil et découdre son pourpoint sans dire aucune parole, sinon qu'il pria ledit chevalier du guet qu'il ne fust point dépouillé après sa mort, ce qui luy fut promis. »

A 3 heures du soir, on donne le signal du départ pour le supplice et on annonce au condamné que, par une faveur spéciale du Roi, l'échafaud est placé auprès du dernier degré du perron de l'hôtel de ville, et non en place de Grève; qu'ainsi on lui épargnera la confusion d'y être conduit dans l'ignominieuse charrette. Marillac en remercie le Roi et, se levant d'un pas ferme : « Allons à Dieu, mes Pères, dit-il aux Feuillants, puisque vous m'en asseurez ! »

Quelques minutes après, la vengeance du Cardinal était satisfaite, à la vue de la multitude qui encombrait les rues et des spectateurs qui avaient loué à des prix énormes les fenêtres des maisons environnantes [1]. Quand la tête de Louis de Marillac roula sous la hache du bourreau, il s'éleva dans la foule un long cri d'horreur. Le peuple cria au martyre, et plus de 40,000 personnes [2] suivirent le carrosse qui transportait le corps du maréchal rue Chapon, à l'hôtel de sa nièce, Mme René de Marillac. Là, criant que le supplicié était mort en saint, il réclama de ses reliques. Pour l'apaiser, on dut lui distri-

<hr>

1 Laurentie, *Histoire de France*, V, 142.
2 Griffet, II, 250.

buer des linges trempés dans son sang et des morceaux des cordes avec lesquelles on l'avait lié[1].

L'émotion fut telle que Richelieu crut prudent de s'excuser aussitôt. « La mort du maréchal de Marillac, fit-il écrire dans un article, daté de Bruxelles du 15 mai 1632 et paru dans la *Gazette de France*, fait ici parler diversement. Toutefois, la plus constante opinion est que ceux qui ont écrit sous les noms de la Reine mère et de Monsieur, les lettres pleines de menaces adressantes à ses juges pour les intimider, au lieu de lui servir, ont été cause de sa ruine, d'autant qu'elles ont empêché le Roi de lui donner sa grâce et comme contraint Sa Majesté de l'abandonner à sa justice, au lieu des effets de sa clémence qu'il eût éprouvés, si Sa Majesté n'eût appréhendé avec grande raison qu'on imputât à faiblesse et à crainte ce qui n'eût été dû qu'à sa miséricorde. »

La défense était faible, et, si elle expliquait le refus de la grâce, elle ne justifiait ni les motifs de la poursuite ni la rigueur de la condamnation. Aussi, remarque le Père Griffet, « le public ne fut pas persuadé que les malversations dont on accusait le maréchal méritassent une peine aussi cruelle, et plusieurs en doutent encore aujourd'hui. L'on remarque qu'il ne pouvoit les commettre sans avoir un grand nombre de complices qui lui prêtoient leurs noms, et qu'aucun d'eux ne fut poursuivi. Drouart, qui avoit fait signer, de concert avec lui, tant de fausses quittances pour enfler le prix du pain de munition, ne fut pas même décrété. Il semble qu'on ne voulut immoler qu'une seule victime à la sévérité des loix, ce qui faisoit croire qu'elle n'avoit été véritablement sacrifiée qu'à la haine et à la vengeance du premier ministre[2]. »

Le maréchal avait « 60 ans moins deux mois. » Son corps fut enterré auprès de celui de sa femme, qui était morte le 14 septembre précédent, dans une chapelle de l'église des Feuillants. Avant la Révolution, l'on y voyait encore son tombeau, surmonté de son buste, avec cette inscription : *Sorte funesta clarus.*

E. E.

---

1 Griffet, *ibidem.*
2 Griffet, II, 248.

Pour faire suite à cette publication, M. François Boyer nous communique plusieurs lettres dont les originaux font partie de ses riches collections ainsi que l'inventaire qui fut fait des hardes du Maréchal :

La première de ces lettres, datée du 16 novembre 1629, est écrite par Mgr Louis de Marillac à « Monsieur de Toulouze ».

La seconde, datée de mai 1631, est écrite par Madame la Maréchale à « Monseigneur le Cardinal ».

La troisième, datée d'Attichy du 19 octobre 1631, est adressée par Madame la comtesse de Meaur « au Cardinal ».

Anne Doni d'Attichy, comtesse de Meaur, était la nièce de Louis de Marillac, dont elle ne pardonna jamais la mort à Richelieu. Elle était une des femmes les plus distinguées du xviiᵉ siècle. Ce fut elle qui créa véritablement, avec Madame de Sablé, le style épistolaire. Célébrée par tous les poètes et les chroniqueurs du temps, on la désigna sous le nom de la *Reine de Misnie* dans le roman de la princesse de Paphlagonie. (Voir Tallemant, Madame de Motteville, Cousin, etc.)

Louis de Marillac à M. De Toulouze.

Monsieur,

Je n'auois peu penser aun remede contre lennuy et le deplaisir de vre absence que d'essayer a perdre la mémoire de vous, mais au meilleu des difficultés que j'y ay rencontrees, l'honneur de vre souvenir m'est venu reprocher ma honte et mon péché et confirmer la créance que j'ay tousiours eue que vous mérittes destre honnoré et servy plus que tout le reste du monde ensemble. Vous me pouvez cependant bien pardonner ma mauuaise pensée, car j'en ay vn poignant repentir et deves estre assuré qu'il n'a servy qu'à rallumer encores davantage la passion que jay pour vtre seruice.

Nous roullons icy les journées asses melancoliquement, le reste sé larjit tous les jours et guarde souuent le sillence. On y parle d'aller à Paris vers le Nouel, et que Mme de Montbazon nous en doit venir courrier. J'ay dit le reste de ce que je fray a ce porteur : Et diray tousiours par tout le monde et tout hault pour ne m'en pouvoir desdire, que je vous obéiray réligieusem'ent en tout ce que vous me feres lhonneur de me commander. Et seray toutte ma vie, Monsieur, v^{re} tres humble et très affoné seruiteur,

MARILLAC
d'Angers, le 16 novembre 1629.

Adresse de la lettre :
A Monsieur
Monsieur de Toulouze.

Lettre de la Maréchale au Cardinal.

May 1631.

Monseigneur,

Si javois eu desfanse de ne pouint venir à la Court je me fusse bien enpeche de contrevenir au conmendement du roy, sachant conbien je suis obligée de obéir ; mes ne croyent la desfanse que jay reseue que pour Paris je suis venue dans la croyense de ne le pouint offancer me geter a vos piès ce que jaurois fait de le maument que je apris le malheur de monsieur le mareschal de Marillac si je neusse seu en mesme tamps quil estoit encore plus grant que destre prisonnier puisque il eistoit tonbé en votre disgrace et je creu que je devois premierement vous fere tesmoynier quil ne setoit pouint rendu indigne de lhonneur de votre protection mes creigneant que sans que jen ay prié ne laye peu fere et aprenen que les afferes de monsieur le mareschal de Marillac vont a lestrémité je ne peu marester a nulle consideration pour vous venir demender secour dan la plus extreme misere ou une famme puisse estre et au lieu davoir peu resevoir la consolation que je mestoit promise de votre generausité je vien de resevoir un conmendement du roy de ment aler a Conpaignes dou estant a ma maisont de Tournebu ou je vous sûre, monseigner, que ge ne puis trouver une chambre a me mestre un meschant bastiment qui y estoit estant tout abattu sans sela je naurois pas enpronte comme jay fait une mension à ma belle seur de Marillac du je vien a ceste heure et ou je vous suplie tres humblement de vouluer obtenir du roy que je puisse retourner tous mes meubles y sont et je nen ay point du tout ailleur avec une tres mauvese sante que jay qui me ran devancet en neage pour pestit quil fut tres penible je de meurere la sil plaît au roy me le permettre par votre mauien san songer dant partir. Je vous suplie encore une fois monseigneur de procurer ce soulagement a une famme acablée de doulheurs es de croyre que je suis,

monseigneur,   Votre tres humble

et tres obeissante seruante,

DE MÉDICIS.

Adresse à la 4 page :

A Monseigneur
Monseigneur le Cardinal.

Lettre d'Anne-Doni d'Attichy, comtesse de Meaur.

19 octobre 1631.

Monseigneur,

Estant a cest heure de toute la maison la plus obligée de seruir m^r le mar^{al} de Marillac puis qu'il a plu a Dieu d'apeller a luy m^e sa femme et nõ donner a tous deus ceste nouvelle douleur j'ay creu q. võ trouueries raisonnable et n'auriés point désagrãble q. ne pouuant võ aller trouver moy mesme p^r võ faire une tres humble suplicaõn sur ce subiet a cause de la foiblesse et de milles incomodites qui me restent d'une longue et violénte maladie q. jay eue je prisse la liberté de võ importuner de mes l^{res} p. võ faire ceste suplicaõn Cest Monseigneur qu'il võ plaise dobtenir du Roy la permission p^r moy daller a Verdun soliciter les iuges de M^r le mar^{al} de Marillac et d'auoir la liberté de le voir et de luy parler en la sorte qu'il plaira a sa maiesté. Je võ demande Monseigneur p^r la plus grande grace q je puisse iamais receuoir de võ le moyen d'aler exposer p^r cela le peu de vie qui me reste. Je say q. võ estes si genereus q. je ne puis croire q. võ voulussies refuser a vne personne qui a touiours fait profession destre v^{tre} tres humble seruante d'honorer v^{re} maison sur toute chose et d'auoir eu l'honneur destre aimée de tous ceus qui v^s sont les plus proches vne chose qui võ est si facille et qu'elle ha en estime plus que sa vie. Je sçay Monseigneur q. s'il võ plait de mestre fauorable j'obtiendray aisement ceste permission.

J'en ay encore vne ãtre a võ demander très humblement p^r q. des advocats de Paris puissent aller suiuant le iugement rendu par les iuges le 25me de septembre dernier seruir de conseil a M^r le mar^{al} de Marillac parce q. pas vn ni veut aller sans la permission du roy et cependant cest arest seroit inutille les iuges ne donnant nonobstant ces dificultés nul delay à M^r le mar^{al} de Marillac.

Je suis bien asses malheureuse p^r auoir subiet de craindre de n'obtenir pas ce q. je désire auec tant de passion si ce n'est Monseigneur q. je ne me puis imaginer q. võ voulusies commencer par vne fille afligée au dernier point comme je le suis a refuser vne consolaõn si ordinaire dans ces sortes de malheurs pñpalement puis qu'encore que je la tienne très iuste. Je la veus tenir de v^{re} seule generosité et võ en estre obligée cõme d'une chose sans laquelle je ne croy pas pouuoir viure. Donnes men le moyen Monseigneur je võ le demande a genous et võ proteste q. je seray éternellement,

Monseigneur,

v^{re} tres humble et tre

obeissante seruante

ATTICHY.

d'Attichy, ce 19 octobre
1631.

En marge sont écrits ces mots :

Monseigneur

Je võ suplie p^r lamour de Dieu de vouloir daigner dire un petit mot de responce à ce porteur parce qu'en l'attendant je suis entre la vie et la mort.

*MÉMOIRE des Hardes et Habits de Monseigneur le Mareschal
de Marillac, laissez par Champaigne, son vallet de chambre, au
vallet de Monsieur des Réaux.*

PREMIÈREMENT

Une tenture de tapisserie de satin à la Chine, de neuf pièces ;

Un lit de damas vert, savoir le tour avec la courtepointe de
damas et le tour de sarge verte, trois matelas, un traversin, quatre
petits orillers et deux couvertures de ratine, une castelongne [1]
blanche, paillasse et bois de lit ;

Plus une autre tenture de tapisserie bergame de huit pièces, verte
et blanche ;

Plus la chapelle, savoir deux parements d'autel de velours rouge
cramoisi, garnis de passements d'or, avec les armoiries, le drap de
pied, deux carreaux avec un galon d'or et d'argent et les houppes
garnies de même et de plus la chasuble garnie avec un passement
d'or et les armoiries de même ;

Une croix avec un calice, le bénitier avec le bâton, les deux
chopinettes, un bassin et une petite clochette et les deux chandeliers,
le tout d'argent ;

De linge : trois nappes, deux aubes avec les garnitures.

HABITS

Savoir :

Un habit de couleur nascara, les chausses, manteau et une
casaque doublée de gros de Naples, garnie de boutons à griens or
et argent, deux douzaines d'aiguillettes aussi d'or et d'argent et le
pourpoint de toile d'or et d'argent ;

Une casaque d'écarlate doublée de revêche, garnie de boutons
d'or et d'argent ;

Une autre casaque d'écarlate, une doublure de ratine pour le
manteau et casaque ;

Plus un habit de velours tanné, savoir les chausses de velours
avec le manteau doublé de panne et le pourpoint de satin avec un

---

1 Catalogne.

bonnet de même velours doublé de peau de martre, les chausses garnies d'aiguillettes ;

Une hongreline de même velours doublée de martres avec le manchon de même ;

Trois peaux de chat d'Espagne noires ;

Un autre manchon de drap rouge doublé de gorge de renard ;

Deux robes de chambre, l'une fourrée et l'autre doublée de taffetas orange et blanc ;

Une peau doultre [1] ;

Un manteau de satin blanc doublé de peau d'agneau ;

Une camisole de satin gris doublée de panne, deux autres camisoles de satin blanc et une de ratine avec une nattée d'argent ;

Un habit de drap d'Espagne gris mêlé, savoir les chausses et manteau doublé de panne verte garni de passements d'or, un pourpoint de chamois garni de même passement avec les bas, la jupe de même et le pourpoint de satin ;

Un autre haut de chausses gris garni de deux galons sur les côtés ;

Un autre habit couleur de cannelle, savoir les chausses, un petit pourpoint de satin vert, la jupe de même drap avec le manteau garni d'un galon d'or et d'argent doublé de ratine ;

Un autre habit de gros de Naples minime complet doublé de taffetas orangé, le bas de soie de même couleur avec les jarretières, rosses et aiguillettes, garni de dentelles d'or et d'argent, les gands et rubans de chapeau, un porte-épée et ceinture en broderie ;

Un habit de tabis violet, savoir le manteau et chausses, le manteau doublé de taffetas moucheté, le bas de soie gris de perle, les jarretières rosses et aiguillettes violettes garnies de dentelle d'or et d'argent, les gands garnis de satin et frange d'or avec le ruban de chapeau ;

Neuf cordons d'or et d'argent ;

Quatre chapeaux de castor et deux gros ;

Une épée, la garde d'argent haché avec un porte-épée et ceinture d'or en broderie.

LINGE

Vingt et une chemises de jour,

Et huit de nuit ;

---

2 De loutre.

Douze grands collets de point coupé avec les manchettes ;

Onze petits collets de point coupé avec les manchettes ;

Deux douzaines de mouchoirs ;

Dix paires de caleçons avec les bas de fil, attachés ;

Neuf coiffes de point coupé ;

Douze frottoirs ;

Quatre paires de draps de toile de Hollande et deux nappes ;

Trois camisoles de toile de Hollande pour la nuit ;

Une cassette avec les drogues et deux autre cassettes ;

Quatre paires d'éperons : deux dorées et deux d'argent haché ;

Un manteau de drap de Berry noir, doublé de revêche ; un autre manteau de drap de Berry minime, doublé de revêche, garni de boutons.

Sur le mémoire de la vaisselle, il y a une tourtière d'argent qui a été oubliée, deux coffres et deux paniers et une couverture.

MÉMOIRE du Linge et de la Vaisselle d'argent qui a été laissé entre les mains de Monsieur des Réaux.

Savoir :

Douze grands plats d'argent, plus dix-huit petits plats d'argent ;

Douze cuillers et six fourchettes d'argent ;

Plus deux petits flacons d'argent, plus un autre grand flacon d'argent ;

Six petits flambeaux d'argent ;

Plus deux douzaines d'assiettes d'argent ;

Un gobelet d'argent ;

Une soucoupe vermeil doré ;

Un vinaigrier d'argent ;

Plus une bassinoire d'argent ;

Plus deux couteaux au manche d'argent ;

Plus la cuiller et la fourchette vermeil doré dudit seigneur maréchal ;

Une grosse salière d'argent ;

Une aiguière couverte, d'argent ;

Un bassin d'argent en ovale ;

Plus deux petites aiguières d'argent découvertes ;

Un autre grand bassin d'argent en ovale ;

Un bassin pour faire la barbe ;

Trois palettes d'argent pour saigner ;

Un pot de chambre d'argent ;

Un cure-dent d'or ;

Une salière d'argent ;

Un cornet d'argent pour écrire ;

Un bassin d'argent à cracher ;

Une boîte d'argent à mettre de la conserve.

LINGE DE TABLE

Savoir :

Seize nappes ouvrées ;

Six douzaines de serviettes ouvrées ;

Plus quatre écharpes de taffetas de diverses couleurs ;

Plus cinq coffres pour serrer la chapelle et les hardes ;

Plus la toile à envelopper les matelas ;

La malle de cuir à mettre le lit ;

Une autre malle à mettre les chaises et escabeaux ;

Une autre malle à mettre le bois du lit.

Nicolas Gibée, dit *Champagne,* premier valet de chambre dudit feu seigneur maréchal de Marillac, demeurant à   , proche Troyes, étant de présent en cette ville de Paris, déclare et certifie en son âme, par devant les notaires soussignés, à tous qu'il appartiendra, le contenu du mémoire ci-dessus être véritable et avoir été par lui mis et laissé aux mains du valet de chambre du sieur des Réaux, les choses y spécifiées dès environ le mois de juin de l'année dernière, si comme, etc., oblige, etc.

Fait et passé en études des notaires soussignés, l'an mil six cent trente-deux, le vingt-un juillet après midi, et a signé

GIBÉE.

POURCEL, DESPRES.

(et en marge).

La Procession de St-Amable

au XVIIe Siècle

(Extrait du Registre des délibérations de la commune de Riom de 1631)

Conseil ordinaire de la ville de Riom, tenu en la Maison de ville appellée de St Esprit, par Messieurs le Président Combes, Bernard, Dallemaigne et Bonnet, consuls, le jeudy douzième juing mil six cent trente ung, auquel ont adsisté :

Monsieur DE MURAT, lieut. gén. ;
Monsieur CHABRE, lieut. com. ;
Monsieur le con^{er} SONNOYER ;
Monsieur le c^r CHABRE ;
Mons. ASTIER, advocat ;
Mons. CHOSSIER, advocat ;
Mons. SOUBRANY, bourgeois ;

Mons. MARTIN, bourgeois ;
Mons. RITANON, bourgeois ;
Mr FRANÇOIS DURAND,
Mr PIERRE BONNEFON,
Mr JEAN BOYER, procureurs ;
Sr JACQUES CHAUMARD,
Sr JEAN ABUT, marchants.

Auxquels séant..... a été exposé.....

Et finalement a été représenté par led. s. Président Combes que le conseil de santé tenu le dixième du présent moy avoit faict dessain de vouer cette ville et habitants à la très Ste Trinité, à la Ste Vierge et à S. Amable, notre patron, pour estre pris secour de contagion et délivrer des maladies présentes, et entre autres choses de donner et faire présent aux églises de N.-Dame des Ardillons et de Marsat ce qu'il plaira au Conseil d'ordonner.

Sur quoy, apprès que les propositions dud. vœu ont esté leues et desquelles la teneur s'en suit :

Le dessain a esté d'honorer en ce vœu la très Ste et adorable Trinité,

Par trois jeusnes publics, sellon l'ordre de Mons. l'Official, ou commué en aumosnes comme il adjugera ;

Par trois processions géneralles solennelles [1] ausquelles la châsse de St Amable sera portée ; la cérémonie desquelles, le jour et heure qu'elles doibvent être faictes seront réglés par Messieurs du Chapitre ;

Par trois messes solennelles aux églises de St Amable, du Marthuret et pères Cordeliers en suite desdistes processions.

---

1 La première procession faicte le dimanche 15 juing 1631, la seconde le dimanche 22 dudit moy, la troisième le 25 dud. moy.

Aux processions et messes, les consuls assisteront portant aux mains de chacun d'eux un flambeau de cire blanche pesant livre, qu'ils offriront en hommage à l'offrande de chacune messe.

A esté aussy arresté au Conseil de santé d'envoyer un ecclésiastique à Notre Dame des Ardillons pour y faire une neufvaine et porter à la très Ste Vierge ce qui sera arbitré par l'assamblée géneralle.

Que a l'honneur de la très Ste Vierge, autre procession solennelle sera faicte de Ryom à Marsat et la messe dite en l'esglise de Not. Dame de Marsat, à l'offrande de laquelle les consuls porteront ce qui sera arbitré par l'assamblée généralle, et le jour de lad. procession sera prescrit par Messieurs du Chappitre ;

Que aux quatre portes de cette ville et au dessus d'icelles, au dehors, seront posées et attachées quatre images en peinture de St Amable pour y demeurer à toujours, apprès qu'elles auront esté bénistes, et seront lesd. images portées auxd. portes processionnellement et à l'issue d'une messe solennelle, qui sera célébrée à l'esglise de St Amable, à l'honneur de St Amable [1] ;

Que le prestre célébrant les messes portera à Dieu, lors au temps de la consécration, le vœu pr. au nom de la Ville ;

Que lors de lad. procession, la grosse cloche sera sonnée pour exciter le peuple à dévotion et advertir les communautés religieuses de faire dire une messe chacune en son esglise, auxquelles messes les prêtres qui les célèbreront porteront ledit vœu pour et au nom de lad. ville ;

Que Mons. l'Official sera prié de prescrire l'ordre du vœu mental et verbal entre les mains du prestre célébrant la S. messe et de donner son consantement pour valider le vœu [2] ;

Que Mons. le Curé sera prié d'exorter à la messe de paroisse le peuple à observer ce que dessus.

A esté délibéré que Messieurs les Consuls seront priés d'assambler quatre de Messieurs du Chappitre de St Amable, deux de celluy de la Ste Chapelle et deux de ceux du Marturet, les Pères gardiens des Capucins, Cordeliers, Supérieur de l'Oratoire, un de Messieurs les Intendants et Marguilliers [3], ains les Comm. de santé et tous ensamble résoudre lesd. propositions et quant aux dons et prestres réunir l'assamblée généralle.

CHEMIN,
Secrétaire.

---

1 Lesd. images posées processionnellement le dimanche 29 juing 1631.
2 Le consentement dud. S. est du 14 juing 1631.
3 Les communautés seront assamblées.

M.RE LOVIS DE MARILLAC
MARESCHAL DE FRANCE.

La Ville de Murat

(Cantal)

INVENTAIRE des Lettres, Titres et Enseignemens de la vicomté, terre et seigneurie de Murat, située et assise ès montagnes d'Auvergne, lesquels Lettres et Titres ont été trouvés entre les mains de Madᵉ de Beaupréau et de Passavant, qui les avait trouvées à Montangy, où le feu bastard Pierre d'Armagnac les avait portées, lequel les avait en son vivant soubstraits des archives de la maison d'Armagnac, du temps qu'il avait le gouvernement du feu duc Jean de Nemours.

1150. — Et premièrement lettres en parchemin d'escriture fort ancienne, datée de l'an 1150, esquelles est contenue certaine donation faite par Pierre, vicomte... à Raymond de Béranger, son neveu, du château et châtellenie de Murat et autres terres et seigneuries, nommées esdites lettres, cotées par *A*.

1273. — *Item* autres lettres en parchemin, esquelles est contenu le *vidimus* de certain hommage fait du vicomté de Murat à Henry, comte de Rodès, l'an 1273 par Marcaise, femme de Pierre, vicomte de Murat, par lequel hommage, icelle Marcaise avoue et confesse tenir led. château de Murat, vicomté, terres et seigneuries appendantes et dépendantes dud. Murat, dud. Henry, comte de

Rodès, à cause de son vicomté de Carladès, et est cotée au dos par *B*.

1398. — *Item* lettres en parchemin datées de l'an 1398, esquelles est contenu le testament de Jeanne de Châteauneuf, fille de Béranger de Châteauneuf, seigneur dud. lieu, femme de Renaut de Murat, écuyer, seigneur de Vigouroux, par lequel elle institue son héritier universel Renaut, fils légitime et naturel dud. Renaut, son mari, et d'elle, en lui substituant son fils aîné naturel et légitime dud. Renaut de Murat, et est coté sur le dos par *C*.

1394. — *Item* lettres en parchemin datées du second jour d'aoust de 1394, signées Jouthome, scellées en double queue de parchemin, où il y a apparence autrefois y avoir scel, esquelles est contenu le testament de Jeanne de Châteauneuf, fille de Béranger de Châteauneuf, chevalier, et de Jeanne de Melet, et femme de noble et puissant seigneur Renaut de Murat, écuyer, seigneur de Vigouroux, par lequel entre autres choses elle institue en tous ses biens Renaut son fils aîné et ses autres enfans en autres ses terres et biens particuliers, cotée par *D*.

1435. — *Item* une autre lettre en parchemin, esquelle est contenue l'acquisition faite l'an 1435 par Bernard d'Armagnac, comte de Perdriac, vicomte de Carlat et Murat, de Renaut de Murat, fils naturel et légitime de Renaut de Murat et de Jeanne de Châteauneuf, de la terre et seigneurie de Melet, Châteauneuf, Anglards, Cussac, avec leurs appartenances et dépendances, pour le prix et somme de 3,000 escus, dont fut pour lors une partie payée comptant et l'autre partie assignée être payée par led. duc de Nemours aux termes contenus aud. testament, et cotée au dos par *E*.

1440. — *Item* une autre lettre en parchemin, datée de l'an 1440, esquelle est contenue certaine acquisition faite par Bernard, comte de Perdriac, vicomte de Carlat et Murat, d'un nommé Dyonet de la Tour, chevalier, baron de Saint-Vidal, de certaines censives et rentes de blé et d'argent qui appartenaient aud. de la Tour, situées et assises au vicomté de Murat, pour le prix et somme de

LA PROCESSION DE SAINT AMABLE AU XVIIᵉ SIÈCLE

RECONSTITUÉE D'APRÈS LES REGISTRES MUNICIPAUX DE RIOM

U. Jouvet, édit., Riom

60 escus d'or, qui lui en furent payés comptant, cotée au dos par *F*.

1449. — *Item* une lettre en parchemin datée de l'an 1449, esquelle est contenu un hommage fait par le bailli de Murat, procureur de Bernard d'Armagnac, comte de la Marche, Perdriac et Castres, vicomte de Carlat et Murat, et ayant pouvoir spécial quant à ce, à l'évêque de Clermont, de toutes les terres et seigneuries que led. comte de la Marche tenait aud. évêque de Clermont, cotée au dos par *G*.

1468. — *Item* une grande lettre en parchemin contenant sept peaux de parchemin, en laquelle est contenue une transaction faite et passée entre Jacques, duc de Nemours, comte de la Marche, de Perdriac et Castres et vicomte de Carlat et Murat d'une part, à noble homme m¹ᵉ Louis Louët, chevalier, seigneur de Calvisson et de Saint-Alban, pour et au nom de noble et puissante dame Marguerite de Murat, sa femme, fille légitime et naturelle et héritière universelle de feu Renaut de Murat, l'an de grâce 1468, le 8ᵉ juin, pour raison des droits, noms, raisons et actions prétendues par chacune desd. parties aud. vicomté de Murat, Vigouroux, Turlande, la Bastide et autres appartenances et mandemens dud. vicomté; par laquelle transaction il appert que lad. Marguerite de Murat prétendait icelui vicomté lui competter et appartenir, à cause de la succession de feu sondit père, duquel elle était héritière universelle et auquel icelui vicomté avait été adjugé par arrêt de la Cour de Parlement de Paris, et led. duc de Nemours prétendait icelui vicomté lui competter et appartenir, parce qu'il disait que de tout temps et d'ancienneté icelui vicomté de Murat et ses appartenances était tenu en fief du vicomté de Carlat, lequel vicomté de Carlat avait competté et appartenu à Bernard, comte d'Armagnac, connestable de France, en son vivant comte de Rodès et vicomte dud. vicomté de Carlat, lequel aurait fait sommer led. Renaut de Murat, père d'icelle Marguerite, à lui faire la foy et hommage qu'il était tenu de lui faire à cause dud. vicomté de Murat, dont il aurait été refusant; ce qui plus est, aurait fait et commis plusieurs rébellions, forces, violences et entreprises à l'encontre dud. Bernard; pour lesquelles choses led. de Murat aurait confisqué et commis crime de félonie à l'encontre dud. Bernard, connestable, et disait par ses moyens que icelui vicomté lui devait competter et appartenir. Finalement, led. Louët et lad. Marguertte, sa femme, auraient cédé, quitté et délaissé et transporté tels droits, noms, raisons et actions qui pouvaient competter et appartenir à icelle Marguerite aud. vicomté, pour le prix et somme de 6,440 l. tournois, de laquelle fut payée comptant la somme de 440 l. tournois et pour..... Icelui de Nemours ou certains procureurs dénommés en lad. transaction obligèrent tous et chacun les biens appartenant aud. de Nemours, et est icelle transaction cotée au dos par *H*.

1469. — *Item* une grande lettre en parchemin contenant cinq peaux cotées ensemble, en laquelle est contenu l'accord fait et passé en la Cour de Parlement de Paris le 13ᵉ avril 1469 après Pasques, entre Mᵉ Foulques de Moulins, procureur de Mʳᵉ Louis Louët, chevalier, Guillaume Louët, fils légitime et naturel dud. Louis Louët, et Marguerite de Murat d'une part, et Mᵉ Onaste Sanson, procureur de Mʳᵉ Jacques, duc de Nemours, d'autre part, sur la transaction précédente; par lequel accord appert que icelle transaction, dont dessus est mention, faite entre lesd. parties pour raison desd. droits, noms, raisons et actions prétendus par icelle Marguerite de Murat aud. vicomté de Murat et ses appartenances avec icelui duc de Nemours, est louée, ratifiée, passée et accordée par icelle Cour de Parlement l'an et jour susd. Led. accord signé sur le repli, *concordatum in Curia. G. Bonnard*, et scellée en cire jaune du petit sceau du Roy et quatre contre-sceaux de chacun cotté par *I*.

J'ai trouvé dans un registre de la Chambre des Comptes le mémoire en latin des enfants de Renaud 1ᵉʳ de Murat, en ces termes : *Magnificus ac potens vir Dominus Reginaldus vicecomes de Murato a nobili Domina Johanna de Castronovo ejus uxore quinque procreavit liberos, scilicet tres masculos, Regnaldum qui etiam fuit vicecomes Murati, Dominum Johannem et Dominum Petrum de Murato milites, et duas filias Delphinam et Johannam quæ Johanna monialis fuit.*

Ladite Dauphine de Murat épousa un certain Jean Sicaume, *Dominus de Laudimio.* J'ai vu une vente faite par Jean Sicaume, écuyer, seigʳ, à cause de Dauphine de Murat, sa femme, de Châteauneuf, Anglars, Malet et Montberon au païs d'Auvergne, à Jean Rollet desd. terres et seigneuries, le 9ᵉ novembre 1484.

Dans un arrêt du Parlement du 14ᵉ aoust 1404, il appert que Renaud de Murat avait passé un traité de mariage, en 1401, avec Louise de Clermont, fille de feu Mʳᵉ Jean de Clermont, vicomte d'Aunay, et de dame Eléonore du Périgord, et lui avait été promise la terre de Fontaines avec cinq cents livres de rente, Mirebel, Lachaud et Aunay. Mais parce que led. de Murat n'avait pas satisfait aux conditions dud. traité et que le duc de Berry avait la fille en garde avec tous ses châteaux, elle fut mariée avec François de Montberon, fils aîné de Jacques, seigʳ de Montberon.

*Inventaire des titres et privilèges de la ville de Murat, à elle faits,
donnés et accordés par les sieurs Vicomtes dudit Murat, concernant les droits que ladite ville a sur les pacages communs près
d'icelle.*

1263. — Titres de la quittance que Pierre, vicomte de Murat,
fit aux habitants dud. Murat de ne lever ni exiger plus autre taille,
charges et services d'iceux que les quatre cas, à chacun desquels
seraient tenus luy payer mille sols de Clermont, se réservant droit
de punir les hommes des adultères, larrons, bouttefeux, batteurs et
tenans faux poids et autres. Ne pourra led. S^r lever leyde de blé
desdits habitants, sinon du bétail qui se vendra les jeudi, vendredi et
samedi. Lesdits habitants seront tenus à la garde dudit château,
faire une manœuvre, payer une géline pour feu, deux sestiers de vin,
chaque hoste qui cuira pain à la basse ville un pain et demi, et à la
haute, ayant une paire de bœufs, une carte de blé et, n'en ayant pas,
une demie, acheteurs de vin ne le vendront que 4 deniers plus
par setier qu'ils l'ont acheté. Louys régnant et Guion, évêque
de Clermont, soubs le scel duquel led. octroy est donné.

1283. — Confirmation des privilèges de la ville faicts en lad.
ville par Guill. vicomte de Murat. A droit lad. ville de prendre bois
en payant une géline, de créer consuls, étant créés, prêter serment
de fidélité, lever tailles et les rebelles y contraindre.

Et certaines amendes imposées à ceux qui se battront, blesse-
ront, tueront, paillarderont, auront faux poids et mesures, à l'amende
de LX s., faire bohade, en retournant le même jour, aux quatre
cas et plusieurs autres droits et privilèges, tant dudit S^r que de la
ville, de peu d'effet et conséquence.

1283. — Attestation de Guill. Alamelle, garde du scel, où il est dit
avoir vu certaines lettres non rompues, par lesquelles était porté que
les habitants de Murat étaient tenus aux quatre cas au sieur vicomte,

de lui faire bohade une fois l'an, d'aller cuire leur pain en son four, leur donnant puissance de prendre de son bois, sinon de sapins et chassang[1] lui être due leyde de sel les vendredis, et des bêtes que se vendront les jeudi, vendredi et samedi ; certaines amendes dues au s^r par ceux qui battraient, tueraient, paillarderaient et mettraient feu. Les lettres de l'an 1266, et ladite attestation de l'an 1283.

1293. — Confirmation des privilèges jadis donnés par Pierre de Murat, vicomte dud. Murat, aux consuls et habitants de lad. ville, père à Guillaume, et par ledit Guillaume confirmés, savoir : de pouvoir élire consuls et outre, à la fin dudit titre, il leur donne puissance de prendre du bois dans ses forêts, droit de pâturer dans ses communs et deux champs y nommés, à la charge qu'ils seront tenus auxdits cas : quand il sera créé nouveau chevalier, visitera le Saint-Sépulcre, sera prins prisonnier par ses ennemis capitaux et mariera sa fille légitimement procréée, se réserve la leyde du bétail, que les habitants seront tenus d'aller moudre et cuire à ses moulin, four ; force amendes petites données contre les frappeurs, adultères, tenants faux poids, aulnes et mesures. Tenus aussi lui prêter un animal, en ayant.

Les privilèges dud. Pierre de l'an 1283 et celui dudit Guill., fils audict Pierre, de l'an 1293.

1320. — Titre par lequel est dit que Begon, vicomte, donna aux consuls de Murat et habitants d'icelle puissance de prendre de ses bois, iceux vendre, excepté de sapin et de chêne pour tel droit lui payer annuellement une géline ; de pouvoir créer consuls à la charge de prêter serment de fidélité audit s^r et lui offrir les clefs, pouvoir lever tailles, contraindre les rebelles au paiement d'icelles et crus de l'imposition d'icelles à leur simple relation : pouvoir faire pasturer le bestail en tous les francs et communs dudit s^r et de tenir la mesure du sel qui se vendra audit Murat et en prendre l'émolu-ment ; donna l'hospital auxdits consuls avec puissance de le bailler à qui bon leur semblera, recevoir tous sortes de leguats ; donna le poids *sive* quintal audits consuls et tout ce que dépend dudit quintal jusques à une livre, demye et carteyre, bailla auxdits habi-.

---

1 *Chassang*, « espèce de bois, peut-être chêne ». V. Du Cange au mot *Casnus*. Voir aussi plus bas.

tants la marque pour marquer *sive* eschandallier leurs cartons ; ne lèvera ledit sieur leyde que du bétail que se vendra le jeudi, vendredi et samedi ; seront tenus lesdits habitants à la manœuvre et bohade, cuire et moudre aux moulins et fours dudit s^r, ou seraient empêchés, auquel cas pourront aller ailleurs ; aux quatre cas, chaque hostelier ij sestz vin annuellement ; chaque cuiratier 5 s. annuellement ; ayant acheté vin de boheyroux ne le vendre que 4 d. pour setier plus qu'il ne l'a acheté.

Ici, il y a deux contrats ensemble pliés ne faisant qu'un même, en l'an 1320.

1283. — Titre par lequel est dit que Guillaume, vicomte de Murat, confirma les privilèges que feu Pierre de Murat avait donnés aux habitants de Murat, qu'ils ne seraient tenus de payer ou collecte ou faire servir fors que lorsque le s^r sera fait nouveau chevalier, ira visiter le Saint-Sépulcre, mariera sa fille légitime, sera pris prisonnier ; que lesdits habitants pourront aller aux bois dud. s^r, faire pasturer leur bétail, à la charge de payer une géline annuellement, qu'ils seront tenus lui faire bohade et manœuvre avec une bête, s'ils en ont, une fois ; seront tenus moudre et cuire aux moulins et four dudit s^r ; chaque hôte, de payer annuellement ii setiers vin ; la leyde et puissance aux habitants d'élire consuls et aux consuls de se pouvoir assembler où bon leur semblera, et plusieurs autres privilèges et devoirs ici déclarés. 1283.

1293. — Titre par lequel est dit que les habitants de Murat ayant bête chevaulx seront tenus annuellement la bailler au vicomte, lui bailler aussi une manœuvre à cause de la puissance qu'ils ont de prendre du bois dudit vicomte. Ne seront tenus lui payer leyde de sel que les vendredis, jours du marché, et du drap, vin, huile et autres marchandises, n'en pourra lever desdits habitants ; ledit vicomte sera tenu de satisfaire auxdits habitants les dommages qu'ils ont eus à cause de la levade et de la rase qu'il a faite sur Allagnon et sur le ruisseau de Bournantel. 1293.

Au champ de la Solège pour faire le relevoir du moulin de Bournantel et touchant la rase faite au champ de la Condamine pour arrouser le pré du Baille. (*Note ancienne*).

1320. — Confirmation du don fait aux consuls et habitants dudit Murat du poids et quintal et de tout ce que en dépend, sans qu'il soit permis audit vicomte de tenir quintal ou demi-quintal, lesdits consuls le pouvant louer ou assenser à qui bon leur semblera. Et ledit quintal se trouvant faux, xxx s. d'amende seront adjugés audit vicomte. Pourront faire dépaître leur bétail en tous les pachiers et communs dud. s^r. Ne seront tenus reconnaître que les deux sergents nommés par lesdits consuls. 1317.

Après cestuy, suict l'autre du feuillet précédent, où est le chiffre 1320.

1362. — Permission donnée aux consuls et habitants de Murat de clore et fermer Murat de murailles, fossés et autres choses nécessaires, à la charge de lui prêter fidélité, lui présenter les clefs le jour de la nouvelle création des consuls, faire garde à ladite ville et château, y contraindre les rebelles et les amendes attribuées à la réparation et fortification de la dite ville ; remuer le four dudit sieur à autre lieu propre, à la charge de xxv florins d'or. 1362.

1364. — Estimation de deux maisons qu'il fallut abattre pour la clôture de ladite ville, situées à Pegre-Mauvy, à la somme de iiii^xx v florins, payables à Guill. et Durand Pellat dudit Murat. 1364.

1384. — Puissance donnée à Murat de créer et nommer autres consuls en icelle, nonobstant la main-mise audit consulat par ledit sieur vicomte. 1384.

1420. — Licence donnée par le vicomte aux consuls de Murat d'accommoder ou faire accommoder le four de Murat qui était ruiné, ne s'y pouvant cuire pain. 1420.

1470. — Titre par lequel est dit que le four des Barres, en allant à N.^re (Dame) de Paix, sera accommodé ; que le fournier ne pourra tenir sur le four chevaux et pourceaux, qu'il ne pourra cuire à un particulier, qu'il sera tenu appeler les femmes ordre par ordre, que faisant trop ou peu cuire le pain, sera tenu satisfaire aux parties et qu'il ne pourra faire *chauteyrrades* de nuit. 1470.

1475. — Permission donnée aux habitants de Murat d'élire trois consuls le lendemain de la Nativité N. Seigneur, et non le lendemain de Pasques, comme on faisoit anciennement. 1475.

1476. — Extrait des ratifications faites par led. Guillaume de Cardalhac des privilèges que ses prédécesseurs avaient donnés audit Murat, savoir de bâtir les murailles, portes et fossés, et iceux habitants être tenus au guet et garde du château dudit Murat avec les autres habitants de ladite vicomté. Ledit extrait fait de l'autorité de Barthélemy de Sistrières, juge, et Jean Calmeil, garde du scel, par Molin de Clavières, et B. Pichot, no^res, comme aussi de tous autres privilèges non mentionnés. Le 3e juillet 1476.

1480. — Ordonnance faite de la mesure du blé, assavoir que de la mesure courant neuf cartons n'en feront que huit du cessal ; que huit leydes feront le carton, que le leydier tiendra un carton de bois marqué du sceau du vicomte ; que chacun des habitants dudit Murat et vicomté pourront chez eux tenir un carton, pourvu qu'il soit marqué dudit sceau. 1480.

1490. — Quittance des deux cas demandés aux consuls de Murat à cause que Mr de Nemours avait été au sacre et couronnement du roy élu (1483) et fait nouveau chevalier et qu'avait encore marié Madame sa sœur. Ladite quittance faite par noble Louis de Quincampois, sieur de Saint-Clément, lieutenant général de M. le grand Bastard de Bourbon, par M. le prince de Bourbon. Et acte de la lecture faite de la lettre envoyée auxd. consuls par led. sieur prince vicomte dudit Murat. 1484. Ledit acte, 1490.

Pour les Tailles.

1372. — Acte de l'appel fait par les consuls de Murat de certains griefs que disaient leur être faits par le vicomte de Carlat, de les avoir cotisés à un florin d'or pour chaque feu et maison [1]. 1372.

1 A cause de l'imposition faite sur tous les lieux mouvant en fief dud. Carlat, pour sortir les Anglais dudit Carlat (Note ancienne).

1489. — Six pièces liées ensemble touchant certaines exécutions faites sur les consuls par le duc de Montpensier. 1489 et 1490.

1489. — Lettres royaux et ajournement donné au duc de Montpensier touchant l'octroy accordé par les Etats, bien qu'ils ne fussent du ressort du duché d'Auvergne. 1489 (3 mai).

La ville fut taxée à 64 l. 16 s. pour le comte de Montpensier, qui avait obtenu un octroy de 10,000 l. Et pour le duc de Bourbon la ville fut taxée à 109 l. 6 s. 8 d. et ce à cause qu'il succéda à son frère Jean, duc d'Auvergne, connétable de France.

Aussi 10,000 l. avaient été imposés pour Jean, duc d'Auvergne ; 2,000 l. pour sa femme et 1,000 l. pour ses officiers, par les Etats tenus à Riom en 1486. Il ne restait à payer que les prévôtés d'Aurillac et de Maurs et la ville de Murat. (Note ancienne).

1489. — Copie des lettres royaux obtenues par ledit Sr de Montpensier de Sa M^{té} de certain don de la somme de xv mille livres tournois et l'acte de l'entérinement desdites lettres. 1489.

1494. — Lettres royaux obtenues par les consuls de Murat à cause de certaine taille ou don imposé à la ville pour le Sr de Montpensier. 1489, le 6 juillet, et autres lettres de l'an 1494, le 5e d'avril.

1490. — Arrêt de la Cour du Parlement de Paris par lequel est enjoint au Sr de Montpensier et à ses officiers de rendre tous gages, bœufs, vaches et autres biens sur eux pris et saisis, s'ils sont en nature, sinon la valeur d'iceux. Mandement au bailli du duché d'Auvergne et de Montferrand. Et ce du temps du Roy Charles. 1490.

1523. — Enquête faite par Jean Brugier, élu, à la requête des consuls de Murat, touchant la ruine et pauvreté de leur ville, pour être soulagée au département des deniers royaux. 1523.

Ordonnance que les consuls nouveaux seront tenus faire rendre le compte aux vieux, sous peine de 10 l. d'amende. 1538. (Note ancienne).

1526. — Ordonnance que les consuls vieux assisteront les nouveaux au département des tailles. 1526.

Un titre où il est contenu que les prés se défendront le premier jour d'avril 1539.

1490-95. — La procédure de l'entérinement des Lettres royaux obtenues de Sa Majesté par les consuls de Murat, du rebas des tailles imposées à lad. ville à cause du brûlement et dégât d'icelle. Commission de M^rs des Aydes, mandement et sentence pour l'exécution desdites lettres ci-attachées ensemble, en six pièces datées de l'an 1490, 1494 et 1495.

En 1483, il se brûla 80 feux aux faubourgs et en 1493 il se brûla cent bonnes maisons de la ville, même l'église collégiale. Sur quoi on obtint chaque fois diminution d'un tiers feu ou du neuvième de la taille, par sentences de 1485 et 1495. (Note ancienne).

1515. — Don fait par le roy Charles à noble Guyon de Marchebeufz de l'office de contrôle des deniers de la ville de Murat. Commission de M^r le juge d'Aurillac, adressante à Mre Jean Neyrat, d'Allanche ; acte dudit Neyrat à Murat pour mettre ledit Marchebeufz en possession. Opposition faite par les consuls, audit acte inséré, et serment prêté par ledit Marchebeufz au siège d'Aurillac de bien exercer led. office. 1515[1].

1516. — Commission donnée par Sa Majesté à noble Guion de Massebeau, un des cent gentilhommes de son hostel, sous la charge de M. de Saint-Vallier, chambellan du roy, contrôleur ordinaire, sur les deniers communs de Murat, pour contraindre les receveurs et autres ayans droit de lever les deniers (depuis 20 ans) qui se doivent employer à la fortification de ladite ville, les murailles ou parties d'icelles étant en ruine. 1516, 26 février.

1589 à 1594. — Confirmation des anciens privilèges par le roi Henri-le-Grand, et octroi de l'entrée du vin pour dix ans et don de toutes les tailles, subsides et impositions depuis 1589 jusques à la fin de juin 1594, dans des tailles des années 1589, 1594, 1595, 1596, 1597 et 1598, excepté le taillon du prévôt des maréchaux, pour 1596 et 1597 et don des tailles de 1595, 1596, 1597 et 1598, ensemble des arrérages.

---

[1] Cet office fut créé dans toutes les villes par François Ier. (Note ancienne).

1594. — Lettres d'attache et Mandement de la Cour de Parlement avec la confirmation des anciens privilèges comme poids, entrées [1] et courtages. 1594.

Lesdites lettres données au camp de Laon le 16 juillet 1594 ;

Enregistrées à la Cour des Aides de Montferrand le 18 août 1594 ;

Au Parlement de Paris le 30 juillet 1594 ;

Au Bureau des Finances, à Clermont, le 25 août 1594.

Procès en un grand rouleau de papier entre les consuls de Murat et le receveur du roi, touchant 340 l. 12 s. 3 d. qu'il demandait lui être annuellement payés par imposition faite à lad. ville de Murat.

Pour les Hommages.

1419. — Hommage rendu à Jean d'Armagnac, compte et confirmation par lui faite aux habitants de Murat des anciens privilèges. 1419.

1425. — Hommage rendu par les consuls de Murat à Bernard d'Armagnac, vicomte de Murat, où est dit que les consuls seront tenus garder et protéger la ville à leur possible et le château, découvrir toutes trahisons machinées contre le Seigneur et, moyennant ce, le S^r confirme tous leurs anciens privilèges. 1425.

1367. — Confirmation de tous les privilèges que les consuls et habitants de Murat avaient anciennement obtenus de Begon, vicomte de Murat, faite par Guill. de Cardalhac, vicomte de Murat. 1367, le vendredi après St-Luc.

1477. — Dénombrement fait par les consuls de Murat, à Thomassin d'Orber, gouverneur du Carladès et capitaine de Carlat, et à François Chaumeil, licencié ès-lois, et Jacques Barthomier, commissaire député par le roi Louis pour recevoir le dénombrement de tout ce que lesdits consuls tiennent à lad. ville et vicomté en noble fief ou rural relevant de sa Maj^{té}, communs des Oldebalz, Chazelles et de plusieurs autres paroisses dudit Murat. 1477, 27 juillet.

---

[1] Permission de lever l'entrée du vin pour 10 ans. La requête des consuls y manque et serait fort nécessaire (note ancienne).

Et quittance de 35 l. attachée au pied pour raison dud. dénombrement : pour l'amortissement des communaux et cens de la ville, qui se montait en argent 9 l. 5 s. 1 d. dus à la ville par 64 tenanciers et ce outre les tables et boutiques de la boucherie et du poids, qui y était pour lors.

1489. — Hommage rendu par les consuls de Murat à noble Philibert de la Platière, seigneur de Bordes, comme procureur de Mʳ Pierre de Bourbon et Anne de France, avec confirmation de leurs privilèges, au moyen de l'acquisition par lesdits seigneurs faite de la vicomté de Murat, Carlat, Turlande, Vigouroux, Melet, Châteauneuf, Vedrines, Muret, Crouvières et Mur de Barrès, de puissant prince Jean d'Armagnac. 1489.

Pour la Garde du Château et Ville.

Procès d'entre la ville de Murat et le vicomte, à cause de la bâtisse et édification des murailles d'icelle, que les consuls seront tenus, le jour de leur création, porter les clefs aud. Sʳ ; prêter serment de fidélité ; fassent garde au château dudit Murat, en fassent faire à la ville aux habitants d'icelle. Et les rebelles condamnés à l'amende de v s. ou corporelles ; fassent pourvoir lesdits habitants d'armes pour la défense des ennemis. 1361, 1364 et 1365.

1373. — Autre titre par lequel est porté l'accord fait entre Pons de Cardalhac et les consuls de Murat par lequel les habitants des Holdebalz, des Falcilhoux et des Barres, hors des murs de ladite ville, seront tenus faire garde aussi bien que les autres habitants d'icelle. Où aussi est limité le lieu des fossés qui se firent et des portes de bois pour la fortification de la ville, avec leurs paulx, barrevez, à la charge que lesdits consuls étaient tenus payer audit Sʳ vicomte vi^{xx} l. à cause de certains privilèges qu'il leur avait octroyés. 1373.

1373. — Confirmation des privilèges de la ville de Murat faite par Pons, vicomte, en langue vulgaire, où les Oldebatz, Faucilhoux et les Barres hors de Murat sont tenus au guet et garde de lad. ville.

Et pour la fortification de ladite ville, les consuls pourront prendre du bois de chambeyrol, pierres et autres choses y nécessaires. Les consuls seront tenus asseoir cens aud. vicomte des choses par eux acquises ; ladite ville, comme les autres de la vicomté, tenues au guet et garde dudit château. 1373.

1414. — Autre confirmation y attachée des privilèges faite par Bernard, vicomte. 1414.

1490. — Autre confirmation desdits privilèges encore attachés faite par le Sr de Bordes, au nom et comme procureur du duc de Bourbon, vicomte, après que les consuls eurent rendu hommage audit seigneur. 1490.

1373. — Titres de la confirmation faite par Pons de Cardalhac des privilèges anciennement donnés aux consuls de Murat, étant en langue vulgaire, par lequel est dit que les habitants des Barres et dehors les murs les habitants des Oldebatz et du lieu de Faucilhoux seront tenus au guet et garde de la ville comme les autres habitants d'icelle et faire garder chaque nuit, savoir deux au portail de Massabeau, autres à l'*eschafie* de Gérauld Dagumontel dedans les murs de la ville, autres deux à la tour de la muraille appelée d'Hugues *Esteve* et autres deux au portail de la *Vergne* de la maison de Parrot de la *Vergne*. Et si les Anglais étaient à trois lieues de Murat, le sieur vicomte contraindra les susnommés à lad. garde. Le premier privilège donné en langue vulgaire l'an 1373.

    Un second confirmant le premier en l'an 1414.

    Le troisième confirmant le second en l'an 1490.

    Et le quatrième confirmant le troisième en l'an 1502.

1515. — Acte d'appel octroyé à Louis Brunenchon, Jean Malras et Pierre Grenier, consuls de Murat, touchant l'entérinement de certaines lettres royaux obtenues par Madame Anne de France, duchesse de Bourbon et d'Auvergne et vicomtesse de Carlat et Murat, pour le droit du guet que lad. dame disait lui être dû des habitants de Murat, depuis le décès de feu M. le duc Pierre de Bourbon. 1515.

1515. — Lettres royaux obtenues de Sa M^te, par les consuls et habitants de Murat tendant à ce qu'il soit enjoint aux juges du siège de Vic de ne rien attenter ni innover contre et au préjudice de ses ordonnances, touchant le droit du guet que Madame la vicomtesse de Murat prétendait. Cet ajournement fait audit juge de Vic. 1515.

1518. — Transaction faite entre Madame la Duchesse d'Auvergne et de Bourbonnais d'une part et les consuls de Murat d'autre, pour raison du guet du château de la ville. Qu'en temps de paix ils ne seront tenus faire aucune garde tant au château que ville de Murat, en payant au cap^ne dudit château xx l. pour lad. garde de paix et, en temps d'éminents dangers et péril, la feront audit château et ville. 1518.

Pour le Droit d'entrée.

1362. — Un privilège concédé par Jean, duc de Berry, aux consuls et habitants dud. Murat de lever et exiger pour chaque pichier de vin se vendant à la ville et faubourgs d'icelle, 1 d. ; pour toutes les autres marchandises, pour chaque livre vi d. 1362.

Privilège de pouvoir lever et exiger 1 d. pour chaque pichier de vin et iiii d. pour les autres marchandises que se vendront à Murat et à ses appartenances, à la charge de payer au vicomte tant que la ville jouira dud. privilège, xxv florins. 1362.

Privilège de pouvoir lever et exiger de chacun pichier de vin qui se vendra à Murat et faubourgs d'icelle, 1 d. et iiii d. pour livre des autres marchandises. 1362.

1360. — Privilège octroyé aux consuls de lever de chaque pichier de vin qui se vendra 1 d., et pour les autres marchandises, iiii d. pour livre. Et ce pour la réparation de la ville, ruinée et brûlée par les Anglais et plusieurs prisonniers par eux prins. 1358.

(Octroyé par Jean, duc de Berry, gouverneur d'Auvergne. La reddition de compte est de l'an 1360).

1362. — Privilège octroyé aux consuls de Murat de pouvoir lever et exiger iiii d. pour livre des marchandises et 1 d. pour carte de vin qui se vendra à Murat. Ledit droit et privilège attribué pour la fortification de lad. ville à la charge de payer xx florins d'or. 1362.

1365. — Privilège donné aux consuls de Murat de pouvoir lever et exiger de chaque pichier de vin se vendant audit Murat, ii d. ; et pour les autres marchandises, vi d. pour livre. 1365.

1465. — Privilège octroyé par le duc de Nemours aux consuls de Murat de lever ii s. pour chaque charge de vin entrant en lad. ville. 1465.

1467. — Confirmation dudit privilège ci attaché dud. vicomte pour led. droit de ii s. pour chaque charge de vin. 1467.

1475. — Privilège de pouvoir lever et exiger ii s. pour chaque charge de vin passant et entrant en lad. ville et faubourgs de Murat pour la réparation de lad. ville et autres affaires d'icelle. 1475.

1475-1485. — Deux privilèges attachés donnés par Jacques et Jean de Nemours, vicomte de Murat, aux consuls dudit Murat, de pouvoir lever et exiger pour chaque charge de vin qui entrera en la ville et faubourgs d'icelle, ii s., et ce pour la réparation de lad. ville et autres affaires d'icelle et non autrement. 1475 et 1485.

1486. — Titre de l'entrée du vin donné par les sieurs vicomtes aux consuls de Murat de ii s. par charge de vin, pour la réparation de la ville et en rendront compte en présence des habitants de lad. ville ou partie d'iceux. 1486.

1487. — Pour l'entrée de chaque charge de vin de ii s. donnée aux consuls de Murat, à la charge de rendre compte en présence des habitants dud. Murat ou de partie deniers. 1487.

1488. — Droit octroyé aux consuls de Murat de lever et exiger pour chaque charge de vin ii s. 1488.

1495. — Permission donnée aux consuls de Murat par puissant prince Pierre, duc de Bourbonnais et d'Auvergne, vicomte de

Carlat et Murat, de pouvoir lever et exiger, pendant dix ans continuels, II s. t. pour chaque charge de vin entrant ou se vendant dans lad. ville, faubourgs et appartenances d'icelle. 1495.

1506. — Privilège donné à Murat de lever et exiger de chaque charge de vin passant et entrant II s. employés à la réparation de lad. ville et autres aff. d'icelle. 1506.

1507. — Privilège de lever et exiger de chaque charge de vin entrant et se vendant en lad. ville de Murat et ses appartenances, la somme de II s. Et ce pour v ans. 1507.

1626. — Lettres d'exemption de gens de guerre pour la ville et faubourg de Murat, par le roi Louis 13e, en considération de la Reine, sa mère, où ledit roy prend Murat sous sa protection et sauvegarde. 9e 10bre 1626.

Avec une quittance de 102 l. faite par l'élu Teillard pour son voyage de Paris, et de la somme de 4 pistoles d'Espagne pour l'obtention desd. lettres.

1515. — Procédure et contestation faites par le bailli du Duché d'Auvergne (à la requête du procureur général de Murat) contre les consuls de Murat de ce qu'ils avaient obtenu (l'entérinement des lettres d'octroi) de Sa Maté, sans permission de Madame la vicomtesse, de pouvoir lever de chaque charge de vin II s. 1515 et 5e mars.

(Les consuls se sont portés pour appelants, attendu qu'ils n'étaient pas obligés de reconnaître led. bailli).

Pour la Régence et Prébende préceptorale

1473. — Deux permissions attachées ensemble données, l'une par les consuls et Me Guill. Traverse, faisant pour Mr de Nemours à Me Denys pour obtenir les écoles. 1473.

Et l'autre donnée par lesdits consuls à M. Gaspard Vernhe pour tenir les écoles de la ville. 1509.

Lettre de Jacques, comte de La Marche, aux consuls de Murat, les priant de donner les écoles de Murat à Me Jehan Dubin. Le 5e février, signé : Jacques et Hutin. (Note ancienne).

1526. — Certaine prise de possession faite par Bernard Blancher, élève natif et habitant de Murat, de certaines chanoinies et prébendes, à lui conférées par le cap^ne, de l'église collégiale N. Dame dud. Murat comme vacante entre les mains d'icelui que jadis tenait et jouissait M^er Christophe Delarbre. 1526.

1575. — Contrat d'accord fait entre Mrs du Chapitre et les consuls de Murat, où est dit que pour le regard de la prébende préceptorale, lesd. consuls et précepteurs ne seront tenus faire aucun office divin, ains de prendre le revenu d'icelle comme un des aucunes chanoinies. 1575.

1611. — Confirmation faite par le Roi et son lieutenant de Paris de l'accord fait entre le Chapitre de Murat et les consuls de lad. ville touchant la prébende préceptorale étant dans certaines boîtes de fer blanc. 1611.

Pour les Communs de Murat et Albepierre

Quatre grands rouleaux de papiers concernant les procès mus et intentés par les consuls de Murat contre le consulat d'Albepierre touchant certains communs appelés de Vernines, où par l'un d'iceux il est dit que les habitants et consulat d'Albepierre n'empêchent les habitants dudit Murat de pâturer avec leur bétail les communs de Vernines.

Certains arrêts obtenus de la Cour du Parlement de Paris contre lesd. consuls à ce qu'ils fussent maintenus en la jouissance des choses contentieuses entre parties. Liés avec lesdits quatre rouleaux des années 1525, 1526 et 1527.

1528. — Procédure faite entre les consuls dud. Murat et Albepierre, par laquelle est dit que les habitants dud. Murat peuvent faire dépaître leur bétail depuis la rivière d'Avayne à l'Olme grand *alias* del bac Soubra et de là à fil droit jusques aux Cunes et desdites roches jusques à une pierre tirant à fil droit d'icelle jusques à la S^rie de Bredons, étant permis auxd. consuls et autres d'Albepierre et Mollèdes, Feniers, Lyssardz, au bac Soubra et Cunes de pouvoir prendre bétail étranger en leurs autres Cunes et Bac Soubra, si bon leur semble ; étant aussi loisible aux consuls et habitants de Murat de prendre des bois desdits mèzes de la Baraghade et bac Soubra et de faire paître leurs bêtes en portant du bois dans les communs d'Albepierre. 1528.

(Après beaucoup de procédure faite entre les habitants d'Albepierre et de Murat, il fut donné un arrêt au Parlement (du 12 août 1527) du consentement des parties par lequel les choses contentieuses seraient mises au regard et avis de Me Jehan Bonnille, lieutenant particulier de Monseigneur[1], lequel, de l'avis et médiation de Claude de Massebeau et de noble Charles Juliac, écuyer, seigneur de Chambeul, il fut réglé que les habitants d'Albepierre et de la Molède jouiraient par indivis des communs francs depuis Allagnon jusques au coudert de l'Orme grand au bac Soubra inclusivement, jusques au pré de Jean de Laneffe de Murat, appelé de Lochiv, icelui exclus, et de jouir les communs du côté de Barraghède, de Vernines, et jusques aux rochers de Cunes ; pareillement aussi du côté du bac à le prendre à moitié dud. coudert où serait mis une borne et une croix tirant à droit fil vers Bredons en traversant de bas en haut les terres du bac Soubra et Soubra audit Bredons et du côté de la Barragède et côtes de Vernines, du haut en bas aussi à droit fil jusques à Labre et roches de Cunes, le terroir de Cunes exclus, qui est en particulier à Albepierre comme le pascher du bac et Cunes au sieur Noël Auzols et Chalmes et le restant audit Aubepierre, et ce qui est du côté de Murat par indivis, sans pouvoir y faire lissart ni mettre bétail étranger. Et les habitants de Murat pourront prendre du bois dans les bois qui sont depuis Allagnon, Albepierre, Cantal et Colhegède, excepté dans les lissarts des habitants d'Albepierre, même aux Cunes, sans préjudicier aux habitants de Murat de la jouissance de prendre des pierres aux carrières de Cunes ; et les parties se départirent de leurs droits et actions respectives et constituèrent des procureurs pour faire autoriser la transaction au Parlement.

---

1 Louise de Savoye, mère du Roi, duchesse d'Angoumois, d'Anjou et de Bourbonnais, vicomtesse de Carlat et de Murat.

Ledit accord du 8ᵉ mai 1528, fait en prieuré de Bredons, en présence de Raymond Pelisson et de Jean Coutil, avocats au bailliage de Montferrand.

Pour les autres communs de lad. ville, pouvoir de vendre les secondes herbes du Breul et autres communs, y mettre cens et des tables de la place et tabliées.

1320. — Titre par lequel est dit que Begon, vicomte de Murat, demandait à Pierre Julhien, Durand de Palhers et à Jean Deltrieu, consuls de Murat, que lorsqu'il serait saisi à la requête du roy, ils fussent tenus lui payer L livres ; lui faire aussi annuellement bohades où bon lui semblerait et par après, du consentement dud. Sʳ et consuls, fut prononcé par Bertrand de Vergne, juge, que lesd. consuls et habitants ne seraient tenus auxdites L livres, ou serait que ledit Sʳ fut prins de l'ennemi et qu'on ne lui ferait qu'une bohade l'an, pour porter son vin ou autres choses et que la bête doit être suivie de son maître aux dépens dudit Sʳ, retourner le même jour, et non pour chevaucher, et que le Sʳ sera tenu, voulant jouir desdits privilèges et immunités de ses prédécesseurs aux habitants et confirmés par son supérieur et que tous ce qui se trouve prins dud. Murat desd. communs y doit retourner comme le champ de Pierre Albuges près la Condamine et la rivière d'Allagnon et le pré de Pierre Boissy, près de Giou. 1320.

1357. — Privilèges que les consuls de Murat ont de pouvoir bailler assence ou à nouveaux cens les communs de lad. ville, et par un contrat baillèrent les terroirs de Las Gouttas à XL s. ; le commun appelé le champ d'Albuges de la Condamine à XVI s. ; le commun de Roux à XXV s. ; le coudert du pont de Bredons à L s. Le coudert des Molles, du coudert des Oldebalz à autres L s. de rente annuelle. 1357.

1357. — Donation faite aux consuls et habitants de Murat par Begon, vicomte de Murat, des terres d'un terroir de Las Goutas y amplement limitées ; d'autre terre herme située au terroir et commun des Holdebalz, confrontée d'autre terre herme située au terroir du pont de Bredons, du côté de la croix de Bredons, limitée et confrontée d'une terre herme anciennement appelée Albuges, située au chef de la Condamine, joignant certaine rase arrosant le pré de Bailes du midi et avec le Rif situé entre led. coudert et le pré de l'hospital, de bise, montant jusque au chef de la rase vers le pont, laquelle terre demeure audit pré de l'hôpital de Murat ; et d'autre terre herme située au terroir de la Malladia, d'une terre herme au terroir du Royghi, avec puissance de les vendre et aliéner et imposer cens et rentes comme bon semblera ; vendre les revivres et secondes herbes de tous les prés du Breul et du pré de Guill. et Antoine Charrade, se réservant le droit de vestir et désinvestir.

Ladite donation ainsi faite suivant la requête qu'en avait été faite par Guillaume Chastang, Durand Boyer et Pierre Dagumontel, consuls, audit Begon, vicomte, à cause de la pauvreté de la ville et du feu qui avait brûlé icelle par le ravage des Anglais. 1357.

1366. — Confirmation de la vente faite aux consuls de Murat du commun de Las Gouttas, du coudert des Oldebalz, du coudert du pont de Bredons, d'autre anciennement appelé Dalbuges, au chef de la Condamine, d'autre au terroir de la Mallaudia, par certain vicomte. Ladite confirmation faite par Jean, fils du roy, moyennant xxxv florins payables à une fois seulement. 1366. (Et ce cause de l'amortissement desdits fonds).

1366. — Confirmation des privilèges y attachés moyennant la somme de x livres payables au vicomte. 1366.

1374. — Les consuls peuvent faire abattre et démolir les tabliers qui sont nouvellement bâtis et faits devant certaines boutiques de Mre Jean Dutrief, si la ville en est incommodée. 1374.

1398. — Accord entre les consuls de Murat et M^r le vicomte, où est dit que de certaines places baillées par led. vicomte à certain Faucilhon pour faire maison, icelle étant ruinée, ne s'y peut faire jardins et champs, ains seulement autres maisons ou bien joindre icelle aux communs de lad. ville. 1378.

1400. — Accord fait entre Pons, vicomte de Murat, et les consuls de Murat, où est dit que led. vicomte, ayant dressé seize tables à la place publique de Murat, en fut empêché par les consuls et par après le vicomte permit auxd. consuls d'en dresser autant que bon leur semblerait à leur place, à la charge de lui en payer pour tout son droit cix livres pour une fois et la rente de ii s. annuellement. Avec toute justice, droit de vestir et de désinvestir, avec puissance auxd. consuls de les pouvoir louer, assencer ou vendre, comme ils verront bon être à faire. Ledit accord et acte d'investizion faits en présence de noble et religieux Guillaume de Cardalhac, prieur de Bredons, Jean Diane, Astorg, de Cheylat et Rigual Degorses. 1400.

Chazelles

1458. — Transaction faite entre Guillaume Clavières, Gadot, Jean Noyegres, consuls, et autres habitants de la ville de Murat et Géraud Prunes, à cause de l'indue occupation faite de certains communs et de faire porter secondes herbes à un sien pré, par laquelle transaction il est tenu annuellement de payer aux consuls de ladite ville trois livres. 1458.

1458. — Accord fait entre les consuls et certains habitants de Chazelles, où est dit que led. de Chazelles fera chemin large de quatre brasses, qu'une paire de bœufs charriant y puisse passer pour aller pâturer la côte Chabade et de Bossarauld pour aller aux bois de Diane. Le chemin sera près la Granche située à Chazelles qu'est de Gérauld Prunes du côté del Mesniel, et sera tenu d'entretenir ledit chemin. 1458.

1491. — Certaine place baillée à nouvelle investizion par les consuls de Murat à Jacques Peschau de longueur et largeur de la boutique des héritiers de feu Pierre Coste, au cens annuel payable annuellement à la St-André de v s., ladite place située à la rue du Mazel. 1491.

1523. — Permission donnée par le duc de Bourbon, connétable de France, aux consuls de Murat, pour vingt ans, de vendre la revivre du Breul, les premières et secondes herbes des couderts de la Coste et de la Vergne, pouvoir créer et élire les consuls à la St-Michel, tenus de rendre compte des deniers en provenant aux habitants de la ville, et d'élire dix conseillers pour assister au département des deniers royaux. 1523.

1504. — Appointement donné entre les consuls de Murat et Mre Jean Chastel à ce que lesd. consuls eussent à prendre la cause de certains habitants et tenanciers de quelques jardins non spécifiés et nommés, duquel lesd. S^rs consuls ont appelé. 1504.

Jarrousses

1516. — Sentence donnée par le juge de Murat en faveur des consuls dudit Murat contre Jean Sally, Pallot, de Quercy, pour avoir fait pasturer 300 bêtes à laine au commun de la ville appelé de Font-Roze, avec l'amende de xlv doubles, lx s. au procureur et envers lesd. consuls aux dépens et frais dud. procès. 1516.

1517. — Acte d'appel de certaine information que Jean Servoil, sergent, voulait faire contre les consuls de Murat suivant les lettres de commission qu'il en avait, à la requête du sieur de Jarrousses, touchant certain excès par le S^r contre les consuls prétendus. 1517.

1517. — Accord d'entre le sieur de Jarrousses et les consuls de Murat par lequel est dit que les consuls quittent la jouissance des communs de Las Barthes, Baufetz et Jarrousses qu'ils prétendaient avoir aud. Sr de Jarrousses, moyennant la somme de lx s. de rente annuelle, rachetable, pour laquelle payer se sont obligés par ces présentes, M^er Jean Le Grand, chanoine, et Mes Guillaume Deslandes, notaire, jusqu'au jour du rachat, ensemble la copie dudit accord en papier ci-attaché, dudit an 1517.

1539. — Délibératoire de la ville de Murat par lequel est dit que l'on pourra défendre et fermer les prés le premier jour d'avril, prendre et faire estimer le dommage du bétail y entrant ; qu'il ne sera loisible aux forains venant à Murat les foires et marchés, de pâturer dans le pâturage appelé Lou Croze de la Vergne et prés fermés. Et que les consuls seront tenus y mettre Gastiers que prennent *serment* pardevant lesd. S^rs consuls pour y prendre garde et que tout ce que se trouvera être occupé des communs sera remis au premier état. 1539.

1527. — Acte de condamnation contre Jacme Roux de Faufoulhoux pour son bétail pris dans les communs de la ville, de Dra, de vers le pêchier de Dondes. 1527.

Pour M^r d'Anterroche et la Ville.

Liasse où il y a trois pièces en papier, l'avis du Conseil sur les affaires que la ville avait avec M^r d'Anterroche.

Copie de la reconnaissance faite au roy par le S^r d'Anterroche de certains héritages qui sont de la ville au domaine d'Anterroche. 1545.

Copie du contrat de rente fait par la ville des secondes herbes du pré appelé Prat-Grand, appartenant au S^r d'Anterroche pour servir aux consuls de la ville. Le tout lié ensemble.

Pour les communs de Massabeau, de Johaniel, Brametourte et autres communs de la ville, ensemble l'anoblissement de Massabeau.

La procédure de l'anoblissement prétendu par Jean de Chaumeil, soi-disant noble, ayant frappé Jean Brunenchon, consul de Murat, le faisant gager d'une pièce de toile et surlict qui étaient dans la maison dud. Chaumeil à Massabeau, étant liées ensemble autres pièces touchant l'anoblissement et exemption de sa taille. 1487, 1488, 1490.

1502. — Certains actes pour les consuls dud. Murat contre

Guilhot Chaumeil, touchant le coudert del Johaniel près Massabeau. 1502.

1513. — Procédure faite par le juge de Murat de certaine saisie de bétail étranger trouvé au champ appelé Brametourte, de noble Jean Chaumeil de Massabeau, où est dit de la part desd. consuls qu'il n'était loisible audit S^r de tenir bétail étranger aux francs et communs de lad. ville, ains du sien propre tant qu'il voudrait et non d'autre. Amende de x livres et appel desd. consuls sur toutes les défenses dud. Sr Chaumeil. 1513.

1513. — Objections d'incompétence faites par le procureur desd. consuls de Murat au bailli du duché d'Auvergne à Aurillac, touchant l'entérinement de certaines lettres qui avaient été obtenues par noble Jean de Chaumeil, s^r de Massabeau, pour la saisie du bétail que lesd. consuls avaient pris de Jean Balmelhe, de Quercy, et appel sur led. entérinement comme ne connaissant en rien led. bailli du duché, ains le juge de Murat. 1513.

1513. — Lettres royaulx et autres lettres et actes faits entre les consuls de Murat et noble Jean de Chaumeil, s^r de Massabeau. 1513.

1513. — Le procès de Bramatourte pour les consuls de Murat contre noble Jean Chaumeil, s^r de Massabeau, ne pouvant tenir bétail étranger pour l'estiver et faire herbacée aux francs et communs de lad. ville de Murat. 1513.

1515. — Accord fait entre les consuls de Murat et noble Jean Chaumel, s^r de Massabeau, du bétail pris au champ de Brametourte par lesd. consuls comme étant étranger et n'y pouvant estiver, ains seulement celui dud. S^r et quittance de l'amende qu'il prétendait lui être due par lesd. consuls à raison de lad. saisie. 1515.

1515. — Accord fait par les consuls, manants et habitants de la ville de Murat, avec noble homme Jean Chaumel, écuyer, s^r de Massabeau, à cause de 1,500 bêtes à laine qu'ils avaient prises de Jean Balmette, de Quercy, pour les faire pacager aux communs de lad. ville de Murat, ce que n'était aucunement permis faire, suivant les anciens privilèges de lad. ville. 1515.

Les Consuls peuvent eslargir les prisonniers prins les jours de foire et marchés.

Quatre actes d'élargissement de prisonniers faits à la requête des consuls de Murat, à cause de leurs privilèges de certains constitués prisonniers venant au marché du vendredi ; d'autres portant vendre d'oignons et d'autres par dettes au château de Murat et Bredons, où est dit qu'ils ont pouvoir suivant lesd. privilèges de faire élargir prisonniers prins les jours de foire et marché. 1357, 1491, 1495 et 1501.

1490. — Permission du duc Pierre de Bourbon, duc d'Auvergne, vicomte de Carlat et de Murat, et ordonnance que la Cour du bailliage d'Andelat, du duché des Montagnes d'Auvergne, se tiendrait à la ville de Murat, à la charge qu'aucun des habitants dud. Murat et de lad. vicomté ne serait tenu répondre pardevant ledit juge et que les sergens dudit siège ne pourront exploiter et faire aucun acte de justice dans lad. ville et vicomté, voire même sur et contre les étrangers venant aux foires et marchés de lad. ville. Ledit siège exercé aud. Murat comme place (enpromptie) avec la confirmation des privilèges anciennement donnés à lad. ville et entre autres que c'est auxdits consuls de pouvoir faire élargir les prisonniers civils pris les jours de foire et marché, sans que le juge en puisse prendre aucune connaissance. 1490.

L'Hôtel-Dieu

Liasse où sont toutes les rentes constituées dues à l'Hôtel-Dieu dud. Murat en diverses années : 1558, 1559, 1571 ; autre aussi 1571, plus 1571, plus 1571, 1573 ; plus 1573, 1573, 1578 ; plus 1573 ; autres trois dudit an 1573. Autre de l'an 1578, autre de l'an 1599. Ensemble la copie du testament de feu Jean Andrieu Poulardon ; tous les droits des susdits contrats à présent appartenant aud. Hôtel-Dieu, duquel les consuls dud. Murat ont le droit à eux octroyé par les vicomtes dud. Murat.

Copie des leguatz faits à l'Hôtel-Dieu par feu Sr Pierre la Roque (1574) et demoiselle Jeanne de la Gorsse, veuve de feu noble François d'Anterroche. 1594. Et 1597. Liés avec les autres contrats appartenant audit Hôtel-Dieu.

Divers dons faits à Murat

Icy sont les dons et exemptions des charges et subsides donnés à Murat par divers vicomtes en diverses années pendant et durant la réédification de lad. ville, après que les Anglais l'eurent brûlée et ruinée. 1359 et autres.

1358. — (Janvier 1358, par Jean duc de Berry, gouverneur du Languedoc et d'Auvergne).

Lettres royaulx obtenues du roi Charles par les consuls de Murat pour se libérer de la somme de iii^c francz d'or à laquelle ils étaient tenus et obligés pour le vicomte de Murat, à plusieurs particuliers qui les leur avaient fait quittancer entre leurs mains, à cause de certain accord entre eux fait (1368, 12 juin) par ordre du procureur général de S. Majesté pour l'amortissement des fonds occupés à faire les murailles de la ville.

1413. — Donation faite aux consuls de Murat par Bernard, comte d'Armagnac, de tous les biens meubles et immeubles qu'avaient été confisqués et acquis aud. vicomte par la rébellion de certains habitants dudit Murat. 1413, 20 août.

Plus confirmée par le même Jehan, comte d'Armagnac. 1421, 29 mai, donnée à Lectoure à cause que Jean Brunenchon s'était rendu maître des biens qui avaient été confisqués sur lui.

Et par après aussi d'autre Bernard d'Armanhac (1428, 18 décembre, donné au château de Murat).

Obligations et Quittances
et pouvoir d'élire Procureur en Justice

Liasse de papiers où il y a diverses obligations et promesses de diverses parties dues à la ville ; quittances tant des régents, prédicateurs, horlogiers, hospitaliers que autres et un inventaire des obligations rendues par Eymeric. Le tout coté en diverses années.

Certaines liasses de certaines quittances et procurations de ladite ville que autres concernant les affaires d'icelle en diverses années.

1366. — Licence donnée aux habitants de Murat de pouvoir élire et nommer procureur ou procureurs pour la défense de leurs causes donnée par Guillaume de Villebeuf, chevalier, bailli des Montagnes d'Auvergne (1366), à cause du procès qui était entre la ville et le vicomte pour raison de la clôture de la ville.

Ordonnance donnée par Guill. de Villebeuf, bailli des monts d'Auvergne, donnant pouvoir aux consuls d'obliger et contraindre les habitants à fortifier le château de peur que s'il venait à être pris par Marquès (*sic*) d'Escorailles, qui depuis peu avait ruiné la ville, ou même par les Anglais, il ne s'ensuivît la ruine totale du pays, à cause de l'importance de la place et afin que les habitants, au temps de péril, s'y pussent réfugier. 1369.

Des deux Sergents nommés par les Consuls

1359. — Les habitants de la ville de Murat ne doivent reconnaître que les deux sergents qui seront nommés une fois par le bailli des montagnes d'Auvergne, par concession du duc de Berry. 1359.

Acte par lequel est dit que les habitants de Murat ne peuvent et ne doivent reconnaître en aucune façon, soit en exploitant ou autrement les exploits et actes, des sergents que ne seront que deux y nommés, et qu'ils ne seront émandables étant rebelles et désobéissants aux autres. Et ce suivant les anciens privilèges, nonobstant la plainte qu'en avait été faite par le procureur général dud. s^r vicomte. 1466.

Privilège aux Consuls de pouvoir nommer deux sergents, n'étant lad. ville tenue de reconnaître autres sergents que lesd. nommés; permis d'ôter les gages étant exécutés d'autres, ou serait pour les deniers du roy et du vicomte; seront lesd. sergents tenus de servir par semaine en l'absence l'un de l'autre. 1477.

Prix Faits pour la réédification de la Ville

1372. — Deux prix faits atachés ensemble pour faire bâtir la muraille de lad. ville, depuis le haut de la maison de Jean Jory jusques au haut de l'église de Murat du côté de la maison de Armand del Pelit. 1372.

1371. — Autre pour faire les fossés de lad. ville de la largeur de cinq *caves* et de la hauteur de trois *caves* pour pouvoir faire pont levis aux portes et forteresses. 1371.

Pouvoir de faire des fenêtres aux murailles, Exercice de Justice, Mariages, Droit prétendu par le Capitaine du Château.

1493. — Privilège donné à Mᵉ Louys Brunenchon, notaire de Murat, par les consuls de lad. ville de pouvoir faire fenêtre à la muraille à une sienne maison ou chezal qu'il a dernièrement acquis de Mʳˢ les Chanoines, confrontant à la porte de la ville appelée Soutrane, la pouvant fermer du devant afin de ne se dilater, n'y pouvant faire tabliers ni degrés au devant d'icelle au cens annuel de 1 d. payables annuellement à la St-André. 1493.

1460. — Acte passé entre les Consuls et le procureur général du vicomte Pierre de Balsac, sʳ d'Entraigue, où est dit que le capitaine du château de Murat demandait certains dons et présents lui être faits par ceux qui se marieraient et de quelques autres droits. Ce qui fut cause que quelques consuls de Murat, Guillaume Boulaigue, Jean Dagumontel et Antoine Spical, s'opposèrent pour *l'exécution* qu'il en avait faite. Où fut ordonné qu'il ne gagerait ny n'exécuterait personne, qu'il n'en fut autrement ordonné et délibéré. 1460, 21 juin.

Et ce, à l'occasion du mariage d'une fille de Pierre Téilhol et d'une autre fille de Jean Faucilhon qui avait été *exécuté* et ce à cause d'un certain accord passé entre le capitaine et les habitants, dont les consuls appelants prirent le fait et cause.

1516. — Protestation faite par les consuls de Murat contre le procureur de Madame la vicomtesse de Murat de tenir les intérêts et dommages qui leur surviendraient, à cause du peu de justice qu'il exerçait à l'endroit de certains malfacteurs, courants de nuit, commettans excès et faisant congrégations et assemblées illicites. 1516.

Pour les Belluges

1365. — Les Belluges et feux de Murat réduits de iiiˣˣ xvii et ordonné qu'il ne pourra être cotisé que pour lesd. iiiˣˣ xvii en égard à la pauvreté d'icelle. 1365.

Role des Belluges perdu comme aussi des chefs des maisons qui sont trépassés sans laisser d'héritiers depuis le..... du sʳ de Nemours. Signé : Vitalis.

Et certaine consultation touchant le département des deniers royaulx non signé et liés par ensemble.

Pour l'administration des Saints Sacrements à Saint-Martin Aumosne de Bredons et de Notre-Dame de l'Avent

1497. — La fondation de l'Aumône qui se doit faire par les consuls de Murat à ceux que bon leur semblera élire le jour de la Conception de N.-Dame au devant de la porte de l'église, à l'entrée de la procession s'il y en a, sinon au commencement de la grand'messe au fond de lad. église; pour icelle faire Mᵉʳ François Chalmeil d'Aurillac donna auxd. pauvres la somme de xxxiii s. de rente annuelle à jamais et icelle prendre sur le terroir de la Guilhaumia et de la Bourghade tenu par Estienne Pounhet, de Fraisse. 1497.

Cette aumône se devait distribuer avec des marques de plomb et on donnait aux consuls deux charrettes de bois pour leur peine (note anciénne).

1560. — Requête faite par les consuls de Murat au prieur de Bredons[1] qu'il lui plût permettre que le St Sacrement de l'autel fût administré à gens faibles et vieux par son vicaire perpétuel à St-Martin, annexe de la paroisse et le saint baptême aux petits enfants et entérinement d'icelle au pied, scellée du sceau dud. prieur. 1560.

---

1 Nᵗ de Bosredom.

1612. — Sentence contre M^r le Prieur de Bredons pour l'aumône. 1612.

La Ville de Murat et ses Faubourgs
Commencé en l'an 1550

1600. — Lettre du roi Henri IV aux officiers de Murat leur mandant d'avertir M. de Bresons de soigner mieux qu'il ne faisait à la conservation de Murat. 1600, 29 juillet.

Signé Henry et Potier.

1636. — Lettre du roi Louis XIII adressante aux consuls de Murat pour les prier de fournir des soldats pour s'opposer aux ennemis qui étaient entrés en Picardie. 9 août.

Signé : Louis et Phelipeaux.

1626. — Lettre de M. des Treves, lieutenant du duc de Chevreuse, par laquelle il mande aux consuls de Murat qu'il leur envoie la lettre que la reine écrivit de sa propre main à mons^r le connétable pour le prier de faire déloger de Murat la garnison ; écrit à Nantes, l'an 1626, 19 août. Il mande aussi d'envoyer le s^{ie} de Chaseaux, lieutenant du capitaine de Murat, à M. de Tagenac, son frère, qui était à Valence où était le connétable. Ledit s^{re} de Chaseaux y fut envoyé suivant la quittance des frais de voyage de 68 l. 10 s. du 7e septembre 1626.

Ordonnance de Mr de Lesdiguières, connétable de France, commandant de déloger à la garnison de Gerbolles, comme n'ayant aucun ordre de lui ni du roi de loger dans la vicomté de Murat, et ce sous peine de la vie, et avec ordre aux habitants de Murat de se lever en armes et de les tailler en pièces, s'ils ne veulent déloger. Ladite ordonnance donnée à la requête du s^{re} de Chaseaux, faisant pour le vicomte de Murat. Donné à Valence le 30e août 1626.

Signé : Lesdiguières.

Cette compagnie coûta aux consuls 5.360 l. sans y comprendre l'oppression faite aux particuliers de Murat, d'Albepierre et de Maillargues...; il fut passé à la ville 2.514 l. distribuables sur les lieux voisins du Haut-Auvergne, à cause qu'ils n'avaient resté que six jours à Murat.

Il y a une grande liasse de toutes ces affaires.

1576. — Extrait du délibératoire du pays assemblé à Saint-Flour pour délibérer contre les huguenots, 1576, au mois de décembre, où il fut dit qu'il serait passé à Murat 846 l. pour l'année 1575 à cause de la solde de douze soldats et du capitaine Buisson, qui ont tenu garnison à Murat en septembre, octobre et novembre, et pour l'année 1576. Ils ont été taxés à 100 l. et quant à la somme de 1.048 l. de frais faits par eux en 1569 et des autres frais faits ès années 74, 78 et 80, il leur serait satisfait après la vérification qu'il en serait faite par le secrétaire du pays.

1520. — Inventaire des pièces prises et rendues par Me Andrieu, touchant le procès contre Mr de Noailhes et son aumônier Fourgoux, prêtre, où sont contenus plusieurs titres concernant le droit de patronage des consuls, l'édification de l'église et autres affaires du chapitre.

1° Un titre de l'an 1380, où il appert que les chanoines de Murat doivent être originaires et baptisés à Murat.

2° Un autre de l'an 1419, où il est porté que les consuls de Murat sont patrons de deux canonicats, à la charge par eux de nommer des personnes nées et baptisées à Murat et du moins qui puissent être présants dans l'an.

3° Un autre de l'an 1423, où est une transaction entre les chanoines et les choriers.

4° Un autre de l'an 1429 où est l'abolition des dix choriers et l'augmentation de cinq canonicats, en telle manière qu'il y avait au chapitre quinze chanoines outre les quatre serviteurs, et que deux canonicats seraient au vicomte de Murat, six à l'évêque de Saint-Flour, un au prieur de Bredons, quatre au chapitre de Murat, deux aux consuls de cette ville.

5° Les permissions et visas de neuf chanoines de divers temps; plus une enquête de trente-huit témoins ouïs contre l'évêque de Saint-Flour faisant pour Contrastin de Saint-Flour, où il est dit par les témoins que faut être natif de Murat, pour être chanoine.

Plus un titre de l'an 1350 où est la permission de l'évêque de

Saint-Flour donnée aux consuls de Murat de bâtir et agrandir l'hôpital de N.-D. de Murat.

Plus plusieurs pièces contre les nommés Broh, Contrastin, Fourgoux et autres étrangers prétendant aux canonnicats de Murat.

1489. — Vente et échange des vicomtés de Carlat et de Murat et leurs dépendances contre Lille en Jourdin et autres terres données par Pierre, duc de Bourbon, et Anne de France, sa femme, à MM^{rs} d'Armagnac, Jean, duc de Nemours, et Louis, comte de Guise. 1489.

Ledit échange passé ès présence et du consentement du roy, avec les procurations pour prendre possession de Murat et de Carlat. Le tout en un seul contrat.

Le désordre de la compagnie de M. de Montmoton

1651. — Liasse contenant plusieurs pièces contre M. de Montmoton sur le dégât et le désordre que la compagnie de M. d'Orléans, commandée par M. de Montmoton, capitaine-lieutenant, qui resta à Murat du 21 janvier 1651 jusques au dernier février suivant.

Elle était composée de cent cavaliers effectifs de deux cent trente valets et de deux cent soixante chevaux. On donnait ordinairement 4 l. par jour à chaque cavalier, outre l'ustensile, la dépense et nourriture des chevaux et des valets. Chacun se faisait donner une écharpe et une paire de bottes de deux pistoles pour le droit d'entrée. Outre ce, il fallait encore nourrir souvent les cavaliers. Les autres prenaient de leurs hôtes jusqu'à sept livres par jour. On payait au commandant appelé Dupuy, originaire du Pagon, 48 l. par jour pour 16 payes mortes, outre 20 l. par jour et un sestier avoine qu'il avait pour les places.

Peu de jours après, arriva M. de Montmoton, qui demandait 12 pistoles pour lui par jour. Après plusieurs excès commis, les habitants s'accommodèrent avec M. de Montmoton dans la ville d'Issoire ; ils s'obligèrent à lui bailler 6,000 livres pour lui et il s'obligea de faire venir dans peu de jours le délogement et que jusques au délogement on lui donnerait 12 pistoles par jour. Or, le 24 février, l'ordre arriva par un courrier exprès envoyé par

M͏ʳ des Ternes, gouverneur de Murat, lequel étant signifié au
sieur Dupuy. Il ne voulut partir sans qu'on eût payé les 6,000 livres
et les 12 pistoles par jour qu'on avait promises à M. de Montmoton
pour avoir le délogement. Il en fallut venir là : on lui paya 5,080
livres et une obligation de 1,000 livres ; et pour le sieur Dupuy, il
fallut lui bailler 30 pistoles et 2 ou 3 pistoles à chaque cavalier
pour les obliger à déloger, car ils restèrent trois jours après l'ordre
et on conçoit que la compagnie dépensait quatre cents écus par jour
et que toute la dépense, tant ordinaire qu'extraordinaire, se montait
à plus de 60,000 livres. Les frais ordinaires furent taxés par les
Trésoriers, à Riom, à 28.000 livres, dont il ne fut passé que
5,000 livres sur la taille.

M. des Ternes, ayant au cœur le désordre que M. de Montmoton
avait causé à Murat, eut de grands différends avec lui. Sur quoi,
il fut donné une ordonnance par MM. les maréchaux de France,
portant que les parties n'auraient rien à se demander l'une contre
l'autre et que les frais de ladite compagnie seraient liquidés par les
Trésoriers de France au bureau de Riom, et que ce qui aurait été
pris par dessus le règlement serait restitué par le sieur Dupuy et à
son défaut par M. de Montmoton, sauf son recours sur les montres
ou demi-montres.

Le 10 avril 1651.

Les deux inventaires qui précèdent sont publiés d'après des copies
anciennes contenues en un registre provenant du château du C..., près
Aurillac. Bien que ces copies ne soient point signées, elles présentent
tous les caractères pouvant les faire considérer comme certaines.

L'*Inventaire des titres trouvés entre les mains de Mad. de Beaupréau*,
est d'une écriture du milieu du xviii͏ᵉ siècle. Le précédent possesseur de
ce document a ajouté une note finale que nous avons reproduite inté-
gralement.

L'*Inventaire des titres et privilèges de la ville de Murat* est d'une
écriture plus ancienne : du commencement du xvii͏ᵉ siècle. Chaque article
est accompagné d'un sommaire, en note marginale, que nous n'avons
pas cru devoir reproduire. Mais il se trouve aussi, d'une écriture plus

récente, des rectifications ou des indications complémentaires, tantôt
sous forme de note, tantôt sous forme de modification au texte primitif
qui a été raturé et remplacé par un texte plus complet. Nous avons
conservé ces notes anciennes, et, partout où les modifications introduites
par l'ancien possesseur fournissent des renseignements que ne comprenait
pas la rédaction originaire, nous avons suivi ces indications.

Evidemment tout n'est pas nouveau dans ce que présentent ces inventaires ; mais, dans le second surtout, on relève de nombreuses particularités qui sont restées inconnues au savant auteur de l'article : *Murat,*
dans le *Dictionnaire statistique du département du Cantal.*

Quant aux indications de documents déjà connus, la parfaite concor-
dance de ces indications avec les renseignements puisés ailleurs, nous
donne une confiance absolue en toutes les parties de notre manuscrit qui
ne se trouvent que là.

C'est pour ce motif que nous avons reproduit ces inventaires dans leur
intégralité, n'y faisant que de très rares rectifications de forme ou d'orthographe, uniquement lorsque nous avons été en présence de fautes provenant du copiste.

Le recueil comprend plusieurs autres pièces. C'est d'abord le texte
latin (copie ancienne non signée) de la transaction entre Henry, comte
de Rodez et vicomte de Carlat d'une part, et Guillaume, vicomte de.
Murat, du lundi après le premier juin 1285, document important dont
voici l'analyse :

Transaction entre Henri, comte de Rodez, et Guillaume, vicomte de Murat.

Vidimus, donné par l'official de Clermont de la part du Chapitre
le siège vacant, de lettres portant les sceaux de nobles et vénérables
hommes Beraud de Mercœur, Astorg d'Aurillac, Gilbert, seigneur
de Pierrefort, chevaliers, du comte de Rodez et du vicomte de
Murat, lesdites lettres contenant ce qui suit : Noble homme Guillaume, vicomte de Murat, ayant reconnu tenir en fief de noble
homme Henry, par la grâce de Dieu comte de Rodez, la vicomté de
Murat avec ses droits et appartenances (excepté toutefois ce qui est

mouvant d'autres seigneurs), savoir : le château de Murat, *lo vis-comtat* [1], les châteaux de Vigouroux et d'Albepierre et de la Bastide, avec leurs appartenances qui seront énumérées plus loin, et ayant fait hommage pour ces seigneuries, comme des questions étaient agitées ou allaient s'agiter entre le comte et le vicomte, tant au sujet des revenus de ces seigneuries que pour autres sujets pour lesquels les prédécesseurs du vicomte avaient longtemps réclamé auprès des prédécesseurs du comte, les deux parties ont choisi comme arbitres amiables compositeurs « *tanquam in arbitros arbitratores seu amicabiles compositores,* » Beraud, seigneur de Mercœur, Astorg d'Aurillac et Gilbert, seigneur de Pierrefort, chevaliers, sous peine de mille marcs d'argent (à payer par la partie qui n'exécuterait point la sentence), pour laquelle chose ont été constitués garants et cautions, pour le comte : nobles hommes Henri de Benevent, Gilbert de Marsenac et Guy de Tesseyres (de *Taxeriis*), chevaliers, et maîtres Pierre Brun et Géraud Achon ; et pour le vicomte : nobles hommes Itier de Brezon, chevalier ; Aymeric de Montal, Amblard de Dienne et Guillaume de Châteauneuf, damoiseaux. Les arbitres ont les pouvoirs les plus étendus pour s'informer et prononcer, soit en observant, soit en n'observant pas les formes du droit « *juris servata solemnitate vel non, vel in parte servata et in parte non servata* ». Le compromis contient en outre les engagements des parties d'exécuter la sentence, nonobstant tous privilèges auxquels ils renoncent, même au privilège de croisé « *privilegio crucis assumptæ vel assumendæ* ». En conséquence, les arbitres, après avoir accepté la mission, après avoir conféré avec les parties et avec des personnes habiles en droit, ont rendu leur sentence comme suit :

Le vicomte reconnaîtra, par hommage et serment de fidélité, qu'il tient du comte, en fief, la vicomté de Murat et, à cause de la vicomté, le château de Murat et les autres châteaux sus-nommés, qui seront rendus comme il suit : à chaque changement de suzerain ou de vassal, le comte, personnellement ou par mandataire, pourra requérir qu'un de ces châteaux lui soit rendu en hommage ; après l'avoir remis au vicomte, il pourra requérir qu'un autre château lui soit rendu, et, celui-ci remis, il sera fait de même des autres succes-

---

1 *Sic* dans le texte latin.

sivement ; le vicomte rendra les châteaux de Vigouroux, la Bastide et Albepierre, vides et libres de sa famille et de qui que ce soit autre ; mais le château de Murat sera rendu avec les gens, la femme du vicomte, les serviteurs et la famille qui s'y trouvaient.

La tour qui existe et les tours qui pourront être édifiées seront rendues en hommage dans les mêmes cas ; le comte pourra poser sur cette tour ou ces tours son étendard et son enseigne et faire proclamer et corner « *proclamatio fiat et cornetur* » sa seigneurie autant qu'il le voudra en ce jour, car il doit, le même jour où il reçoit ces châteaux, les remettre au vicomte, sans perte ni inconvénient, ni frais pour celui-ci, et dans le même état où il se les est fait rendre en hommage.

Si le comte a guerre, le vicomte doit le servir dans cette guerre, selon la coutume de la vicomté de Carlat, et contribuer aux dépenses s'il en est requis ; il devra aussi, s'il en est requis, rendre son château au comte, mais cela à son choix, à lui vicomte ; et la guerre finie, le comte doit restituer le château dans l'état où il l'a pris.

Le comte ne dessaisira ni le vicomte ni ses sujets, ni le renverra de sa possession sans connaissance de cause.

Le comte ne recevra, dans les châtellenies desdits châteaux ou dans les limites de la vicomté, ni investiture, ni inféodation, ni reconnaissance, même de gens ne reconnaissant pas être tenus au vicomte. Il ne s'entremettra point, dans ces limites, entre les sujets du vicomte, sinon à défaut de justice par celui-ci, et le défaut sera apprécié selon l'usage observé par les autres barons, vassaux ou feudataires de la vicomté de Carlat, ou par appel ou ressort interposé, dans les cas où le haut seigneur peut s'entremettre entre les sujets d'un vassal possédant haute justice.

Le comte rendra et livrera au vicomte tous les fiefs qu'il tient en fief ou arrière-fief, depuis le ruisseau de Senic jusqu'au ruisseau de Brezons, excepté les prieurés de Herondels et d'Allauzac, avec leurs villes et leurs appartenances, et la ville de Jonque avec ses appartenances. Le comte rendra au vicomte le fief du château de Valcasles et de ses appartenances ; il contraindra à venir à l'hommage du vicomte tous les vassaux ou feudataires ayant terres entre les ruisseaux sus-nommés, et même le seigneur Henri de Benevent, à cause du château et dépendances de Valcasles.

Si le seigneur Henri de Benevent ne veut rendre hommage au

vicomte pour ce fief, le comte devra délivrer au vicomte un autre fief de valeur double (excepté les fiefs de Dienne et Combrellas) ; mais, dans ce cas, le vicomte devra abandonner au comte tous droits sur Valcasles.

Si le seigneur Gilbert de Pierrefort refuse l'hommage au vicomte, le comte devra livrer à celui-ci un fief équivalent, le plus près possible. Le vicomte tiendra ces fiefs, comme dépendant de la vicomté de Murat, en fief immédiat du comte.

Si le vicomte fait élever ou laisse élever des châteaux ou forteresses, il devra les rendre, s'il en est requis, comme le château de Vigouroux.

Le comte remet au vicomte et à ses cautions toute dette, peine ou amende due, pour quelque cause que ce soit, par le vicomte ou par sa mère, sa tutrice.

Pour le fief d'Albepierre, si le vicomte a à soutenir procès, le comte est tenu de l'aider et d'en subir les dépenses.

Le vicomte pourra passer ou faire passer ses gens dans les prieurés sus-nommés et dans les terres du comte, même en portant des fardeaux, en conduisant des prises, en poursuivant des malfaiteurs, mais à condition de ne point causer de dommage.

Le comte ne pourra transférer ce fief sans le consentement du vicomte. Le comte payera au vicomte 200 livres pour le désistement des fiefs que le vicomte prétendait.

Les limites et appartenances des fiefs et arrière-fiefs de la vicomté et du château de Murat et des autres fiefs sus-nommés sont ainsi fixés :

Tout ce que le vicomte possède ou peut posséder dans la ville et bourg de Murat, est des appartenances de la vicomté et château de Murat ; ce qu'il a et doit avoir dans la ville, église et paroisse d'Allanche et ce qu'il a dans les villes et paroisses qui suivent : Chalinargues, Moissac, Chavagnac, Tirargues, Châtel, Ceillol (*de Cellis*), Lacapelle, Melet, Saint-Eustache, Bredon, Lavessanet, Labeysargues, Ussel, Valejol, Paulhac, Cussac, Cosenc, Brezons, Saint-Maurice, Saint-Martin, *Malbo,* Narnhac, Terondel, Allansac, Albinhac, Lacapelle-Barres, *Nigrasara*, Ladinhac, Salvignac, Cussac, Brogmet, Rueyre, Saint-Martin, Valcasles, Roffiac, Saint-Martin-de-Vigouroux, Sainte-Marie-de-Villedieu, et tous les autres lieux et paroisses contenus dans les limites de la vicomté, excepté toutefois ce que le vicomte possède en fief ou arrière-fief d'autres seigneurs qui seront nommés plus loin.

Telle est l'ordonnance, ou volonté, ou décision arbitrale, que les arbitres veulent et ordonnent être observée et que les parties, c'est-à-dire Henri, comte de Rodez, et Guillaume, vicomte de Murat, pour eux et leurs successeurs, ont approuvée, promettant et jurant de l'observer et faisant, arbitres et parties, mettre leur sceau aux lettres de la sentence, voulant, en outre, qu'il soit du tout fait des lettres scellées du sceau de Riom, lesquelles seront cancellées et tenues pour nulles dès que seront arrivées les lettres du roi d'Aragon ou de celui de qui le comte tiendra la vicomté de Carlat.

Les fiefs que le vicomte tient de seigneurs autres que le comte de Rodez, sont :

Le château de Chambois ou de Fendon, le village de Mazenoir et le château de Beaucaire avec leurs appartenances, tenus du roi de France ;

Le fief du château de Chaslard, le fief du château ou fort de Brocco, tenus de l'évêque de Clermont ;

Le château de Muratet et l'affar d'Ussel, Clerzal, le village de Mons avec le mandement et leurs appartenances, tenus du seigneur de Mercœur.

Fait à Saint-Flour, en la maison de Géraud de Tours, en présence et sous le témoignage de Gaucellin de La Garde, doyen de Brioude ; de Guillaume de Mercœur, chanoine de Mende ; de Rolland Sarrasin ; de Pons de Donzil, chanoine de Brioude ; de D. Boschut, juge de Mercœur ; de maître Bertrand de Tarnes, clercs ; d'Henri de Benevent, de Raymond de la Folhola, de Gilbert de Marsenac, de Guy de Teyssières, de Bernard et Guillaume de Benevent, d'Armand du Chambon « *del Chambo* », de Berenger de Salhans, de Bertrand de Brossadol, de Beraud de Corbeyre, de Guillaume de Verdezun, chevaliers ; d'Aimeric de Montal, de Pierre Bompar, d'Astorg de Diane, d'Hérail de Miromont, de Vivian Sédailh, de Rigaud de Durban, de Guillaume de Turlande, de Guillaume de Colombeyr, de Geraud de Teyssières, de Guillaume Peyre, d'Amblard Gascon, de Geraud de Naucases, de Guillaume Laveyssières, de Pierre Fahel, notaire public dans la vicomté de Carlat, et de plusieurs autres, le lundi après la foire de Saint-Flour qui suit le premier juin, l'an de l'Incarnation 1285.

Transaction entre Astorg de Dienne, commandeur de Blandeau, et Begon, vicomte de Murat.

Après le document ci-dessus, dont nous avons cru devoir donner une analyse détaillée, parce que le *Dictionnaire statistique du Cantal* n'en contient qu'un résumé par trop succinct, est une transaction entre Astorg de Dienne, commandeur de Blandeau, faisant pour sa sœur, Dauphine de Dienne, veuve de Jaubert de Brion, d'une part, et Begon, vicomte de Murat, et les habitants du village de Mauchers d'autre part, au sujet du pacage du bois et territoire de Lhyourande-Bas :

Cette transaction intervient par un arbitrage de maître Etienne Polomès, juge de la vicomté de Murat, et Etienne de Veresmes, jurisconsulte. Les lieux litigieux seront la propriété de Dauphine de Dienne, mais les habitants de Maucheyrs pourront y faire pacager leur bétail. La dame de Dienne pourra faire dans ce territoire des prés ou des champs, mais les habitants pourront y faire pacager aussitôt après les fruits levés. Elle pourra faire couper et vendre ses bois et les habitants ne pourront, de quatre ans, faire entrer leur bétail dans les lieux coupés, mais elle ne pourra défendre le terrain ainsi coupé durant les autres quatre années suivantes. Les chemins par lesquels les habitants ont accoutumé de passer leur resteront toujours libres ; s'il faut les changer en raison des coupes, il leur en sera fait d'autres, d'accord entre les parties. Cet accord, fait en présence de nombreux témoins, le 2 août 1346, après avoir été lu en langues romane et latine, est approuvé tant par les mandataires de Dauphine de Dienne et par le mandataire du vicomte de Murat et des habitants de Maucheyr.

Démantellement du château de Laubessargue.

Vient ensuite une copie, certifiée par deux notaires, d'une commission relative à l'*esmantellement* du château de Laubessargue, menacé par les ennemis du roi qui voulaient s'y fortifier. En voici le texte intégral :

Jehan de Beaufort et de Montboissier, marquis de Canillac, chevalier de l'ordre du Roy, capitaine de cinquante hommes d'armes de ses ordonnances, gouverneur et lieutenant général pour S. M. au haut pays d'Auvergne, au seigneur de Jarrousses, salut.

De tant qu'aurions été advertis par gens dignes de foy comme le château de Laubessargues est assez fort, lequel demeure sans y faire aucune garde, d'ailleurs aussi avons sceu comme les ennemis ont envie de s'en emparer, et pour obvier à cela nous vous mandons et de tant qu'importe le service du roy vous requérons et très expressément enjoignons esmanteller et mettre hors toute défense ledit château de Laubessargues que est près de Valleughoul et que ce soit le plus promptement que faire pourrez, afin de rompre l'entreprise desdits ennemis, et pendant ledit esmantellement assisterez vous-même accompagné de huit soldats, lesquels seront soldoyés pour six semaines aux dépens des sujets dudit Laubessargues ; et pour vos peines ordonnons que vous ferez arrêter et vous payerez sur le revenu dudit Laubessargues vingt écus sol.

En outre mandons et commandons aux sujets dudit Laubessargues vous obéir à faire l'esmantellement dudit château en ce que leur commanderez, ensemble les paroisses de Veissimet et ce que se treuve de la terre de Chalane, Coltynes, Celles, La Chapelle-d'Alagnon, Bredon, Vivargues et Chavagnac, comme étant circonvoisines et y ayant principal intérêt si ledit château étoit pris par les ennemis ; et où et quand y auroit des refusants, les luminiers d'icelles paroisses seroient contraints, par toutes rigueurs à ce requises, et comme pour les propres affaires du roy, iceux faire obéir. Et de ce vous donnons plein pouvoir, puissance, autorité et mandement spécial par ces présentes, par ce signées de notre main et fait sceller de nos armes, le dix-huitième août mil cinq cent soixante-dix-sept. — Ainsi signé : CANILLAC. *Et plus bas :* Par mondit seigneur D'ESPINASSE. Et scellé aux armes dudit seigneur, avec cire rouge.

Le manuscrit se termine par un *abrégé de l'histoire du royal monastère et du doyenné de Saint-Pierre de Mauriac,* que complètent des notes sur l'histoire de Mauriac. Nous éditerons ultérieurement cette précieuse notice, et, pour la publier dignement, nous comptons sur le concours de M. le chanoine Chabeau, qui a déjà fait connaître les origines de ce monastère.

F. B.

Les Messageries d'Auvergne

MÉMOIRE

POUR Jean VACHER, fermier des Coches, Carrosses, Diligences et Messageries d'Auvergne, Bourbonnois, Bourgogne et autres provinces, pour Paris, retour et traverse, intimé, demandeur et défendeur ;

CONTRE Denis ARBILLON, commis des fermiers des Coches d'eau sur l'Allier, la Loire et le canal de Briare, se disant marchand-commissionnaire et voiturier en la ville de Clermont-Ferrand, appelant des sentences du Châtelet des 20 septembre et 20 octobre 1747, défendeur et demandeur.

Il est défendu par les règlements aux voituriers publics de rien entreprendre sur le privilège des autres, et aux particuliers de tenir aucun entrepôt de ballots et marchandises et de faire le commerce de voituriers publics.

Cependant le sieur Arbillon, sans aucun droit ni qualité, tient dans l'étendue du privilège du sieur Vacher un entrepôt de ballots et marchandises qu'il fait voiturer à Paris et ailleurs.

Si cette contravention étoit autorisée, elle entraîneroit la ruine du sieur Vacher, ce qui intéresse également le public, puisque de telles fraudes mettroient les fermiers hors d'état d'entretenir leurs voitures et que le public seroit privé d'un établissement si utile.

Tel est le motif de la sentence dont est appel, qui défend au sieur Arbillon de s'immiscer dans l'exploitation des messageries, et pour l'avoir fait le condamne en l'amende. Il ne sera pas difficile d'en établir le bien-jugé.

Fait :

Le sieur Vacher, intimé, est fermier des coches, carrosses et messageries de plusieurs provinces, entr'autres de celle d'Auvergne, dont il a non-seulement la ferme des coches et carrosses, mais auss celle des messageries qui forme une ferme particulière, différentei de celle des coches et carosses.

En qualité de fermier des coches et carrosses, il a le droit de voiturer les voyageurs, leurs paquets et les ballots de marchandises au-dessous du poids de 5o livres.

Comme fermier des messageries, il a le droit de faire le roulage et de voiturer pour toutes sortes de personnes, toutes sortes de gros ballots et marchandises. Cette double qualité, qu'il réunit, aura son application dans la suite.

Pour l'exploitation de ces coches, carrosses et messageries, le sieur Vacher a dans la ville de Clermont-Ferrand un bureau public, un directeur et des commis préposés pour recevoir et faire voiturer les paquets, ballots et marchandises qu'on leur apporte et généralement pour faire dans ce lieu tout ce qui appartient à ladite exploitation.

Quoique personne ne puisse légitimement rien entreprendre au préjudice du privilège du sieur Vacher, soit pour les coches et carosses, ou pour les messageries, cependant le sieur Arbillon, appelant, qui est un commis des fermiers des coches de Briare, et qui se dit marchand-commissionnaire et voiturier, tient depuis quelque tems, dans cette même ville de Clermont-Ferrand, un bureau public et magasin, où il reçoit et entrepose les ballots et marchandises qu'on lui apporte journellement. Il a dans ce bureau des romaines ou balances et des poids pour peser les ballots, un registre sur lequel il inscrit lesdits balots et marchandises, dont il donne le double au voiturier par lequel il les fait transporter par charrette jùsqu'au Pont-du-Château, petite ville qui est à deux lieues delà sur l'Allier, et où les fermiers des coches de Briare ont leur bureau pour leurs coches d'eau. Il a des jours de départ fixes, sçavoir : les dimanches et lundis matin, et ses voitures reviennent sur-le-champ.

Il y avoit même ci-devant, sur la porte de ce bureau, un tableau ou enseigne avec cette inscription : *Coche d'Eau d'Auvergne.* On a obligé le sieur Arbillon d'ôter ce tableau ; mais, du reste, il a continué à son ordinaire de tenir un entrepôt de ballots et marchandises et de les faire voiturer, comme on vient de le dire, tellement que ce bureau est l'entrepôt de toutes les marchandises qui arrivent par le canal de Briare, ce qui fait un tort considérable au sieur Vacher, lequel a seul droit de voiturer par terre les ballots et marchandises dans toute la route de Clermont-Ferrand et traverse.

Pour arrêter cette contravention, le sieur Vacher fit, le 16 aoust 1747, une sommation au sieur Arbillon de représenter ou faire signifier dans les vingt-quatre heures au sieur Monory, commis du sieur Vacher, étant lors en son bureau de Clermont-Ferrand, les titres et pouvoirs en vertu desquels ledit Arbillon a établi le bureau qu'il tient dans la même ville, lui déclarant que faute de ce faire dans ledit tems, ledit sieur Monory, faisant pour le sieur Vacher, se pourvoiroit incessamment. Arbillon n'a fait aucune réponse à cette sommation.

Le sieur Vacher, pour constater la contravention, présenta requeste au lieutenant général de Clermont-Ferrand, par laquelle il demanda à ses risques que ledit juge se transportât avec son greffier dans le bureau d'Ardillon pour dresser procès-verbal des ballots et autres marchandises qui avoient été voiturées, ou qu'Arbillon étoit actuellement chargé de faire voiturer, suivant ses livres journaux qu'il seroit tenu de représenter, ensemble des poids, balances ou romaines dont il se sert pour peser lesdites marchandises.

Le lieutenant particulier, en l'absence du lieutenant général, donna, le 17 aoust 1747, son ordonnance au pied de cette requeste, par laquelle il ordonna qu'aux risques du sieur Vacher, le greffier du siège se transporteroit dans le bureau d'Arbillon pour y dresser procès-verbal, conformément à ce qui étoit demandé par la requeste.

En exécution de cette ordonnance, le greffier de la sénéchaussée de Clermont-Ferrand, commissaire en cette partie, se transporta le même jour en la maison où Arbillon tient son bureau ; il y trouva ledit Arbillon, auquel il fit sçavoir le sujet de son transport, et lui fit lecture, tant de la requeste que de l'ordonnance, avec sommation de déclarer les ballots et autres marchandises qui avoient été voiturées, qu'il étoit chargé actuellement de faire voiturer, et, à cet effet, de représenter ses livres journaux, ensemble les poids, balances et romaines dont il se sert ; comme aussi d'indiquer et faire ouverture de ses bureaux pour être dressé procès-verbal du tout.

Arbillon, après avoir pris communication de la requeste et ordonnance et du procès-verbal, prétendit que l'ordonnance avoit été rendue sur un faux exposé, qu'il ne tenoit aucun bureau public à Clermont-Ferrand, que par conséquent il n'étoit point dans le cas de l'exécution de ladite ordonnance ; il requit le greffier d'insérer dans son procès-verbal s'il n'étoit pas vrai qu'il n'y ait en dedans ni en dehors de la maison qu'il occupe, ni aux environs, aucun tableau ni autre marque qui indique et dénote un bureau public.

Le commis du sieur Vacher soutint au contraire qu'il étoit en état de prouver que ledit Arbillon a des appointements des fermiers des coches du Pont-du-Château pour tenir un bureau à Clermont-Ferrand, qu'il y avoit en effet un bureau et un magasin attenant son bureau, proche les Pères de la Charité, où il enmagasine et reçoit les marchandises qu'on lui apporte journellement ; qu'il y a des romaines ou balances pour les pesées, qu'il en tient un registre et état, dont il donne le double au voiturier, qu'il fait transporter les marchandises à jours certains par charrettes, jusqu'au Pont-du-Château, sçavoir : les dimanches et lundis matin, et revient sur-le-champ pour se tenir en son bureau.

Le même commis se soumit aussi de prouver que ci-devant il y avoit un tableau au-dessus de la porte du magasin, où il y avoit ces mots en tête : *Coche d'Eau d'Auvergne,* ce qui prouve que ledit Arbillon fait là sa recette et tient son bureau, et que depuis qu'on a fait ôter le tableau, ledit bureau et magasin y sont toujours existans, et qu'Arbillon y fait, en sa qualité de commis, les mêmes fonctions que ci-devant.

Le greffier-commissaire somma derechef ledit Arbillon de satisfaire à l'ordonnance du juge, et sur son refus de représenter ses livres, ses poids et balances et de faire ouverture de son bureau et magasin, le sieur Monory, commis du sieur Vacher, protesta de se pourvoir par les voyes de droit. et à sa réquisition le greffier observa, comme il le dit dans son procès-verbal, qu'il n'y avoit dans la cour ni au-devant de la maison où demeure ledit Arbillon, aucunes affiches ni tableau qui dénote un bureau, mais qu'au-devant du grand portail de la grange, qui joint ladite maison, il a apperçu qu'il y avoit une affiche, laquelle étoit en partie déchirée, et où l'on reconnoissoit encore qu'il y avoit en tête, en grosses lettres, ces mots : *Coche par Eau d'Auvergne* ; le surplus de ladite affiche étant si fort déchiré, que l'on ne pouvoit donner aucune suite aux mots que l'on y voyoit, ni reconnoître ce que contenoit ladite affiche.

Tels sont les faits contenus dans ce premier procès-verbal, qu'Arbillon a refusé de signer.

Le 21 du même mois d'août, le sieur Vacher a fait donner copie dudit procès-verbal à Arbillon ; par le même exploit, ledit sieur Vacher, en vertu de ses lettres de garde-gardienne, commission obtenue en conséquence au Châtelet de Paris, de la requeste par lui présentée et de l'ordonnance rendue sur icelle par le lieutenant particulier de Clermont-Ferrand, a fait assigner ledit Arbillon au Châtelet de Paris, pour procéder aux fins desdites lettres, commission, requeste et procès-verbal ; ce faisant, se voir faire défenses de s'immiscer à l'avenir directement ni indirectement, de tenir en la ville de Clermont-Ferrand aucun bureau ni magasin de messagerie et de voiture et faire voiturer de ladite ville de Clermont, tant en la ville de Paris qu'ailleurs, aucuns ballots, marchandises ni autres effets, à peine de confiscation du tout, chevaux, charrettes, harnois et équipages, et de 500 livres d'amende, conformément aux règlemens.

Le même jour, en vertu d'une ordonnance du sieur lieutenant civil du 9 septembre 1747, portant permission au sieur Vacher de saisir et arrêter les chevaux et équipages des contrevenants, le sieur Vacher, poursuite et diligence du sieur Monory, son commis, fit faire un second procès-verbal par Noël Rioux, premier huissier royal audiencier en la sénéchaussée de Clermont-Ferrand, lequel s'étant transporté avec ses témoins et ledit Monory, sur les sept heures du matin, près la porte du magasin d'Arbillon, il sortit du magasin une charrette chargée de plusieurs ballots de différentes grandeurs et grosseurs, ladite charrette attelée d'un cheval et couverte de planches de sapin.

Le sieur Monory ayant requis, en présence de l'huissier, le conducteur de ladite charrette, de lui dire son nom, d'où sortoient lesdites marchandises et où il les conduisoit, le voiturier dit qu'il s'appelloit Annet Barrier, habitant de Clermont, qu'il avoit chargé lesdites balles dans le magasin du sieur Arbillon et qu'il les conduisoit au Pont-du-Château.

On donna copie de ce procès-verbal au sieur Arbillon, parlant à sa personne, avec déclaration qu'on joindroit ledit procès-verbal à l'assignation qui lui avoit été donnée le même jour.

Arbillon n'ayant aucun moyen valable pour soutenir sa contravention, s'est laissé condamner par défaut. Le sieur Vacher a obtenu contre lui, au Châtelet, une première sentence le 20 septembre 1747, qui ordonne que les arrêts et règlemens concernant le fait des messageries, seront exécutés; en conséquence, fait défenses à Arbillon de s'immiscer dans l'exploitation des messageries dans la ville de Clermont-Ferrand et d'y tenir aucun bureau ni magasin de messageries et de voiturer et faire voiturer de ladite ville à Paris ou ailleurs aucuns ballots ni paquets, à peine de confiscation; et attendu la contravention par lui commise et constatée par les procès-verbaux des 17 et 21 août précédens, la sentence le condamne en l'amende de 500 livres portée par les règlemens envers le sieur Vacher, et aux dépens.

Cette sentence ayant été signifiée à Arbillon le 29 septembre, il y a formé opposition par un acte extrajudiciaire du 10 octobre suivant, ce qui a obligé le sieur Vacher de le faire assigner de nouveau en vertu de requête, ordonnance et exploit des 13 et 16 dudit mois, pour voir dire que sans s'arrêter à son opposition, la sentence du 20 septembre seroit exécutée.

Sur cette demande, est intervenue une seconde sentence par défaut, le 20 octobre 1747, qui a débouté Arbillon de son opposition et ordonné l'exécution de la précédente sentence avec dépens. Cette seconde sentence lui a été signifiée le 21 dudit mois.

Le 27 desdits mois et an, Arbillon a interjeté appel des deux sentences.

Comme elles étoient exécutoires nonobstant l'appel, le sieur Vacher a fait, le 21 novembre suivant, une sommation à Arbillon de lui payer les 500 livres d'amende, et faute de payement desdites 500 livres et en vertu des deux sentences, le sieur Vacher a fait faire, le 10 décembre 1747, un procès-verbal de saisie des ballots et effets trouvés dans la grange ou magasin occupé par Arbillon, proche son bureau. Il s'est trouvé dans ledit magasin deux caisses et neuf ballots, marqués de différentes lettres et chiffres, plus un fléau et balance servant à peser les marchandises, onze poids de cinquante livres chacun, trois poids de vingt-cinq livres, un de douze livres, deux de quatre livres, un de six livres, un de deux livres et un d'une livre ; et attendu la contravention aux arrêts et règlemens, l'huissier a déclaré à Arbillon, parlant à sa personne, qu'il saisissoit tant sur lui que sur qui il appartiendroit lesdits ballots et effets ; et sur le refus fait par Arbillon de donner gardien, l'huissier les fit transporter chez le nommé Bory, aubergiste dans ladite ville, avec assignation à Arbillon au Châtelet de Paris, pour voir déclarer la saisie valable et ordonner que le tout sera confisqué au profit du sieur Vacher.

Arbillon prétend que ce procès-verbal n'a point été rédigé sur le lieu même, mais seulement chez le gardien ; qu'il a constaté ce fait par un acte dressé par un notaire en présence de témoins. On n'a point vu cet acte qu'il allègue ; mais tel qu'il soit, il ne peut détruire la foi qui est dûe au procès-verbal du sieur Vacher jusqu'à inscription de faux.

Le 30 décembre 1747, Arbillon a donné en la Cour une requête par laquelle il a demandé main-levée provisoire de la saisie et enlèvement de ses effets.

Cette demande a fait la matière d'une instance d'appointé à mettre au rapport de M. Lambelin, dans laquelle le sieur Vacher a donné, le 24 janvier 1748, une requête tendante à ce qu'Arbillon fût débouté de sa demande en main-levée provisoire aux offres du sieur Vacher de voiturer les ballots et marchandises saisies aux lieux de leur destination, à l'effet de quoi Arbillon seroit tenu de lui remettre les lettres de voitures ; et où la Cour, attendu qu'il ne s'agissoit que du provisoire, feroit difficulté d'autoriser le sieur Vacher à voiturer les marchandises saisies, il a demandé acte de ce qu'il s'en rapportoit à la prudence de la Cour, d'ordonner ce qu'elle jugeroit à propos sur la demande en main-levée *des marchandises seulement,* sous la réserve de tous ses droits et actions et sauf à répéter en définitif contre Arbillon les droits de voiture desdites marchandises.

Par l'arrêt qui est intervenu sur cette contestation, le 25 janvier 1748, la Cour, sans préjudice du droit des parties au principal, a fait par provision main-levée audit Arbillon des saisies et enlèvement des ballots et marchandises ; le surplus des requêtes des parties a été joint à l'appel pour, en jugeant, y avoir tel égard que de raison, dépens réservés.

Quoique cet arrêt n'eût fait main-levée provisoire que des ballots et marchandises, et non pas des autres effets saisis, tels que les fléau et balance et les poids servant à peser les marchandises, Arbillon a prétendu que la main-levée était générale ; et le gardien, pour éviter les contraintes, lui a remis tous les effets saisis, dont Arbillon lui a donné sa reconnaissance le 15 février 1748.

Avant de rendre les ballots et marchandises, le sieur Vacher les a fait peser ; le tout s'est trouvé monter à 3,331 livres pesant, dont les droits de voitures, qui sont dûs au sieur Vacher, montent à 666 liv. 4 s., à raison de vingt livres le cent pesant.

Il s'agit présentement de statuer définitivement sur l'appel d'Arbillon.

Le sieur Vacher demande : 1º Que les arrêts et règlemens concernant le fait des messageries soient exécutés ; en conséquence, qu'en confirmant les sentences dont est appel, défenses soient faites à Arbillon de s'immiscer dans l'exploitation des messageries dans la ville de Clermont-Ferrand, ni dans aucun autre endroit de l'étendue du privilège du sieur Vacher, et d'y tenir aucun bureau ni magasin de messagerie, d'y faire l'entrepôt et amas de marchandises et de voiturer ni faire voiturer de ladite ville ou autre endroit du privilège du sieur Vacher, à Paris ou ailleurs, aucuns ballots ni paquets, à peine de confiscation ;

2º Que la saisie et exécution des poids, fléaux et balances, soit déclarée bonne et valable ; que lesdits effets seront confisqués au profit du sieur Vacher ; qu'à la remise d'iceux Arbillon et tous autres dépositaires seront contraints, même par corps ;

3º En ce qui concerne les marchandises saisies : qu'Arbillon soit condamné à payer au sieur Vacher la somme de 666 liv. 4 s. pour les droits de voitures desdites marchandises, à raison de vingt livres le cent pesant ;

4º Que pour la contravention, Arbillon soit condamné en 500 liv. d'amende envers le sieur Vacher suivant les règlemens, en 3,000 liv. de dommages et intérests résultans du préjudice considérable qu'Arbillon fait au sieur Vacher, par rapport aux autres marchandises qu'il a voiturées ci-devant et qu'il voiture journellement, et enfin qu'il soit condamné en tous les dépens, même en ceux réservés par arrest de la Cour du 25 janvier 1748, ensemble aux frais des procès-verbaux et aux frais et mises d'exécution faits en vertu des sentences dont est appel.

Moyens :

Pour établir le bien-jugé des sentences et la justice des conclusions prises en la Cour par le sieur Vacher, et démontrer qu'Arbillon n'est point en droit de tenir, comme il fait, un bureau et entrepôt de ballots et marchandises à Clermont, ni de les faire voiturer ailleurs, il faut observer que par rapport au transport des ballots et marchandises on distingue trois sortes de voituriers, dont les droits sont réglés différemment, savoir : les fermiers des coches et carrosses publics, les fermiers des messageries et les rouliers, ou autres voituriers particuliers qui n'ont rien financé dans les coffres du Roy.

Les fermiers des coches et carrosses publics ont le droit de mener, outre les voyageurs, les ballots et paquets du poids de cinquante livres et au-dessous, exclusivement à tous rouliers et autres voituriers.

Les fermiers des messageries ont le droit de voiturer les ballots et marchandises au-dessus du poids de cinquante livres et, pour cet effet d'avoir bureaux, magasins, entrepôts, commis, registres, poids et balances pour peser les ballots et marchandises, des jours certains de départ et retour et un tableau ou enseigne sur la porte de leurs bureaux.

Pour ce qui est des rouliers et autres voituriers particuliers qui n'ont point financé dans les coffres du Roy, il est permis à toutes sortes de personnes de faire le roulage, à l'exception des coches et carrosses ; mais les fermiers des messageries ont le droit de faire le roulage concurremment avec les autres voituriers, et avec cette différence que les simples rouliers et autres voituriers particuliers ne peuvent avoir aucun bureau, magasin ni entrepôt, commis, registres, poids et balances, ni jours certains de départ et retour, ni tableau sur leur porte ; ils ne peuvent charger leurs charrettes ailleurs que chez les marchands ou bourgeois et doivent partir sur-le-champ.

Tels sont les droits de ces différentes sortes de voituriers, auxquels il est défendu par les règlements de rien entreprendre sur le droit des autres ; c'est ce que l'on va justifier en faisant ici l'analyse des principaux règlements intervenus à ce sujet.

On se contentera de remonter à un arrêt du Conseil d'Etat du 24 janvier 1684 qui, en permettant à toutes sortes de personnes de faire le roulage, ajoute, *à la charge* que les rouliers coquetiers, poulailliers, muletiers et autres voituriers qui n'ont rien financé dans les coffres de Sa Majesté, ne pourront rien entreprendre sur les fonctions de messageries, coches, carrosses, etc. ; qu'ils seront tenus de faire le roulage par eux-mêmes ou par leurs valets et domestiques ; qu'ils auront des chevaux, charrettes, chariots et mulets à eux appartenans en propre ; qu'ils feront ledit roulage sans fraude ni déguisement ; qu'ils ne pourront avoir aucun jour réglé pour leur départ ; qu'ils seront tenus de partir aussitôt qu'ils auront leurs voitures ; qu'ils ne pourront tenir aucun bureau ni inscription sur leur porte ; qu'ils n'auront aucuns facteurs ni commissionnaires, soit à Paris ou autres villes et lieux du royaume, ni aucuns entrepôts sur leurs routes ; qu'ils n'auront aucuns registres ni feuilles de voitures, mais seulement des lettres de voitures ouvertes, etc., le tout à peine de cinq cens livres d'amende.

Par un autre arrêt du Conseil d'Etat du 12 juillet 1701, donné en interprétation du précédent, le Roy déclara n'avoir entendu donner aux marchands et négocians la faculté d'adresser leurs caisses, balles et ballots à des cabaretiers, hôteliers et aubergistes, de recevoir ou entreposer dans leurs cabarets, hôtelleries, auberges ou maisons, aucunes caisses, balles ou ballots de marchandises pour les envoyer par des rouliers et voituriers, sous quelque prétexte que ce soit, à peine de 300 liv. d'amende pour chaque contravention.

L'exécution de ces deux arrêts fut ordonnée au profit des fermiers des messageries et coches sur la Saône, par une ordonnance du commissaire départi en la province de Bourgogne du 13 août 1701, contre un voiturier particulier qui tenoit entrepôt de marchandises.

La même chose fut jugée en faveur des fermiers des messageries d'Issoudun et autres villes du Berry, par une ordonnance du 4 mars 1702, rendue par les commissaires généraux députés par Sa Majesté pour le fait des postes et messageries de France qui, en ordonnant l'exécution des arrêts dont on a parlé, défend à tous cabaretiers et hôteliers de faire aucun entrepôt chez eux d'aucunes marchandises et à tous rouliers d'être commissionnaires sous les peines portées par lesdits arrêts et règlemens.

Par un autre arrêt du Conseil d'Etat du 27 aoust 1703, on infirma une ordonnance du commissaire départi en la province de Champagne, en ce qu'elle permettoit aux rouliers d'aller charger dans les presses publiques de la ville de Sedan ; il est dit que les règlemens concernant les postes et messageries seront exécutés, ensemble l'ordonnance des commissaires pour le fait des postes et messageries du 18 may 1697, qui fait défenses aux rouliers de charger sur leurs charrettes, ailleurs que chez les marchands, les ballots à eux appartenans ; défenses sont faites au nommé Doulet de faire servir sa maison d'entrepôt, et aux nommés Pailla et veuve Hennes, rouliers, d'y charger ni faire charger aucuns ballots appartenans à des marchands et de se servir de commissionnaires, de faire aucuns entrepôts et amas de voitures chez eux, d'avoir aucuns fléaux, poids et balances.

La même chose fut encore jugée contre la nommée Repy, commissionnaire à Châlons, au profit du fermier des coches et messageries de Lyon, Bourgogne et Champagne, par une ordonnance du commissaire départi en la province de Bourgogne, du 27 février 1704, qui défend à ladite Repy de tenir magasin et entrepôt de marchandises à Châlons, en sa qualité de commissionnaire de marchands étrangers, et, pour la contravention par elle commise à l'arrêt du 24 janvier 1684, elle fut condamnée en deux cents livres de dommages et intérêts envers le fermier.

Par un arrest du Conseil d'Etat du 28 septembre 1706, le Roy ordonna que les arrests du 24 janvier 1684 et 12 juillet 1701, portant défenses aux rouliers, muletiers et voituriers d'avoir aucun entrepôt, ni aucun registre ni feuille de voiture, seroient exécutés selon leur forme et teneur dans la province de Bourgogne, de même qu'ils auroient pu l'être avant un édit du mois de juin précédent qui le leur avoit permis, auquel S. M. a dérogé à cet égard.

Un autre arrest du Conseil d'Etat, rendu contradictoirement avec la Chambre du Commerce de Rouen le 11 juillet 1711, ordonna pareillement l'exécution des 24 janvier 1684 et 12 juillet 1701, fit défenses aux marchands d'envoyer dans les auberges, cabarets et hôtelleries, où les voituriers sont logés, les paquets, balles et ballots, mais de les donner dans leurs maisons ou les faire porter à la romaine pour y estre chargés par les voituriers ; défenses furent aussi d'en adresser aux cabaretiers, hôteliers ou aubergistes des différentes villes et lieux du royaume, pour les faire passer aux lieux de leur destination, et au nommé Guignolet, roulier, de les prendre ailleurs que chez les marchands ou à la romaine et de se charger d'aucuns paquets qui soient adressés à des cabaretiers, hôteliers et aubergistes, à peine des amendes portées par lesdits règlemens.

Les propriétaires et fermiers des messageries ont encore été maintenus, par arrêt du Conseil d'Etat du 12 septembre 1724, dans le droit exclusif d'avoir des bureaux, magasins, registres et entrepôts, tant dans la ville de Paris que dans toutes les autres villes du royaume, pour tous les ballots et paquets. Le nommé Rochefort avoit obtenu des lettres patentes qui lui avoient permis d'établir et d'avoir tant dans la ville, faubourgs et banlieue de Paris, que dans les autres villes du royaume, où il seroit jugé nécessaire, des bureaux et magasins où les rouliers, muletiers et autres voituriers par terre pourroient, si bon leur sembloit, s'adresser pour prendre les balles, ballots, hardes, équipages et autres marchandises au-dessus du poids de cinquante livres ; mais par l'arrest dont on vient de parler, le Roy ayant égard aux oppositions formées par l'Université de Paris, le Fermier général des postes et messageries, les propriétaires des voitures publiques et leurs fermiers, et les six Corps des marchands ordonna l'exécution des règlements des 25 juin 1678, 24 janvier 1684, 12 juillet 1701 et 23 août 1703, et que lesdites Lettres patentes seroient rapportées.

Le commissaire départi en la généralité de Rouen sur les requestes et mémoires présentés par les fermiers des messageries contre les rouliers, voituriers, maîtres d'auberges, entrepôts et loueurs de chevaux, rendit une ordonnance, le 15 décembre 1732, par laquelle, en enjoignant de se conformer aux différens règlemens que l'on a rapportés ci-devant, il fit d'itératives défenses à tous rouliers, muletiers et autres voituriers, et à tous aubergistes, hôteliers, cabaretiers et autres personnes d'y contrevenir, notamment en ce qu'il est défendu auxdits aubergistes, hôteliers et cabaretiers, d'avoir chez eux aucuns entrepôts, fléaux, balances, poids et registres pour les marchandises que lesdits rouliers et autres voituriers doivent porter aux lieux de leur destination, sauf auxdits rouliers et autres voituriers à prendre les ballots et paquets excédant

5o livres dans les maisons des marchands et bourgeois, ou à la romaine, le tout sous les amendes portées par les règlemens.

Conformément à ces différens règlemens, le nommé Guibert, hôtelier, fut condamné, par sentence du Châtelet du 15 décembre 1734, à l'amende envers Jean-François Corbet, prédécesseur du sieur Vacher, pour avoir entreposé et fait amas de marchandises dans sa maison pour être voiturées par les rouliers.

La Cour a pareillement condamné ces sortes d'entrepôts par un arrest contradictoire rendu au profit dudit Corbet, le 24 avril 1738, par lequel elle confirma la sentence du Châtelet qui condamnoit le nommé Gardier, facteur-commissionnaire des courriers de Lyon, Bordeaux, Toulouse et Strasbourg, en l'amende et dommages et intérêts, pour avoir reçu et entreposé des marchandises pour les remettre aux courriers, avec défenses audit Gardier de récidiver sous les peines portées par les règlemens, dont l'exécution fut de nouveau prescrite.

Enfin, par un arrest du Conseil d'Etat rendu le 3 septembre 1743, au profit des fermiers des messageries et carrosses des provinces de Bretagne et Normandie et du messager de Paris à Pontoise, le Roi condamna le nommé Fortier en l'amende et aux dépens, pour avoir pris et exercé la qualité de courtier et commissionnaire de Paris à Pontoise et retour, et le nommé Merat, voiturier-farinier, fut aussi condamné en l'amende et aux dépens pour avoir voituré des voyageurs et paquets sur ses charrettes de Paris à Pontoise.

Il est donc constant, suivant les différens règlemens que l'on vient de rapporter, qu'il n'est permis qu'aux fermiers des coches et messageries d'avoir un bureau public et entrepôt de ballots et marchandises, poids, fléaux, balances, tableau, registres et jours certains de départ et retour ; que cela est expressément défendu à toutes autres personnes, et même aux rouliers et autres voituriers particuliers, qui doivent aller prendre les ballots et marchandises chez les marchands ou bourgeois et partir dès que leur voiture est prête.

L'application de ces règlemens est aisée à faire à l'espèce.

Le sieur Vacher est seul fermier des coches, carrosses et messageries de Clermont-Ferrand à Paris, retour et traverse ; il a un bureau à Clermont-Ferrand pour l'exploitation des voitures qu'il fait partir de cette ville ; il a par conséquent intérêt d'empêcher que personne n'entreprenne rien au préjudice de son privilège.

On a voulu insinuer qu'il n'étoit pas recevable à contester à Arbillon le droit de faire voiturer des ballots et marchandises, sous prétexte que l'arrest du Conseil d'Etat et le règlement du Conseil des 24 janvier et 30 aoust 1684, qui permettent à toutes sortes de personnes de faire le roulage, en exceptent les maîtres des coches et carrosses et leurs fermiers.

Mais cette exception ne concerne point les fermiers des messageries, et l'article 7 du règlement du 26 may 1719 permet aux fermiers des coches et carrosses ayant la ferme des messageries, de desservir leurs messageries par la voie de coches, carrosses ou autrement, ainsi que bon leur semblera.

Dans le fait, le sieur Vacher réunit la ferme des coches et carrosses et celle des messageries ; ainsi, en cette dernière qualité, il peut faire le roulage, et il a double qualité pour s'opposer à ce que personne ne tienne entrepôt de ballots et marchandises et n'exerce la messagerie dans l'étendue de son privilège.

C'est néanmoins ce qu'Arbillon fait journellement. Ce particulier, dont la véritable qualité est celle de commis des fermiers des coches d'eau du Pont-du-Château, prend le titre de marchand commissionnaire et voiturier pour tâcher de couvrir la fraude qu'il commet pour l'intérêt desdits fermiers, lesquels n'ont osé paroître dans la contestation, parce qu'ils sentent bien qu'ils n'ont pas droit d'exercer la messagerie à Clermont-Ferrand, et qu'aux termes des règlemens, ils ne peuvent même pas faire le roulage.

Mais supposé qu'Arbillon fasse le roulage pour son compte, comme il le prétend, il n'en est pas mieux fondé ; car ni la qualité de marchand-commissionnaire qu'il se donne, ni celle de roulier ou voiturier, qui seroit en ce cas sa véritable qualité, ne l'autorisent point à avoir un entrepôt de ballots et marchandises, ni à exercer la messagerie. On a vu au contraire que tous les règlemens le défendent expressément, sous peine d'amende, à tous rouliers, voituriers, commissionnaires et à toutes personnes autres que les fermiers des messageries.

Or, la contravention commise par Arbillon est bien constatée par les trois procès-verbaux qui ont été faits chez lui et par son aveu même.

Le premier procès-verbal, du 17 aoust 1747, constate le refus qu'il a fait d'ouvrir les portes de son bureau et magasin, ce qui fait voir qu'il craignoit les éclaircissemens ; le même procès-verbal constate qu'au-devant du portail de la grange ou magasin, il y avoit une affiche où on lisoit encore ces mots en grosses lettres : *Coche par eau d'Auvergne,* le surplus étant déchiré.

Le second procès-verbal, du 9 septembre suivant, constate que l'on a trouvé une charrette sortant du magasin d'Arbillon, chargée de plusieurs ballots de différentes grandeurs et grosseurs, et que le conducteur a déclaré naturellement qu'il les avoit chargés dans ledit magasin et qu'il les conduisoit au Pont-du-Château.

Le troisième procès-verbal, du 19 décembre suivant, constate que l'on a trouvé dans le magasin d'Arbillon dix caisses et neuf ballots marqués de différentes lettres et chiffres, ce qui suppose un registre relatif à ces lettres et chiffres ; plus un fléau et balances servant à peser les marchandises, des poids en grand nombre et de toute espèce, depuis une livre jusqu'à cinquante.

Arbillon n'a contesté aucun des faits contenus dans ces procès-verbaux ; de sorte qu'il convient tacitement que la charrette dont on a parlé sortoit de son magasin, que les fléaux, balances et poids sont à lui.

Il est donc bien certain qu'Arbillon tient un entrepôt de ballots et marchandises et qu'il fait le commerce de messagerie, ce qui est une contravention formelle aux règlemens faits en fraude du privilège du sieur Vacher.

Réponse aux Objections :

On oppose d'abord de la part d'Arbillon que la saisie et enlèvemens de ses effets sont nuls, parce qu'ils ont été faits en vertu de sentence dont il étoit appelant dès le 27 octobre.

La réponse est que la sentence portant qu'elle seroit exécutoire, nonobstant appel, elle étoit exécutoire par provision jusqu'à l'arrest de défenses qui n'a été obtenu que le 30 décembre 1747.

On prétend en second lieu que le troisième procès-verbal, du 19 décembre 1743, n'a point été rédigé sur le lieu ; mais outre que cela ne détruiroit point les deux premiers procès-verbaux qui suffisent pour constater la contravention. Le troisième est également régulier : il est dit qu'il a été fait en la maison où demeure Arbillon, ce qui fait foi jusqu'à inscription de faux, et ne peut être détruit par l'acte contraire qu'Arbillon dit avoir fait dresser par un notaire.

Enfin, Arbillon dit que suivant l'ordonnance de 1672, chap. 2, art. 10, les marchandises destinées pour la provision de Paris ne pourront être arrêtées sur les lieux ni en chemin, sous quelque prétexte que ce soit, même de saisies faites d'icelles... et que nonobstant les saisies, elles seront amenées et vendues sur les ports, les deniers tenus en justice à la conservation de qui il appartiendra. Or, dit Arbillon, les ballots et marchandises saisies étoient des provisions de carême destinées pour Paris.

Le sieur Vacher ignore ce que contenoient les ballots saisis ; ils ont été remis par provision à Arbillon sans avoir été ouverts ; il lui a été libre de les conduire à leur destination. Il n'est donc plus question du provisoire, il s'agit présentement du fonds, c'est-à-dire de savoir si Arbillon peut tenir un entrepôt de ballots et marchanet faire le commerce de messagerie. Or, il est démontré qu'il n'a pas ce droit.

Si l'entrepôt dont il s'agit est pour les fermiers des coches du Pont-du-Château, comme cela est notoire dans le pays, c'est une fraude et une contravention de leur part ; ils ne peuvent avoir d'entrepôt à Clermont-Ferrand, qui est dans l'étendue du privilège du sieur Vacher. Ils ne peuvent avoir de bureau qu'au Pont-du-Château.

Si l'on suppose, comme Arbillon le soutient, que le commerce qu'il fait est pour son compte, on ne lui conteste pas la liberté de faire le roulage, mais il ne peut le faire que conformément aux règlemens ; il ne peut avoir d'entrepôt ni faire le commerce de messagerie, comme il est notoire et prouvé qu'il le fait journellement. Ainsi, de quelque côté que l'on envisage la contravention, elle ne peut être autorisée.

On finira par une observation importante : c'est que le sieur Vacher, pour l'exploitation de ses coches, carrosses et messageries, paye des fermes considérables, dont la finance entre dans les coffres du Roi. Il est obligé d'avoir un grand nombre de chevaux, équipages, bureaux, les appointemens des commis et gages des domestiques et salaires des ouvriers, l'obligation où il est de faire partir ses voitures à jours certains, soit que la voiture soit remplie ou non, tout cela occasionne des dépenses très considérables, pour le prix desquelles il n'a d'autre droit exclusif que celui de voiturer les voyageurs et leurs paquets, de faire la messagerie et d'avoir des bureaux et entrepôts pour les coches, carrosses et messageries ; c'est à quoi se bornent tous ses droits, car les rouliers et autres voituriers peuvent faire le roulage concurremment avec lui.

S'il étoit libre à un autre fermier, ou à un simple roulier ou commissionnaire d'entreprendre sur le privilège du sieur Vacher, cette liberté occasionneroit bientôt la ruine du sieur Vacher, qui seroit hors d'état d'exploiter ses voitures et de faire son commerce de messagerie, et le public seroit privé d'un établissement si utile et si nécessaire.

Il est donc important, pour le bien public et pour l'intérêt du sieur Vacher, que l'on ordonne l'exécution des règlemens et que l'on empêche Arbillon d'y contrevenir, comme il fait ouvertement. C'est l'objet des sentences dont est appel, qui doivent par conséquent être confirmées.

On doit aussi déclarer la saisie des poids, fléaux, balances, faite sur Arbillon, valable et ordonner que lesdits effets seront confisqués au profit de Vacher ; condamner Arbillon à payer 666 liv. 4 sols pour les voitures des marchandises trouvées chez lui, et en 3,000 livres de dommages et intérêts pour les autres voitures qu'il a faites précédemment et qu'il fait tous les jours ; ces dommages et intérêts ne seront point encore proportionnés au tort considérable qu'il fait au sieur Vacher, lequel est obligé de faire toujours les mêmes dépenses, tandis qu'on le frustre de son privilège et qu'on lui ravit les droits qui lui appartiennent légitimement.

Le sieur Vacher attend donc de l'équité de la Cour, qu'en ordonnant l'exécution des règlemens et confirmant les sentences dont est appel, elle lui adjugera ses conclusions et qu'elle arrêtera le cours des fraudes et contraventions d'Arbillon.

Monsieur JOLY DE FLEURY, avocat général.
Me BOUCHER DARGIS, avocat.

BROUSSE.   NOLLEAU, proc.

Un arrêt rendu en la Grand'Chambre le 20 juillet 1748 mit l'appellation au néant, émandant défenses à Arbillon de se mêler de messageries à Clermont-Ferrand, le condamna à 50 livres de dommages et intérêts, les saisies furent déclarées valables.

Le Régiment d'Auvergne

Avant le règne de Louis XII, l'infanterie française était peu nombreuse. Les Suisses, engagés à prix d'argent, faisaient plutôt leur volonté. Un jour de bataille, ils refusèrent même de marcher en avant, parce qu'ils n'avaient pas reçu leur solde. Une autre fois, ils restèrent simples spectateurs d'un assaut, prétextant qu'ils étaient seulement faits pour combattre en plaine.

Le reste de l'infanterie se composait de vagabonds et de bandits, conduits le plus souvent par un gentilhomme ruiné. « C'étaient, dit Brantôme, gens de sac et de corde, méchants garnements échappés à la justice, et surtout force marqués de fleurs de lis sur l'épaule, essorillés, et qui cachaient les oreilles par de longs cheveux hérissés, barbes horribles, tant pour cette raison que pour se montrer effroyables aux ennemis. »

Louis XII engagea les gentilshommes à descendre de cheval et promit des faveurs à ceux qui serviraient dans l'infanterie. Bayard donna l'exemple. Mais la réforme fut longue à s'opérer ; les nobles étaient blessés dans leur orgueil de coudoyer des vilains. Heureusement, parmi eux, il s'en trouva qui s'élevèrent courageusement contre les préjugés.

L'institution nouvelle fut réglée par une ordonnance de 1508. Douze places par compagnie furent réservées aux nobles ; leur solde fut de 30 livres par mois, « assez honneste appointement, dit l'historien, pour entretenir et dresser beaucoup de braves gentilshommes ». Le reste de la compagnie était formée de roturiers. Cette organisation se maintint longtemps ; mais Louvois abolit à son tour les ordonnances, qui permettaient aux nobles seuls d'être promus aux grades, et il prit les bons officiers là où il les trouva. Cependant le jour de la démocratie, grâce à des faveurs, était bien loin encore ; les hommes étaient divisés en classes échelonnées ; malgré cela, ces roturiers, fiers de voir confondus au milieu d'eux, et à pied, les enfants de l'aristocratie, acquirent comme par enchantement la confiance, la dignité et l'esprit militaire. De paysans couards et grotesques qu'ils étaient, ils devinrent soldats aguerris et fiers. Des laboureurs rivalisèrent de hardiesse et de bravoure avec des nobles ; leur cœur eut le droit de battre sous le drapeau et leur sang se mêla à celui de leurs chefs sur le champ de bataille, où ils combattirent pour leur pays.

L'armée se recrutait alors par engagements volontaires et par racolage. « Le métier des armes est un métier périlleux, disait alors le sergent racoleur, mais c'est un métier plein de profits ; on y trouve l'honneur et les richesses. » Des hommes sortis des villages, des boutiques, des écuries, une fois aguerris et façonnés, pouvaient devenir capitaines et égaler les gentilhommes. Artisans, fils de bourgeois et de famille, tous gens d'humeur batailleuse, s'engagèrent.

En 1569, les régiments reçurent une organisation définitive ; les maréchaux de camp et les commandants dépendirent du colonel. La première compagnie du régiment lui appartint en propre et, pour cette raison, fut nommée la compagnie colonelle-générale.

Ainsi formés au xvie siècle, ces régiments vécurent jusqu'à la fin de l'ancien régime et chacun d'eux eut son histoire. Celle du régiment qui porta le nom d'Auvergne est, sans contredit, une des plus glorieuses.

La simple notice qui suit montrera, par ses faits, ce que des chefs habiles et hommes de cœur peuvent obtenir de soldats disciplinés et résolus.

Un régiment fut organisé, par ordonnance du roi du 6 mars 1597, et fut formé de bandes de Ligueurs. Son premier mestre de camp fut le baron du Bourg de l'Espinasse, gentilhomme lyonnais, qui soutint le siège de Paris contre Henri IV. Du parti du duc de

Mayenne, il se défendit quatre jours dans la Bastille, tirant le canon sur les troupes du roi. Il devint royaliste après avoir défendu Laon et servit en Picardie jusqu'en l'année 1698, époque à laquelle le régiment fut réduit à une compagnie qui vint tenir garnison dans le Lyonnais. Le 13 avril 1600, le baron du Bourg rétablit son régiment et, au mois d'août suivant, marcha contre le duc de Savoie, qui voulait prendre possession du marquisat de Saluces ; mais le régiment, qui n'avait que 200 hommes, fut obligé de retourner à Lyon se compléter, puis il revint en Savoie harcelé tout le long de la route par des cavaliers ennemis. Il prit une brillante part à la prise de Chambéry et de Montmélian. Par une nouvelle ordonnance du 17 janvier 1601, il fut à nouveau réduit à sa compagnie colonelle-générale.

Remis sur pied le 31 mai 1602, il fut à nouveau transformé en 1604. L'année suivante, « le Roy, dit Lesdiguières dans ses mémoires, voulut que la citadelle d'Orange fût rendue au Prince. » Lesdiguières se mit à la tête du régiment, avec trois canons et 2,000 hommes, et attaqua le marquis de Blacons, qui était le ravisseur. Le marquis capitula et rendit Orange.

Le régiment fut placé, en 1615, dans l'armée du maréchal de Bois-Dauphin. Toujours sous le commandement du colonel du Bourg, il prit part au siège de Creil, au coup de main de Sens et alla en Guyenne, où il fut pour la troisième fois réduit à une compagnie, le 8 mai 1616.

Il fut enfin rétabli le 27 avril suivant, fit la campagne en Bourbonnais avec l'armée du maréchal de Montigny et participa à la prise de Douzy et à celle d'Autrain.

Il demeura cinq ans dans cette province. Le baron du Bourg de l'Espinasse reçut le brevet de maréchal de camp le 16 décembre 1621 et mourut peu après. Le comte de la Suze lui succéda à la tête du régiment. Ce prince, qui avait épousé une petite-fille de l'amiral de Coligny, était huguenot et d'un esprit inquiet et factieux. Il s'allia avec Montbrun, qui s'était soulevé dans le Dauphiné. Il fut remplacé par le marquis de Lauzières, qui avait arrêté le prince de Condé et qui, pour cela, jouissait de privilèges auprès du roi. Guerrier enthousiaste, aussitôt à la tête de son régiment, il le conduisit (1621) au siège de Saint-Jean-d'Angely. Arrivé devant cette place le 10 juin, le 14 du même mois il repoussa vigoureusement une sortie. Il assista ensuite au siège de Nérac et resta en Guyenne pendant le siège si fameux de Montauban.

En décembre, le roi donna le commandement au comte d'Estissac, qui avait pris part aux derniers sièges avec un régiment qui portait son nom. Son ancien régiment et son nouveau se fondirent en un seul le 20 mars 1622.

Cette année-là vit le régiment à l'expédition de l'île de Riez. Le 16 avril, il avait la garde des réserves de l'armée au bourg de Soulan et, deux jours après, faisait capituler le château de la Chaume. Il fit ensuite campagne en Champagne, s'empara de Royan, de Tonneins, de Saint-Antonin et de Negrepelisse, puis de Montpellier dans le Languedoc, suivant ainsi le roi dans ses voyages et ses conquêtes. A ce dernier endroit, il perdit le capitaine de Courbon et l'enseigne du Fretté.

Enfin le régiment resta sur les frontières de Picardie pendant les années 1625 et 1626. En 1627, il servit à La Rochelle, où il gardait la digue. Pendant le siège, le duc de Larochefoucauld, frère aîné du comte d'Estissac, vint renforcer les assiégeants avec 1,500 hommes de son pays d'Angoumois. On raconte à ce sujet que le duc de Larochefoucauld, présentant ses hommes au cardinal de Richelieu, lui dit : « Tel que vous les voyez, il n'y en a pas un seul qui ne soit mon parent et votre neveu. » D'Estissac lui répondit : « Vous avez fait un pas de clerc : les neveux du Cardinal ne sont encore que des g...! et vous allez faire claquer votre fouet. Gare à votre gouvernement !... » En effet, le Cardinal s'en souvint et, l'été suivant, d'Estissac se vit enlever le commandement de son régiment qui fut donné, en 1629, au prince de Marsillac, le célèbre auteur des *Maximes* qui portent son nom.

Cette même année, il alla en Piémont et, aux côtés des gardes françaises, se couvrit de gloire au Pas-de-Suze, où, après avoir pris les retranchements ennemis, il put se loger sur le mont de la Brunette. Il assiégea à son retour en France les villes de Privas et d'Alais. Il retourna, en 1630, dans le Piémont, combattit à Vieillane, à Saluces et à Carignan. Il y servit jusqu'au traité de Chérasco, après lequel il alla rétablir le calme en Provence avec le marquis de Leuville. Trois ans après, il est devant Maugiron, où il reste deux années. En 1635, il assiège Valence, s'empare de Candia et du château de Sartirane. Le 15 septembre, le régiment prit le nom de la province d'Auvergne, et pendant plus d'un siècle et demi, le régiment d'Auvergne ne devait pas perdre un seul drapeau et par sa bravoure mériter le surnom d'*Invicta legio*.

L'année 1636 vit Auvergne à Ollegio, à Confienza, à Palestra, à Robbio, à Vespola et enfin à Buffalora. En 1637, il se défendit dans Asti et fit des prodiges de bravoure à Montebaldoni. En 1638, il secourt Brema et aide au ravitaillement de Verceil. Il se distingue, en 1639, à Chivasso et sur la route de Quiers. Il s'empare, en janvier 1640, des châteaux de Brodel, de Dronnero, de Busco et laisse une compagnie comme garde dans ce dernier endroit. Le 29 avril, le régiment d'Auvergne attaqua les retranchements autour de Cassel ; l'enseigne Gallé y fut tué, les capitaines Colombelle et La Levretière y furent blessés. Il alla ensuite au siège de Turin où, le 11 juillet, le capitaine Marin et le lieutenant Padejus furent blessés. Dans une sortie des assiégés, le 8 septembre, Auvergne arriva le premier sur le terrain de la lutte et repoussa les ennemis. Les ouvrages de l'époque citent comme s'étant particulièrement distingués et couverts de gloire : les capitaines Grillon de Fontvive, Troussezard, Colombelle, du Boulay, de Treslon et du Verger ; les lieutenants Champerin, blessé à l'épaule d'un coup de pique, Genouillet, Randin, Chapolet, Filliolet, Evard, et les enseignes Saint-Hilaire, Marin et Lafontaine.

En 1641, le régiment est au siège d'Ivrée, prend part à la prise de Ceva, de Pianezza, de Coni et de Mondovi. A Coni, le comte de la Bouée est blessé à la joue, le capitaine Duverger est tué et les capitaines Ducros et Ducoudray sont blessés.

En 1642, Auvergne assiège Crescentino, Nice, Tortone. A l'assaut de cette dernière ville, il formait la tête de la colonne d'attaque et il réussit à s'emparer d'un bastion. L'enseigne Caubonne fut tué ; le capitaine Trouerges, les lieutenants Castelverd et Capillars furent blessés.

En 1643, il s'empara de vive force d'un pont sur la Stura au siège de Trino, et rentra en France prendre ses quartiers d'hiver. Il retourna en Italie en 1644 et aida aux sièges de Ponzone et de Santia.

L'*Auvergne Historique*. — IVe année. — Le Régiment. 17

En 1645, Auvergne perdit son mestre de camp, M. de Brinvilliers, qui, blessé à la bataille de Vigevano, fut tué le 19 octobre au combat de la Mora.

Quatre-vingt-dix hommes d'Auvergne, sous les ordres du lieutenant Randin, sont cernés, en 1646, dans la ville de Ponzone ; ils y soutiennent dix-neuf jours de siège et n'en sortent que le 15 août avec les honneurs de la guerre.

Après s'être embarqué en septembre suivant, le régiment arriva à l'île d'Elbe dans la nuit du 26 au 27 de ce mois ; il en repartit le 4 octobre et alla s'emparer de Piombino. Le 10, il était de retour devant Portolongone. A l'assaut de cette ville, le 22, il perdit le major La Mothe et les enseignes Roqueservières et Châteauregard ; un lieutenant-colonel, trois capitaines et plusieurs autres officiers furent blessés. La place capitula enfin le 29.

Le siège de Crémone occupa le régiment d'Auvergne jusqu'à la fin de 1647 et durant l'année 1648.

Après quelque temps de repos, il alla en Catalogne et, avec l'aide du régiment de Champagne et du régiment de Bourbonnais, il entra à Barcelonne.

Le 22 février 1650, il s'empara de la ville de Terros. Il reste en Roussillon jusqu'en 1653 et le 4 juillet, force les villes de Castillon et d'Ampulias à se rendre ; il se distingue à Girone et à Bordilly.

En 1654, le régiment prend part aux sièges de Villefranche et de la ville de Roses; dix-huit de ses compagnies, commandées par le capitaine de Pauliac, s'embarquèrent pour Naples. Elles arrivèrent seulement à Castellamarre, le 13 juillet, après une très mauvaise traversée. La ville fut emportée sans coup férir. Les compagnies se rembarquèrent le 24 et furent de retour en France au mois de décembre.

En 1655, Auvergne perdit deux lieutenants au siège de Pavie. Il retourna en Espagne, puis en Italie, et fit des prodiges de valeur à Valence. Les capitaines de Cotterie et Prégeon y furent tués.

En 1657, il assiégea Alexandrie, prit Varas et Novi; en 1658, Mortare où le capitaine de Capillers fut tué. Auvergne rentra alors en France, dans la Provence.

En 1664, il partit au secours de l'empereur d'Allemagne attaqué par les Turcs et se fit remarquer par sa valeur au combat du Saint-Gothard. Le colonel de Moussy y fut tué. Le roi Louis XIV touché de tant de bravoure fit une pension de cent cinquante livres au comte de Sery, le nouveau colonel du régiment, Non content de cela, il ordonna que cette pension fut réversible sur tous ses successeurs, et il combla le régiment de faveurs.

Auvergne fit partie, en janvier 1666, du camp de Croissy, puis de celui de Mouchy, près de Compiègne, pendant le mois de février.

En 1667, le régiment suivit le roi en Flandre et assista au siège de Tournai, de Douai et de Lille où le colonel fut blessé. La même année il mit en déroute, près de Lille, le général Marchin.

Après avoir passé l'hiver en Flandre, en 1668, il alla en Franche-Comté. Au mois de septembre 1670, il est en Lorraine aux sièges d'Epinal et de Chasté. Sous les ordres mêmes du Roi (1672) il assiste aux sièges d'Orsoy, de Rheinberg, de Wesel; il s'empare à lui seul des forts d'Emerick et de Lippe. Il assiste au passage du Rhin, aux prises de Doësbourg et d'Utrecht, au combat de Woërden. Le capitaine de Pinguis fut tué à cette affaire où le régiment repoussa trois attaques. A la fin de décembre, Auvergne était en Hollande.

En 1673, il alla au siège de Maëstricht. L'année d'après à Senef. A cette bataille, il attaqua l'ennemi vers le milieu du jour, combattit pendant toute la soirée, continua la lutte au clair de lune, et coucha sur le champ de bataille qu'il avait couvert de ses soldats. Après cette sanglante affaire, le régiment alla à Metz pour se réorganiser et compléter son effectif. Il alla ensuite au camp de Créqui et en Alsace où il prit part aux sièges de Haguenau et de Saverne. Puis il passa l'hiver à Colmar, d'où il envoya plusieurs détachements faire la guerre aux brigands qui s'étaient établis sur les bords du Rhin.

L'année 1677, le vit se distinguer à Valenciennes et il fit capituler Cambrai le 17 avril, puis Saint-Omer et retourna en Alsace au siège de Fribourg.

En 1678, le régiment prend part aux sièges d'Ypres et de Gand, en Flandre. Il revient sur le Rhin et combat, le 6 juillet à Rheinfeld, où cinq cents Impériaux furent tués par le régiment qui s'empara de trois pièces de canon et fit 700 prisonniers. Le lendemain il attaqua Seckingen; quelque temps après Kolh et Lichtemberg. En 1679, il fit glorieusement flotter ses drapeaux à Minden.

Le régiment tint garnison, pendant l'année 1683, à Courtrai, qu'il avait pris d'assaut. En 1684, les grenadiers du régiment se distinguèrent à la prise de Luxembourg. Le colonel Nicolaï, l'aumônier, les capitaines Saint-Martin, Rigal, d'Argout y furent blessés. En 1688, il combattit à Philipsbourg. Le colonel Nicolaï y fut de nouveau blessé à la hanche et le surlendemain à la tête. Il en fut de même pour les capitaines Blanzac et Exlotaire. A partir du 1er novembre, Auvergne passa l'hiver dans la ville conquise, mais en 1689, il alla dans le Palatinat, puis il passa en Flandre, combattit à Fleurus où il eut deux capitaines, quatre lieutenants tués et douze autres blessés. Il prit part au siège de Mons, puis se rendit à l'armée de Moselle.

En 1692, il forma de six de ses compagnies le troisième bataillon du régiment de Navarre. Deux bataillons d'Auvergne se trouvent en Flandre au siège de Namur et à la prise de Steenkerque où le capitaine Regnault et le lieutenant Beaupuy furent blessés. Le régiment retourna passer l'hiver en Flandre où il assiégea Furnes, puis alla en Allemagne assiégeant Oppenheim et Wingemberg.

En même temps les autres bataillons extraits du régiment allèrent assiéger Pignerol. Ils se firent reconnaître par leur valeur habituelle à l'attaque de cette ville. Le 27 juillet, le capitaine Fourcade fut tué à l'ennemi. Le 4 août, le capitaine de la Croudraye fut blessé. Le 6, le capitaine de Moussolins, avec un lieutenant et dix hommes attaqua les travailleurs ennemis et les mit en fuite. Auvergne sortit de la place au mois d'octobre et combattit à Marsaglia. Deux ans après, le régiment fit le siège de Valence, puis se rendit en Allemagne jusqu'à la conclusion de la paix de Ryswick (1698). Il reçut comme renfort le régiment de Tallende qui avait été levé en 1695.

L'occupation de la Lombardie eut lieu en 1700; le régiment y prit part. Il se distingua en 1701 aux combats de Carpi et de Chiari où il soutint pendant quatre heures, et avant de battre en retraite, le feu de vingt-quatre bataillons et de cinquante pièces d'artillerie. Il chassa les impériaux de la ville de Crémone (1er février 1702), combattit à Santa-Vittoria, à Reggio, à Modène, à Luzzura, à Borgoforte et perdit son colonel le marquis de Chavigny à Gustalla où le régiment prit ses quartiers d'hiver.

Le 2e bataillon d'Auvergne se rendit en Allemagne au commencement de 1703. Il se distingua à Hochstedt. Le lieutenant-colonel Bourgueil y fut dangereusement blessé.

Le 1er bataillon alla dans le Tyrol. Le 26 juillet, il combattit à San-Benedetto, puis à Bersello, Nago, Arco et enfin à Trente, d'où il alla camper dans le Montferrat.

Auvergne assiégea Verceil puis Ivrée et Vérice. Il s'empara, à ce dernier siège, du fort de Guerbignane. Un soldat du régiment qui avait éteint une mine à laquelle l'ennemi allait mettre le feu, fut fait officier sur la brèche. Le brave colonel d'Imecourt fut tué. Il était le cinquième de sa famille qui était frappé à mort devant l'ennemi. M. d'Alba, qui était entré officier au régiment et qui était devenu lieutenant-colonel par ancienneté, le remplaça dans le commandement.

Le régiment s'empara ensuite de Chivasso, puis passa en Lombardie. Le 20 juillet, le capitaine de Reppe et les grenadiers d'Auvergne culbutèrent cinq cents hommes. Le 16 août il est à Cassano; le colonel d'Alba y reçut sa dixième blessure. Le 16 octobre, le régiment prit sa part de gloire à Gumbetto et alla prendre ses quartiers d'hiver à Dozenzano. Auvergne défait le gémiéral Rewentlau à Calcinato, le 19 avril 1706, puis part pour Turin où il assiste à la déroute des ennemis le 7 septembre. Quoique réduit à 440 hommes, il eut encore la bravoure de se battre deux jours après à Castiglione.

L'année suivante, 1707, le régiment passa en Espagne, assiégea Lérida le 11 octobre et prit pied dans les retranchements de cette ville à 10 heures du soir. Le 14, la ville capitula.

Il investit Tortone le 13 juin 1708, prit 120 espagnols et s'empara du fort des Capucins. Dans la nuit du 19 au 20, à l'attaque d'un chemin couvert, le capitaine de Lauzière fut tué.

L'année 1709 vit encore le régiment en Espagne et dans le Roussillon, où il fit la guerre aux Miquelets.

En 1710, le régiment devait aller en campagne du côté de l'Est, mais le roi Philippe V le demanda et l'obtint. Le régiment partit donc pour la Péninsule sous le commandement du duc de Vendôme. Vers la fin de 1710, il assiégea Girone, qui fut prise par ses grenadiers. Le 3 janvier, le colonel d'Alba donna l'assaut et la place capitula le lendemain.

En 1711, il assiste aux sièges de Seu, d'Urgell, de Vénasque, de Cardone ; il est au blocus de Barcelone jusqu'en 1714. Il s'y fit remarquer par sa bravoure. Le lieutenant Sibille fut tué, le capitaine du Roure, quatre lieutenants et trois sous-lieutenants furent blessés.

En 1719, le régiment assista, sur les Pyrénées, aux sièges de Fontarabie, de Saint-Sébastien, d'Urgell et de Roses, puis il prit son campement le long du Rhône, depuis Tournon jusqu'à Beaucaire.

En 1732, il est, en Alsace, occupé aux fortifications de Metz. 800 soldats, surmenés par les travaux, furent envoyés à l'hôpital. En considération de son faible effectif, le régiment ne fut pas nommé pour prendre part à une expédition que l'on allait tenter en Italie. Mécontent de cela, Auvergne députa à Paris, auprès du ministre, le capitaine marquis de Clermont, et il obtint de partir avec les autres régiments. Avant la fin de l'année, il se distingua aux sièges de Gera, d'Alda et de Pizzighetone.

En 1734, Auvergne s'empara de Serravalle, de Novarre, de Tortone. Le 4 juin, le colonel du régiment, M. de Clermont d'Amboise, combattait dans les rangs du régiment et fut tué d'un coup de fusil. Le 29, sous les ordres de son nouveau chef, M. de Contadès, qui est blessé, il est au combat de Parme. Peu de jours après, le roi de Sardaigne et le maréchal de Villars faillirent être pris près d'un village nommé Martinara ; heureusement deux compagnies de grenadiers du régiment d'Auvergne accoururent, tuèrent 150 ennemis, mirent les autres en fuite et purent ramener le roi et le maréchal. Le 15 septembre, un détachement de 50 hommes du régiment se trouva cerné par 5,000 ennemis. Ces quelques hommes, commandés par le capitaine de Gévaudan, périrent presque tous ; mais le drapeau fut sauvé par l'enseigne, M. d'Ormoy, qui se l'attacha autour du corps et, traversant l'ennemi avec l'aide quelques hommes résolus, parvint à le mettre en sûreté. Le lendemain, Auvergne combattit toute la journée à Guastalla et, avec l'aide du régiment du Roi, mit les Autrichiens en déroute. Le maréchal de Coigny et le roi de Sardaigne étaient sur le champ de bataille :

voyant les efforts héroïques du régiment d'Auvergne, ils allèrent à sa rencontre et le complimentèrent de sa bravoure, lui accordant un grand nombre de marques de leur satisfaction.

Après cette sanglante affaire, le régiment était réduit à 400 hommes qui assistèrent cependant au siège de Mirandole, puis passèrent l'hiver à Lodi, où le régiment fut remis sur pied. En 1725, Auvergne assista aux prises de Gonzague, Beggiolo, Revere, Guastalla, et quitta l'Italie en septembre 1736 pour rentrer en France.

Il reçut l'ordre de partir pour Bastia en janvier 1738. Il devait aider à remettre les Corses sous la domination des Gênois. Jusqu'au mois d'octobre, les 3,000 hommes passés dans l'île n'eurent pas à combattre ; mais, peu après, ils enlevèrent d'assaut Borgo et Luciana qui furent reprises par les Corses, après un autre combat. Enfin, les Français entrèrent à Bastia au mois de mars 1739.

Les hostilités recommencèrent. Le 2ᵉ bataillon (capitaine Fontbrune) s'empara d'un poste près de Bastelica. Le régiment resta dans l'île jusqu'en 1741 et rentra en France.

En mars 1742, il alla en Bavière secourir l'armée de Bohême et prit part au combat de Sahay. Le 24 mai, les grenadiers du régiment se distinguèrent à une affaire près de Fawemberg. De là, Auvergne passa à Prague, réduit par la faim et le feu de l'ennemi à 984 hommes. Il défendit le gué de la Moldaw ; mais, le 17 août, il fut obligé de reculer devant les feux de l'artillerie autrichienne. Le lendemain il revint et enleva la redoute, forçant les artilleurs ennemis à l'abandonner. Le 22 août et le 14 septembre lui fournirent encore l'occasion de montrer sa valeur. Le comte de Clermont eut une cuisse emportée par un boulet et mourut de sa blessure. L'armée battit en retraite, quittant Prague, le 16 décembre, harcelée sur ses flancs par les hussards autrichiens. Le 18, à Tadlowitz, douze escadrons de cuirassiers, de hussards et de Croates attaquèrent la colonne exténuée de fatigue. Mais ils furent courageusement repoussés par le régiment d'Auvergne.

Le régiment arriva enfin sur le Rhin en février 1743, ne comptant plus que 60 officiers ou soldats ; mais les vides furent si vite comblés, que, quelque temps après, il put se remettre en campagne. Deux de ses bataillons gardèrent, le 25 juin, le pont de Seiligenstadt, sur le Mein. Le 27, le régiment était à Dettingen, où il s'empara d'une

pièce de canon, ayant 9 soldats tués, 7 officiers et 24 soldats blessés.
Puis il termina la campagne en aidant aux travaux qui se faisaient
depuis le pont de Salmbach jusqu'au moulin de Beywath.

Le 3e bataillon, qui était resté en Bavière, se retira seulement
devant les Autrichiens le 5 juin et, passant par Ratisbonne, rallia
en juillet le reste du régiment.

En 1744, Auvergne est en Flandre où, à Douai, il escorta le roi
Louis XV. Il fit les sièges de Menin, d'Ypres, de Furnes et termina
cette guerre à Courtrai.

En 1745, il assista à la bataille de Fontenoy, mais où il ne prit
pas part à l'action. Se dédommageant de cette inaction, il alla au
siège de Tournai où il eut l'honneur d'être neuf fois de garde de
tranchée. Sous les ordres de César de Chatellux, son colonel, le
régiment d'Auvergne s'empara, le 12 août, avec l'aide des arquebusiers de Grassins, de l'abbaye de Affelghem ; puis il assista aux
sièges d'Audenarde, de Termonde et d'Ath.

L'année 1746 le vit près de Bruxelles. Le 6 mai, il était à Lou-
vain ; le 15 à Malines, où il entra avec les régiments de Piémont et
du Roi. Il arriva le 21 sous Anvers et commença le siège de la place
dans la nuit du 25 au 26. Le 31, la ville capitulait. Il passa successivement à Mons, à Charleroi, à Namur et vint cueillir ses plus
beaux lauriers au village de Rocoux. A cette bataille, quoique
foudroyé par les feux ennemis et une énorme quantité d'artillerie,
Auvergne se précipita en avant, s'empara d'une batterie et la tourna
contre les ennemis pour terminer leur déroute. Il emporta successivement deux redoutes ; les grenadiers du capitaine Castaignos en
enlevèrent une troisième. Le sergent Vauchoux entra le premier
dans les retranchements ennemis. Le grenadier Camatte réussit à
s'emparer d'une enseigne. En récompense de leur belle conduite,
Vauchoux fut fait officier et Camatte porte-drapeau.

Après cette campagne, Auvergne fut porté à quatre bataillons.
Placé sous les ordres du marquis de Contadès, il fit les sièges des
villes placées sur le bas de l'Escaut. Il s'empara des forts de la
Perle et de Liefskenhoeck. Le lieutenant-colonel, M. de Chaumouroux, avec les grenadiers et trois compagnies de fusiliers, s'empara

du grand et du petit Rykuit. Arrivé devant la ville de Hulst le
1er mai, il attaqua, le 5, le Zandberg et mit hors de combat 300
soldats hollandais. Le 16, il fit capituler Axel ; puis, après quelques
jours de repos à Hoel, il entra à Anvers et, en juin, fut de retour
au camp de Tongres. Le 2 juillet, il assista à la bataille de Lawfeld.

En 1748, le régiment d'Auvergne alla devant Maëstricht, prenant
ses postes près du régiment de Piémont. Le 4 juin, les grenadiers
s'emparèrent d'une flèche près du chemin couvert. Malgré l'explosion
d'une mine qui tua bon nombre d'hommes, les survivants restèrent
à combattre sur les ruines, exposés au feu des assiégés. Deux jours
après, Maëstricht se rendit.

Auvergne alla ensuite à Cambrai et, en 1753, dans la Sambre.

Il se rendit, en 1756, en Basse-Normandie, au camp de Granville.
L'année d'après, il passa dans le Hanovre et arriva à Cassel après
soixante-douze jours de marche. Il assista aux prises de Minden et
de Hanovre et poursuivit l'armée anglo-hanovrienne jusqu'à Clos-
terseven. Il alla ensuite au camp d'Halberstadt, où il séjourna
jusqu'au mois de novembre. Au retour de l'armée dans le Hanovre,
il prit part au passage de vive force de l'Aller et alla prendre
cantonnement dans le pays avoisinant.

Le 3 mars 1758, trois compagnies de grenadiers du régiment se
firent tailler en pièces à Hammelspring ; le brave lieutenant Vauchoux y trouva une mort glorieuse.

Après Crefeld, Auvergne entra à Cologne, quitta cette ville le
15 mai 1759 pour se rendre à Mederweymar, où il arriva le 3 juin.
Sous les ordres du chef de corps, le comte de Saint-Germain, il se
battit à Minden : sept lieutenants et le capitaine Marsan furent
blessés. Bloqué dans Giessen, il refusa de se rendre à un parle-
mentaire qui lui fut envoyé le 7 décembre. Le 10, manquant de
vivres, 150 hommes du régiment, commandés par le capitaine
de la Barre, sortirent de la place et surprirent les ennemis à Viseck,
les forçant à lever le blocus. Le capitaine fut tué dans cet engagement.

Le 10 juillet 1760 vit le régiment d'Auvergne à la bataille de
Corbach où, aidé du régiment d'Orléans, il soutint les régiments du

Roi et de Navarre, en chargeant les Allemands et en les forçant à reculer. Peu après, avec les gardes françaises et sept autres régiments, il chassa le prince Ferdinand de Sachsenhausen. Campé à Merdenhagen le 11 août, Auvergne reçut ordre, du maréchal de Broglie, de débloquer Marbourg. Arrivé le 12 au matin près de Marienhagen, il engagea le combat et fit 3o prisonniers. Le lendemain, en allant à Frankemberg, il rencontra l'ennemi commandé par les généraux Bulow et Fersen, près de Radern. A 10 heures, le régiment d'Auvergne, aidé par la légion royale et par huit escadrons de dragons, s'élança en avant. Fersen fut tué dès le début de l'action et ses soldats reculèrent jusqu'auprès du village de Hallemberg. Craignant que les ennemis ne profitassent de la nuit pour s'enfuir, Auvergne escalada une pente presque inaccessible, tomba au milieu d'eux, en tua 4oo et mit les autres en déroute en s'emparant de huit pièces de canon.

Après cette affaire, le régiment alla se reposer de ses fatigues à Weildungen, qu'il quitta le 4 octobre pour se rendre au camp de Mours, près l'abbaye de Klostercamps, où il rejoignit les brigades de Normandie, de la Tour-du-Pin, d'Alsace et les chasseurs de Fischer.

Dans la nuit du 15 au 16 octobre, les chasseurs furent placés en sentinelles avancées. Derrière eux, pour les appuyer en cas de besoin, se trouvaient les grenadiers du régiment d'Auvergne. A la faveur de l'obscurité, un régiment anglo-hanovrien parvint à tromper la vigilance des chasseurs et allait s'élancer sur nos soldats endormis. Heureusement un sergent de grenadiers veillait. C'était le sergent Dubois. Cerné par les Hanovriens qui lui ordonnaient de se taire, sous peine de mort, il ne songea qu'à sa consigne et s'écria : « Aux armes ! ce sont les ennemis ! » Le capitaine d'Assas, qui veillait aussi au bivouac, accourut : « A moi, Auvergne ! ce sont les ennemis ! » s'écria-t-il à son tour. Les deux braves tombèrent percés de coups, mais l'armée était sauvée. Le capitaine de Castaignos se jeta à corps perdu avec 6o grenadiers sur les ennemis et fit prisonnier le capitaine Pool des grenadiers anglais, qui secouraient les Hanovriens. Neuf autres compagnies françaises accoururent et maintinrent l'ennemi jusqu'à l'arrivée des autres régiments. Dans cette affaire, Auvergne enleva un drapeau, mais les pertes furent cruelles pour le régiment. Les capitaines d'Assas, de Juignan, Saint-Firmin, de Roquade, d'Alba, de Saignard, de la Roche-Pensée, les lieutenants Dupuy et Laugier, 512 soldats furent tués. Le colonel, le lieutenant - colonel, le major Périchon, les aides - majors d'Haupré et du Roure, les capitaines Hostallier, de Liabel, d'Ollias, Labune, Chambarlhac, Duguel, de Morgues, de Laval, de Regnerie, de Fontagnon, de Fatre, Chery, Despans, de Barillac, La Ferté, Chaumouroux, Sasselange, Malherbe, Saint-Victor, 26 lieutenants ou sous-lieutenants et 203 soldats furent blessés. Le capitaine de Saint-Firmin, cité plus haut, resta avec 10 hommes, seuls survivants de sa compagnie, et se fit tuer en défendant un pont dont la garde lui avait été confiée. Auvergne alla ensuite à Dusseldorf et reçut l'ordre de rentrer en France rétablir ses cadres.

Mais devant les instances réitérées du régiment, il obtint de continuer la guerre et repartit de Dusseldorf le 14 février 1761 et participa aux sièges de Ziegenheim et de Cassel. Le 2ᵉ régiment de hussards (le Chamborant) était attaché au régiment d'Auvergne. Le 15 juillet, le lieutenant de chasseurs de Chaumont, avec les grenadiers et chasseurs du régiment, s'empara d'une redoute proche du village de Villingshausen. Il s'y maintint jusqu'au soir. A 10 heures, aidé du régiment du Poitou, il poursuivit les régiments ennemis qui étaient au nombre de quinze. Le 16, 100 hommes du régiment furent tués au siège de Wolfenbüttel, et la campagne se termina enfin le 11 octobre.

1762 trouva Auvergne à la prise du château d'Amenebourg, qui se rendit au moment de l'assaut. En mars 1763, le régiment alla à Metz, puis au mois de mai à Douai. Il était en octobre 1765 à Strasbourg, où il resta jusqu'en juillet 1769 pour se rendre peu après au camp de Verberie, près Compiègne. Il se rendit ensuite à Valenciennes, en juin 1772 à Dunkerque, en octobre à Thionville, en 1774 à Givet, en octobre 1775 à Lille, où il laissa son 4ᵉ bataillon qui se rendit à Nantes pour s'embarquer à destination de la Martinique. Au mois d'avril 1776, le reste du régiment se réunit à Valenciennes et fut partagé, par ordonnance du 25 mars 1776, en deux nouveaux régiments.

Le 1ᵉʳ et le 3ᵉ bataillons restèrent régiment d'Auvergne. Le 2ᵉ et le reste du 4ᵉ bataillon formèrent le régiment de Gâtinais.

Le premier de ces deux régiments reçut réellement son nom de régiment d'Auvergne le 19 février 1777 et prit le numéro 17 des régiments d'infanterie. Gâtinais prit le numéro 18.

Le régiment d'Auvergne fut envoyé à Brest en 1778 ; une partie s'embarqua, pour aller prendre part à la guerre aux Etats-Unis, sur le vaisseau *La Ville de Paris*, et se distingua au combat d'Ouëssant où le capitaine Molore et le lieutenant Fontmanoir furent tués.

Au mois de novembre 1778, Auvergne alla à Lille ; en juillet 1779 à Berghes, et en juin 1780 en Normandie, près d'Avranches, pour se rendre au mois d'août 1782 à Guingamp, et enfin s'embarquer le 10 septembre sur une escadre commandée par le chevalier de Borda, à destination de la Jamaïque. Il prit terre à la Martinique, où il resta quelque temps, puis revint en France au mois de juillet 1783. Il alla tenir garnison à Lille, en mai 1787 à Dunkerque, à Calais en octobre 1787, à Condé en 1788, puis successivement la même année à Quesnoy et à Valenciennes.

Des dissensions politiques se firent sentir dans le régiment et, après des rixes, les soldats se séparèrent. Une partie alla s'établir à Conflans, près de Metz. Mais bientôt de sages conseils les réunirent.

En garnison à Bitche, le régiment d'Auvergne passa à Phalsbourg le 14 mai 1790. Les émigrés soulevèrent alors les soldats, qui chassèrent leurs officiers et se formèrent en une Société patriotique où tout le monde commandait. Cependant un nouveau colonel, qui était membre de l'Assemblée nationale, M. Dumas, fit rentrer les délinquants dans le devoir. Il rappela les anciens officiers ; mais sept seulement répondirent à son appel.

L'année 1792 vit le 1er bataillon et la compagnie des grenadiers du 2e à l'armée des Ardennes. La portion principale du régiment fut placée sous les ordres de Kellermann, à l'armée du Centre, et assista à la bataille de Valmy. Après l'évacuation du territoire par les Prussiens, les deux bataillons combattirent avec Dumouriez à Jemmapes et à Néerwinden, d'où ils se retirèrent sur Comptich et Pellemberg.

Le 22 mars 1793, Le Veneur ordonna au colonel Dumas de faire marcher son régiment pour reprendre aux Hongrois le village de

Blierbeck. Son colonel en tête, Auvergne chassa les ennemis et leur prit deux canons. Après avoir évacué la Belgique, le régiment combattit sous Valenciennes. Le 8 mai, près de Raisnies, il sauva l'armée en protégeant la retraite. Le 1er bataillon fit la campagne de Hollande en 1794 Le 26 août de cette année, il forma la 33e demi-brigade, augmenté du 10e bataillon de Seine-et-Oise et du 2e bataillon de la Nièvre.

En 1796, la 33e demi-brigade devint 17e demi-brigade. Le 2e bataillon, qui était dans l'armée de Sambre-et-Meuse en 1793-1794, forma, le 26 avril 1794, la 34e demi-brigade avec le 4e bataillon de la Moselle et le 3e bataillon de la Meuse. En 1796, la 34e demi-brigade devint 43e demi-brigade.

Gâtinais, qui était à la Martinique depuis le 20 novembre 1775, alla, en 1777, à Saint-Domingue. Le 25 septembre de cette même année, le 1er bataillon, en garnison à Calais, s'embarqua à Bordeaux pour aller le rejoindre. Le régiment resta en garnison au Cap jusqu'en 1779. Embarqué sous les ordres de d'Estaing, du 15 septembre au 20 octobre il fit le siège de Savannah en Amérique. Les chasseurs du régiment se distinguèrent le 9 octobre. Aux cris de : « Auvergne ! Auvergne ! d'Assas ! » ils s'emparèrent d'une partie des retranchements ; mais les ennemis, plus nombreux, les forcèrent à reculer. Gâtinais se retira en bon ordre en emportant ses morts. Le vicomte de Bethizig, colonel en second, avait reçu trois coups de feu : un dans le bras droit, un dans la main gauche et l'autre dans le ventre. Le capitaine de Sireuil avait un biscaïen dans le côté ; le capitaine en second de Foucauld avait été renversé par le souffle d'un boulet, le lieutenant de Justamont tué raide, le chevalier de la Roche-Negly blessé à la tête, le chevalier de Tourville avait la poitrine traversée de part en part par une balle et le sous-lieutenant Livert avait ses habits criblés de mitraille.

En 1781, après un nouveau séjour au Cap, le régiment alla aux Etats-Unis. Le 14 octobre, de garde de tranchée au siège de York-Town, il enleva deux redoutes aux ennemis. Trois officiers, dont le capitaine de chasseurs Sireuil, y furent grièvement blessés.

Parmi tous les régiments, Gâtinais se distingua tout particulièrement. Le lieutenant-colonel de Lestrade, quelques instants avant l'attaque, passait devant le front du régiment exhortant les soldats à se montrer dignes de leur vieille réputation. Un sergent prit la parole : « Mon colonel, dit-il, si notre régiment reprenait son nom d'Auvergne, il me semble qu'il se battrait mieux ! » Lestrade promit, s'il était satisfait, d'en faire la demande au Roi. Après la guerre, le colonel tint parole : la demande fut faite en faveur du régiment et, sur le rapport du colonel, on put lire plus tard ces mots, de la main même du Roi : « Bon pour Auvergne. » Gâtinais redevint donc Auvergne, faisant précéder son nom de « Royal », titre qui lui fut donné par autorisation du Roi le 11 juillet 1782, et il inscrivit sur une des faces de son drapeau : « Bon pour Auvergne. »

Le régiment, de York-Town, alla à Saint-Domingue où il fournit des soldats pour la flotte du comte de Grasse. Le 7 avril, dans un combat naval, le sergent Charles Daurier, qui était monté sur le vaisseau *Le Caton,* reçut deux blessures. Ce sergent devint, dans la suite, général et baron de l'Empire.

Royal-Auvergne rentra en France, débarqua à Bordeaux, passa à Libourne, vint à Nancy, puis à Calais en 1787. En novembre 1791, le 1er bataillon se dirigea sur Boulogne, le 2e sur le Havre, où il embarqua trois compagnies pour Saint-Domingue. Elles ne revinrent plus.

Le 1er bataillon alla ensuite dans l'armée du Nord, le 2e à Maubeuge, où il se signala dans les engagements qu'il eut avec la cavalerie ennemie. C'est dans cette ville que s'engagea comme officier, au régiment Royal-Auvergne, Chérin, le dernier généalogiste du Roi. Il devint adjudant général.

Royal-Auvergne revint encore une fois dans les Pays-Bas, puis en Normandie, et rentra à Maubeuge, se faisant remarquer par sa valeur habituelle à des combats qui furent livrés sous cette place les 10 et 11 juillet 1793. Le régiment fut ensuite envoyé en Vendée et, après cette campagne, dans l'armée du Rhin et de la Moselle.

Le 1er bataillon forma, le 17 août 1794, la 35e demi-brigade avec les 3e et 5e bataillons de la Meurthe. Le 2e bataillon forma la 36e demi-brigade avec le 1er bataillon du Loiret et le 5e bataillon de la Somme. En 1796, la 35e demi-brigade devint 106e demi-brigade ; la 36e, 84e demi-brigade.

Un autre petit corps, qui porta glorieusement le nom d'Auvergne, fut le 7ᵉ bataillon de chasseurs : les chasseurs d'Auvergne.

Ce bataillon fut formé à Brioude avec les compagnies d'infanterie attachées aux chasseurs à cheval des Pyrénées. L'année de sa formation, il est à Clermont-Ferrand, puis de là passe au Puy et à Saint-Flour, où il tint garnison jusqu'en septembre 1791, époque où il alla au fort Louis-du-Rhin, à Strasbourg. Placé sous les ordres de Custines en 1792, il se conduisit bravement, le 9 novembre, au combat de Limbourg et, le 20 mars 1793, à l'engagement de Stromberg. Le 30, à Oberflerscheim, le bataillon fut mis à l'ordre de l'armée pour avoir soutenu le régiment de Bourbonnais. Le combat de Nothweiler lui fournit, du 12 au 14 septembre, l'occasion de cueillir de nouveaux lauriers. Le 14, aidé par les compagnies de la Haute-Saône et des Vosges, les chasseurs d'Auvergne attaquèrent l'ennemi dans ses redoutes et l'en chassèrent à coups de baïonnettes. Le lieutenant Bureau entra le premier dans les retranchements.

Le 26 décembre 1793, le 7ᵉ bataillon de chasseurs, amalgamé avec le 1ᵉʳ bataillon de la Corrèze et le 2ᵉ bataillon de la Dordogne, forma la 7ᵉ demi-brigade d'infanterie légère.

Drapeaux et Uniformes

Les drapeaux du régiment d'Auvergne avaient une croix blanche, deux carrés violets et deux carrés noirs (le violet était la marque distinctive des premiers régiments formés, dits Petits-Vieux). Les drapeaux du Royal-Auvergne avaient la croix blanche ; les quatre carrés étaient coupés par une diagonale de manière à former un carré inscrit dans l'étoffe et ayant ses angles au sommet de la croix. Des huit triangles résultant de cette combinaison, les extérieurs furent violets dans le haut et noirs dans le bas, et les intérieurs de la couleur contraire (noire ou violette) dans chaque quartier.

L'uniforme d'Auvergne jusqu'au règne de Louis XVI fut : habit, veste et culotte blancs, collet et parements violets, boutons blancs, galon de chapeau en or ; poches en travers, trois boutons sur les poches et autant sur les parements. En 1776, en plus des collets et parements, les revers furent aussi violets ; les boutons furent jaunes.

Pour le régiment d'Auvergne, l'uniforme fut ainsi fixé par ordonnance de 1779 :

Habit à la française blanc, veste blanche, gilet blanc, culotte blanche, revers violets agrafés jusqu'au tiers de leur longueur, garnis de sept petits boutons, trois gros au-dessous du côté droit ; pattes de poches figurées par un passepoil violet et garnies de trois boutons ; parements violets coupés à quatre pouces de long, fermés par quatre petits boutons. Epaulettes de drap lisérées ; pour les grenadiers, rouges doublées de blanc ; les chasseurs, vertes. Les fusiliers ont une fleur de lis violette aux retroussis ; les grenadiers une grenade ; les chasseurs un cor de chasse. Chapeau bordé d'un galon noir. Cocarde retenue par une ganse et un petit bouton. (Les grenadiers reprirent, en 1788, le bonnet à poils abandonné en 1779). Les grenadiers ont au-dessus de la cocarde une houppe de laine rouge et ronde de deux pouces ; les chasseurs une houppe verte. Pour les fusiliers, la 1re compagnie du 1er bataillon a un pompon bleu de roi ; la 2e aurore ; la 3e violet ; la 4e cramoisi. Les compagnies du 2e bataillon ont les pompons moitié blancs, moitié des couleurs susnommées. Dans les chasseurs (1786, 1er octobre), la 1re compagnie a le pompon écarlate, la 2e bleu de ciel, la 3e rose, la 4e souci. Guêtres noires en hiver, blanches en été, avec seize boutons chaque et une jarretière à boucle. Les grenadiers ont le sabre à dragonne rouge, les chasseurs à dragonne verte. Les tambours sont à la livrée du roi. Fusil modèle 1777.

Royal-Auvergne, pour se distinguer d'Auvergne, prit le collet jaune, les boutons blancs ; le reste de l'uniforme semblable au régiment d'Auvergne, sauf que les revers seuls étaient violets.

Les chasseurs d'Auvergne (ordonnance du 8 août 1784) avaient un habit vert foncé en frac ; veste, culotte chamois, boutons blancs ; doublure, revers, parements de couleur distinctive. Sur l'épaule droite, une contre-épaulette verte ; sur l'épaule gauche, une épaulette blanche losangée de la couleur distinctive. Casque en cuir bouilli, à chenille noire, orné de garnitures en cuivre, d'une visière et d'un bandeau de peau de vache tigrée. Fusil de chasseur, sabre à dragonne verte.

Mestres de Camp ou Colonels

Date de leur nomination de colonel et grades obtenus dans la suite.

Régiment d'Auvergne

Baron du Bourg de l'Espinasse (Antoine du Maine), nommé colonel le 6 mars 1597, maréchal de camp le 16 décembre 1621.

Comte de la Suze (Gaspard de Champagne), nommé colonel en février 1619.

Marquis de Lauzières (Charles), nommé colonel en 1620.

Comte d'Estissac (Benjamin de la Rochefoucauld), nommé colonel le 20 décembre 1621, lieutenant général le 18 octobre 1652.

Prince de Marsillac (François de la Rochefoucauld), nommé colonel le 1er mai 1629, maréchal de camp le 19 mai 1646.

Marquis de Leuville (Luc-Olivier), nommé colonel le 24 mars 1631, maréchal de camp le 4 mai 1646, lieutenant général le 4 novembre 1650.

Comte de Maugiron (Claude), nommé colonel le 1er mars 1633, colonel du régiment de la Reine mère en 1643, maréchal de camp le 27 septembre 1643, lieutenant général le 12 juin 1651.

Comte de la Roüe (Balthazar), nommé colonel le 13 mars 1641, maréchal de camp le 17 février 1652.

Marquis de Brinvilliers (Antoine de Gobelin), nommé colonel en mars 1645.

Baron d'Espiez (N. de Cossard), nommé colonel en 1647.

Marquis de Calvisson (Jean-Louis de Lorrët), nommé mestre de camp le 4 juin 1650, maréchal de camp le 4 octobre 1651.

Marquis de Janson (N. de Forbin), colonel en septembre 1655.

Comte de Moussy (N. Lebouteillier de Senlis), colonel en 1651.

Comte de Sérig (Paul de Saint-Aignan), colonel en 1664.

Duc de Chevreuse (Charles-Honoré d'Albert de Luynes), nommé colonel en 1666.

Marquis de Cœuvres (François-Annibal d'Estrées), nommé colonel en 1670.

Marquis de Nicolaï de Presle (Nicolas), nommé colonel le 24 avril 1680.

Marquis de Chavigny (Claude-François de Bouthillier), nommé
colonel le 15 janvier 1695.

Chevalier d'Imecourt (Jean-Louis de Wassinghac), nommé brigadier
le 29 janvier 1702, colonel le 1er avril 1703, maréchal de camp le
26 octobre 1704.

D'Alba (David), nommé major le 4 janvier 1689, lieutenant-colonel
le 16 décembre 1703, colonel le 4 janvier 1705, brigadier le
20 juillet 1711.

Comte de Clermont d'Amboise (Georges-Jacques, nommé colonel
le 5 juin 1716, brigadier le 20 février 1734 ; mort le 6 juin 1734.

Marquis de Contadès (Georges-Erasme), nommé colonel le 15 juin
1734, brigadier le 18 octobre 1734, maréchal de camp le 1er janvier
1740, lieutenant général le 1er mai 1745, maréchal de France en
1758.

Marquis de Clermont-Gallerande (Armand-Henri), nommé colonel
le 21 février 1740.

Duc de Duras (Emmanuel de Félicité de Durfort), nommé colonel
le 6 mars 1743, maréchal de camp le 1er mai 1745, lieutenant
général le 10 mai 1748, maréchal de France en 1775.

Marquis de Chatellux (César-François de Beauvoir), nommé colonel
le 26 mai 1745, brigadier le 1er janvier 1748.

Marquis de Chatellux (Philippe-Louis de Beauvoir), nommé colonel
le 30 septembre 1749, brigadier le 20 février 1761, maréchal de
camp le 25 juillet 1762, lieutenant général en 1781.

Marquis de Rochambeau (Jean-Louis-Donatien de Vimeux), nommé
colonel le 7 mars 1759, maréchal de camp le 20 février 1761,
lieutenant général en 1778 et maréchal de France en 1791.

Marquis de Champagne-Chapton (Charles-François-Ferdinand),
nommé colonel le 20 février 1761, brigadier le 29 janvier 1769.

Vicomte de Laval (Mathieu-Paul-Louis de Montmorency), nommé
colonel le 4 août 1771, brigadier le 1er juillet 1784, maréchal de
camp le 9 mars 1788.

Marquis de Courbon-Blénac (Sophie-Jacques), nommé colonel le
10 mars 1788, maréchal de camp le 1er mars 1794.

Dumas de Saint-Marcel (Guillaume-Mathieu), colonel le 25 juillet
1791.

Régiment Royal-Auvergne (ex-Gâtinais)

Marquis de Caupenne (Louis-Henri), nommé colonel le 18 avril 1776.

Comte de Briez de Landres (Jean-Gabriel), colonel le 9 mai 1778.

Marquis de Rostaing (Just-Antoine), colonel le 27 octobre 1778, brigadier le 5 décembre 1781, maréchal de camp le 15 juin 1783.

Vicomte de Rochambeau (Donatien-Marie-Joseph de Vimens), colonel le 1ᵉʳ juillet 1783, maréchal de camp le 30 juin 1791 ; tué à Leipzig.

De Tourville (Charles-Bertin-Gaston Chapuy), major le 18 avril 1776, lieutenant-colonel le 20 avril 1788, colonel le 8 juillet 1792, maréchal de camp le 7 septembre 1792.

De Fontbonne (Alexandre-Louis), lieutenant en 1769, lieutenant-colonel le 28 avril 1792, colonel le 8 juillet 1792.

Lieutenants-Colonels

7ᵉ Bataillon de Chasseurs (Chasseurs d'Auvergne)

Chevalier de Chazot (Jean-Pierre-François), nommé lieutenant-colonel le 1ᵉʳ mai 1788.

Baron de Tournelles (Christophe), lieutenant-colonel le 25 juillet 1791.

De Trentinian (Jean-Jacques), lieutenant-colonel le 5 février 1792.

De Becdelièvre (Gabriel-François-Louis), lieutenant-colonel le 9 septembre 1792.

Ouvrages cités :

L. Suzane : *Histoire de l'ancienne Infanterie française*.
Ambert : *Notice historique des Corps de l'Armée française*.
Pascal : *Histoire de l'Armée et de tous les Régiments*.
D. L. : *Gloires militaires*.
— *Victoires et Conquêtes des Français*.
— *Histoire de l'Armée française*.

Explication de la gravure : A gauche, fusilier en 1775 et drapeau en 1789 du Royal-Auvergne.

Au milieu : Soldat en 1715, officier en 1789 et enseigne en 1705 du Régiment d'Auvergne.

A droite : Chasseur en 1790 du 7ᵉ bataillon des Chasseurs d'Auvergne.

Mémoire de Madame André d'Aubière
au Tribunal criminel du Puy-de-Dôme [1].

La veuve André, de Clermont, à ses Juges

Mon époux, victime de ses opinions religieuses, qu'il avait toujours concentrées dans le sein de sa famille, a été condamné à mort par la Commission révolutionnaire de Lyon. Depuis huit mois, sa veuve infortunée traîne dans l'ombre, sa déplorable existence. Errante et fugitive, exposée chaque jour à tous les dangers et à toutes les horreurs, proscrite et déjà condamnée, j'ai souffert mille morts, pour échapper à la dernière, dont je me suis crue menacée; dans mes longues calamités, mon innocence m'a préservée du désespoir, et l'amour maternel a soutenu mon courage. Enfin, le règne heureux de la Vertu me donne aujourd'hui la confiance de me présenter à la justice, pour faire réformer mon jugement.

Dois-je faire connaître l'auteur de tant de maux? Ma position l'exige. L'intérêt de la société me le commande ; il faut qu'elle connaisse les malfaiteurs pour pouvoir les surveiller. Je vais donc, malgré ma répugnance, nommer celui qu'à juste titre je pourrais appeler le bourreau de ma triste famille. En m'abstenant de toute réflexion sur son compte, les faits le peindront suffisamment.

Girard, ancien praticien, exerçait en la ci-devant justice d'Aubière ; sa conduite obligea mon mari de provoquer sa destitution, qui fut ordonnée en grande connaissance de cause. Il se montra dès lors notre ennemi et chercha toutes les occasions de s'en venger. La Révolution lui en présente les moyens ; il commence par indisposer contre mon époux les habitants de la commune d'Aubière, en usant

<hr>

1 Pièce communiquée par M. Beaulaton.

à leur égard d'insinuations aussi fausses que perfides. Notre asile fut violé, notre maison fut insultée et livrée nuitamment à tous les excès. Deux de nos fils sont défenseurs de la patrie. L'aîné envoyé au concours, par le représentant du peuple, près de l'armée dans laquelle il servait, vient d'y obtenir une place d'ingénieur géographe. Un troisième, absent depuis plusieurs années, s'est émigré à l'insu de sa famille. L'émigration de ce fils nous a compris dans la loi du 17 frimaire, qui ordonne le séquestre des biens des père et mère d'émigrés. Cette loi ne fut pas plutôt arrivée que Girard se fit nommer commissaire par le District, pour apposer les scellés chez mon mari, à Aubière. Le 28 nivôse au soir, il fait promulguer extraordinairement la loi, afin que, le lendemain, il put, à son réveil, la mettre à exécution.

En effet, le 29 nivôse et de grand matin, Girard vint, accompagné de deux membres de la municipalité, pour apposer les scellés : se faisant assister, avec appareil, d'une foule d'assistants il s'informe si rien n'a été précédemment déplacé ; il parcourt toutes les maisons du village ; il découvre quelques tonneaux, des planches, des roues de chars, etc. Il demeure en permanence, pendant cinq ou six jours, pour recevoir les déclarations des habitants sur les ventes de grain et de vin ; il affecte d'ignorer que, jusqu'à la publication de la loi du 17 frimaire, mon mari avait eu certainement la libre administration de son mobilier et de ses revenus ; que la Municipalité l'avait elle-même si bien reconnu qu'elle avait donné aux plus indigents de la commune, des réquisitions de grains sur son mari, jusqu'au soir du 28 nivôse. Mais n'importe, Girard se plaît à faire un long procès-verbal des denrées vendues avant la publication de la loi ; c'est ce procès-verbal qui, après le décès de mon mari, est devenu un titre, et le seul titre d'accusation contre moi.

C'est ici le cas de parler de mon mari ; il joignait, à une grande pureté dans ses mœurs, un caractère connu de bienfaisance et de charité ; peu répandu dans la société, concentrant ses affections dans sa famille et ses devoirs dans les pratiques religieuses, il se croyait obligé d'entretenir ses enfants dans la sévérité de ses principes.

En 1790, il était à Milhaud, dans le département de l'Aveyron, chez un de ses amis, d'où, écrivant à ses enfants, il cherchait à les prévenir contre les nouveautés du système religieux. Ces lettres, reçues dans le temps par sa famille, étaient demeurées à Aubière parmi les papiers de rebut. Girard fouille partout ; la rage et l'envie de perdre son ennemi redoublent sa curiosité ; rien n'échappe à ses recherches ; titres de famille, papiers domestiques, papiers de rebut, tout est soumis à la plus sévère révision. Il tombe enfin sur deux lettres adressées par mon mari à ses fils et par lui écrites de Milhaud, depuis plus de trois ans ; ils les parcourt, il croit y trouver des chefs d'accusation contre leur auteur ; il s'en saisit avec avidité et dans le transport d'une joie féroce, il s'écrie en sautant : « ah ! le b... ! je le tiens ; je vais le faire guillotiner ».

En vain, les municipaux d'Aubière connaissant la conscience timorée de mon mari, veulent excuser quelques expressions échappées à son zèle religieux, et qu'ils étaient bien éloignés d'attribuer à des opinions inciviques ; en vain, le pressent-ils de ne donner aucune suite à ces lettres ; Girard veut absolument les porter au Comité de surveillance de Clermont, il va, malgré ses collègues, les y déposer lui-même ; il provoque toute la sévérité du Comité, lui surprend un arrêté, qui ordonne que mon mari sera transféré, sur le champ, de la maison de réclusion où il était, comme père d'émigré, dans la prison, pour être de là traduit devant la Commission révolutionnaire de Lyon.

J'étais dangereusement malade. Cette nouvelle acheva de m'accabler. J'étais libre ainsi que mes enfants ; ne pouvant suivre mon mari à Lyon, ma fille aînée, âgée de 18 ans, court à la municipalité, sollicite et obtient un passeport pour accompagner et défendre son père. Girard, qui gardait à vue sa victime et qui craignait qu'elle ne lui échappât, vole au Comité de surveillance, lui arrache un mandat d'arrêt contre ma fille et la fait arrêter au moment où, pour remplir le plus saint de ses devoirs, elle montait en voiture.

J'avais une autre fille, âgée de 13 ans ; Girard craignant, sans doute, que l'énergie de la nature lui donnât pour sauver son père des ressources qu'on ne pouvait attendre de la faiblesse de son âge, ne craint pas de la faire renfermer avec sa sœur dans la maison de réclusion.

Cette scène d'horreur m'avait anéantie ; on ne pouvait me transférer dans la maison de réclusion : Girard me fait mettre en arrestation dans la mienne, sous la surveillance de deux gardes et avec défense de communiquer avec qui que ce soit.

Mon mari part donc seul ; il arrive à Lyon ; on le jette dans un corps de garde ; son premier soin est de m'écrire pour me consoler et me rassurer ; l'instant d'après on le conduit au supplice. Quelle affreuse, quelle horrible situation pour la plus tendre des épouses ! Quel cœur sensible fut à la fois percé de tant de coups ! O monstre ! (car, de quel autre nom pourrais-je t'appeler ?) Comment Girard ! tu étais père et tu as fait arrêter deux jeunes filles, parce qu'elles volaient à la défense de leur père ! Tu étais époux et tu as pu faire garder à vue une femme mourante dans la crainte que, rassemblant le peu de force qui lui restait, elle ne parvint à sauver son époux, désigné ta victime ! Ah ! puissent tes remords seuls te rendre tous les maux que tu m'as fait !

Mon mari n'était plus ; mais ce triomphe ne suffisait pas à Girard et il lui manquait de me faire subir le même sort. Il se rappelle de son procès-verbal de perquisition, du 29 nivôse, il se rend à l'administration et, par arrêté du 2 germinal, il parvient à me faire dénoncer au Directeur du *juré,* comme ayant eu l'intention de dilapider le mobilier de mon mari avant que les scellés fussent posés chez lui.

Une procédure criminelle s'instruit contre moi ; j'avais alors, de mon domicile, été transférée dans la maison de réclusion sans conseil et sans communication avec personne ; j'ignore jusqu'au tribunal qui doit me juger, mais des bruits vagues et malignement répandus par Girard viennent frapper à mes oreilles et me menacer du dernier supplice.

A peine convalescente, faible encore, affaissée par les maux de l'âme et d'une imagination facile à ébranler, je ne vois, jour et nuit, que l'image de la mort. L'ombre sanglante de mon mari se présente sans cesse à mes yeux, je le vois sous le couteau....., je frémis, une fièvre ardente circule dans mes veines, je ne me counais plus ; je me lève pendant la nuit et, sans savoir où je vais, je me précipite de vingt pieds de hauteur, courant ainsi pour me sauver le plus grand danger de périr. La loi faisant réputer coupable l'accusé qui [ne se présente pas, le Tribunal criminel, par mon absence, a été obligé de me condamner à quatre années de réclusion, ainsi que Marguerite, ma gouvernante, qui a été regardée comme complice. Aujourd'hui, mieux instruite de la nature du délit dont je suis prévenue, certaine qu'une fois acquittée je n'aurai plus à craindre la rage de Girard, dont le règne a cessé par la chute des Terroristes, de ces tigres qui aimaient à se gorger de sang, je viens

avec sécurité demander à des juges impassibles un jugement contradictoire.

Quel est le délit dont on m'accuse ? D'avoir eu l'intention de
dilapider les effets de mon mari, devenus nationaux ; mais si l'on se
rappelle les faits dont j'ai rendu compte, on verra clairement que je
n'ai ni dilapidé, ni eu aucune intention de le faire. Les ventes des
denrées et déplacement de mobilier que l'on me reproche sont tous
antérieurs à l'époque de la publication faite, à Aubière, de la loi sur
le séquestre des biens des père et mère d'émigrés ; jusqu'à la publication de cette loi, mon mari, en pleine jouissance de ses revenus,
de son mobilier, en avait conservé la libre et entière administration ;
jusque là, il a pu en disposer et les vendre à son gré ; quand j'aurais
participé à ces ventes, je n'aurais fait que transmettre ses ordres à
ses domestiques et exécuter ses volontés. Mais, encore une fois, tout
ce qui a pu être fait à cet égard, avant la publication de la loi, exclut
toute idée de délit ; or, rien n'a été vendu ni déplacé de la maison
de mon mari, après la promulgation de la loi dans la commune
d'Aubière, puisque la loi a été publiée le 28 nivôse à l'entrée de la
nuit, et que le procès-verbal d'apposement des scellés commencé le
29 au matin, contient lui même la preuve que les ventes et déplace-
ments étaient antérieurs à cette publication.

Ce procès-verbal, qui a servi de base à la dénonciation, suffirait
donc lui-même pour me justifier.

Comment, d'ailleurs, mon mari aurait-il pu se refuser aux ventes
dont on m'accuse, puisque les délivrances de grain ont été faites en
vertu de réquisitions données sur nous par la municipalité d'Aubière,
jusques et compris le 28 nivôse, jour même de la promulgation
de la loi du 17 frimaire. Un autre loi m'ordonnait de satisfaire aux
réquisitions, et l'on voudrait me faire un crime d'y avoir satisfait !
il n'y a donc et ne peut y avoir de ma part l'ombre même d'un délit.

Si je ne suis pas coupable, l'estimable et fidèle Marguerite, qui a
toute ma confiance et qui la mérite à tant d'égards, est aussi pleinement justifiée.

Je finis ; je crois avoir rempli mon but, j'ai prouvé mon innocence,
et lorsque j'ai tracé ma justification sous l'empire de la justice et des
lois, la confiance tenait ma plume et la vérité lui dictait.

FAVARD, veuve ANDRÉ.

Statuts et Règlement

pour Messieurs du Chapitre d'Aurillac (1673)

Cejourd'huy troisiesme jour du mois de avril l'an mil six cens septante-trois, après midy, en la salle de l'hostel abbatial de la ville d'Aurillac, furent présents illustrissime et révérendissime Père en Dieu messire Hercules de Manzieri, conseiller du Roy en ses conseils, abbé comte et seigneur temporel et spirituel de lad. ville, et nobles et vénérables personnes, messieurs Louys de la Tour, chantre, Pierre De Lagrange, aumosnier, Géraud Merals, sacristain et prieur de Montvert, Jean-Jacques Textoris, Denys Dulaurens, Pierre Textoris, prieur de Cros et Jean-Baptiste Lavaissière, tous prestres et chanoines aud. chapitre, lesd. sieur De Lagrange, aumosnier, et Dulaurens, syndic dud. chapitre l'année précédente, lesquels capitulairement assemblés en chapitre, au son de la grand' cloche, à la manière accoustumée, et mandés et duement appelés par les secrétaire et bedeau dud. chapitre, par ordre des sieurs bailes et syndics d'icelui, suivant le mandement exprès dud. seigneur Abbé; lesquels secrétaire et bedeau ont affirmé, moyennant leur serment avoir adverty, maison par maison, tous ceux dud. chapitre qui ont droit d'y assister et donner leurs voix et suffrages, et particulièrement au doyenné pour advertir Me Jean de Laplacete, doyen de lad. églize, nonobstant que depuis six ans ou enuiron il n'aye paru dans le cheur *in habitu*, n'y y aye rendu aucune assistance, quoique d'ailleurs il vienne souvent en lad. ville pour procès ou affaires temporelles.

Auquel chapitre a esté remonstré aud. seigneur Abbé, de la part desd. sieurs chanoines par l'organe dud. sr aumosnier, premier baile

et syndic la présente année dud. chapitre, que, depuis quelques
années, quelques abus se sont glissés en leur corps, tant en la célé-
bration des offices divins, qu'en l'administration du temporel d'iceluy,
a quoy il est nécessaire de donner de l'ordre et régler toutes choses
selon les saincts décrets et cérémonies de l'Eglize par des statuts et
réglements, pour lesquels faire et dresser, ils n'ont peu n'y voulu
travailler que par les ordres et par l'autorité, et intervention dud.
seigneur Abbé, suivant et aux termes de ce qui est expressément
porté par la bulle de sécularisation de lad. abbaye, faicte par nostre
sainct Père le Pape Pie IV*, en date du xiii° may mil cinq cens
soixante un, laquelle permet aud. seigneur abbé et chapitre d'en faire
et dresser lorsqu'il sera jugé nécessaire pour le bien de lad. églize et
chapitre; estant d'ailleurs très persuadés, par la parfaite cognois-
sance qu'ils ont du zèle extraordinaire que ledit seigneur Abbé a
tousjours tesmoigné avoir pour tout ce qui regarde le service divin
et le bien dudit chapitre, à raison de sa dignité abbatialle, comme
leur supérieur, il metra toutes choses en si bon estat que Dieu en
sera glorifié, le peuple édifié, et les affaires temporelles dud. chapitre
gouvernées et réglées dans l'ordre où elles doivent estre; et ce qui
sera ordonné estant appuyé de l'authorité dud. seigneur abbé sera
ferme et stable sans que personne ose à l'advenir entreprendre d'y
contrevenir; le suppliant à cette fin, de la part de la compagnie, de
vouloir avoir la bonté de travailler avec eux à faire et dresser des
règlements et statuts tels, et ainsy qu'il le trouvera à propos,
auxquels ils offrent unanimement de se soumettre, y obéir, et de les
garder et observer poinctuellement.

A quoy led. seigneur Abbé a respondu qu'il loüe et approuve la
résolution dud. Chapitre, et reçoit agréablement la prière qu'il luy
faict de travailler à faire et dresser lesd. statuts et règlements
offrant de rapporter tout ce qui dépend de son authorité pour faire
réussir une si bonne œuvre. De quoy led. sieur Delagrange, ausmô-
nier dudit Chapitre, a très humblement remercié led. seigneur Abbé,
et ensuite de ce, l'affaire mise en délibération et mûrement examinée,
ont été faicts les statuts et règlements ensuivants.

Et premièrement a esté arresté que, affin que le service divin soit
faict et l'églize servie avec plus de régularité et d'assiduité à
l'advenir que par le passé, les offices divins seront faicts suivant et

conformément au cérémonial des Evesques, nouvellement imprimé par l'ordre de nostre sainct Père le Pape Innocent X, dans lequel est marqué avec quelle façon les offices divins doivent estre faicts dans les églizes cathédralles et collégialles.

ARTICLE 1. — Que le sieur sacristain de lad. églize aura le soin de faire sonner les offices divins comme suit, sçavoir : depuis le jour de Pasques, jusques au vingt-neuf septembre, jour et feste de sainct Michel archange inclusivement : le premier de matines à quatre heures et demy, le second à cinq heures, la messe de Nostre-Dame à huict heures. Et la grand'messe après celle-là ; le premier de vespres à deux heures et demy de relevée, et le dernier à trois heures depuis la Saint-Michel jusques à Pasques exclusivement, le premier de matines se sonnera à cinq heures et demy et le dernier à six, la messe de Nostre-Dame à neuf heures, et ensuite la grand'messe ; le premier de vespres à une heure et demy, et le dernier à deux ; ce qui se doit entendre des jours ouvriers, car aux festes solemnelles de la première ou seconde classe, les dimanches et autres festes chômables, matines et vespres seront sonnées pendant une heure, le premier commençant d'estre sonné demy heure plustôt qu'aux autres jours ; et lorsqu'on sera obligé de dire deux ou trois grandes messes suivant la rubrique ou pour quelque autre occasion nécessaire, lad. messe de Nostre-Dame se sonnera demy heure plustot qu'à l'ordinaire.

ARTICLE 2. — Que toutes les dignités personats, chanoines, soub-sacristain, chapelain Saint-Benoît et prébendiers seront tenus et obligés de se trouver *in habitu*, chanter et psalmodier, chacun selon son pouvoir à tous les offices, heures canoniales et à la grand'messe, sur peine d'estre poinctués et privés de leur part et portion des dixmes, rentes, pensions et tous autres revenus appartenant .aud. chapitre, en quelle manière qu'ils puissent estre et consister, à l'exception toutes fois des malades et de ceux qui. auront conge dud. Chapitre pour juste et légitime cause. Et ce qui proviendra desd. poinctes et privations sera distribué à ceux qui auront esté plus assidus et faict leur devoir aux offices divins. Et pour n'encourir point lad. poincte qui sera faicte par ceux qui ont droict de la faire, ils seront obligés de se trouver dans le chœur *in habitu*, sçavoir : à

matines au premier nocturne, à la grand'messe au *Kyrie*, à vespres
au premier psaume, et d'y estre en habit de chœur décent sçavoir
depuis les premières vespres de la feste de Tous saincts jusques à
Compliés de la veille de Pasques avec le surplis et camail sur
iceluy, et depuis Pasques jusques ausd. premières vespres de Tous-
saints en surplis, bonnet carré et aumusse ceux qui ont droict de la
porter, et sans que personne puisse sortir du chœur avant la fin
de l'office, hors légitime excuse ou nécessité, à peine d'estre poinctué
comme absent, de mesme aucun desd. sieurs chanoines et autres
habitués ne paroistra dans lad. églize qu'en habit décent ; qu'on
n'y faira aucune promenade ny colloques inutilles, surtout pendant
les divins offices.

ARTICLE 3. — Qu'ils assisteront ausd. offices avec la décence et
modestie qu'on doit à la sainteté du lieu et de l'action, se tenant
couverts, debout, assis, à genoux, tournés face à face ou vers l'autel,
conformément aux ordres de l'Eglize, afin qu'on ne remarque point
de difformité dans un ordre qui doit estre entièrement régulier et
uniforme, à peine, contre les contrevenants, d'estre poinctués de leur
part et portion des fruicts pour un jour.

ARTICLE 4. — . . . . . . plus assidus à leur devoir, par exprès
aux processions solennelles et généralles ausquelles led. Chapitre
assiste en corps, a esté arresté et résolu qu'il sera payé à chacun
desd. chanoines qui y assistera *in habitu*, pour chacune desd. processions, trente sols ; et lorsque le saint Sacrement ou les saintes
Reliques seront portés ausd. processions, lesd. srs chanoines seront
obligés d'y assister en chapes.

ARTICLE 5. — Tous les chanoines de lad. églize qui seront en estat
d'estudier et jouir, selon les saincts décrets et ordonnances, des
privilèges des estudiants, seront obligés de demander et prendre
congé et licence par escrit dud. Chapitre. Pour ce faire, et pendant
le temps qu'ils estudieront au collège de la présente ville et dans
icelle, ils seront tenus et obligés, sur peine de la poincte, d'assister
aux offices divins les jours qu'ils vacqueront, comme aussy les
dimanches et festes solennelles et de commandement ; et lorsqu'ils
estudieront en quelque université ou collège hors lad. ville, ils
envoyeront, de six en six mois, aud. Chapitre, attestation en bonne

et due forme, signée par leurs professeurs, de leurs estudes, sur
peine de privation des revenus de leurs bénéfices. Seront aussy
tenus et obligés tous les chanoines dud. Chapitre qui seront et sont
en âge, de se mettre *in sacris,* sur peine d'estre privés de la moitié
des fruicts et revenus de leurs prébendes ou de plus grande peine
si led. seigneur Abbé et led. Chapitre le trouvent à propos ; et jusques
à ce qu'ils auront reçu le premier ordre sacré, seront privés de toute
voix active et passive dans les assemblées dud. Chapitre et du droict
de nommer et présenter aux bénéfices qui vacqueront pendant led.
temps ; et vacation advenant des maisons et jardins appartenants
aud. Chapitre, ceux qui seront prébendés seront préférés à ceux
qui ne le sont point, pour les obtenir et posséder pendant qu'ils
seront chanoines, nonobstant que postérieurs en réception ; pourra
néanmoins led. seigneur Abbé prendre un chanoine, dignité ou
personat, prébendier ou autre dud. Chapitre, auprès de sa personne
ou pour les affaires spirituelles ou temporelles de son abbaye, toutes
et quantes fois que bon luy semblera, sans congé ny permission
dud. Chapitre et sans que celuy qu'il aura prins puisse estre privé
ou poinctué des distributions manuelles, fruicts et revenus de son
bénéfice tandis qu'il sera auprès de la personne dud. seigneur Abbé,
ou occupé aux affaires de son abbaye.

ARTICLE 6. — Que led. Chapitre ne recevra à lad..... aucun
prébendier qui ne sache le plain-chant, comme aussy tous ceux qui
seront de sempmaine, suivant la table apposée chaque samedy dans
le chœur de lad. églize, pour entonner en iceluy ou faire l'office de
diacre ou de sous-diacre, ne se trouvant à leur devoir, perdront,
chaque fois qu'ils manqueront, deux sols six deniers, qui seront
prins sur leurs gaiges, lesquels seront baillés à ceux qui auront esté
employés en leur deffaut. Tous ceux qui fairont l'office de diacre ou
de soubsdiacre, se rendront à temps à la sacristie, prendront les
ornements convenables à leur ministère, prépareront et disposeront
tout ce qui est nécessaire aux messes qu'ils doivent servir, ayderont
le célébrant à prendre et déshabiller les ornements sacerdotaux ; et
lorsqu'ils seront à l'autel, ne s'occuperont qu'à leur charge, taschant
d'y garder exactement les rubriques et cérimonies, sans s'arrester à
réciter leur office ny lire autres prières ou livres à peine de privation
telle que ceux qui ont droict la jugeront à propos.

ARTICLE 7. — Suivant la louable coustume observée en la plus part des chapitres et églizes de ce royaume le dixiesme nouembre de chaque année ou autre jour suivant si celuy est occupé par le dimanche, sera faict en lad. églize un service solennel pour le repos des âmes des défuncts seigneurs abbés, dignités, personats, chanoines et autres habitués dud. Chapitre, auquel chacun desd. s^{rs} chanoines et habitués tascheront d'assister avec toute la décence requise ; outre ce service, en sera faict un autre en la mesme églize pour chacun desd. seigneurs abbés, dignités, personats, chanoines et autres habitués d'icelle, qui viendra à décéder, immédiatement après que leurs héritiers et parents auront faict faire leurs honneurs funèbres, où pareillement chacun taschera d'assister comme dessus.

ARTICLE 8. — Outre les chapitres ordinaires qu'on tient tous les vendredys, on tiendra tous les ans une assemblée et chapitre général, lequel durera huict jours commençant, le premier d'aoust ; dans le premier jour, il y sera traicté de la façon que le service divin se faict dans lad. églize, si les saincts décrets et ordonnances de l'Eglize y sont bien observés et s'il s'y est glissé aucun abus et manquement, pour y apporter le remède nécessaire et convenable.

ARTICLE 9. — Ensuite il sera procédé, les autres séances, au département des fruicts et revenus dud. Chapitre, où les bailles et syndics qui seront sortis de charge seront obligés d'apporter bien dressés, présenter et rendre leurs comptes de la gestion et administration des biens temporels dud. Chapitre. Et cas advenant qu'ils diffèreroient de le faire sans excuse légitime, led. refusant sera privé de voix active et passive dans les chapitres, jusques à ce qu'il y ayt entièrement satisfait. Ceux qui sortiront de charge de bailes et syndics, ne pourront y estre nommés qu'après deux ans d'intervalle, hors que le Chapitre le jugeât autrement à propos et nécessaire, pour quelque juste et nécessaire cause, auquel cas ils pourront estre plustôt nommés et continués.

ARTICLE 10. — Ainsi on y verra l'estat des biens, affaires et procès concernant led. Chapitre, et on y délibèrera du remède qu'il y faudra apporter.

ARTICLE 11. — Les clefs des archives seront gardées par quatre

du corps dud. Chapitre, desquelles archives led. seigneur Abbé aura
pareillement une clef lorsqu'il sera présent en cette ville, et, dans
son obsence, il sera tenu la laisser à son grand vicaire ou autre
personne qui réside en ville, pour y avoir recours en cas de besoin.
On ne pourra retirer, prendre ny emporter hors desd. archives
áucuns tiltres en original sans une absolue nécessité, soit pour les
affaires dud. seigneur Abbé, soit pour celles dud. Chapitre, et encore
celuy qui en retirera quelqu'un s'en chargera par escrit dans un
livre qui sera pour cet effect mis dans led. archives, et lorsqu'il y
rendra et remettra lesd. tiltres, ceux qui auront les clefs des susd.
archives, ou deux d'iceux, escriront à la marge du susd. reçu et
signeront la rémission avant le croiser.

Article 12. — Les bénéfices vacquants dépendant dud. Chapitre
seront remplis à la nomination de celuy qui se trouvera en sepmaine, pourveu qu'il soit *in sacris* et non autrement, à la charge de
les conférer à une personne de probité qui aye les qualités requises ;
les provisions s'en expédieront pourtant au nom du Chapitre, sans
préjudicier aux droicts dud. seigneur Abbé à l'esgard des bénéfices
de sa collation.

Article 13. — La sepmaine commencera le samedy à vespres
et finira le samedy suivant à la mesme heure. En cas que celuy
qui est en sepmaine se trouve malade pendant sa sepmaine, s'il
nomme et présente au Chapitre une personne qui ayt les qualités
requises, le Chapitre sera tenu de le pourvoir du bénéfice vacant ;
que s'il vient à mourir sans avoir présenté, alors le Chapitre, capitulairement assemblé, conférera le bénéfice vacant par pluralité de
voix à celuy qu'il jugera à propos, le tout sans préjudice des droicts
dud. seigneur Abbé, conformément à lad. bulle de sécularisation.

Article 14. — Que toutes sortes d'affermes se fairont publiquement, au plus disant et chandelle esteinte, et après avoir faict mettre
des affiches et fait proclamer à son de trompe, aux lieux accoustumés,
qu'elles seront faictes aux jours qu'on marquera, de plus que toutes
les délibérations se signeront en Chapitre.

Article 15. — Il sera faict trois grands livres de papier blanc,
dans l'un desquels seront mises toutes les collations des bénéfices

dépendant dud. Chapitre ; dans l'autre seront insérés tous les droicts de lodz, et dans le troisiesme seront escrits tous contracts et délibérations passés par led. Chapitre, et seront lesd. livres gardés par un du Corps, qui sera tenu, à mesme qu'il les prendra, d'en faire sa promesse par escrit, de luy signée dans le susd. livre des reçus qui sera aux archives, de les représenter au cas de besoin ; et lorsqu'il les rendra, faira croiser sad. promesse et reçu sur led. livre, ainsi qu'est devant porté, par ceux qui auront les clefs des archives.

ARTICLE 16. — Que conformément à la susd. bulle de sécularisation, aucun ne sera reçu ny installé aud. Chapitre, soit dignité, personat, chanoine, soubsacristain ou chapelain Saint-Benoît, qui ne soit procréé de légitime mariage.

ARTICLE 17. — De plus a esté statué et résolu que celuy qui sera dorénavant pourvu de quelque personat, dignité, chanoinie, soubsacristie ou chapelenie Saint-Benoît, avant qu'il soit reçu ny installé dans lad. églize, faira sa profession de foy authentique, suivant l'usage de l'Eglize, en présence dud. seigneur Abbé ou de ses successeurs Abbés à l'avenir, s'ils sont pour lors en ville, et des sieurs chanoines dud. Chapitre qui se treuveront, et jurera sur les saincts Evangilles de garder et observer inviolablement tout le contenu aux susd. statuts, et de ne rien entreprendre contre, et signera le tout affin qu'il en soit mis coppie en bonne et due forme dans les archives dud. Chapitre.

> DE MANZIÉRI, abbé d'Aurillac ; DE LATOUR, chantre ;
> DE LAGRANGE, aumônier ; MERALS : TEXTORIS,
> DULAURENS, TEXTORIS, LAVAISSIÈRE.

BAYORT, notaire royal, secrétaire dud. Chapitre.

NOTA. — Publié d'après la minute originale, détériorée en plusieurs endroits, que nous indiquons par des points où il n'a pas été possible de rétablir les mots manquants.

2ème partie

ledit comte, sinon qu'il a été averti par sa fille de ce qui s'était passé, ce qu'il apportait à telle passion qu'il lui eût plutôt souhaité du mal que du bien.

Ledit comte, de rechef admonesté de proposer reproche,

A dit qu'il est aisé à voir comme ledit d'Entragues et sa fille ne sont qu'un et que leur animosité est si conjointe à la ruine dudit comte, qu'ils ne s'en départiront qu'ils ne le voient du tout accablé. Qu'il sait que depuis qu'il a déclaré au Roi ingénuement ce qui s'était passé, la colère de d'Entragues et de la marquise se serait augmentée jusqu'à dire qu'ils ne craindraient point la mort pour le faire mourir ; néanmoins, tant pour le respect qu'il porte à l'âge dudit d'Entragues, son ancienne condition et autre chose, que pour le respect de sa naissance, il ne déclare point, il croit, que ledit d'Entragues est valablement reproché, se réservant toutefois, si besoin est, de dire d'autres choses, lesquelles il ne veut proférer pour le même respect.

Lui avons et audit d'Entragues remontré que, réservant à dire d'autres choses, avons estimé que cette réservation était par eux faite pour leur justification et non pour plus amples reproches ; mais que nous ayant déclaré qu'ils avaient à nous proposer d'autres reproches, devaient nous les faire entendre présentement, autrement qu'ils n'y seraient plus reçus.

Ledit d'Entragues a dit que les deux premières choses qu'il a proposées concernant la marquise et l'offre qu'il a ainsi que les siens faite à M. le comte de Soissons sont d'assez suffisants et forts reproches contre ledit comte, lequel les a reconnus véritables, suppliant encore déclarer s'il n'est pas vrai ce qu'il a dit s'être passé entre lui et Cigogne au désavantage, déshonneur et ruine de la marquise, comme aussi de l'assistance et service offerts à M. le comte de Soissons et les autres faits par lui proposés. Autre chose ne vouloir dire, du reste, pour reproche pour le respect et révérence qu'il a portés et portera audit comte après que cette affaire sera passée, espérant qu'il reconnaîtra que ledit d'Entragues et les siens ont dû servir le comte de Soissons, attendu que feue Mme la princesse, mère dudit seigneur de Soissons, et la première femme dudit d'Entragues, étaient cousines germaines, joint le mauvais tour qu'il avait fait à sa fille, qu'il ne peut oublier.

Et répondant aux reproches que ledit comte a proposés contre lui, a reconnu, comme il ne le peut oublier, le mauvais tour qu'il a fait à sa fille, déniant désirer sa mort ni sa ruine, mais ne pouvant pas prouver ce qu'il peut dire contre lui, leur haine étant réciproque.

Ledit comte, ajoutant à ce qu'il a proposé pour reproches, a dit que pour le respect de ce qui s'était passé en la présence du Roi l'avait retenu de déclarer ce qui avait été dit entre la marquise, Cigogne et lui ; mais puisque ledit d'Entragues a allégué qu'elle les voulait mettre aux mains, il est contraint, reprenant les mêmes paroles qui furent lors tenues, de dire que la marquise ne voulait pas seulement que les armes destinées à l'honneur fussent les moyens de sa vengeance, mais incita tous ceux qu'elle croyait être de ses ennemis de lui courir sus, dont les paroles qu'elle avait tenues à sa mère font assez connaître ce qui en est, la contraignant sortir de sa chambre en disant tout ce qui se peut proférer du plus méchant homme qui ait jamais été, blâmant entr'autres choses son honneur, son courage et sa foi ; et quant à ce que ledit d'Entragues a dit ne désirait la mort ni la ruine dudit comte, il est aisé à juger le contraire par les déportements de la marquise et ce qu'il a lui-même confessé les avoir voulu mettre aux mains. Mais sachant de plus que ledit d'Entragues et sa fille sont si unis et attachés l'un à l'autre, obligés par la loi de nature, qu'elle ne peut rien désirer au préjudice dudit comte que d'Entragues n'aye la même intention. Outre le longtemps qu'il y a que d'Entragues et sa mère sont séparés, ne sait si, lui qui parle, étant le seul bouclier et assistance d'elle, ne dira point son mal et sa perte, croyant que ce qu'il a dit est plus que suffisant pour valablement reprocher dudit d'Entragues.

Ce fait, avons fait lecture en leur présence du discours baillé au Roi par ledit comte le 18e juin et de ses interrogatoires.

Ledit comte a persisté et maintenu ce qu'il a dit.

Ledit d'Entragues a dit qu'il est d'accord d'avoir vu deux fois Taxis en la compagnie du comte et parler de la marquise pour sa retraite, mais que oncques ne fut parlé d'enfants, lesquels de fait il y avait plus de six mois qu'elle était disposée à se rendre au Roi, par le conseil même dudit comte, comme aussi n'a oncques parlé du procès de Taxis en la présence de la marquise, non plus que de la retraite dudit d'Entragues ni de celle du comte.

Ledit comte a maintenu comme dessus que la marquise savait le

traité et, pour plus grande preuve de ce qu'elle le savait, se peut
ledit d'Entragues souvenir qu'ayant un billet à la main cacheté de
cire d'Espagne non commune, elle se prenait à sourire à cause de la
compagnie qui y était, le tira à part et lui dit connaître bien d'où
venait ce billet ; la couleur en est certaine, étant chose si vraie qu'il
la pourrait remémorer audit d'Entragues par infinies autres particularités.

Ledit d'Entragues a répondu que la marquise vivait en telle
privoté avec son frère et faisait tant de folies de jeunesse, qu'il ne
peut se ressouvenir de ce que dit le comte, persistant en ce qu'il a
répondu ne lui en avoir parlé, et reconnaissant l'autorité errant
dudit comte, aurait cru que par son moyen il aurait plutôt ce qu'il
désirerait de Taxis, l'aurait invité à voir ledit Taxis.

Avons pareillement fait lecture en leur présence de ce que ledit
d'Entragues a dit dans son discours du 23 juin et de ses interrogatoires.

Ledit d'Entragues y a persisté.

Ledit comte dit qu'il ne se trouve différent, sinon pour ce qui est
du fait de la marquise. A su le traité et a été fait pour elle et ses
enfants, et aussi qu'il n'est d'accord d'avoir prié le sieur d'Entragues
de voir le dernier ambassadeur ; au contraire n'en avait volonté.

Lecture faite, ont signé.

Confrontation du comte d'Auvergne à la marquise de Verneuil

Du 15 Janvier de relevée, au château de la Bastille.

Confrontés lesdits comte et marquise de Verneuil sur ce qu'ils ont
dit l'un contre l'autre, le serment d'eux pris, se sont reconnus.

Admonestés de reprocher présentement et avertis de l'ordonnance
que leur avons fait entendre,

Ladite marquise a dit que le comte lui a voulu faire perdre
l'honneur, ayant dit au Roi que le sieur grand-écuyer avait couché
avec elle et avait été vu entrer à minuit en son logis, ainsi que
Sa Majesté a dit à la marquise, et qu'il s'en était informé du sieur
d'Aumont ; que ledit comte lui avait dit le savoir au mois de mai
ou avril dernier, depuis lequel temps a toujours continué sa mauvaise

volonté contre elle jusqu'à présent, qu'il voudrait lui faire perdre la vie par les écrits et paroles qu'il a tenus d'elle et à son désavantage, tant à Sa Majesté qu'à d'Escures et autres dont Sa Majesté se pourra souvenir, qui est tout ce qu'elle a dit pour reproches sans y vouloir rien ajouter.

Ledit comte a dit être fort marri que ladite marquise ait cru que ce soit à son désavantage qu'il a parlé de ce qui touchait sa réputation, mais que Cigogne lui ayant dit que s'il ne le faisait, aussi bien en avertirait-il le Roi, il crut que cela ne pouvait être toujours caché ; la calomnie étant si méchante, il valait mieux que ledit comte le dît lui-même à Sa Majesté que de lui être portée de la bouche de celui qu'elle avait le plus avanié et qui la voulait le plus ruiner, ce qu'il fit pour la considération de la marquise, qui l'a pris tout au contraire et s'est tellement irritée par l'opinion qu'elle en a pris et créance que l'on lui en a voulu donner, qu'elle jura dès lors sa ruine comme il est aisé à connaître par les paroles qu'elle a tenues à plusieurs, n'avoir de regret de mourir pourvu qu'il courût une fortune ignominieuse ; de fait ledit d'Escures lui a rapporté, venant devers lui de la part du Roi, qu'elle disait qu'elle ne demandait à Dieu que trois choses : *miséricorde pour son père, la corde pour son frère* et *justice pour elle ;* et, depuis que ledit comte est prisonnier, le vicomte de Pontchasteau étant allé le trouver à la Charité, lui aurait dit qu'elle s'était réjouie extrêmement de sa prise et louerait une fenêtre 100 écus pour le voir passer s'il courait une mauvaise fortune, ce que ledit de Pontchasteau disait avoir ouï de la bouche du Roi ; sait qu'elle et son père étant à Beaugency, ont juré et résolu sa ruine, ce qui est si preignant qu'il croit que la dame est valablement reprochée, joint que depuis qu'il a averti Sa Majesté ingénuement de ce qu'il savait, elle a redoublé sa passion et son animosité, protestant qu'elle n'avait jamais su que c'était du traité. A quoi d'Entragues et elle se sont tellement accordés qu'il est aisé à connaître qu'ils ont eu temps pour convenir de discours et faire tout ce qu'ils avaient projeté à la ruine dudit comte.

Lui avons remontré que puis qu'il avait passé plus outre que de répondre sur les reproches proposés par ladite marquise, ayant voulu en proposer par même moyen de sa part, il devait déclarer s'il en avait d'autres, l'interpellant de ce faire présentement.

Ledit comte a dit que ladite marquise, poussée d'une violence extraordinaire, étant pour lors au logis de la Reine, aurait dit tant de calomnies contre sa réputation, honneur et courage, qu'il ne restait rien à dire du plus méchant homme du monde, et contraignit la dame d'Entragues, leur mère, de sortir hors la chambre, qui est ce qu'il voulait, avec le précédent, alléguer pour reproches contre ladite marquise.

Ladite marquise a soutenu son reproche de la parole que ledit comte a portée au Roi contre son honneur et que c'est de son seul mouvement et non point de Cigogne, ainsi que Cigogne lui a dit en sa maison de Verneuil, et qu'il s'est reconnu par l'accord qu'ils auraient fait à Fontainebleau, lors duquel il associa ; qu'il était le plus méchant et le plus traître homme du monde, mais qu'il s'en allait, et avant trois mois témoignerait pourquoi il lui avait fait ce tour, lui déniant avoir juré sa ruine ni tenu paroles outrageuses de lui, seulement s'est plainte de ce que lui, son frère, qui devait, quand eût été vrai, cacher ce qu'elle eût commis, l'aurait voulu déshonorer par une chose qu'il a confessé fausse et avoir inventée, et ne lui dit jamais qu'elle lui souhaitait une corde ni autres paroles semblables, ne sait qui lui peut avoir dit, car elle n'a vu le Pont-chasteau depuis un an et plus, ni le Roi depuis six mois, qui fait connaître que si Sa Majesté lui a tenu ces propos mis en avant par ledit comte, les a entendus d'autre que d'elle, s'assurant qu'aucun ne lui voudrait soutenir ; bien confesse avoir dit au chevalier des Marais, qui lui donna le premier avis, en cette ville, environ minuit, de la prise dudit comte, qu'elle ne s'en réjouissait ni ne s'en affligeait, parce que se réjouir c'eût été se réjouir de son mal, lui étant ce qu'il est, mais en avait quelque contentement en son âme, croyant que c'était le moyen de faire connaître au Roi la vérité des accusations fausses contre elle ; dénie aussi le prétendu complot avec son père à Beaugency ni ailleurs contre ledit comte, l'interpellant de nommer ceux par lesquels il a su le complot, ensemble tout le surplus de ce qu'il a dit pour reproches qui consistent en preuves ; dénie pareillement avoir proféré les paroles qu'il prétend étant au logis de la Reine, mais bien avoir dit qu'un homme de courage se devait tenir pour son ennemi mortel pour la calomnie qu'il avait dit d'elle ; dénie aussi avoir fait sortir la dame sa mère hors de la chambre. disant au contraire qu'elle, marquise, en serait sortie la première, est allée aux Tuileries trouver Sa Majesté, laissant la dame de Chalmant en sa dite chambre.

Ledit comte a maintenu ses reproches être véritables, et sur ce qu'elle l'a de rechef interpellé nommer ceux dont il a entendu ce qu'il a proposé,

A dit avoir nommé d'Escures, Pont-Chasteau, et nommera les autres qui y étaient présents quand il sera besoin.

Lecture faite, en leur présence, du discours baillé au Roi par ledit comte le 18 juin et de ses interrogatoires,

Le comte a soutenu ce qu'il a dit être véritable ; la marquise, au contraire, a dénié.

Lecture faite, en leur présence, des interrogatoires de ladite marquise, cette dernière a maintenu ce qu'elle a dit par son interrogatoire être véritable. Le comte a dit qu'il ne s'est entremis de l'affaire de la marquise qu'à la prière d'elle et de son père, et pour laquelle il a fait ce qu'il pouvait, ains que même ledit d'Entragues ce matin a reconnu devant nous qu'il avait invité ledit comte à se mêler de l'affaire.

Et lecture faite, ont persisté et signé.

Confrontation dudit comte d'Auvergne et de Mᵉ Gilles Belot, son secrétaire.

Confronté audit comte maître Gilles Belot, son secrétaire, le serment d'eux pris, se sont reconnus ; le comte averti de présentement le reprocher et de l'ordonnance,

A dit que si toutes sortes de témoignages d'un bienfait pouvaient avoir acquis quelque chose sur la fidélité d'un serviteur, il croit les avoir employés en la personne du témoin, mais que tout ainsi que son commencement a été fort mauvais, il veut faire connaître la fin être semblable, requérant que ledit témoin soit mis en lieu où il ne puisse voir ni parler à personne, et quelques-uns que ledit comte nommera soient aussi arrêtés avant qu'ils puissent entrer en plus grand reproche contre lui.

Lui avons de rechef fait entendre l'ordonnance et de reprocher présentement, autrement il n'y serait plus reçu.

A dit pour reproches que ledit témoin est personne qui, depuis 10 ans, de petit notaire particulier d'une ville, avec peu ou point de

moyens, s'est tellement avancé par son industrie et artifices, que de
sa pénurie qu'il était s'est rendu l'un des plus aisés de la ville où il
demeure.

Que le temps est si court de sa fortune qu'il est aisé à juger que
ce n'a pu être que par des voies illicites, lesquelles ledit comte dira
quand il sera besoin, et que principalement ledit Belot, étant chargé
après le décès de feu Chartier de tous les papiers qui concernent les
rentes tant spirituelles que corporelles, et bien qui appartient à lui
et à ses enfants, il a été contraint de se servir dudit témoin, encore
qu'il connût la malice de son esprit, qui fut cause que, craignant la
soustraction de quelques papiers et terriers qu'il lui pouvait emporter, il l'employa à la charge et maniement de ses terres en
Auvergne, lui donnant en outre commandement de distribuer les
deniers à qui ils seraient à distribuer. De quoi ledit témoin voulant
rendre compte, serait venu l'an dernier en cette ville pour y satisfaire, à quoi ledit comte s'étant disposé, serait allé chez le sieur
Jullien où étaient Du Moulin, avocat ; Moreau, qui a été audit
comte, et quelques autres, trouvèrent les comptes si brouillés par
l'emploi de plusieurs parties dont n'était ledit comte d'accord, qu'il
fut contraint le remettre en Auvergne, où étant arrivé, après plusieurs remises, le sieur de Saint-Jullian, voulant éclaircir l'affaire,
pressa ledit témoin de rapporter les pièces justificatives, le contenter
de ce qui pourrait être dû, faisait ledit témoin outre et pardessus ce
qu'il avait reçu monter la dépense à 10,000 écus ou environ, ce
qu'étant trouvé irraisonnable tant par ledit comte que Saint-Julien,
en seraient entrés en telle dispute, lui et ledit témoin, qu'il se serait
absenté plusieurs jours pour penser gagner du temps et faire sa
condition, et incontinent après plusieurs gens de Clermont se
seraient employés vers ledit comte pour user de gratification vers le
témoin et passer légèrement ses comptes ; ce que n'ayant voulu, au
contraire donné charge audit Saint-Jullian y avoir l'œil, se trouva
que plus de la moitié de la dépense y était faussement employée et
en des articles qu'il cotera, voyant le compte, fera connaître sa
mauvaise foi, de quoi ledit témoin lui a voulu mal et menacé de le
ruiner, comme depuis il a assez fait paraître, négligeant ce que
pouvait être des affaires particulières dudit comte. D'ailleurs ledit
Belot, sur quelques lettres qu'il prétend par le moyen de ses
comptes, ayant demandé audit comte et fait supplier par de ses amis

qu'il voulût lui inféoder quelques terres dépendantes de la baronnie de la Tour, ne l'aurait voulu, pour l'importance que l'on peut juger, ledit témoin avait dit que ne lui voulant bailler ce peu qu'il demandait, il trouverait bien moyen de faire perdre le tout. Pour à quoi mieux parvenir, il aurait fait en sorte que que le sieur de Balquette, s'en allant du service dudit comte, à ce poussé par ledit témoin, aurait acheté le bailliage de ladite terre de la Tour en étant fermier, chose contraire au devoir d'un juge, et ne se serait pas contenté d'y avoir cette autorité, il aurait baillé la lieutenance à son gendre ; de quoi ledit comte averti et voulant obvier à ce que ledit témoin voulait faire, la charge de procureur fiscal ayant vaqué, l'aurait donnée à un nommé Haudebert. De quoi ledit témoin indigné ayant acheté les sceaux dudit comté, que tenait un sien valet de chambre, n'a été en sa puissance, quelque commandement qu'il lui ait fait par plus de six mois, faire sceller les lettres de procureur fiscal dudit Haudebert, qui fait connaître comme ledit témoin est de longtemps mal affectionné et a conjuré la ruine dudit comte, auquel d'ailleurs il veut mal de mort, parce qu'il a eu soupçon que ledit comte a eu connaissance de sa fille, et pour ce sujet lui a donné 5oo écus pour la marier avec un nommé Navare, sujet du sieur de La Rochette, lequel commande au château de la Tour, dont le témoin est bailli et son gendre lieutenant, outre ce vérifiera que ledit Belot a fait des faussetés en sa charge de notaire, que particulièrement il sait que ledit témoin a dessein d'avoir une terre nommée Aubiat. Pour à quoi parvenir, ayant les obligations qui servent à cette acquisition, il s'est plus volontairement porté à sa ruine.

Ledit témoin a dit que toute sa vie il a vécu en fort homme de bien, et tel sera témoigné par ceux de sa connaissance, particulièrement depuis qu'il est au service dudit comte, n'a retiré aucuns papiers à lui appartenant par les mains de feu Chartier, ni depuis son décès, et si aucuns en ce sont saisis et arrêtés sous la main du Roi ; qu'à la vérité, l'an 16o3, ledit témoin désirant avoir dudit comte paiement de plusieurs sommes qu'il lui devait, dressa plusieurs comptes et comptes nouveaux qui lui furent présentés et au sieur de Saint-Jullien, sur lesquels il y eut plusieurs contestations et différends dont à la fin demeurèrent d'accord ; mais ledit de Saint-Jullien, qui les devait clore comme intendant de la maison dudit comte, fut mandé venir promptement à Paris et par ce moyen demeuré sans être clos. L'an en suivant, au mois de mai dernier, serait le témoin venu à Paris continuant ses poursuites, ledit comte l'aurait remis en Auvergne ; cependant lui fit bail de la terre de la Tour pour 3 ans, à raison de 1,100 écus, pour le récompenser d'autant, sur ce est déduit la somme de 500 écus, laquelle a confessé ledit comte avoir donnée à sa fille en faveur de mariage, mais non pour le sujet qu'il a allégué, qui n'a aucune apparence, vu le bas âge de sa dite fille. Avoue qu'il a acheté l'office de bailli de la Tour dudit Blanquet, du consentement dudit comte, qui lui en a baillé permission, et est un office de robe courte ; n'a point dissuadé ledit Blanquet pour sortir du service dudit comte. Quant à l'office de procureur fiscal, reconnaît qu'il a supplié ledit comte de choisir personne plus capable que ledit Haudebert, non pour autre considération, la charge lui étant indifférente, et se trouveront les lettres scellées dès lors que ledit Haudebert eut recouvert les sceaux et n'a jamais eu mauvaise volonté ni fait chose qui doive offenser ledit comte qui est son maître, à lui témoin, pour le menacer, dénie avoir commis aucunes faussetés.

Lecture faite de la déposition dudit témoin, présent ledit accusé, ledit témoin y a persisté et dit qu'elle contenait vérité.

Ledit accusé a dit être vrai qu'il a baillé audit témoin l'original de ladite instruction, afin que si La Rochette courait fortune de son voyage, il pût avoir recours audit original pour le montrer au Roi, si besoin était, et sait bien ledit témoin que l'accusé lui dit qu'il ne voulait point nier ladite instruction comme il est aisé à juger, parce que tout aussitôt que lui en avons représenté une copie, il avoue l'original sans l'avoir vu ni savoir même ce que ledit Belot en avait fait, qui est un apparent témoignage qu'il n'a voulu désavouer ce qu'il avait fait, conséquence que ledit témoin n'a déposé vérité disant que ledit comte eût dit que si La Rochette était pris, il désavouerait ladite instruction.

Et ce requérant l'accusé, le témoin interpellé a reconnu que ledit accusé avait communiqué ladite instruction aux sieurs de Fleurac et Jullien.

Nous requérant ledit accusé, pour justification de ce qu'il nous a ci-devant dit, d'interpeller le témoin de déclarer la vérité, s'il n'a pas su le voyage de La Salle et si la dépêche n'a pas été telle que ledit comte l'a envoyée au Roi écrite par ledit témoin,

Ledit témoin a dit que la vérité est que, par le commandement dudit comte et prière de d'Escures, il a parlé audit La Salle faire ledit voyage en Savoie et l'y fait résoudre, mais ne sait ce qu'il y a fait.

Lecture faite, ont persisté et signé.

Discours du sieur d'Entragues pour sa justification sur les crimes à lui imposés.

1. — Depuis l'an 52 que Metz fut réduit en l'obéissance de la couronne de France, il a continué le service fidèle qu'il devait à ses Rois, auxquels il n'a jamais manqué, ni même à ses amis ; il a de toute affection servi le Roi depuis qu'il a plu à Dieu l'appeler à cette couronne, et n'y a épargné sa vie ni son bien dont il a reçu de grandes incommodités en sa personne et biens qui l'a empêché de pourvoir ses enfants à l'occasion de ses dettes.

2. — A la fin des guerres, le Roi lui ôta la charge d'Orléans, sans avoir failli, et la donna pour l'utilité et bien de son service, sans qu'il en ait reçu ni bien, ni honneur, ni récompense.

3. — Il l'a néanmoins supporté avec patience et espérance que le Roi le reconnaîtrait ; fut contraint de se retirer chez lui sans avoir dit un mot, vu la douleur qu'il sentait que chacun put juger quelle elle devait être.

4. — Pour l'accabler et ruiner du tout de son plaisir et contentement, le Roi devient amoureux de sa fille aînée, à présent la dame de Verneuil, chose qui lui apporta tant de peines, ennuis et dépenses et incommodités, qu'il en a été deux ans malade à la mort.

5. — Cet amour du Roi fesait croire à plusieurs, et tous disaient que ledit E... [1] et sa maison seraient agrandis de biens et honneurs.

6. — Tant s'en est fallu que, voulant user de toute modestie, révérence et respect envers le Roi, ne tendait ni ne recherchait autre chose qu'à se retirer chez soi avec sa famille et rompre le coup que chacun jugeait devoir armer, en ayant plusieurs fois requis et pressé Sa Majesté, ce qui lui a été impossible pour obtenir.

7. — Durant ces amours, qui a été un assez long espace, jamais il

1 *Clef des abréviations* : C..., comte d'Auvergne ; M^{se}, la marquise ; E..., d'Entragues ; M..., Morgan ; T..., Taxis ; B..., don Balthazar, ambassadeur d'Espagne.

n'a fait aucune requête de bien, honneur et avancement pour lui ni
les siens, estimant que faire telles recherches sur un tel sujet était
chose indigne de la profession qu'il a toujours faite de gentilhomme
et chevalier d'honneur, dont les Rois ses maîtres l'ont honoré, et
d'autres marques que peut attendre un gentilhomme de qualité en
bien servant.

8. — Les poursuites de Sa Majesté ont été telles et le destin contraire au désir et labeur dudit E... qu'enfin les choses sont tombées
pour lui, sa famille et maison, en déshonneur, honte, vitupère et
blâme.

9. — Voilà tout ce que cet amour lui a produit, et la perte d'une
fille qu'il avait aussi chère que sa propre vie, en ayant perdu la
possession.

10. — Ces regrets lui ont amené de grandes maladies que l'on lui
a vues, dont les restes sont des incommodités insupportables qui lui
dureront jusqu'à la mort. Voilà ce que le corps en a ressenti et à
quoi il demeure engagé et obligé de tout le reste de sa vie.

11. — De l'esprit l'on peut croire que nul ne le peut avoir eu
plus affligé que lui, ayant fait tout ce qu'il a pu et cherché tous
moyens pour s'ôter et arracher du cœur cette épine si poignante,
jusqu'à vouloir abandonner biens, femme, enfants, maison et amis,
et tout ce qu'il possède, pour sortir de ce royaume est essayer,
suivant la vue de son déplaisir, en perdre la mémoire et le ressen-
timent s'il se pouvait, ce que Sa Majesté lui a toujours et continuel-
lement refusé.

12. — Son ennui augmentait chacun jour par l'objet; voici nouveau
sujet de grands maux qui naissent : c'est qu'il lui faut abandonner
la présence de sa fille, et, au lieu d'en jouir comme elle lui était
permise selon Dieu, le Roi ne l'a eu agréable, et lui, plein de respect
envers le Roi, s'en éloigne avec silence, suivi d'un sensible et poignant déplaisir qu'il ne sait comme il n'en perdit sur-le-champ la
vie. Il lui resta toutefois quelque petite espérance que cela chan-
gerait et qu'il la pourrait avec le temps hanter et recevoir comme
auparavant tout librement, se fiant en la volonté du Roi.

13. — Voici incontinent après survenir les bruits du courroux de
la Reine contre la M^{se}, avec mille avis qu'on lui donne de divers
lieux et diverses personnes que l'on sait, puisque cela est venu

jusqu'aux oreilles de Sa Majesté, encore que E... estime cela bruits faux.

14. — Néanmoins ils s'augmentent et réitèrent si souvent qu'il en fut averti et la vint voir ; elle les lui représente avec telle appréhension qu'il en demeura tout perplexe sans quasi pouvoir à quoi se résoudre ; quelques-uns alléguaient le crédit et l'autorité de la Reine, tant en sa qualité qu'au grand amour que Sa Majesté lui portait ; mais que ce mal ne pouvait arriver qu'alors que Dieu appellerait le Roi, qui était tout le reconfort de leur affliction et crainte, pour la peur qu'ils en avaient, confiants en Dieu qu'il conserverait le Roi.

15. — Ces avis de craintes et menaces s'accroissaient chaque jour, de façon que la marquise en parla au Roi. De ce qui se passa en cela ne le sait, mais bien la vit-il en peine où il participait extrêmement, désirant qu'il plût à Sa Majesté lui donner que le lieu sûr à sa dévotion, ce malheur avenant, où elle pût assurément se réfugier, ce qu'elle ne put obtenir.

16. — Ce fut alors qu'elle essaya de s'éloigner peu à peu du Roi et d'acquérir, par l'absence du corps, celle du cœur, puisque la présence lui était si préjudiciable ; Sa Majesté le sait très bien.

17. — Et pour y parvenir, la M^{se} proposa d'aller avec Madame la princesse d'Orange voir les Pays-Bas et, depuis, passer en Angleterre et ainsi gagner le temps, à quoi elle était sollicitée par ces beaux avis de crainte et intimidation de tous maux, et s'est trouvé ledit E... quelquefois présent lorsqu'on les lui donnait, et par gens qui n'étaient de petite étoffe, même, l'hiver dernier, le C..., la M^{se} et lui s'assemblèrent quelquefois pour sur ce prendre quelque bonne résolution, concluant comme dessus que, Dieu gardant le Roi, elle ne pouvait avoir mal se conservant en ses bonnes grâces, ne trouvant autre remède que celui-là.

18. — Dont ledit comte et E..., en présence de ladite M^{se}, parlaient plus en son absence qu'en sa présence, parce qu'elle avait besoin qu'on lui en ôtat le souvenir plutôt que de lui en rafraîchir la mémoire, et montrait ledit sieur comte un grand soin de sa conservation dont ledit E... est témoin de paroles.

19. — Depuis, s'étant résolue de vivre plus retenue et finir tout péché avec le Roi, tant pour le salut de l'âme de Sa Majesté que d'elle, il se voit clairement que depuis plus d'un an que l'on voit cette façon de vivre s'établir, que Sa Majesté s'en retire peu à peu,

et alors voilà la crainte s'augmenter, attendu que cessant les causes, cessent les effets de cet amour.

20. — Sur ces entrefaites, M... sollicite et presse E... de voir Taxis, lequel M... était revenu en France il y a quatre ans ou environ, et qu'il connaissait de la captivité de la feue reine d'Ecosse en Angleterre et avait charge en ses affaires de deçà, comme plusieurs personnes peuvent témoigner à Sa Majesté, lui promettant qu'il recevrait grand contentement de l'entretenir, et qu'il lui offrait de le venir trouver en tel lieu et endroit qu'il lui plairait, dont ledit E... ne s'éloigna pas, sous l'extrême désir qu'il avait d'être éclairci de la vérité du courrier de Cléry et de l'offense à lui faite par le mensonge et méchanceté de Raffy, ainsi qu'il en pourra ressouvenir au sieur de la Rochepot, à qui ledit Entragues en fit succinctement le discours en la cour du Louvre, lorsqu'il alla ambassadeur en Espagne.

21. — Un jour ledit M... demanda audit E... s'il avait un certain papier concernant la M^{sc}, pour ce qu'on disait que le Roi l'avait retiré, il lui dit que Sa Majesté ne s'en souciait, ainsi qu'elle lui avait dit et à plusieurs autres, ce que néanmoins il ne croyait pas ; que s'il le retirait, ceux à qui il touchait en retireraient utilité, savoir lui à qui il avait été baillé et sa fille, que le Roi ne le récupèrerait à son avis sans grands bienfaits.

22. — Une fois faisant, ledit M..., les recommandations dudit Taxis à E..., lui demanda où et comment il le pourrait voir si souvent, lui répondit que c'était chez ledit ambassadeur et peu chez lui.

23. — Et durèrent ces recommandations et visites entr'eux quelques huit mois ou environ ; que M... demanda à E... s'il n'allait point quelquefois à l'*Ave Maria*, car là ils se pourraient voir et sans en recevoir du déplaisir, vu le lieu.

24. — Cet avis demeura dans l'esprit dudit E..., et ce moyen lui donnait envie d'y aller, ce qu'il fit ; mais voyant l'heure tardive, il se retira sans le voir.

25. — Depuis, M... le revenant voir, E... lui demanda : « Que me veut le sieur Taxis ? — Il désire vous voir, renouveler l'amitié qu'il a eue avec vous et vous parler aussi de ce papier qui concerne la M^{sc}. » Sur quoi ledit E..., plus curieux et désireux que de raison, promit de le voir s'il se pouvait, mais qu'il craignait excessivement

les accidents et que cette vue lui serait dommageable si elle était
sue ; c'était pourquoi il fallait bien penser et aviser des moyens
qu'on y devait tenir, lesquels ledit M... rendit faciles, alléguant
diverses portes au logis de T... pour entrer et sortir commodément ;
sur ce E... se laisse aller à son dire, résolu d'y aller, ce qu'il fit peu
de jours après, à un soir qui fut au mois de novembre ou décembre
1602, comme il lui semble.

26. — Où, le trouvant en sa chambre, entrèrent en un propos de
leur dernière entrevue à Montereau-sur-Yonne, où il était avec feu
M. de Guise, incontinent après la première prise des armes, de là
sur les guerres dernières, et comme il avait bâti la Ligue et par
quels moyens, mettant par les provinces des hommes et dans les
villes d'autres appointés, qu'il n'avait été cru en cette dernière
guerre. De là, ils tombèrent après sur l'amour du Roi avec la
marquise et sur ce dit papier, quel il était, s'il était de la main de
Sa Majesté ; de là au courrier de Cléry. Ledit Taxis, se souriant,
disait n'en savoir rien ; cette façon aiguillonnait davantage le désir
dudit E... d'en savoir la vérité.

27. — Retournant audit papier, E... lui fit, sur la proposition
dudit T..., la même réponse qu'il avait ci-devant faite à Morgan qui
était, s'il ne plaisait au Roi le retirer, comme ledit E... lui avait fait
proposer et offrir, il était très content de le garder, estimant que
Sa Majesté, en le retirant, lui ferait une bonne et digne récompense,
attendu que la pièce touchait grandement l'honneur tant de sa
personne que de sa famille ; sur quoi T... répondit : « Oui, si c'était
le Roi mon maître, et si vous voulez que je voie ledit papier ou
m'en donner une copie, je la lui ferai voir, et s'il est tel que l'on
dit, et que lui vouliez mettre en les mains, rien ne vous sera
épargné ; je m'en vais finir mes jours près de lui, je lui ferai voir
très volontiers. — Non, dit E..., il demeurera entre mes mains
jusqu'à la mort, si nous ne le rendons, ma fille et moi, au Roi, et
s'il ne le veut, comme il l'a méprisé jusqu'ici à plusieurs avec
lesquels il en est tombé à propos, les miens, après ma mort, le
trouveront », et fut la fin de ce propos.

28. — Pour le fait de Raffy, du temps qu'il le vint trouver en
France, ce qui s'y passa, son passage de deçà, son retour en Espagne
avec passeport du Roi, son retour en France peu après que le Roi
eut embrassé la religion catholique ; comme il le mena à parler au

Roi à St-Denis, les propos qui y furent tenus, son renvoi en Espagne et de M. de la Varenne, que c'était de don Bernardin de Mendosse dont il se faisait fort, auquel le Roi écrivit et commanda audit E... d'en faire de même et pour justification de choses qu'il proposait, offrait de tenir prison et recevoir la mort s'il ne disait vrai.

29. — Les avis qu'il donna des gouverneurs qui se changeaient, que Riba de Neyra viendrait pour attendre E... à Fontarabie, et bref tout ce qui s'était là-dessus passé dans toutes les instructions, mémoires, papiers et chiffres sont encore ès mains dudit E... ; qu'enfin étant arrivé à la Cour d'Espagne avec ledit sieur de la Varenne, il s'était excusé de pouvoir satisfaire à sa proposition et promesse, d'autant qu'il trouvait les choses changées de delà pour le longtemps que l'on avait mis à le renvoyer ; ayant dit au sieur de la Varenne que E... l'avait induit à faire les propositions qu'il avait faites de deçà, espérant, par ce moyen, que le Roi lui rendrait le gouvernement d'Orléans que le chancelier lui détenait.

30. — Cette invention mensongère offensait merveilleusement ledit E... et partant il en désirait la justice et vengeance tout ensemble, comme d'un homme qui avait supposé tout cela, ainsi qu'il se pourra prouver par M. de Chevault et autres à qui ledit Raffy avait dit partie de ce discours, cherchant entre Orléans et Paris la maison dudit E... où ledit Bernardin de Mendosse lui avait dit qu'il en aurait des nouvelles, et le pria instamment avec ledit Taxis, si jamais il avait envie de l'obliger, de lui vouloir faire tirer raison de cette offense et lui donner moyen de justifier la vérité de cette histoire au Roi, puisque comme lui avait dit ledit T..., il s'en retournait en Espagne et que ledit E... en demanderait la permission à Sa Majesté. Ce discours dura plus d'une heure, au bout de laquelle ils se séparèrent.

31. — Le sieur de la Varenne se peut souvenir des propos que E... lui en tint dans les Tuileries, le Roi y étant au mois de février dernier, dont il le sollicita encore quelques jours après, ainsi que ledit sieur de la Varenne sortait de chez M. de Gevres tout à cheval.

32. — Ledit T... écrivit à E... qui était logé au Petit Soleil, au lit, malade, où on lui fit dire qu'il y avait homme qui lui voulait donner des lettres ; il le fit monter en sa chambre et lut la lettre qui était en français et ne la comprit que sur la fin ; ce n'étaient dedans

que honnêtetés, disant avoir su sa maladie et que, s'il osait, il viendrait le visiter. Ledit E... s'offensa aigrement de cette témérité et indiscrétion, tant de son maître que de lui, et lui dit qu'il s'en retournât et n'en usât plus ainsi et brûla la lettre. E... raconta ceci au C... et tous deux blâmèrent cette action ; néanmoins dînant un jour ensemble, ils revinrent sur ces menaces que l'on disait que la Reine faisait à la M^{se} et si l'on pouvait tirer de là quelque sûreté, si la nécessité le requérait, et que la mort du Roi survînt sans qu'il lui eût donné quelque retraite et assurance, et qu'encore lui fallait-il aider et empêcher qu'il ne lui arrivât quelque danger ou du moins une prison perpétuelle dont on la menaçait.

33. — Ledit comte demanda audit E... : « Avez-vous vu T... ? — Oui, dit-il. — Comment, dit C..., vous avez fait cela bien hardiment ! Il valait mieux le voir en quelque part à la ville, où il serait plus sûr. » Et sur ce discours, ils s'accordèrent de le voir, disant ledit E... au C... : « Ne faites-pas le causeur et babillard : gardez-vous bien d'en parler à la M^{se}. » Lequel lui répondit en jurant fort et ferme, qu'il s'en fallait bien garder et qu'il ne fallait point craindre qu'elle en eût aucun vent de sa part, et que ledit E... en fit de même.

34. — M... avertit Taxis de cette entrevue, ce que T... accepta. Ils se virent près de la Notre-Dame d'Argent, où ils arrivèrent tous trois par voies différentes : E... le premier, T... le deuxième et C... longtemps après ; laquelle vue était moyennée par M... que ledit E... voyait du moins une fois la semaine, toujours avec recommandation réciproque et quelques offres honnêtes, sans oublier ce papier, enfin le jour fut pris de voir comme dit et qui fut différé, car T... était malade, et lui semble que ce fut au mois de juin, il y a un an à présent.

35. — Le jour de la vue, les salutations faites, le C... lui parla d'Ostende et de ce qui s'y passait. T... dit que sans le Roi les Etats n'eussent pas duré si longtemps, duquel il se plaignait fort de fait, disant que Dieu le lui rendrait de maintenir les hérétiques ennemis de Dieu contre les hérétiques. A quoi le C... répliqua que les Etats avaient prêté au Roi de l'argent durant les guerres et qu'il leur rendrait à mesure qu'il le pourrait avoir, sans diminuer le fonds de ses finances, dont il faisait état pour son épargne. T... dit : « Nous savons assez comme cela se passe, car nous voyons d'ailleurs les

hommes qu'on y envoie et qu'on retire les bons catholiques qui viennent en notre armée. » C... répliqua que les Français ne se pouvaient que difficilement accommoder à l'humeur espagnole, mais bien mieux aux Flamands, et que c'était la cause principale avec quelques raisons qu'il amena.

36. — Ledit T... demanda de la peine que le Roi prenait à courir le cerf et autres violents exercices et que cela faisait tort à sa santé ; qu'il se devait bien conserver, se voyant à présent si absolu ; le C... dit : « Et bien établi. » — « Il est vrai, dit T... ; mais si faut-il par le cours de nature, qu'il finisse devant le Roi mon maître. » — « Il n'y a rien de certain en cela, dit le C..., Dieu le gardera, s'il lui plaît, et, par ce moyen, la paix durera. » T... répondit : « C'est la vérité, ce qu'on peut désirer pour le bien de la chrétienté. » — « Oui, dit le Comte ; mais si Dieu nous l'ôtait, vous croiriez bien nous faire du mal et avoir meilleur marché de nous. » — « Il est vrai, répondit T..., et si vous n'y songiez pas bien, vous verriez bientôt que les Espagnols ont un Roi qui sera lors homme parfait et brave assisté de bons hommes, et lors nous aurions raison du tort que l'on nous fait en Flandres, où l'on avance l'hérésie et recule la foi catholique par tous les moyens illicites. » Le C... dit : « S'ils ne font mieux qu'en ces guerres dernières, ils gagneront plus de coups que d'écus. »

37. — Et se fit une assez longue parenthèse toute de galanteries réciproques que ledit Taxis dit : « Mais apprenez-moi comme le Roi est si bon catholique, vu que tous les jours il établit des prêches d'hérétiques en France et met des huguenots dans les places ? Est-ce là être le Roi très chrétien ? » Le C... dit, malgré lui : « Et si je n'avoue pas qu'il établisse prêches ni qu'il donne places aux huguenots ? » T... dit : « Nous le savons bien. » Et se riant, dit : « Vous verriez, s'il advenait mal de la personne du Roi, tout en un coup de toutes parts assaillir la France par mer, par terre, en Flandre, Savoie et Piémont et par l'Aragon, où le Roi a fait reconnaître des passages, de la révolte desquels nous nous servirions et seriez bien étonnés si vous voyiez des Français avec nous. » — « Ce seraient donc gens de pied, dit le Comte ; et d'ailleurs vous ne vous assailliriez point par tous ces lieux que vous dites, mais à mon avis par des endroits plus favorables et dont je me doute. » — « Et où ? » dit T... « Vers le comté de Roussillon, dit le C..., car de ce

côté-là nous ne sommes pas si bien qu'avec 10,000 piques et quelques arquebusiers en nombre raisonnable et 10 canons fournis d'équipage ne nous fissent du mal, étant surpris, ce que vous autres, Messieurs, ne savez pas ; cela n'appartient qu'au Roi et à ses réveillés. » — « Je voudrais vous y voir avec une croix rouge à la tête de ses troupes », dit Taxis. « Si j'y étais, répondit le Comte, j'y saurais acquérir de l'honneur et d'approcher bientôt de la tête de loin si M. de Savoie faisait de son côté, mais Dieu m'en garde et me donne la mort plutôt que la volonté. »

38. — E..., écoutant ces petites galanteries, les interrompit, leur disant : « Non, Messieurs, non, personne ne sera en cette peine ; le sieur Cosnie m'a dit avoir vu et calculé exactement les nativités du Roi et du Roi d'Espagne et croit qu'ils se feront amis et qu'à la vérité ils le peuvent être à son jugement. »

39. — Le C..., reprenant son discours, dit : « A la vérité et sans raillerie, j'estime ce lien le plus à douter pour nous ; mais le Roi y pourvoiera assez à temps ; et si vous prenez par plus bas, c'est mon gouvernement, vous m'y trouverez. » Et, sur cela, l'on se sépara.

40. — E... ayant pris par la rue du Roi-de-Sicile, à pied, son cheval l'attendait derrière le petit Saint-Antoine, qu'il appela en passant, et vint pour monter sur des poutres qui y sont ; là mettant le pied à l'étrier, l'étrière se rompit ; comme l'on la renouait, voici arriver au bout de la rue de la clarté. E... quitte le cheval après lui ; il voit derrière lui que c'était T... qui venait à cheval avec des flambeaux ; il remonte, l'attend et le mène jusqu'à son logis, d'où il retourna au sien ; le C... était sorti le premier.

41. — Peu de jours après, E... part de Paris, s'en alla chez lui, où il ne fut que environ quinze jours ou trois semaines, qu'il revint à Paris, où M... lui dit que l'on attendait dans peu de jours celui qui venait au lieu de Taxis, qui ne tarda guère, qu'il sut qu'il avait déjà vu le Roi et qu'il était entré en charge, de le conjurer de le voir et qu'il se voulait résoudre sur le papier dont il lui faisait offre honnête s'il le voyait et trouvait à sa fantaisie. E... dit : « Je ne le veux donner et il n'est à moi seul ; c'est chose impossible, et si je n'en ai nulle copie. » Cet homme, M... le pressa fort.

42. — A quoi E... répondit de lui dire adieu. « Je le ferai si je

puis et le désire. Voyez les moins, car, à cette heure, l'on y pourra
prendre garde de près, et il y faut bien songer. »

43. — E... fit entendre ceci au comte, qui fut content lui dire
adieu, ce qui fut exécuté. Deux ou trois jours après entrèrent au
logis de Taxis par une grande porte et le trouvèrent dans une
galerie seul assis. Il les remercia de l'honneur qu'ils lui faisaient,
leur offrant toutes sortes d'honnêtetés et de gentillesses qui venaient
du pays, et puis dit : « Messieurs, ne voulez-vous pas faire cette
faveur et à mon compagnon qu'il vous voit ? » E... ne disait mot
et furent longtemps à se regarder. Le C... s'approcha de lui auquel
il dit : « Il me semble que nous le devons voir, car obliger l'un et
désobliger l'autre n'est pas bien fait. » — « Soit », dit E..., qui
l'avait toujours refusé à M..., qui l'en avait auparavant très
instamment prié. Alors T... l'alla quérir ; les saluts faits, ils
s'arrêtèrent seuls, le C... et le B.... E... demeura avec Taxis à
quelques six pas les uns des autres, que ledit T..., adressant sa
parole audit d'Entragues, lui dit : « Monsieur, donnez-moi ce
contentement de voir la copie de ce papier ; je vous jure, foi de
gentilhomme, que s'il est tel que l'on dit en quelques lieux, car tous
ne le disent pas de même, je vous ferai donner 10,000 écus de
pension et vous en ferai fournir une année d'avance en cette ville
avant mon partement, et pour l'avenir je les vous ferai porter en
telle part qu'il vous plaira et caution en cette ville de Paris. » E...
dit : « C'est chose impossible, car l'original ne se peut tirer d'où il
est, et de copie je n'en ai point. » A dit T... : « Que j'en suis marri !
Dites-moi donc s'il est vrai que le Roi remet l'effet de ceci aux
princes de son sang et à ceux de son conseil ? » — Non, dit E...,
il y a condition, si elle a un enfant mâle, qu'à la vérité elle a eu. Mais
quoi ! c'est mon maître ; il faut que je passe par là ! Il est vrai que
j'ai cru, contre les raisons toutefois que j'ai moi-même déduites au
Roi, qu'il se pouvait faire ; il n'en faut plus parler. C'est un beau
commencement et une malheureuse fin pour mon honneur, bien et
contentement et de ma famille ; le déplaisir m'en a cuidé coûter la
vie. » E... demanda : « Est-il vrai que l'on menace la marquise ?
Que s'il arrivait fortune du Roi, l'on se saisirait d'elle ? » — « On
lui a souvent dit, répondit E..., mais je ne le crois point, et, si je
pouvais, je lui ferais service. » — « Voudriez-vous, dit E..., la
retirer en Flandre, si elle y pouvait aller cela advenant ? » — « Oui,

ma foi, dit-il, si j'avais une bonne place, et si vous voulez j'en
parlerai à mon maître. » — « Non, Monsieur, je vous remercie, dit
E.... Le Roi n'a que 5o ans et moi 63 ; qui demeurera le dernier y
pourvoira. M. le C..., qui est beaucoup plus jeune que moi, ne
l'abandonnera pas. » — « Foi de gentilhomme, si je vois l'occasion,
dit Taxis, j'en manderai des nouvelles à mon compagnon dans la
fin de mai. » — « Monsieur, dit E..., il n'est pas besoin que vous
preniez cette peine, car aussi ce serait traiter de l'impossible. » Lors
il dit au C... : « Monsieur, il faut nous retirer. » Et, sur ce, se
séparèrent et oncques depuis ne les a vus E....

44. — M... lui a écrit la lettre dont est question, disant que Taxis
était arrivé et qu'il n'avait encore été ouï ; que son compagnon en
aurait lettres dans la fin de mai ; ledit M... pourra dire s'il est vrai
qu'il en soit venu et s'il a dit, écrit ou distribué quelque chose
depuis quelques douze jours avant le partement dudit Taxis ; que
ledit E... partit de Paris pour s'en aller chez lui, d'où il n'est sorti
que par le commandement de Sa Majesté. Il y a environ deux ans
que M... commença à parler de ses affaires avec E....

45. — La lettre que E... écrivit à Morgan, qui lui a été repré-
sentée, n'est autre chose que ce qu'il a dit, et pour le bon mot
contenu en icelle qu'il fera bientôt voir à B... qu'il est son serviteur
et qu'il lui en donnerait bientôt de nouvelles preuves.

46. — La lettre que M... a écrite à E... qui parlait du marchand
qui devait envoyer quelques étoffes, E... ne sait ce qu'il veut dire,
si ce n'est quelques présents d'honnêteté et gentillesses qui viennent
du pays de Taxis, attendu que l'argent qu'on avait voulu bailler,
on l'avait refusé.

47. — La lettre que M... a écrite à E..., qui fut parvenue brûlée,
contenait ce qui s'en suit : « Que si E... voulait voir Taxis, qu'il
nommait marchand, il le verrait à Linois où iraient ouïr messe, et
là ils se verraient et qu'il le priait se souvenir du papier.

48. — Il prouvera par personnes irréprochables, serviteurs et
pensionnaires du Roi, avoir dit à quelqu'un d'iceux devant carême
prenant ou environ, que si c'était le bon plaisir de Sa Majesté
d'avoir ledit papier et reconnaître de sa liberté ceux à qui il touchait,
il l'aurait quand il lui plairait.

49. — Preuves très suffisantes qu'il n'avait aucune envie de

mettre ledit papier en autres mains que celles de Sa Majesté, ou de le garder à son refus.

Je, François de Balzac, sieur d'Entragues, déclare et reconnais avoir dicté et fait écrire ce qui est contenu ci-dessus, en 10 feuillets de papier écrits des deux côtés et parafés par moi en chacune page, et que tout le contenu est véritable et est tout ce que je sais touchant les affaires dont il est fait mention par ledit écrit.

Fait à Saint-Germain-en-Laye, le 23 juin 1604.

Restitution faite par M. d'Entragues, au roi Henri IV, de la promesse donnée par le Roi audit d'Entragues à cause de la dame marquise de Verneuil, sa fille.

Aujourd'hui 2 juillet 1604, étant en la ville de Paris, au logis du sieur Zamet, s'est présenté devant Sa Majesté messire François de Balzac, sieur d'Entragues, chevalier de ses Ordres et capitaine de 50 hommes d'armes de ses ordonnances.

Lequel lui a dit et remontré que, l'ayant ci-devant supplié de lui octroyer quelque écrit qui pût servir pour l'exempter de blâme envers ceux qui le voudraient calomnier de ce qui se passait entre Sa Majesté et Mme la marquise de Verneuil, sa fille, et, l'ayant reçu, il l'aurait soigneusement gardé jusqu'à présent, qu'il a estimé être de son devoir de le rendre à l'occasion de quelques faux bruits que l'on fait courir sur ce sujet, comme il s'en voulait servir à mauvais usage, encore qu'il n'y ait jamais pensé, et qu'il sache assez ledit écrit ne pouvoir servir qu'à lui seul pour son contentement et à l'effet susdit, suppliant très humblement Sa Majesté le recevoir en présence des princes et seigneurs qu'il voyait près d'elle, afin qu'ils soient témoins de la sincérité et de la déclaration qu'il fait de n'avoir eu autre écrit de Sa dite Majesté que celui-là, qu'il n'en a retenu aussi pour soi, ne donner aucun extrait ou copie à autrui, et si on lui a fait quelque mauvais rapport pour ce regard, qu'il lui plaise n'y ajouter aucune foi. A quoi Sa dite Majesté a dit être bien souvenante que ledit sieur d'Entragues ne lui avait demandé cet écrit que pour la susdite considération, qu'elle n'y avait depuis pensé ni estimé qu'elle eût aucun sujet de s'en soucier ; mais puisque l'on faisait courir tels mauvais bruits, comme si cet écrit était d'autre teneur et substance qu'il n'est au préjudice même de l'honneur et fidélité que ledit sieur d'Entragues lui doit, Sa Majesté a reçu de bonne part le devoir auquel il s'est mis de le rendre et veut qu'il soit inséré de mot à autre au présent acte pour ôter tout prétexte à l'avenir à qui aurait mauvaise intention de changer ou d'échanger quelque chose en la substance d'icelui.

Teneur de ladite Promesse :

« *Nous, HENRI IV, par la grâce de Dieu, Roi de France et de Navarre, promettons et jurons devant Dieu, en foi et parole de Roi, à Messire François de Balsac, sieur d'Antragues, chevalier de nos Ordres, que, nous donnant pour compagne damoiselle Henriette-Catherine de Balsac, au cas que dans six mois, à commencer du premier jour du présent, elle devienne grosse et qu'elle en accouche d'un fils, alors et à l'instant nous la prendrons à femme et légitime épouse, dont nous solenniserons le mariage publiquement et en face de notre Mère sainte Eglise, selon les solennités en tel cas requises et accoutumées, pour plus grande approbation de laquelle présente promesse nous promettons et jurons comme dessus de la ratifier et renouveler sous notre seing, incontinent après que nous aurons obtenu de notre Saint-Père le Pape la dissolution du mariage d'entre nous et dame Marguerite de France, avec permission de nous remarier où bon nous semblera. En témoin de quoi nous avons écrit et signé la présente au Bois Malesherbes, cejourd'hui 1*^{er}* octobre 1599.*

> *» HENRY. »*

Nous soussigné, François de Balsac, sieur d'Antragues, reconnaissons et certifions que l'écrit ci-dessus est le vrai et seul écrit fait par le Roi à notre supplication et instance au temps et lieu portés par icelui et depuis mis en nos mains, lequel nous avons présentement rendu à Sa Majesté en présence de MM. les comte de Soissons et duc de Montpensier, M. le Chancelier, les sieurs de Sillery, de la Guesle, procureur général, et Jeannin, conseiller au Conseil d'Etat.

Fait à Paris, le 2e juillet 1604.

DE BALZAC.

Nous soussignés, conseillers et secrétaires d'Etat de Sa Majesté,
certifions ledit sieur d'Antragues avoir écrit et signé de sa propre
main la reconnaissance et certification ci-dessus écrite.

Fait au lieu, jour et an susdit, en présence des princes et seigneurs
ci-dessus nommés, lesquels pour témoignage de ce ont signé les
présentes.

CHARLES DE BOURBON, HENRY DE BOURBON,
BELLIEVRE, DENEUFVILLE, BRULART,
P. JEANIN, POTIER, DE LA GUESLE.

Instruction envoyée par le Comte d'Auvergne en Espagne, portée par La Rochette.

Puisque les effets, de quelque passion que ce soit, sont accom-
pagnés, il ne faut point trouver étrange si les choses entreprises
avec le plus de justice sont la plupart du temps suivies d'un extrême
malheur, mais tout ainsi que l'on voit le pilote craindre en la
bonace, assuré que le temps, qui n'est point trompeur, lui premet
le contraire, ainsi il faut espérer que la raison étant le guide d'un
dessein, il faut enfin qu'il réussisse selon l'intention de celui qui
l'entreprend, la raison en étant le fondement ; quoiqu'étant, sont
nécessaires les circonstances, je veux dire que la prudence et le
silence sont les premiers fondements où se peut asseoir la pierre
triangulaire ; avant que la poser il faut faire le choix d'une terre
solide, afin que la pesanteur de son édifice ne puisse être renversée
avant que d'être, par manière de dire, couvert.

La prudence consiste en trois principaux points : juger ce que
l'on peut, juger à qui on a affaire et prendre l'occasion.

Le silence, voir à qui l'on parle, employer peu de gens, ouïr
beaucoup et répondre en peu de mots.

Pour la pierre de fondement, songer que les grands desseins ne
se bâtissent pas en un jour et que pour cela il faut avoir, auparavant
que de commencer, l'édifice des hommes pour servir de maîtres de
l'œuvre et des moyens pour l'entretenir ; pour la terre solide,
prendre telle créance des uns et des autres que l'artifice ni la
calomnie n'y puissent jamais trouver de place, et le vrai remède
est de se réduire à ce qui peut nuire et servir, afin que, tirant

conséquence des choses passées, l'on puisse mieux y remédier à l'avenir. Il est certain que jamais les esprits ne furent si altérés qu'ils sont par les sujets extrêmes, à savoir l'ecclésiastique voyant sa religion prête à faire naufrage, le noble sans espérance d'honneur ni de bien, le peuple ruiné de tailles et de nouvelles impositions contre leurs privilèges et hors les lois de la justice, et le quatrième qui est le soldat réduit à mendier sa vie, n'y ayant contre les règles de l'Etat rien d'entretenu. Cela considéré, il est aisé à connaître que les esprits d'un chacun sont portés à un changement. Pour celui à qui l'on a affaire, ce serait se tromper de croire que l'on puisse, avec des soulèvements publics, renverser une longue possession de celui qui régit, mais avec une telle prévoyance des ministres jointe à sa bonne fortune, que ce serait se ruiner. C'est pourquoi tout consiste à attendre le temps de courir la fortune heureuse, bâtir un dessein pour joindre l'occasion à l'entreprise. Pour le silence, ne se fier à pas un français réfugié, si ce n'est à H..., qui est dans le péril, peut-être courageux et fort fidèle, jugeant que tout ce qui a ruiné les affaires passées, ç'a été la grande confiance que l'on a prise en ceux qui, ayant servi à leurs passions, se sont trouvés perdus plus par l'effet de leur imprudence que de dessein d'y demeurer, qui a fait que la porte de la réconciliation, ouverte pour une nouvelle perfidie, ils ont chéri la fortune pour venir revoir les pénates titulaires sans considération ni de l'honneur ni de ce qui leur en pouvait avenir. La multitude des personnes est préjudiciable, étant chose certaine et éprouvée que les esprits des hommes, poussés de la différente opinion de ce qui leur est présent, font que chacun d'eux, amateur de son conseil, résiste en désirant que leur passion soit suivie, et de cette contestation font naître, par la jalousie de leurs compagnons, des fantaisies qui les portent ou les plus gens de bien à demander conseils à leurs amis et par conséquent divulguent, ou les méchants à révéler ce qu'ils ne peuvent d'eux-mêmes ou le déclarer à ceux qui y ont intérêt.

L'ouïe est une partie différente aux autres, étant seulement de qualité passive, ne peut importer, mais au contraire par la suite des paroles, quelque dessein que ce soit, ne peut être si caché que l'on n'en sente quelque apparence, et pour le repousser, elles doivent être laconiques, n'y ayant rien qui doive rendre notre âme sitôt allumée des désirs d'une exécution que ce à quoi la suite d'une quantité de paroles nous oblige dans lesquelles la véhémence dominant, il est impossible que l'on ne puisse dire plus que l'on ne veut, car la mémoire nous défaillant, des choses qui se contrarient peuvent mettre en doute ceux à qui l'on parle et la vérité même, etc.

Pour la pierre triangulaire, toutes les entreprises se doivent faire avec des moyens, avec la religion et la justice humaine. Pour la divise n'en est si certain que les lois ordinaires de l'Eglise, sous lesquelles la passion de nos cœurs est unie, changeant la qualité d'impudique au nom destiné du père saint appelé le mariage, lequel, quoiqu'il consiste aux cérémonies, toutefois est plus entier en la foi de celui qui le promet qu'en la cérémonie, puisque la consommation dépend de l'effet et de la parole. Quoi considéré encore que la puissance souveraine soit maîtresse de ce qui porte le nom de sujet ; toutefois ne peut changer la condition de ce qui est institué de plus haut et rien ne doit être si privilégié que ce qui dépend du droit des gens, ne pouvant recevoir de prétexte excusable sans que le blâme d'une perfidie tyrannique n'ait précédé. Pour l'humain, rien n'est si cher, à quelque condition que ce soit, que la conservation de l'honneur et puis de la vie. Le premier consiste aux hommes au courage, aux femmes en l'opinion qui leur a été laissée par la suite des lois des pères ; l'un se défend par les armes, l'autre par la qualité du mariage. Pour celle de la vie, consiste à se mettre en état que le puissant ne puisse sur le faible, étant certain que les jalousies d'Etat portent aux violences les plus douces âmes du monde, n'y ayant rien que l'on ne fasse pour la conservation de ce titre, et pour résister à ce qui se peut appréhender, le prétexte d'une chose si chatouilleuse fournissant de mille nouveautés et inventions, l'exécution desquelles consiste en l'assistance et non au jugement, puisque les personnes sont inégales par la fortune et non par la vérité écrite et avouée par la dernière action qui fournit de nouvelles preuves. Et, pour les matières, elles consistent en places en gens de commandement, en soldats, en munitions et en argent. Pour les places, il y en a de deux façons : les unes populaires et dont les esprits lassés du mal passé peuvent nous assurer, donnant des pensions parmi les plus apparents ou des citadelles qui sont à prix par le désespoir de ceux qui les tiennent et le manque de leur solde réduite de 12 mois à 6 et encore à 26 jours le mois, jamais la France ne se fût si peuplée de personnes qui, ne sachant autre métier que d'être dans les armes, sont réduites pour la plupart à chercher tous les jours de nouveaux moyens pour attendre la guerre, laquelle, désirée par leur passion, fait que le moindre changement qui adviendra, ils se porteront sans regarder quel événement il en pourra réussir, n'étant nécessaire pour les embarquer que la première levée, l'obligation de la paix ne les assujettissant pas davantage que l'espérance du gain de leurs armes et d'accroître en honneur ; le nombre en est tel, excepté cinq ou six en nombre, qu'il n'y a personne qui ne souhaite en venir là. Et n'était la méfiance que chacun a de son compagnon et que personne ne veut être le premier à porter le faix d'une telle entreprise, les choses fussent, il y a longtemps, non en état d'entreprendre, mais entreprises. Pour en venir à l'effet, le soldat est d'une condition que tout lui est supportable fors la paix, cela fait que l'on aura plus de peine à les policer que d'en avoir. Pour les munitions, l'une des prudences de l'Etat et de celui qui le gouverne, ç'a été de retirer de toutes les provinces toutes les munitions, balles, poudres et artilleries qui étaient dans les particuliers arsenaux des villes, et laissa en la disposition des gouverneurs si peu, qu'excepté aux villes frontières, il n'y a pas seulement de quoi se défendre, craignant que l'orage, qui semble être prêt de tomber, ne portât la plupart de ceux qui ont le pouvoir à chercher chacun dans ce qu'il possède le moyen de s'en rendre maître, pour ou le joindre à un corps ferme et faire sa condition, ou dans le maintien du devoir tirer ce qui se peut espérer d'un temps divisé plus que celui du repos. Les espérances sont perdues par l'avarice de celui qui régit et de ses ministres. Pour cela il serait à propos qu'il y eût toujours préparé sur les frontières quantité de poudres et de balles avec une bande de pièces prêtes à rouler, afin, l'occasion s'en offrant, que cela fût sitôt près que l'exécution en fût plus tôt achevée que la connaissance donnée, étant certain que les efforts de la France se conduisent avec de la promptitude, l'ordre ne pouvant être sitôt donné qu'il serait nécessaire, les moyens étant tous en un lieu et au centre du royaume, d'où avant que d'avoir le secours, les places seront prises de quelque province que l'on attaque, pourvu que ce ne soit de Picardie, où la longueur des guerres a rendu les places fortifiées par la nécessité par les hommes plus aguerris, joint que c'est la seule province où les garnisons sont réglées, et la faute qu'on a toujours faite a été que les attaqueurs ont toujours entrepris par ce côté-là, chose qu'il ne faut plus faire, bien y apporter des soupçons, afin de tenir le chef occupé attaché à ce qui est de plus proche et non pour y fonder tout le dessein.

Pour l'argent, il est certain que le défaut qui est arrivé dans les troubles passés, a été que la libéralité d'Espagne a été trop excessive, et particulièrement au commencement, baillant sans considération des personnes ce qui n'était pas nécessaire ; et sur la fin, qu'il était plus utile, l'on a retiré tout à coup cette grande dépense, c'est pourquoi mon avis est que jusqu'à ce que l'on vienne aux effets, il ne faut point se mettre en peine d'en fournir, considérant que c'est une chose infaillible, que ce mets ne peut être porté, que la curiosité de celui qui le baille ne veuille savoir où il va, ou celui qui le reçoit par sa vanité en fait paraître quelque chose, joint qu'il n'est pas raisonnable d'être obligé avant le service, encore que la plupart de ceux qui sont de la partie soient plutôt retenus par la douceur de cette composition que par la violence d'une passion véritable, la nécessité forçant la loi, joint que les places ne se pouvant garder sans quelques hommes dont l'avis consiste en moyens, lesquels sont du tout retranchés par les raisons premières, et dont toutefois il est nécessaire d'en retenir la possession ; l'effet de ce discours consistant, par manière de dire, à un filet fort usé, puisque d'une personne caduque dépend de tout ce qui peut arriver de bien et de mal de ce dessein, auquel, outre la violence, mes déplaisirs reçus qui doivent être la pierre de touche de mon cœur ; toutefois la ruine de la religion, les perfidies d'une foi promise et l'oppression de tant de gens de bien, obligent mon âme d'en demander la vengeance et souhaiter, avec l'assistance de Dieu, que l'effet selon sa gloire et mes espérances se puissent voir, etc. ; encore qu'il semble être chose fort différente que de vouloir joindre le faux avec le véritable ; toutefois les effets du monde consistent en ce qui est utile.

Je crois non seulement me tromper point, mais être à propos et fort nécessaire pour l'occasion qui se présente de tirer à soi ceux qui, puissants en leur condition, sont recevables, quelque condition qu'ils puissent avoir, joint que divisant d'un corps le nombre principal, c'est toujours l'affaiblir et le rendre, par manière de dire, comme sans âme, sans puissance et sans vigueur, et aussi que le prétexte étant sur une cause légitime, ceux qui en leur opinion se fortifient seraient bien aises, suivant les lois de leur faute, approuver ce qui, sous l'autorité de l'Eglise, serait disputable. Pour cela, il est nécessaire que l'on envoie vers P... et que, lui offrant assistance de moyens, il promette, s'il ne veut pas se résoudre à l'effet du présent, qu'il demeurera lui et ses amis calme jusqu'au temps qu'il sera avisé ; le priant de vouloir être auteur de la paix, ou pour le moins de la trève avec ses alliés, laquelle il faut accepter à quelque prix que ce soit, jugeant que l'emploi qu'il faut au maintien de cette guerre serait suffisant pour entreprendre ce qui est des desseins de deçà, mille fois plus aisés que la continuation de l'autre, joint que les ayant divisés d'avec le chef, il est certain qu'ils se réduiront tout à fait sous le joug de leur vrai prince, ou ne recevant plus de moyens de deçà, perdront leurs meilleurs hommes, et la conquête en sera plus facile.

Arrêt de la Cour de Parlement contre le comte d'Auvergne, d'Entragues, marquise de Verneuil et Thomas Morgan.

Vu par la Cour, les grand'chambres Tournelle et de l'Edit assemblées, le procès criminel fait par les commissaires par elles députés, à la requête du procureur général du Roi, à l'encontre de messire Charles, bâtard de Valois, comte d'Auvergne ; messire François de Balzac, chevalier des Ordres du Roi, sieur d'Entragues ; dame Henriette de Balzac, marquise de Verneuil, et Thomas Morgan, gentilhomme anglais, prisonniers : ledit de Valois au château de la Bastille, lesdits d'Entragues et Morgan en la Conciergerie du Palais et ladite marquise en la garde du chevalier du Guet, accusés de conspiration contre le Roi et son Etat ; lettres d'abolition obtenues par ledit Valois au mois de juillet et brevet du 16 août ; arrêt du 29 décembre, par lequel, après trois humbles rémontrances faites au Roi sur icelles, aurait été ordonné que, sans s'arrêter auxdites lettres, le procès serait fait et parfait ; informations et interrogatoires desdits accusés ; confrontations et déclarations desdits de Valois et de Balzac des 18 et 23 juin ; missives dudit de Valois au Roi et instructions ; autres missives dudit Balzac tant à Morgan qu'à la marquise, et toutes autres pièces de la procédure ; conclusions du procureur général ; ouïs et interrogés par la Cour, lesdits accusés, sur les cas à eux imposés, et tout considéré,

Il sera dit que la Cour a déclaré et déclare lesdits de Valois, de Balzac et Morgan, atteints et convaincus du crime de lèse-majesté au premier chef, pour réparation duquel les a privés de tous honneurs, états et dignités, et les a condamnés et condamne à avoir la tête tranchée sur échafauds qui pour ce seront dressés en la place de Grève ; a déclaré et déclare tous et chacun leurs biens acquis et confisqués au Roi, et ceux qui tiennent immédiatement dudit seigneur, réunis au domaine de la Couronne, sur lesquels sera préalablement prise la somme de 20,000 livres, moitié sur les biens de Valois, l'autre dudit de Balzac, et sur ceux dudit Morgan, 5oo livres d'amende, ès quels les a condamnés et condamne, applicables au pain des pauvres prisonniers de la Conciergerie du Palais et nécessités de ladite Cour.

Et pour le regard de ladite marquise, ordonne qu'il sera plus amplement informé contre elle ; cependant sera menée sous bonne et sûre garde en l'abbaye de Beaumont-lez-Tours, pour y demeurer, lui faisant inhibitions et défenses de communiquer avec autres que les religieuses de ladite abbaye, ni en sortir sous peine d'être atteinte et convaincue du crime à elle imposé.

Fait en Parlement, le 1er février 16o5.

Signé : Voisin, greffier.

Lettres patentes entérinées par la Cour de Parlement, par lesquelles le Roi commue la peine contenue en l'arrêt contre la marquise de Verneuil.

Vu par la Cour, les grand'chambres Tournelle et de l'Edit assemblées, les lettres patentes du Roi dont la teneur en suit :

HENRY, par la grâce de Dieu, Roi de France et de Navarre, à nos amés et féaux conseillers, les gens tenant notre Cour de Parlement à Paris, en la grand'chambre d'icelle, salut. Comme par arrêt de notre dite Cour intervenu le 1er février dernier sur le procès pendant en icelle entre notre procureur général, demandeur en crime de lèse-majesté et de conspiration d'une part, et Thomas

Morgan, le comte d'Auvergne le sieur d'Entragues et Henriette de Balzac, marquise de Verneuil, sa fille, défendeurs, d'autre ; aurait ordonné pour le regard de ladite marquise de Verneuil, qu'il serait plus amplement informé contre elle, et cependant qu'elle serait conduite sous bonne et sûre garde au couvent de Beaumont-les-Tours pour y être détenue, et défense de communiquer avec autres que les religieuses dudit Beaumont, sous peine d'être atteinte et convaincue des cas à elle imposés. Nous, pour certaines causes et considérations à ce nous mouvant, avons commué et commuons la détention de ladite marquise audit couvent de Beaumont, en sa maison de Verneuil où elle sera menée et conduite en la même sorte qu'elle eût été en icelui couvent de Beaumont ; lui avons défendu et défendons expressément d'en sortir, ni de communiquer avec autres qu'avec ses domestiques sur les peines que dessus.

Donné à Paris le 19ᵉ mars l'an de grâce 1605 et de notre règne le 16ᵉ.

Signé : HENRY.

Et dessous : Par le Roi, Forget.

Et scellées en queue de grand sceau de cire jaune.

Conclusions du procureur général du Roi, et, tout considéré, ladite Cour, entérinant lesdites lettres, ordonne qu'elles seront exécutées selon leur forme et teneur.

Fait en Parlement, le 19 mars 1605.

Arrêt de vérification pure et simple sur les lettres y insérées tout au long, obtenues par MM. les comtes d'Auvergne et d'Entragues, le 15ᵉ avril 1605.

Extrait des Registres du Parlement.

Vu par la Cour, les grand'chambres Tournelle et de l'Edit assemblées, les lettres patentes du Roi dont la teneur suit :

HENRY, par la grâce de Dieu, Roi de France et de Navarre, à tous ceux qui ces présentes lettres verront, salut. Comme par arrêt de notre Cour de Parlement de Paris du 1ᵉʳ jour de février dernier,

la prononciation duquel, pour certaine considération de notre pleine
puissance et autorité, nous avons sursis, Charles, bâtard de Valois,
comte d'Auvergne ; François de Balzac, chevalier de nos Ordres,
sieur d'Entragues, et Thomas Morgan, gentilhomme anglais, ayant
été déclarés atteints et convaincus du crime de lèse-majesté au
premier chef, et pour réparation duquel crime ils aient, par ledit
arrêt, été privés de tous états, honneurs et dignités, et condamnés
à avoir la tête tranchée sur échafauds qui seraient dressés en la
place de Grève, tous et chacun leurs biens à nous déclarés acquis
et confisqués et, ceux qui tiennent immédiatement de nous, réunis
au domaine de notre Couronne, sur lesquels serait préalablement
prise la somme de 20,000 livres tournois, moitié sur les biens dudit
de Valois, et l'autre dudit Balzac, et 5oo livres sur ceux dudit
Morgan, tout applicable au pain des prisonniers du Palais et
nécessités de notre dite Cour. Mettant en considération l'honneur
de la naissance et origine dudit comte d'Auvergne et la très humble
supplication qui nous en a été faite par ses enfants, ceux dudit sieur
d'Entragues et pareillement par leurs parents, et voulant à cette
occasion user de clémence et miséricorde en leur endroit et dudit
Morgan, savoir faisons que nous, de notre grâce spéciale et de nos
puissances et autorités que dessus, avons commué et commuons la
peine de mort desdits comte d'Auvergne et sieur d'Entragues en
prison perpétuelle aux lieux et sous telle garde qu'il sera ci-après
parlé, par nous particulièrement déclaré, à laquelle peine de prison
perpétuelle nous avons modéré et modérons l'arrêt de notre dite
Cour, les remettant à cette fin en tous et chacun leurs biens, même
en leur bonne fame, renommée, sans toutefois en ce comprendre
les charges et offices dont ils étaient pourvus par les Rois nos
prédécesseurs et par nous, et outre nous avons, de notre plus
ample grâce, quitté et remis, quittons et remettons ledit d'Entragues
et ledit comte de ladite somme de 20,000 livres ordonnée par ledit
arrêt être prises sur tous et chacun leurs biens sans qu'ils puissent
être contraints au paiement d'icelle sous quelque occasion que ce
soit.

Et pour le regard dudit Thomas Morgan, nous avons aussi
commué par ces présentes la peine de mort en bannissement
perpétuel, le déchargeant pareillement desdites 5oo livres, et sur
le tout avons imposé et imposons silence perpétuel à notre

procureur général et tous nos autres procureurs généraux présents et à venir.

Si donnons en mandement à nos amés et féaux les gens tenant notre dite Cour de Parlement, que de notre présente grâce, modération et commutation de peines, quittances, remises et décharges ils fassent, souffrent et laissent lesdits comte d'Auvergne, sieur d'Entragues et Morgan, jouir et user pleinement et paisiblement, sans en ce leur faire mettre ou donner ni souffrir leur être fait ou donné aucuns troubles ou empêchements, car tel est notre plaisir, nonobstant tous édits, lettres, statuts, règlements et ordonnances à ce contraires, auxquels et aux dérogatoires y contenus, nous avons dérogé et dérogeons par ces présentes, en témoin de quoi nous avons fait mettre et apposer notre scel.

Donné à Paris, le 15 avril 1605 et de notre règne le 16ᵉ.

Signé : HENRY.

Et sur le replis : Par le Roi, DENEUFVILLE.

Et scellé en double queue de cire jaune.

Requête présentée à la Cour par lesdits de Valois, de Balzac et Morgan sur l'entérinement desdites lettres ; conclusions du procureur général du Roi, ouï son rapport sur les remontrances par lui faites audit seigneur, suivant la délibération du 23 de ce mois contenue au registre de ce jour.

La Cour, entérinant lesdites lettres, ordonne que les suppliants jouiront des contenus en icelles.

Fait en Parlement, le 16 août 1605.

Une Famille de Trompettes

La commune de Marchastel (Cantal) a fourni au roi ses plus fameux trompettes.

Depuis François Ier, la Cour possédait deux corps musicaux : ceux de la chambre du roi et ceux de l'écurie ; plus tard, le régiment de la reine eut aussi les siens.

Les musiciens de la chambre du roi étaient admis dans ses appartements et jouaient, pendant les repas, du luth, de la harpe, du violon, de la flûte, etc.

Les musiciens de l'écurie faisaient aussi partie des officiers du roi et jouaient du fifre, du cornet, du tambour, de la trompette.

Les musiciens de la chambre et de l'écurie n'étaient point nobles ; mais en vertu de leur dignité et comme officiers de la maison du roi, ils jouissaient d'une noblesse toute particulière. Ils étaient fort jaloux de leur titre, car dans les actes publics, on les traitait de *noble homme*.

Un grand nombre de ces trompettes naquirent dans la paroisse de Marchastel, et principalement aux villages de Lagarde et Terrou.

Audigier dit dans son manuscrit : « Pouzols a fourni les plus célèbres trompettes du monde ; il en a donné à la Maison royale et à nos généraux ; quelques-uns s'y sont retirés et y ont bâti de coquettes villas. »

Le malheur est qu'Audigier ne cite pas un seul nom à l'appui de son dire, les registres paroissiaux non plus. Les si coquettes villas qui auraient abrité les derniers jours de ces illustres vétérans sont aujourd'hui introuvables. Il existe, il est vrai, les ruines du vieux fort de Pouzols, perdues au milieu des bruyères et des forêts de chênes ; c'est là que naquit, dit-on, Guérin de Pouzols, évêque de Senlis et chancelier de France. Mais ces ruines sont trop anciennes et rien n'indique d'ailleurs que ce fut le séjour des trompettes royaux. Au contraire, ce château fut le siège d'une baronnie, qui des Pouzols passa aux de Gimel, de ceux-ci aux comtes d'Amboise ; le dernier titulaire était, en 1790, Barbat du Clauzel.

La patrie des trompettes fut Terrou, petit village posé en éventail au fond d'un verdoyant vallon. Il y avait jadis un château. Aujourd'hui on ne distingue que trois jolies maisons, sans grande architecture : un toit se prolongeant de chaque côté en auvent, les croisées à meneau, les plafonds à poutrelles. Ces petites maisons sans étage sont ensevelies au milieu de grands arbres et forment un contraste charmant avec l'aridité des coteaux environnants et des gorges profondes de la Graule et de la Rhue. Ce fut ce nid paisible et solitaire qui fournit à nos plus grands rois leurs meilleurs trompettes.

Pendant deux siècles, la famille Roddes de Terrou donna au roi et aux généraux de l'armée des trompettes.

En 1600, la famille Roddes se subdivisait en cinq grandes branches encore existantes : 1º les Roddes, sieurs de la Fagette ; 2º les Roddes, sieurs de la Tourre ; 3º les Roddes, sieurs de la Voulte ; 4º les Roddes, sieurs de la Garde ; 5º les Roddes, sieurs de Soudeilles.

En 1700, le chef de la branche de la Fagette est : Noble homme Blaise Roddes. Peu de ses membres furent trompettes. Les sieurs de la Tourre n'embrassèrent pas la carrière musicale, tandis que les sieurs de la Garde, la Voulte et Soudeilles furent presque tous trompettes.

Le plus ancien des trompettes connu est Gratian Clislavide, qui avait épousé une Roddes. Il fut envoyé en 1635 à Bruxelles par le roi Louis XIII pour y déclarer la guerre à la Maison d'Autriche ; il était accompagné de Jean Gratiole, auvergnat comme lui et héraut d'armes du duc d'Alençon.

En 1637, Jean Roddes, sieur des Soudeilles [1], est doyen des trompettes du roi. Il s'était allié à Marguerite d'Auzolles. Au

---

1 Soudeilles, hameau de la commune d'Apchon, canton de Riom-ès-Montagne, arrondissement de Mauriac.

baptême de sa fille, nous trouvons la signature d'un Roddes, trompette de la reine.

En 1638, Julien Roddes, marié à Anne la Visbrie, est trompette du roi.

A la même date, Charlot Roddes est trompette du roi.

Pierre Roddes, et non Redon, ainsi que l'écrit par erreur le *Dictionnaire statistique du Cantal,* neveu et héritier de Gratian Clislavide, lui succéda dans sa charge, devint doyen des trompettes et mourut en 1646.

Jean Roddes, sieur de la Garde [1], trompette du roi, reçut ses lettres de vétéran en 1656.

Jean Roddes, fils de Julien, l'est en 1669.

Noble Frisquet, époux de Jeanne Roddes, fille de Jean, sieur des Soudeilles, fut aussi trompette du roi et se retira à Champagnac en 1670.

Pierre-Guillaume Roddes, sieur de la Garde, succéda à son père Jean Roddes, sieur de la Garde ; il fut vétéran en 1677.

Yves Roddes succède à Pierre-Guillaume Roddes en 1680 dans la charge de trompette ordinaire du roi.

En 1697, meurt, à son retour de Flandre, Pierre Roddes, garde de la chambre du roi.

En 1696, Antoine Roddes, sieur de la Voulte, est trompette du roi. Ces sieurs de la Voulte s'allièrent aux de Neyrat et aux de Tournemire.

En 1698, Pierre Roddes, sieur des Soudeilles, est trompette du roi.

En 1700, noble Guyot Roddes, sieur des Soudeilles, marié à Gabrielle Lemmet, est trompette du roi.

Noble François Pélissier, trompette du roi en 1637.

En 1706, Antoine Pélissier, sieur de Beaupré, est trompette du roi.

Jean Vernuéjols, gendre des Roddes, comme les précédents est trompette du roi en 1720.

La liste des trompettes royaux habitant Terrou est loin d'être complète, les archives de Marchastel en indiquent bien d'autres ; néanmoins, si restreinte qu'elle soit, elle suffit à prouver que,

---

1 La Garde, village de la commune de Marchastel, à peu de distance de Terrou, remarquable par ses sullys.

pendant près de deux siècles, les Roddes fournirent à la chambre du roi de nombreux trompettes. Ils durent sonner des charges formidables et fêter de nombreuses victoires en ce siècle de grandes choses !

Qui avait amené les trompettes de Terrou à la cour des rois de France ? Est-ce Artaud III d'Apchon, neveu du maréchal de Saint-André, ou Claude d'Apchon, conseiller du roi ? Je ne sais. Il est toutefois à supposer que c'est l'un des grands seigneurs d'Apchon.

Lorsque les de Chabannes eurent la baronnie d'Apchon en 1708, les Roddes cessèrent de fournir des trompettes au roi. Avec les Chabannes-Curton (1750), on ne trouve plus dans les registres paroissiaux le titre de trompette, ce qui semblerait indiquer que la branche cadette des Apchon amenait les Roddes aux régiments du roi et les enrôlait parmi les officiers de l'écurie.

Les Chabannes de Curton, trop grands seigneurs, demeurant peu dans le vieux fort d'Apchon, déjà miné par l'âge et tombant en ruine, durent oublier et même peut-être ignorer les Roddes, qui depuis deux siècles se transmettaient de père en fils la charge de trompettes du roi ou de la chambre du roi, comme plusieurs se qualifiaient, pour marquer qu'ils approchaient de bien près celui qui incarnait le pouvoir absolu.

Les Roddes, sieurs de la Garde, de la Fagette et de la Tourre, habitent encore la commune de Marchastel, mais les autres branches de cette tribu se sont dispersées dans l'arrondissement de Murat.

HIPPOLYTE BOUFFET.

Acte de prise de possession d'un Lieu noble

Aujourdhuy lundy septième jour de janvier mil six cent quatre-vingt-douze, entour huit heures du matin, pardevant le notaire royal soussigné et les témoins bas nommés,

A comparu au lieu de Manzat, Jacques Gerauld, bourgeoix de la ville de Riom, lequel nous a dit et remontré avoir acquis de M⁰ Gabriel Rance, son beau-frère, fils à feu Antoine Rance, vivant advocat, sieur du Montel, par contrat du vingt-huit décembre dernier, reçu par Asteix, notaire soubz,

Ledit lieu noble du Montel, paroisse de Manzat, composé d'une grande tour forte où il y a deux chambres, grenier, cave, estable et mazure de maison de four estant dans l'enscinte de la cour, plus une grange avec les estables, mazure de colombier, le tout couvert à paille, jardin dortailhe à chanvre, verger, deux petites pescheries, boix haulte fustée et tallis, prés, terres, pasturaux, terres hermes ou vacantes, le tout de la contenance d'entour huit vingt septerées de terre et générallement tout ce qui compose le lieu et bien noble du Montel,

Avec le droit de dixme et de fief en dépendant, droitz de banc et de tombaux et autres honnoriffiques dans l'esglise dudit lieu de Manzat, et tout ainsi et de même que le tout a esté acquis par ledit deffunt Antoine Rance, de M⁰ Jean Bottes, sʳ de la Besse, par contrat du 8 novembre 1658, jouy et possédé par lui ou qu'il avoit droit de jouir en vertu dudit contrat de vente et que le tout a esté délaissé audit sieur vendeur par le partage passé entre lui et M⁰ Gilbert Rance, son frère, le 20 décembre 1685.

Suivant lequel contrat ledit sieur Gerauld nous a requis nous vouloir transporter audit lieu du Montel pour le mettre en possession d'icellui, et à quoy ayant adhéré, nous sommes transporté avec ledit sieur Gerauld audit lieu du Montel, lequel ayant print par la main, avons icellui conduit dans la cour du chasteau et dans les chambres et cave et grenier d'icelluy, lequel en mesme temps sait soisy des clefs du tout, a fermé et reousvert les portes et allumé du feu dans lesdites chambres en tesmoignage de la réelle et actuelle prise de possession qu'il en prenoit en vertu dudit contrat d'acquisition.

Et de là sommes entrés dans la grange, estables, mazure de colombier et autres bâtimens dépendens dudit lieu du Montel, où ledit sieur Gerauld a aussi fermé et ouvert les portes à clef.

Et nous sommes transportés dans tous les jardins dortailhe et à chanvre, vergiers, bois, prés, terre, pâturaux, terres hermes et vacantes dépendens de ladite acquisition, et ledit sieur Gerauld y a fossoyé, jetté des pierres et coupé plusieurs branches d'arbres dénotant ladite prise de possession réelle et actuelle du tout et des pescheries, droit de dixme, droit de fief et générallement touts autres drois en deppendens.

Et finalement nous sommes transportés dans l'esglise parrossiale dudit Manzat; ayant donné de l'eau bénite audit sieur Gerauld, icelluy pris par la main et amené dans le banc dudit lieu noble du Montel, situé et placé dans la nef de ladite église, joignant celui du sieur de Vodelin du costé de bize.

Ledit sieur Gerauld s'est mis à genoux pour saluer le Très-Saint-Sacrement de l'hostel et y a fait ses prières accoutumées, comme aussi sur les tombaux en entrant à costé et audevant dudit banc aussi dépendens du lieu du Montel ; ledit Gerauld s'est remis et assi dans ledit banc, en ayant demeuré quelque temps sans que personne l'aye troublé ny empesché dans tous les actes de prise en possession réelle et actuelle par lui prise dudit lieu noble du Montel, circonstances et dépendences d'icelluy, sans aucune réserve.

Dont du tout et de ladite prise de possession avons octroyé acte audit sieur Gerauld pour lui servir en temps et lieu ce que de raison, le tout en présance de Mᵉ Antoine Rance, prestre ; Mᶜ Blaize Rance et Jacquet Saby, bally et lieutenant de Chasteauneuf ; Antoine Suchet, mᶜ serrurier ; Annet Duprat, tixerant ; Mᶜ Joseph Rance, praticien, tous habitans dudit Manzat, soubzsignés, avec ledit sieur Gerauld, ledit jour et an. Notiffié et controllé.

A l'original sont signés Gerauld le Montel, Rance, Rance, Rance, Duprat, Suchet, Saby et Asteix, notaire royal; à costé, pour prise de possession. Plus bas y a : Controllé à Charbonnières-les-Vieilles le huitième janvier 1692. Signé : Poulet. R. 6 l.

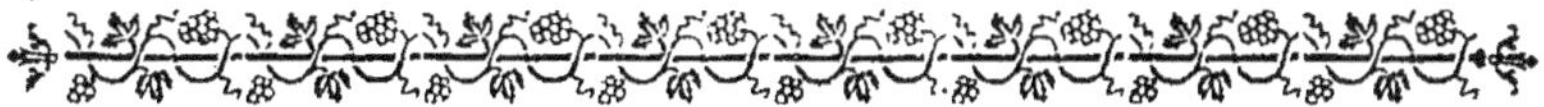

Mémoire présenté au Roy

par les possesseurs des *Fiefs* en *Auvergne*

*pour se soustraire à la foy-hommage et paiement des droits réclamés
par M. le comte d'Artois, seigneur d'Angoulême,
vicomte de Limoges, marquis de Pompadour,
comte d'Auvergne, etc.* [1]
(1774).

Le feu Roy a donné en appanage à M. le comte d'Artois le duché
d'Angoulême, la vicomté de Limoges, le marquisat de Pompadour,
le duché de Mercœur, le comté d'Auvergne, etc.

M. le comte d'Artois a donné des lettres patentes pour régler les
droits qu'on doit percevoir en recevant pour luy la foy-hommage
qui lui est due ; ces droits sont très considérables en comparaison
de ceux qu'on exigeait pour le Roy avant qu'il fît l'abbandon de
ces provinces. Les lettres patentes du prince ne sont nulement
motivées et finissent par ces mots : *Car tel est notre plaisir.*

Les posséseurs de fiefs en Auvergne ont été assignés afin de
rendre la foy-hommage et payer les droits ; pour essayer de s'y
soustraire, ils vont présenter au Roy le mémoire que voici :

Le chancelier de M. le comte d'Artois objecte que les droits
qu'il exige en Auvergne ont été payés sans difficulté dans l'appanage
de M. le duc d'Orléans et récemment dans celui de Monsieur ; il
s'agit donc de prouver la différence qui existe réellement entre la
Coutume d'Auvergne et celle de l'Orléanais, du grand Perche, du
pays Chartrain, etc.

Les différentes Coutumes qui régissent la province d'Auvergne
s'accordent pour assurer aux fiefs une franchise entière ; leurs
posséseurs ne doivent au suzerain que la simple foy-hommage,
sans aucune redevance dans aucun cas. Cette franchise, dont
l'origine se perd dans des temps fort reculés, est constatée dans les
termes les plus précis en la Coutume, à l'article 17 du titre des fiefs.
En voicy les propres mots :

1 Minute, avec correction, à la *Bibliothèque de l'Arsenal*, m' 4518 (papiers de M. de
Montboissier), f° 298.

« *Quand il y a mutation de personne en fief, soit du seigneur féodal ou du vassal, par quelque moyen que ce soit, le vassal n'est tenu payer aucun droit ou charge audit seigneur féodal pour raison de ladite mutation dudit fief, sinon qu'il appert du contraire.* »

Le même principe est consigné de nouveau à l'article 21. C'est, d'après les authorités, un usage immémorial que les roys, seigneurs suzerains de l'Auvergne, n'ont jamais exigé de leurs vassaux que *la bouche et les mains*, c'est-à-dire une foy-hommage pure et simple dont la reddition n'étoit sujette qu'à des droits très modiques perçus soit à la Chambre des comptes, soit au Bureau des finances, sur un tarif qui n'avoit rien d'onéreux, ni surtout d'arbitraire. Le Roy, en donnant la province d'Auvergne en appanage à M. le comte d'Artois, n'a pas voulu sans doute détériorer la condition de ses vassaux ; leur sort n'a pu ni dû éprouver aucun changement et les engagements auxquels leurs fiefs les assujettissoient ne sçauroient avoir varié. Cependant des lettres patentes de M. le comte d'Artois, qu'on joint icy [1], répandent les plus vives allarmes dans la province ; elles annoncent des perceptions considérables et contiennent un tarif qui astreint chaque propriétaire à un droit onéreux plus ou moins fort, suivant l'étendue, la dignité, le revenu des fiefs qu'il possède ; de là, des recherches et des distinctions fàcheuses, des vexations effraiantes et une nouvelle imposition levée avec rigueur sur une province pauvre, qui suporte avec zèle celles dont elle est chargée, mais qui les acquitte avec tant de difficulté qu'une taxe de plus achèveroit de l'accabler ; celle dont on la menace porteroit principalement sur la noblesse.

C'est elle qui s'est chargée de mettre aux pieds du Roy la réclamation universelle de tous les propriétaires du fief ; elle ose se flatter que S. M. ne dédaignera pas d'écouter les représentations de ses plus fidèles sujets. Elle attend de la justice et de la bonté du Roy qu'il se fera rendre un compte exact de la légitimité de ses droits, et qu'il voudra bien en assurer la conservation.

---

1 Ces lettres patentes ne se trouvent pas dans le manuscrit.

Liste des Intendants d'Auvergne

(Communiquée par M. G. Bonnefoy).

Coutel, Jean (St-Flour)	1555
Spifane (év. Nevers)	1558
De Lamire, Guillaume	1590
Le Fèvre de Caumartin	1594-99
Robert Miron	1599
Jacques Merault	1607
Robert Aubery	1616
Legay	1616
Thevin, François	1618
Seguier, Pierre	1621
D'Argenson	1632
Mesgrigny	1635
Jacques de Chaulnes	1638
Alex de Sève	1644
Dominique de Ligny	1645
Daniel Voisin	1648
De Garibal	1655
De Verthamon	1658
Le Fèvre, Antoine, de la Barre	1660
Jean-Paul Choisy	1662
De Pomereu	1663
Bernard de Fortia	1664
Jean Le Camus	1669
Bernard-Hector de Marle	1672
De Malon	1682
Legoux de la Berchère	1684
De Bérulle	1685
Desmaretz de Vaubourg	1687
Gilles de Maupeou	1692
D'Ormesson	1695
Claude Leblanc	1703
Turgot, Marc-Antoine	1708
Béchameil, L.-C.	1714

Claude Boucher. 1717
Gilles Brunet d'Evry. 1720
Bidé de la Granville. 1723
Trudaine.. 1730
Rossignol 1735
Peirenc de Moras. 1750
La Michodière.. 1753
Ballainvilliers. 1757
De Monthion. 1767
De Chazerat. 1771-89

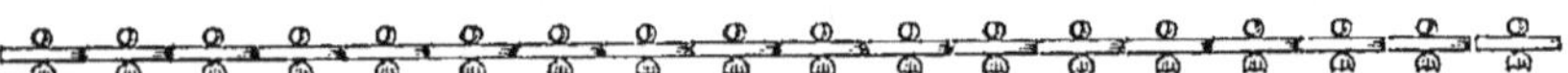

Requête à Mgr l'évêque de Clermont

Seigneur de Billom

A Monseignour
Monseigniour l'Iveque de Cliarmont, seigniour
de la vialo de Billiam[1].

Suppliont humblomeint lous païsans de la vialo de Billiam, ein vous dire, que ne sçaubriens pais témoigniais à Votro Grandour tout le regret qu'aveins de nous troubais diens na cliasso d'habitants de votro vialo que n'age pais la liberta de pourtais à votris pés lais expréchieuns de son amour et de son respect. Chi en a remerchiais la Prouvidenço de vous avis par notre seigniour, ou nous manquot la satisfachieu de poudis vous témoigniais tout le plagis que n'aveins. Mais, Monseignieur, espérants ein votrais bouontas, aveins cregus de poudis vous faire présentais neutro requêto, par suppliais Votro Grandour de nous permettre de l'y preseintais la chanson[2] qu'avans foüa par vous exprimais lous seintimeints d'amour, de fidelita et de

---

1 Le nom de l'évêque n'est pas indiqué, mais l'écriture est du xiiie siècle.

2 Nous n'avons pas retrouvé la chanson.

respect que nous vous conservareins tant que nous vieureins ; coum auchi de nous permettre de la chantais ta fouort que pouaireins et de ta bouon cor que le bouon Dieu nous auge, et répeindre ses bénédicchieuns et soubre vous et soubre notris ein nous accordants ce que l'y deimandeins.

Traduction en français, aussi littéralement qu'il est possible, de la requête que les paysans de la ville de Billom font présenter en leur patois à Mgr l'évêque de Clermont, leur seigneur :

Monseigneur,

Supplient humblement les paysans de la ville de Billom, disant que nous ne saurions vous témoigner tout le regret que nous avons de nous trouver de la classe des habitants qui ne sont point reçus à porter aux pieds de Votre Grandeur les expressions de leur amour et de leur respect. Si nous avons à remercier la Providence de vous avoir pour notre seigneur, il nous manque la satisfaction de pouvoir vous témoigner le plaisir que nous en avons. Mais, Monseigneur, espérant en vos bontés, nous avons cru pouvoir prendre la liberté de vous présenter notre requête pour supplier Votre Grandeur de recevoir la chanson que nous avons faite pour vous exprimer les sentiments d'amour, de fidélité et de respect que nous vous avons voués, et que nous vous conserverons tant que nous vivrons, et nous permettre aussi de la chanter aussi fort que nous le pourrons et de si bon cœur que le bon Dieu nous écoute et nous exauce, en répandant sur vous et sur nous les bénédictions que nous lui demandons.

1 Arch. départ. du Puy-de-Dôme, série G. Evêché. Supplément, liasse 4.

Dotation du Collège de Montferrand
en 1663.

*Extrait des registres du Bureau des finances de la Généralité
de Riom, des attaches expédiées pour l'imposition de
la dotation du Collège de Montferrand
en l'année 1663, en date du
29 décembre 1662.*

Ancienne dotation dudit Collège. . .   4,000 livres
Augmentation de ladite dotation pour
un nouveau cours de philosophie.   500 livres
12 deniers pour livre de ladite dotation que les receveurs des tailles
prennent pour en faire la levée aux
termes des arrestz du Conseil. . .   250 livres
Pour les espices, le greffe, le conseil,
le sceau et les droicts du receveur
des espices . . . .   248 livres 6 sols 8 deniers.

Somme totale. . .   5,498 livres 6 sols 8 deniers.

Laquelle somme a esté imposée sur les eslections du Bas-
Auvergne en l'année 1663, sur le pied et tariffe acoustumé,

Sçavoir :

Riom. . . . .   825 livres.
Clermont . . . .   2,200 livres.
Issoire. . . . .   990 livres.
Brioude. . . . .   880 livres.
Gannat., à cause des
vi^{xx} paroisses d'Au-
vergne. . . . .   603 livres 6 sous 8 deniers.

Signé : COURTIN.

Le Château de Croptes

Près *LEZOUX* *(Puy-de-Dôme)*

(1346-1789).

Le château de Croptes est à sept lieues environ de Clermont-Ferrand et à trois kilomètres de Lezoux, dans l'arrondissement de Thiers.

Il se dresse sur un léger mamelon, à peu près à égale distance de Lezoux, jadis ville murée, et de l'indomptable château de Ravel. Sa position, de deux côtés ainsi vigoureusement défendue, n'a point donné à ses possesseurs l'idée d'en faire un château fort qui eût renom d'assauts glorieusement soutenus et d'ennemis victorieusement repoussés. Il eut cependant, ainsi qu'il sera dit en son lieu, un certain appareil de défense qui lui permît de résister à une surprise et de repousser un premier coup de main. Il avait ses créneaux, ses « archières » et ses canonnières. Les années ont emporté les uns, les remaniements successifs ont fait disparaître les autres ; de la sorte, il reste aujourd'hui de Croptes une demeure élégante, qui joint aux charmes du site le confort du meilleur goût.

D'un côté, au nord-est, l'horizon est borné par les collines aux flancs desquelles s'étage la ville de Thiers.

De l'autre, au sud-ouest, s'offre aux regards l'un des plus beaux panoramas que l'on puisse imaginer : les plaines immenses et fertiles de la Limagne s'étalent à perte de vue, hérissées çà et là de monticules surmontés de castels aux vieilles tours éventrées et aux remparts délabrés. Puis, bien au loin et fermant l'horizon, se détache la vague silhouette du puy de Dôme et de la chaîne élevée du Mont-Dore.

I

Les Seigneurs UFFON et Dame Agnès De TYNIÈRES

(1285-1554).

Il est malaisé de signaler l'origine première de la terre de Croptes, comme aussi d'indiquer l'époque précise où cette terre fut érigée en seigneurie.

Les documents, fort rares en ces temps reculés, ne donnent sur ce point aucun renseignement.

L'appellation même, en son orthographe, subit dans le cours des temps de légères modifications. Ce fut d'abord *Crontes* ou *Croctes ;* plus tard l'on écrivit *Crottes ;* parfois aussi l'on trouve *Croptes,* et c'est cette dernière dénomination qui a fini par prévaloir.

Quel titre comportait cette terre pour celui qui la possédait ?

Tous les seigneurs de Croptes de 1346 à 1789, dans les actes qui relatent leur nom, portent uniformément le titre d'écuyer.

. . . .

Le premier seigneur de Croptes que nous signalent les documents, est « noble homme Amédée Uffon, escuyer, en l'année 1346. »

« Jean de la Salle, des Cortiols (les Courtioux, paroisse de Ravel); Bonite, son épouse ; sa fille, femme d'Etienne Mazel, à ce consentant, vendent à noble homme Amédée Uffon, seigneur de Crontes, assisté de Jean Malcronia de Maldreyt, au prix de vingt-cinq sous d'or, et avec tous ses droits, une terre sise proche Crontes. Fait le lundi après la fête de St Mathias, apôtre, en l'année 1346. »

(Titres du château de Croptes).

« Guillaume Serveyre, habitant près Crontes, paroisse de Lezoux. vend à Amédée Uffon, écuyer, seigneur de Crontes, présent Jean Delannonie, certains cens, un carton seigle, une geline, redevances annuelles sises au terroir de Crontes, au prix de dix livres, monnaie courante. Fait le vendredi après la fête de St Jean l'évangéliste, l'an 1347. »

(Titres de Croptes).

Amédée Uffon, seigneur de Crontes, était fils de noble homme

Pierre Uffon, écuyer, et avait pour frère Pierre Uffon, seigneur de Dinières ou Tinières.

« En l'an 1335, comparaissent devant messire Jehan Colhet, clerc et notaire en la curie de Clermont, noble homme Pierre Uffon, chevalier, seigneur de Dinières, et Amédée Uffon, damoiseau, son frère, fils et héritiers de défunt noble homme Pierre Uffon, écuyer, de Lezoux, qui reconnaissent devoir au chapitre de Lezoux, acceptant messire Durand Glenat, procureur d'icelui, prêtre et aussi chanoine, six setiers de froment, mesure du chapitre, à raison de la chapelle Ste-Catherine, située près du cloître d'icelui chapitre, et qui a été concédée aux frères susdits pour qu'ils puissent y faire enterrer le corps de leurs parents défunts présents et à venir. Les témoins sont noble Guillaume de Vichey, écuyer ; Etienne Chelar, clerc, etc. »

(Arch. de Clermont. Fonds du chap. de Lezoux. L. 1, n° 13).

Un autre titre nous apprend que « pardevant Guillaume Dohet, clerc et notaire en la curie de Riom, le seigneur Gérald Uffon, de Lezoux, écuyer, pour le salut de son âme fonde à perpétuité une vicairie en la chapelle de St-Georges de Lezoux, et la dote de dix setiers de blé de revenu annuel, lesquels dix setiers devront être pris sur son grenier de Lezoux et sur tous ses autres biens. Les témoins étaient Guillaume de Marsenat, écuyer, et Chatard de Porcheresse. Fait le lundi après l'octave de l'Annonciation, l'an 1285. »

(Arch. de Clermont. Id. L. 1, n° 12).

Amédée Uffon, seigneur de Croptes, ne laissait qu'une fille qui, à la mort de son père, devint dame dudit lieu.

On ne connaît d'elle que la fondation suivante :

« Pardevant Jehan Meschin, notaire, noble dame Uffon, du lieu de Crotes, dame de Crotes, fille de défunt noble homme Amédée Uffon, écuyer, de Lezoux, diocèse de Clermont, n'étant point en puissance de mari, pour le remède et salut de son âme, pour celle de ses père et mère et de tous ses parents défunts, a fondé et fonde à perpétuité, en l'honneur de Dieu, de la B. Vierge Marie, sa mère, et de sainte Catherine, dans la chapelle de Ste-Catherine, proche l'église St-Pierre de Lezoux, une vicairie perpétuelle qu'elle dote du revenu annuel de trois setiers de froment et de cent sols qui seront perçus à chaque fête de St Julien.

» Le vicaire ou titulaire de ladite vicairie sera tenu de célébrer trois messes par semaine dans ladite chapelle de Ste-Catherine, ou, lorsque cela ne lui sera pas possible, dans l'église St-Pierre.

» La fondatrice se réserve le droit de patronage et de présentation et laisse au chapitre le droit de collation et d'institution.

» Fait à Lezoux, le 6 du mois de février, l'an 1422. »

(Arch. de Clermont. Fonds du chap. de Lezoux. L. 1, n° 29).

Noble dame Uffon mourut ne laissant aucun héritier direct. La terre de Croptes échut par suite aux enfants de Pierre Uffon, seigneur de Tynières et frère d'Amédée dont il a été parlé plus haut.

C'est pourquoi, en 1450, la terre de Croptes appartient à noble damoiselle Agnès de Tynières.

Un inventaire mentionne en effet « un terrier au profit de dame Agnès de Tynières, dame du Chier (Ocher, petit village près de Lezoux) et de Croctes, et de Marguerite de Tinières, sa sœur, dame de St-Marcel-en-Forest, signé à l'article de l'an 1450, contenant les appartenances auprès de la ville de Lezoux. »

(Inventaire partiel des titres du château de Croptes).

Agnès de Tynières avait épousé Messire Jean Rolland des Cortiols (les Courtioux, village de la paroisse de Ravel) ; elle était veuve en 1454.

« L'évesque de Clermont, pour lors seigneur de Lezoux, faict saizir un pré nommé Prat-cros, près de Rocards, et ung bois dans la justice de Lezoux et dans les appartenances de Croctes. Agnès de Tynières s'oppose à ladicte saizie et obtient main-levée en juillet 1452. »

(Titres de Croptes).

« Damoyselle Agnès de Tynières, dame du Chier et de Croctes, donne à Pierre et à Jean Serveyre, ainsi qu'à Pierre Deltraher, du mas de Debalbrat, paroisse de Lezoux, un pré et certaines parcelles à nouveau cens. »

(*Id.*).

Enfin « noble damoyselle Agnès de Tynières, veuve de Messire Jean Rolland, dame du Chier et de Croctes, diocèse de Clermont, vend à noble homme Bertrand de Benaud, habitant Sexchalle,

présent à ce, religieux homme Pierre de Benaud, prieur du prieuré
de Canille, pour iceluy acceptant et consentant, moyennant la
somme de douze cents écus d'or couronnés, à raison de septante
au marc, le lieu, chastel et domaine appelé de Croctes, avec ses
maisons, édifices, jardin, prés, terres, bois, garennes, estangs,
pescheries et aultres droicts et appartenances, en la paroisse de
St-Pierre-de-Lezoux. De plus, elle cède audit acheteur, toujours à
ce même prix, le grand pré appelé de Croctes, de ladite paroisse.
Le 22 janvier 1454. »

(Titres de Croptes).

C'est la première fois que mention est faite du château, « le
chastel », indépendant des maisons et édifices servant à l'exploitation du domaine.

Il est une seconde fois mentionné dans la note suivante :

« Y ayant ung procès entre le procureur d'office de la chastellenie
de Lezou, agissant pour l'Evesque de Clermont et le seigneur de
Crottes, en l'année 1457, il y eut enqueste contenant l'examen de
six tesmoings qui déposèrent que les bois taillis de Crottes estaient
dans la justice de Lezou, lesquels bois taillis advançaient beaucoup
du costé de Ravel, par delà le chastel de Crottes, une partie d'iceulx
ayant seulement esté défrichée depuis trante-cinq ans. Ce lieu
s'appelle encore les Maradiis. »

(Titres de Croptes).

On le voit, Croptes appartenait à la justice de Lezoux. Le juge
était le procureur d'office des évêques de Clermont, qui, jusques en
1550, furent maîtres de cette ville.

Comme certaines parcelles de terres sises aux Courtioux et aux
Fauroux dépendaient de la justice de Ravel, le seigneur dudit lieu
prétendit avoir droit de justice sur la terre de Croptes tout entière.
De là diverses procédures signalées en leur lieu, et définitivement
terminées par un arrêt du Parlement de Paris de 1660, qui décide
que le fief de Croptes est tout entier dans la justice de Lezoux.

La terre de Croptes relevait en ces temps-là du comté d'Auvergne.
Ainsi Raymond de Benaud fera plus tard hommage à Jean, comte
de Boulongne d'Auvergne, pour sa terre de Croptes qu'il tient en
fief de sa main, 14 février 1496.

Ce comté d'Auvergne, fréquemment changea de maîtres ; autant de fois, par là-même, Croptes changea de suzerain.

II

Les Seigneurs De BENAUD — Gabrielle De La FOREST

(1454-1560).

Messire Bertrand de Benaud, acquéreur de la terre et seigneurie de Croptes, appartenait à une famille noble de Seychalles, dont la trace se retrouve dans les documents du siècle précédent.

« Par-devant Guilhem Guitard, chanoine de l'église cathédrale de Clermont, Dalmace de Benaud, veuve, concède à Guillaume-Mathieu Rupeta un champ de terre et un pré, moyennant le cens annuel de neuf cartons de froment. Fait le samedi après la fête de St Barnabé, l'an 1384. »

(Titres de Croptes).

L'an 1396, par-devant Guill. de Vico, clerc, damoyselle Dalmace de Benaud, veuve, rend au comte d'Auvergne foy et hommage pour tous les biens qu'elle tient de lui en fief. Le mercredi avant la fête de St Martin, 1396. »

(Id.).

« Par-devant messire Jean de Bonnefont, clerc et notaire de la curie de Riom en Auvergne, ont comparu noble homme Jean de Benaud, damoiseau ; noble dame Marguerite de la Chassagne, son épouse, du lieu et paroisse de Sexchalles, diocèse de Clermont ; vénérable homme Pierre Roux, prêtre et curé dudit lieu de Sexchalles, et Pierre Vilo, sacristain de ladite église, aux fins suivantes : Le père de ladite Marguerite, noble homme Jean de la Chassagne, de son vivant avait édifié, en l'église de Sexchalles, une chapelle en l'honneur et révérence de Ste Lucie, où il avait l'intention de fonder une vicairie ou chapellenie dûment dotée. C'est pourquoi, afin de soulager l'âme de son père et de tous ses parents, ladite Marguerite fonde en ladite chapelle une vicairie perpétuelle dont la nomination

et la collation appartiendront à elle et à ses héritiers à perpétuité.
La dotation sera de trois setiers annuels de froment, bon et marchand, à la mesure de Sexchalles, et de cinquante sols tournois en bonne monnaie, payés annuellement. Fait le 25 mai de l'an 1422. »

(Titres de Croptes).

« Marguerite de la Chassaigne, veuve de défunt noble Jean de Benaud, habitant Jadis Sexchalles, et aujourd'hui la paroisse de N.-Dame de Lezoux, fonde à perpétuité, en la chapelle Ste-Catherine de Lezoux, une vicairie d'une messe. Cette vicairie sera appelée « vicairie de Crottes. » La fondatrice la dote de certains prés et terres et de la dîme de fruits sur certaines autres terres. Elle se réserve la nomination dudit vicaire ; la collation appartiendra à M. l'abbé de Thiers. Fait par devant Pierre Besson, notaire, l'an 1450. »

(Arch. de Clermont. Fonds du chap. de Lezoux. L. I, n° 28).

On ne connaît des enfants de Jean de Benaud que Bertrand et Pierre.

Pierre, le fils puîné, entra dans les ordres et devint prieur de Canille ; on l'a vu figurer au contrat d'achat de 1454.

Bertrand de Benaud hérite des biens sis à Seychalles et leur joint la seigneurie de Croptes.

Son père portait le titre de damoiseau (*domicellus*) ; il prend, lui, la qualification d'écuyer.

Il arrondit sa terre par de nombreuses acquisitions. En 1454, il achète la moitié d'un pré sis dans la justice de Lezoux, proche Crontes.

L'an 1455, il acquiert de « noble dame de Chazeron, moyennant 60 escus d'or, une maison, grange et aire, le tout sis à Sexchalles. »

(Titres de Croptes).

« Noble homme Bertrand de Benaud, escuyer, seigneur de Crontes, cède à Jean Berton de Sexchalles un pré et reçoit en échange une grange, le tout sis audit lieu de Sexchalles. 1459. »

(Titres de Croptes).

Il achète au sieur Decouteix trois setiers froment, quinze sols argent, deux gélines, le tout censuel sur certains héritages situés dans la paroisse de St-Geneix-l'Enfant. 1478.

Dans le contrat passé entre Agnès de Tynières et Bertrand de Benaud, l'on avait inséré cette clause que la terre de Croptes était franche et quitte de tous cens. Or ce n'était pas le compte du châtelain de Ravel, qui avait sur certaines terres sises de son côté et dans sa justice, certains droits et redevances dont il n'était aucunement fait mention. Aussi fait-il assigner conjointement par devant lui le vendeur et l'acquéreur pour faire rétablir et constater ses droits lésés. L'on plaida par devers la cour d'Auvergne, et ce ne fut qu'en 1462 que l'acheteur, après avoir fait les rectifications exigées, obtint un arrêt confirmatif du traité d'achat.

(Id).

Bientôt Bertrand de Benaud se trouve à l'étroit dans le château d'Agnès de Tynières et veut désormais pour lui une habitation plus confortable, une demeure qui puisse résister à un premier coup de main.

« Par devant Anthoyne Bart, notaire royal juré de la cour et chancellerie de Montferrand, ont esté présans et establys en leur personne, noble hôme Bertrand de Benaud, escuyer, sgr de Crontes, près Ravel, perrochien de N. Dame de Lezoux..... et Guyot Choussy, masson, du lieu et paroisse de Bressac, dioc. de St-Flour, lesquelles parties confessent passer le contract et accord suyvant..... ledict escuyer a baillé à bastir audit Guyot Choussy une maison haulte, moïenne et basse, au lieu de Crontes, en pierres, chaux et aultres armes de massonnerie..... le bastiment aura trois estaiges et aux deux chantons seront basties deux petites tours du costé de bize et d'orient, chescune d'icelles sera de trois estaiges, et par-dessus ung galletas, et chascun des trois estaiges sera basti en crouste et en voulte, la première voulte pour tenir le vin dudict escuyer..... ladicte maison aura ung mur qui tranchera depuis le fondement jusque au galletas..... autour et au-dessus sera basti un advis tout de pierre de taille..... chescune des deux premières chambres du premier estaige, de sept brasses de long sur quatre de large, aura deux grandes et belles cheminées en pierre de taille..... le second estaige aura onze pieds de hault et seront faictes deux belles chambres avec deux belles et honestes cheminées..... les estaiges des tours seront également en crouste et en voulte, de hauteur que chescune des chambres susdictes, et à chascun estaige sera faict une petite cheminée, un retrait et une petite fenestre..... dans les chambres, outre les fenestres, deux demi-croizières confronctes lesdictes tours..... Au-dessus du tiers estaige, sera tenu de monter le mur desdites chambres, tours et advis, de six pieds de hault..... les tours et ledict advis seront garnis d'archières et de canonières nécessaires pour l'utilité de la maison..... seront faictes les éguyères et les usseries en pierre de taille, tant pour entrer dans les caves. que pour aultres chambres moïennes et basses..... *Item* au bout des deux chambres, là où n'a point de tours pour faire défence à la maison, fera archières et canonières y nécessaires..... A promis ledict escuyer faire charrer les fondements et fournir toutes provisions, cindres et madriers nécessaires audict hédiffice ; a promis ledict Guyot Choussy fournir toutes les maneuvres et les massons nécessaires, à ses propres coults et despens, et fournir tous les despens de bosche y nécessaires.

» Ledict escuyer a promis païer et bailler audict Guyot Choussy, pour une foys, la somme de six vingt livres tournois, monnoie aujourd'huy courant, plus la quantité de trante-cinq sextiers de blé de la mesure de Billom, c'est assavoir moitié seigle et moitié froment ; *item* quatre bacons (porcs) sallés, sains et consistants, ung bœuf sallé ; *item* six pipes de vin pur et bon, à la mesure de Billom, lesquels sera tenu de païer à mesure que ledict Guyot advancera ledict prix faict et besogne. Ledict Guyot sera tenu de faire et parachever ledict prix faict dans deux ans commençant à la feste de la Nativité prochaine et finissant à la pareille feste de la Nativité lesdicts deux ans passés..... Tesmoings présans et appelez : Nycolas Barthe, du lieu de Ceschalles ; Guill. Pomarel et Estienne Sapé, dudict lieu. Faict le tiers jour du moys de novembre, l'an 1472. »

(Titres de Croptes).

Les bois de charpente furent donnés à prix fait à Anthoine Vanre, charpentier de la localité.

Que devint le château d'Agnès de Tynières, dont plus haut l'on a constaté l'existence ?

Il est probable qu'une partie fut détruite et l'autre conservée pour former avec le bâtiment élevé par Guyot Choussy une habitation acceptable. Les fondements de la partie détruite soit par accident, soit par vétusté, furent négligés ; on retrouve encore au sud et à l'ouest du château, et presque à fleur de terre, les fondements d'une tour et de grands murs qui devaient être destinés à supporter de vastes et solides bâtiments.

L'œuvre de Guyot Choussy, d'après la description qui en est faite, se reconnaît encore aujourd'hui, malgré les modifications que plus tard elle a subies.

Bientôt après, Annet de Montroignon, sgr de Croptes, ajoutera à son château un nouveau corps de logis et, plus tard encore, de nouvelles additions et un remaniement important seront faits à la demeure tout entière par les demoiselles de Blumenstein.

Son habitation une fois construite, Bertrand de Benaud accroît toujours son domaine par de nouvelles acquisitions.

« Le 4 octobre 1477, Stephanus Debalbrat, Anthoine Deltraher et Benoict Sercoyre, fils de Jean, tous habitants du lieu de Debalbrat, paroisse de N. Dame de Lezoux, vendent à Antoine Bellazone, clerc de la ville de Lezoux, proche l'étang de Bertrand de Benaud, sgr de Cronte, certaines terres que ledit Bellazone rétrocède à noble Bertrand de Benaud. Les témoins sont Gilbert Dôle, Roger Bellazone et Jehan Boscher. »

(Titres de Croptes).

« Par-devant Me Anthoyne du Puy, damoiseau, sgr de Cabreloches, noble Anthoyne Sauvage, vend à noble Bertrand de Benaud, absent, et à religieux homme dom Pierre de Benaud, prieur du prieuré de Canille, frère dudit Bertrand, et pour lui acceptant, quatre sextiers seigle et un sextier avoine, redevances censuelles. A Clermont, le 19 août 1480. »

(Id.).

Enfin en 1484, il achète encore certaines censives sises à la Varenne, justice de Spirat.

Bertrand de Benaud avait trois enfants. L'un d'eux, Pierre de Benaud, est une seule fois mentionné.

« Jean Merchadier, fils de Pierre, et Jehanne, veuve dudit Pierre, vendent à honnête et jeune homme Pierre de Benaud et à son père, noble homme Bertrand de Benaud, escuyer, sgr de Crontes, paroisse dé Lezoux, trois cartelées de terre au Mas près Crontes. Le 3 may 1483. »

(Titres de Croptes).

De ce fils Pierre, il n'est plus jamais parlé.

Les deux autres enfants de Bertrand étaient Catherine et Raymond de Benaud.

Catherine épouse le seigneur de Verrière, Vincent de Sarlent ; Raymond est présent au contrat.

En 1490, Bertrand de Benaud n'est plus de ce monde ; Raymond lui succède et fait en son nom et pour son compte les transactions qui suivent :

« Le 2 novembre 1490, par-devant messire Jehan Grangier, en la curie séculière de Lezoux, Blaise d'Aiguebonne, du Mas des Fohros (Fauroux), paroisse de Lezoux, vend à noble homme Raymond de Benaud, sgr de Crontes, au prix d'une carte de froment censuelle, une terre sise audit lieu de Fohros, justice de Ravel. »

(Titres de Croptes).

« Achat d'un carton de froment censuel consigné au terroir des Trioliers, justice de Ravel. 1490. »

(*Id.*).

« Achat d'une coupe de froment censuelle et d'une hœuvre (œuvre) de pré au terroir de Molette, justice de Ravel. 1494. »

(*Id.*).

Raymond de Benaud avait épousé « damoyselle Gabrielle de La Forest, de la noble famille des La Forest, seigneurs dudit lieu et de Bulhon. » Il meurt vers l'an 1500. A cette époque, en effet, « damoyselle Gabrielle de La Forest, veuve de Raymond de Benaud, donne au cens de six coupes de froment deux sétérées de terre. 1501. »

Comme il ne restait de ce mariage aucune postérité, entre le sgr de Verrières, époux de Catherine de Benaud, et damoyselle de La Forest, s'élevèrent diverses compétitions au sujet de la succession de feu Raymond de Benaud.

Gabrielle de La Forest obtint de la cour d'Auvergne un jugement qui la maintenait dans les biens de Raymond de Benaud, de son vivant sgr de Croctes (1502), et l'on a du 20 mai de la même année (1502) un acte par lequel le châtelain de Lezoux lui donne main-levée des biens délaissés par le décès de son mari.

(Titres de Croptes).

Gabrielle épousa bientôt en secondes noces Hodouard de Cébazat, que divers documents nous signalent comme juge châtelain de Lezoux (1525).

« L'an 1504, Hodouard de Cébazat, époux de Gabrielle de La Forest, veuve de Raymond de Benaud, cède au sgr de Verrières la terre de Buxer avec toutes ses dépendances. »

Ledit sgr de Verrières avait interjeté appel du jugement de la cour d'Auvergne qui attribuait à Gabrielle de La Forest les biens de Raymond de Benaud, et la cause avait même été portée à Paris. De guerre lasse, les parties belligérantes terminent le différend par l'accord suivant :

« Hodouard de Cébazat, sgr de Croctes, et Vincent de Sarlent, comme époux de Catherine de Benaud, au sujet de la succession de Raymond de Benaud, de son vivant sgr de Croctes, transigent comme suit : Ledit de Cébazat vend sous faculté de rachat dans cinq ans, chevance, cens, routes, vignes et autres droits quelconques au lieu de Seychalles, appartenant à la succession dudit Raymond de Benaud, et, moyennant ce, ledit de Sarlent s'est départy de toutes prétentions sur la succession. »

(Titres de Croptes).

En 1527, Gabrielle de La Forest est déjà veuve de son second mari. Il n'y avait pas non plus d'enfants de ce second mariage.

Elle fait alors de pieuses fondations.

« Par-devant messire Jehan Gagnol, notaire royal, châtelain, garde tenant le scel de la ville de Lezoux pour révérend père en Dieu Monseigneur l'Evesque de Clermont, sgr dudit Lezoux, a esté establye en sa personne damoyselle Gabrielle de La Forest, veuve de feu noble homme Odhouard de Cébazat, quand vivoit sgr de Croctes, laquelle a fondé au nom de Dieu, Nostre Dame des Tré-passez, une viquáirie en l'église collégiale de Mons. St Pierre de Lezoux, à perpétuité chargée de deux messes, l'une à dire le lundy pour les Trépassez, l'autre le samedy en l'honneur et révérance de

Nostre-Seigneur, Nostre-Dame, des Saincts Apostres et aultres. Et a ladicte damoyselle pour icelle viquairie donné : 1° une terre contenant trois cartelées, sise à Seychalles, deux aultres terres, un pré de deux hœuvres ou entour, une partie de vigne ;

» 2° En rente perpétuelle trois deniers, trois sols argent, trois septiers froment, trois cartes et deux coupes avoine, gélines vingt-deux.

» Elle ou les siens futurs seigneurs de La Forest pourront présenter en vicquaire de ladicte vicquairie, toutes et quantes fois elle sera vacante, un chanoine ou prestre de ladicte église Mons. St Pierre de Lezoux. Le chapitre sera tenu de fournir le pain, vin et chandelle, et permettre sonner la cloche appelée communément le « petit Tertial. » Et pour lesdicts droits de cloche, chandelle, pain et vin, ladicte fonderesse donne esdicts du chapitre une carte froment, mesure de Lezoux, payable doresnavant chescun an et chescune feste de St Julhen au mois d'aoust.

» Et sera tenue lad. damoyselle fayre les vestures, habillemens et ornemens de ladicte vicquairie pour une fois seulement.

Lad. damoyselle fonderesse a présanté esdicts du chapitre vénérable personne Me Guilhem Génilhe, prestre et chanoyne, pour premier vicquaire de lad. vicquayrie.

» Donné à Lezoux, le vingt-deuxiesme jour de juilhet l'an mil cinq cent vingt et sept. »

(Titres de Croptes).

Les deux derniers actes que l'on ait de Gabrielle de La Forest sont :

« 1° Une procuration donnée à Messire Charles de la Forest, sgr dudit lieu et de Bulhon, pour remplir en son lieu et place certaines formalités relatives à son fief. 13 may 1534 ;

» 2° Un dénombrement qu'elle fait au Roy pour son fief de Croctes, par devant le baillif de Montferrand, le 3 août 1540. »

Le fief de Croptes relevait alors directement du Roi lui-même, le comté d'Auvergne ayant été en ces temps-là confisqué au profit de la Couronne, au détriment du duc de Bourbon qui avait pris les armes contre sa patrie.

En 1550, la ville de Lezoux est enlevée aux évêques de Clermont et devient la propriété de Catherine de Médicis. Cette terre, dans la suite, constituera un apanage pour l'un des fils du Roi régnant et, par là même, le fief de Croptes relèvera désormais de la justice du Roi.

Gabrielle de La Forest, n'ayant pas d'enfants, dispose des biens qu'elle laisse en faveur des seigneurs de La Forest.

Noble Claude Le Groin, fils de Jean et Françoise de La Forest, sgr de Châlus, vend la terre et château de Croptes à noble Joseph de Montroignon. Le contrat fut passé dans la salle du château de Chasteaubrun le 1ᵉʳ août 1584.

Armes de Gabrielle de La Forest : « *D'argent à trois fasces de sable.* »

III

Messires De MONTROIGNON, Seigneurs de CROPTES
(1584-1756).

Cette famille, qui tire son origine du château fort de Montroignon, près Clermont-Ferrand, remonte à une haute antiquité.

Un mémoire manuscrit, plusieurs fois séculaire, parle du vicomte Albert de Montroignon [1], vivant en Auvergne vers l'an 847.

(Titres de Croptes).

Il signale, « vers l'an 1276, Robert de Montroignon, prieur de l'Ordre de St-Jean de Jérusalem, en Auvergne, qui, mort vers la fin de cette même année 1276, fut enterré dans l'église St-Jean-de-Ségur, près Montferrand, où l'on voyait jadis son effigie en demi-relief avec les armes de Montroignon entremêlées avec celles de Rhodes.

» On trouve, en 1327, Pierre de Montroignon, chevalier et commandeur de St-Jean de Jérusalem, ce qui est établi par une procuration datée de la même année, que Jean, Dauphin d'Auvergne, et Anne de Poitiers envoient à leur fils Béraud [2].

» Toutefois, ce n'est que depuis l'an 1450 que l'on a des membres de cette famille une descendance exacte et ininterrompue. On retrouve à cette époque deux frères, Hugues et Gilbert de Mont-

---

1 De Montroignon porte : « *D'azur à la croix ancrée d'argent.* »

2 En 1400, Louise de Montrognon était abbesse du monastère de l'Eclache.

roignon, qui épousent deux sœurs, Louise et Marguerite de Metz, dames du Mas et autres lieux.

» Le fils de Hugues et de Marguerite fut Anthoyne de Montroignon, qui devint sgr du Mas par la mort de ses petits-neveux et épousa Catherine de Malheret. 1519.

» De ce mariage, naquirent Albert et Guy de Montroignon.

» Aubert, sgr du Mas, épouse Jeanne de Beaufort (13 may 1537), qui lui donne Jean de Montroignon, lequel continue la branche aînée des Montroignon du Mas, et Joseph de Montroignon, fils puîné, qui devient seigneur de Croptes. »

Joseph de Montroignon joua un certain rôle dans les guerres civiles religieuses de cette époque et se fit un renom sous le vocable de « capitaine Mas. »

Le 3 décembre 1573, Jos. de Montroignon, dit le capitaine Mas, reçoit du duc de Montmorency l'ordre de se rendre avec sa compagnie de gens de guerre à Salgues et à la Clause (en Gévaudan), pour les défendre contre les entreprises des huguenots.

(Bullet. de la Soc. d'Agr. de la Lozère. — Doc. hist.).

« Le 20 octobre 1575, il reçoit du duc d'Alençon, frère du Roy, une commission pour lever une compagnie de cent arquebusiers, et, quelque temps après, il reçoit une semblable commission de Gilbert de Lévis, comte de Ventadour, gouverneur de Limousin.

» Le 15 janvier 1580, il épouse Jeanne d'Avity, fille de noble Pierre d'Avity [1] sgr des Tournelles et de Moras, en Dauphiné. »

Ainsi qu'il a été dit, le 1er août 1584 il achète la terre de Croptes à noble Claude Le Groin, sgr de Châlus.

Après son mariage, il prit part aux guerres de la Ligue et fut longtemps capitaine de la ville de Lezoux, qu'il reprit sur Chappes à l'aide du gouverneur Canillac, de Montfant et le seigneur d'Estaing (1592-1594).

En 1609, il consent un contrat de vingt-cinq livres de rente annuelle au profit du chapitre de St-Pierre de Lezoux.

(Titres de Croptes).

« Le 26 septembre de la même année, il rend un fief et hommage

---

1 Avity porte : « De gueules, enté en pointe de sinople, à la tour d'argent maçonnée de sable, surmontée d'une autre petite tour de même. »

entre les mains des trésoriers-généraux, à Mgr le Dauphin de France pour la terre de Croptes, mouvante du comté d'Auvergne.

» Joseph de Montroignon mourut à Croptes le 25 novembre 1620, à l'âge de 76 ans, et fut enterré dans le chœur de l'église N.-Dame de Lezoux, dans le tombeau de la maison de Croptes, au-devant du grand-autel. Jeanne d'Avity, son épouse, mourut en 1636, au château de Courteserre, où son fils était commandeur, et fut transportée dans la même église de Lezoux. »

Joseph de Montroignon avait eu douze enfants. L'aîné, Pierre de Montroignon, lui succéda à la terre de Croptes.

Claude, le fils puîné, devint chevalier de Malte ; on retrouve à son sujet la note suivante :

« Frère Claude de Montrougnon fust resceu chevailher de Malte au chapitre tenu à Lyon le premier iour de juing 1593, et furent depputez commissaires frère Jacques de, Bloc, commandeur de Courteserre, et frère Antoine de Villards, commandeur de Mayet, pour procéder à la vérification des preuves de noblesse dudict Claude, qui furent faictes à Bilhom le 20 novembre de la mesme année. Les quatre gentilshommes employez pour tesmoings, suyvant coustume, furent messire Gaspard Le Loup, sgr de Montfant ; Joseph de Courteix, escuyer ; Guillaume de Blanzat, sgr de Lignat, et Bertrand de La Forest, sgr dudit lieu et de Bulhon. Ledict Claude devint ensuite page du grand maistre frère Hugues de Loubens.

» Estant un iour allé fayre aygade avec sa troupe dans une isle sur la coste de Barbarie, il fust seurpris, faict prisonnier et emmené à Thunis où il demeura esclave trente-deux mois. Il revint en France et fust pourveu de la commanderie de Courteserre, où il mourut à l'âge de cinquante-huict ans. Il gîst dans l'église perrochielle dudict Courteserre, à costé droict de l'autel, en entrant dans le cœur. »

(Titres de Croptes).

Un troisième fis de Joseph de Montroignon, *Gaspard*, prit l'habit religieux dans l'abbaye royale de Savigny, en Lyonnais, et devint doyen de Telon où il mourut à l'âge de 58 ans.

Christophe de Montroignon se fit religieux de St-Augustin, de la congrégation de Ste-Geneviève, et fut prieur à Chantelle, puis à Evaux.

Péronnelle de Montroignon prit l'habit à Ambert, où elle fut supérieure du couvent des Ursulines, puis vint au monastère de Clermont où elle occupa la même dignité.

Pierre de Montroignon, écuyer, seigneur de Croptes, fils aîné de Joseph, fut envoyé à Rome, jeune encore, pour y faire son éducation. Longtemps après son retour en Auvergne, il épousa Péronnelle d'Arfeuille, fille de Annet d'Arfeuille [1], sgr dudit lieu et autres places en la paroisse de Felletin, dans la Marche. Le contrat fut passé dans le château d'Arfeuille le 10 septembre 1610.

Pierre avait depuis dix ans seulement succédé à son père, lorsqu'il mourut lui-même d'une pleurésie au château de Croptes, le 11 février 1630, ne laissant que des enfants mineurs. Il fut enterré dans le tombeau de ses pères, dans le chœur de l'église Notre-Dame de Lezoux.

« Apprez le décès de Pierre de Montroignon (1630), le procureur du Roy de Clermont, d'où ressort la chastellenie de Lezoux, fist l'apposition des cachets dans le chasteau de Crotes, et le lieutenant et luy y firent aussi la dation de tutelle et l'invantaire comme se voyt par la quittance de la taxe de fraicts qui y furent faicts, ladicte quittance en date du 6e apvril 1630.

» Plus apprez y eust procez entre Péronnelle d'Arfeuille, vesve dudict Pierre de Montroignon, et le procureur d'office de Ravel, qui s'estoit présenté pour apposer les cachets, à quoy lad. Péronnelle s'estoit opposée et lui auroit empesché l'entrée de la maisou. Jean de Combourcier, sgr du Terrail et de Ravel, prenant en main la cause du procureur d'office, obtint une sentence du présidial de Riom, d'où ressort Ravel, le 13 aoust 1631, par laquelle l'appel que lad. Péronnelle d'Arfeuille avait interjeté et relevé à Clermont, d'où ressort Lezoux, avoit été déclaré « désert » (?) à Riom, tellement que cet appel fust relevé au Parlement de Paris le 28 septembre 1631. »

(Titres de Croptes).

Après la mort de son mari et le mariage d'Annet de Montroignon, son fils aîné, Péronnelle d'Arfeuille se retire dans le monastère de Ste-Ursule d'Ambert, où elle ne prit pas l'habit, mais vécut reli-

---

[1] Armes d'Arfeuille : « *D'azur à la fleur de lys d'or, accompagnée de trois étoiles de même, deux en chef, une en pointe.* »

gieusement pendant deux ans. Elle mourut le 17 août 1634 et fut enterrée dans l'église dudit monastère, entre le grand autel et la grille des religieuses.

Deux de ses filles, Anne et Marie, religieuses dans ce même monastère, moururent très peu de temps après elle.

Voici la reproduction de l'inscription gravée sur leur tombe, d'après un document de l'époque : ·

ICI GIT DAMOISELLE PERONNELLE D'AR

FEVILLE VEVFVE DE NOBLE PIERRE DE

MONTROGNON ESCVYER SEIGNEVR DE

CROTTES LAQVELLE SE RETIRA DĀS

CESTE MAISON ET Y MOVRVT LE 17ᶜ

AVOST 1634 AGEE DE 44 ANS.

ANNE ET MARIE DE MONTROGNON

SES FILLES RELIGIEVSES DE CE

MONASTÈRE GISENT AVEC ELLE ET

MOVRVRENT ASÇAVOIR MARIE LE

10 MARS 1637 AAGEE DE 17 ANS

ET ANNE LE 20 FEBVRIER 1642

AAGEE DE 27 ANS.

Les enfants nés de Pierre de Montroignon et de Péronnelle d'Arfeuille furent :

1° Annet, qui continue la postérité ;

2° Pierre, religieux de St-Augustin, longtemps supérieur de deux maisons de l'Ordre, à Châlons en Champagne ;

3° Anne et Marie, religieuses déjà signalées, et huit autres enfants morts en bas âge.

« Annet de Montroignon, écuyer, sgr de Croptes, naquit le 25 janvier 1613, au château de Croptes. Il fit quelques études au collège de Bilhom et fut ensuite donné pour page à Just Henri, comte de Tournon, l'un des gentilshommes les plus lettrés de de France. Au mois de mai 1629, il se trouva avec son maître au siège de Privas ; de là se mit au régiment des gardes et passa en Italie. A son retour, il trouve son père mort et sa mère désireuse d'entrer en religion. Il épouse alors Marguerite de Ferrioles, fille de Philibert de Ferrioles [1] et de Catherine Besson de Lezoux. Le contrat fut passé dans le château de Beauregard le 7 septembre 1630.

» Après son mariage, il rejoint l'armée du roi en Allemagne, assiste à la prise d'Heidelberg, dans le Palatinat, et passe en Flandre avec l'armée des maréchaux de Brézé et de Châtillon. Après la bataille d'Aven, il tomba malade à Nimègue et revint en en France. »

(Note trouvée dans les titres de Croptes).

Pendant ces diverses expéditions, « les trésoriers de France à Riom ayant faict saisir la terre de Crotes à faulte de fief non rendu, les commissaires establys au régime des fruicts et des revenus d'icelle, firent assigner, le dernier jour de juin 1634, Annet de Montroignon, sgr dudict Crotes, par-devant lesdicts trésoriers pour voir procéder à l'estrousse desdicts fruicts. »

(*Id.*).

Annet de Montroignon se hâte de rendre ou faire rendre, par procuration valable, les fiefs et hommages non rendus, et les commissaires établis sont immédiatement supprimés.

Il passa ses dernières années à faire diverses améliorations à son château et à sa terre de Croptes.

« Il ajouta d'abord un corps de logis du côté de midy, fit faire un beau jardin, une vaste vigne entourée d'une longue muraille, et amena une source d'eau vive qui vint jaillir au milieu de la grande basse-cour qui étoit devant le château. »

(Titres de Croptes).

« Quelque temps auparavant, une servante, voulant tirer de l'eau, s'était par mégarde laissé choir dans le puits du château (1630). La justice de Lezoux vint faire les constatations légales et dressa un acte authentique du décès de cette infortunée. »

(*Id.*).

Cette question du droit de justice que Lezoux et Ravel prétendaient avoir simultanément sur Croptes, fut une dernière fois soulevée du vivant de messire Annet de Montroignon.

---

[1] De Ferrioles porte : « *D'azur au chevron d'or accompagné de trois merlettes d'argent, deux en chef, une en pointe.* »

« Le 7 mars 1660, les officiers de justice de Ravel viennent tenir leurs assises aux portes du château de Croptes. » Annet de Montroignon proteste énergiquement, adresse sa plainte au procureur général du Parlement et obtient un arrêt du 18 juin 1660 par lequel il est ordonné au sgr de Ravel produire ses lettres; et, en attendant, défense lui est faite de passer outre.

M. de Fontenilles prend en main les intérêts du sgr de Croptes et essaie d'un accommodement qui ne peut réussir. La question ne fut définitivement tranchée que par un arrêt du Parlement de Paris (1660) en faveur du fief de Croptes, déclarant que celui-ci relevait purement et simplement de la justice de Lezoux.

(Titres de Croptes).

Marguerite de Ferrioles, épouse d'Annet de Montroignon, avait deux oncles : l'un du côté paternel, Pierre de Ferrioles, procureur du Roi en la châtellenie de Lezoux et châtelain de Beauregard ; l'autre du côté maternel, Joseph Besson, chanoine et prévôt de l'église St-Pierre de Lezoux.

Pierre de Ferrioles, qui n'avait pas d'enfants, fit de nombreuses fondations.

« Il dota de cent livres de rente la chaire de Lezoux, à condition que le prédicateur de chaque année serait nommé conjointement par ses neveux, le sieur de Croptes, et Guillaume de Ferrioles, sieur des Bourgaux, le frère de Marguerite. Guillaume, une fois mort, le sgr de Croptes et ses successeurs devaient seuls nommer le prédicateur à perpétuité.

(Id.).

» Il donne cent livres de rente annuelle pour faire faire, tous les dimanches, une heure de catéchisme. Le sgr de Croptes doit nommer le catéchiste.

» Il fonde trois messes par semaine, pour lesquelles il donne vingt sols, et au sortir de celle du dimanche, on distribue vingt-cinq sols aux pauvres qui y ont assisté.

» Il donne six cents livres de rente pour être disposées de la manière suivante : Le jour de Noël et de St Jean-Baptiste, les administrateurs des biens des pauvres de Lezoux, les consuls, le sgr de Croptes et Guillaume de Ferrioles se réunissent dans la salle de l'Hôtel-Dieu et, sur vingt personnes nécessiteuses présentées par les consuls et les administrateurs, le sgr de Croptes et G. de Ferrioles en choisissent dix, à chacune desquelles on donne dix écus.

» Il a fondé les litanies de la Ste Vierge, chantées tous les jours en la chapelle de St Barthélemy, où est l'image de la Ste Vierge, devant le banc et le tombeau de ses prédécesseurs et ancêtres. Après les vêpres de chaque jour, le maître de chœur, avec ses choristes et un prêtre pour dire l'oraison, viennent de l'église St-Pierre dans l'église N.-Dame, où est sa tombe, sur laquelle ils chantent lesdites litanies, avec deux flambeaux de cire blanche à la main.

» Pierre de Ferrioles fut également le principal bienfaiteur de l'Hôtel-Dieu de la ville de Lezoux. Avant sa mort (4 déc. 1647), il avait donné en bonnes œuvres la presque totalité de sa fortune. »

(Titres de Croptes).

« Joseph Besson, d'abord prévôt du chapitre, puis curé de l'église St-Pierre de Lezoux, fonda une procession pendant l'octave de la fête du St-Sacrement, dans l'église de St-Pierre. Tous les jours après vêpres, l'on portait le saint Sacrement autour de l'église ; les prêtres, les choristes, le sgr de Croptes, qui devaient y assister ou s'y faire représenter, immédiatement après les prêtres, avaient tous un cierge blanc à la main. On devait mettre quatre cierges blancs sur son tombeau qui était dans le chœur et orner de cierges pareils le grand autel.

(Titres de Croptes).

» Il fonda également une vicairie chargée seulement d'une messe par semaine et la dota d'une somme valant environ huit cents livres. Le titulaire de cette vicairie devait être nommé par le sgr de Croptes et G. de Ferrioles, avec cette clause que si, dans la famille du sieur de Croptes, il y avait un prêtre, c'est lui que l'on devrait nommer de préférence à tout autre. »

(Titres de Croptes).

Les enfants d'Annet de Montroignon et de Marguerite de Ferrioles furent :

Claude-Augustin de Montroignon, qui succède à son père ;

Joseph, né à Lezoux (2 décembre 1647), et mort à Croptes (16 janvier 1655) ;

Clauda de Montroignon, qui, par contrat du 23 juillet 1650, épouse Charles de Cistel, sgr de Chabannes et baron de la Garde de Bort,

Et quatre autres filles qui prirent l'habit religieux à Billom.

Claude de Montroignon, écuyer, sgr de Croptes, épouse en juin 1666 Marie-Marthe Bousset d'Alagnat.

On ne sait de lui que peu de chose.

Il nomme à la vicairie de St-Pierre de Lezoux, fondée par Gabrielle de La Forest, dame de Croptes, le père Derostes, religieux de St-Augustin. Puis, celui-ci ayant donné sa démission, il nomme encore messire Joseph Menat, prêtre, qui conserve ce poste jusqu'en 1702.

On se rappelle que la fondatrice avait mis dans l'acte de dotation cette clause expresse que les titulaires de ladite vicairie devaient être nommés par ses successeurs et héritiers. C'est pourquoi les sgrs de Montroignon, qui par droit d'acquisition lui avaient succédé au fief de Croptes, sans hésitation aucune avaient nommé le titulaire toutes les fois que la place était vacante.

Ainsi Joseph de Montroignon nomme d'abord Christophe de Bouvinhon, après lui son fils Jacques de Montroignon, et, plus tard encore, Christophe de Montroignon, par acte reçu de Chabannes, notaire royal, en date du 21 janvier 1615.

Pierre de Montroignon donne cette vicairie à messire Jean Ribbe, le 24 janvier 1625, et, au décès d'icelui, Annet de Montroignon choisit pour titulaire messire Joseph Besson, prêtre et chanoine de Lezoux.

Il semblait qu'une série de nominations faites sans interruption pendant une si longue période, eût consacré à la maison de Croptes le droit acquis de nommer le titulaire de la vicairie en question, quand dame Marie de Muzy, tutrice de messire de Malet, sgr de La Forest, voulut s'arroger ce droit de nomination.

Chacun soutint ses droits, et dame de Muzy fut déboutée.

L'on donna pour raison principale de cette décision que la vicairie étant appelée la vicairie de Croptes et les terres qui la dotaient ayant été démembrées de cette seigneurie, le droit de nomination semblait inhérent à ce fief. En le vendant aux sgrs de Montroignon, on avait cédé tout ensemble la terre, la seigneurie, les droits et les privilèges par lui conférés.

On voit, quelques années après, Guillaume de Montroignon, écuyer, sgr de Croptes, nommer comme titulaire François Ravel, prêtre et chanoine du chapitre.

Guillaume était le fils aîné de Claude de Montroignon et de Marie-Marthe d'Alagnat. Il avait deux frères : Claude et François ; deux sœurs : Jeanne et Marie-Marthe.

Guillaume succéda à son père et épousa en premières noces, le 12 octobre 1691, Marie de Baubost. De ce mariage sont issus :

Guillaume, mort à l'âge de dix ans ;

Marie, mariée à M. Girar, à Clermont,

Et Anne, religieuse au chapitre noble de Laveine.

Il épousa en secondes noces, le 26 novembre 1701, Magdelaine du Bost de Chaussecourte [1].

Quelques années auparavant (1664), Jean Ribeyre, sgr de Fontenilles, avait à Lezoux fondé un couvent de religieux Augustins. Les seigneurs du voisinage voulurent contribuer à cette œuvre de charité et, par diverses donations, augmentèrent la dotation du monastère naissant. Messire Annet de Montroignon avait en leur faveur consenti plusieurs contrats de rente. Guillaume, à son tour, paie cette rente à ses diverses échéances, et l'on retrouve nombre de quittances signées du prieur des Augustins.

Ainsi, en 1703, dom Gaspard de Rigaud donne à messire Guillaume de Montroignon quittance d'une somme de 150 livres.

En 1721, Dubousquet, prieur, et Delabarre, curé, donnent quittance de diverses sommes.

En cette même année, Guillaume était déjà mort, ayant eu de son second mariage trois enfants :

Noël, mort à deux ans et demi ;

Taurin, qui lui succède ;

Guillaume, religieux de l'abbaye royale de Savigny.

Taurin de Montroignon, héritier du fief de Croptes, n'avait point atteint sa majorité à la mort de son père.

---

1 Armes de Chaussecourte : « *Parti d'or et d'azur emmanchés l'un en l'autre.* »

Une ordonnance de MM. les trésoriers généraux de France le dispense de rendre au Roi sa foi et hommage pour le fief de Croptes jusqu'à sa majorité du 22 juillet 1720.

Dame de Chaussecourte, sa mère, lui fut donnée pour tutrice, et on trouve encore sa reddition des comptes de tutelle datée de 1720.

(Titres de Croptes).

L'on a de cette époque diverses quittances données au sgr de Croptes par le prieur des Augustins de Lezoux. Elles sont signées par frère Michel en 1723, par frère Ange en 1730, par frère Augustin en 1732. De 1738 à 1741, elles sont signées du prieur frère Jean-Louis.

Taurin de Montroignon épousa en 1733 Claudine de Lascases, de la province de Rouergue.

De ce mariage sont issus :

Magdelaine-Marguerite de Montroignon, mariée à Etienne-François de Blumenstein, écuyer, en février 1756 ;

Guillaume de Montroignon, tué à la bataille d'Astimbre dans sa dix-huitième année.

Par cette mort, s'est éteinte la branche masculine des Montroignon de Croptes.

IV

De BLUMENSTEIN, Seigneur de Croptes

(1756-1878).

Etienne-François de Blumenstein avait hérité de toutes les exploitations minières établies en France et en Hongrie par son père François de Blumenstein [1].

---

1 Ferdinand de Blumenstein, catholique de religion, est anobli par lettres patentes de l'empereur Léopold, roi d'Autriche, datées de Vienne le 16 mars 1676. Ces titres de noblesse sont valables pour lui et pour toute sa postérité née ou à naître de légitime mariage.

Son fils François de Blumenstein, né à Salzbourg, en Bavière, vient en France avec

Pendant plusieurs années, il parcourut tous les établissements de mines de l'Europe pour y puiser les connaissances qui ont rapport à ce genre d'industrie, et qui étaient alors très rares en France. A son retour, il en fit l'application aux établissements qu'avait laissés son père ; il établit lui-même deux nouveaux ateliers à Vienne et à St-Martin et fut mis à la tête de certaines exploitations appartenant à l'Etat, entr'autres de la mine d'argent d'Allemont.

En 1756, il épousait Magdelaine-Marguerite de Montroignon, qui lui apportait en dot Croptes et ses dépendances.

On retrouve un acte de foi et hommage rendu aux trésoriers de France, pour le fief de Croptes, par messire de Blumenstein, écuyer, sgr de Croptes, Lagoutte et autres places (1764). Un second acte d'hommage au comte d'Artois, à cause de son apanage du comté d'Auvergne, est daté de 1774.

Et quand furent arrivés les jours terribles de la Révolution, Etienne-François de Blumenstein, à l'âge de 80 ans, à cause de son dévouement et de sa fidélité à la cause monarchique, fut déclaré suspect, incarcéré et traîné de prison en prison jusqu'à Paris. Il n'échappa à la hache révolutionnaire que par la vénération qu'inspiraient son grand âge et ses vertus.

Cette Révolution, tout en apportant d'utiles libertés, commit d'odieuses et injustes spoliations, fit couler inutilement des flots de sang et tomber des milliers de têtes innocentes.

Que sont devenues les fondations de Jean de Benaud, de Gabrielle de La Forest, de Pierre de Ferrioles et du chanoine Besson ?

Que sont devenues les terres démembrées des fiefs seigneuriaux qui assuraient à ces fondations un revenu invariable ?

Que sont devenues la dotation des Augustins de Lezoux et les donations bénévolement faites au chapitre, qui leur appartenaient

---

le maréchal de Villeroy et, en 1717, établit en Forez la première exploitation de mines que l'on ait vue en ce pays.

Par lettres patentes de Louis, roi de France, datées de mai 1715, il appert que François de Blumenstein, de religion catholique, a été naturalisé Français pour jouir, par lui et sa postérité, de tous les droits, privilèges, franchises, libertés dont jouissent les vrais Français, tout comme s'il était originaire de France.

Par autres lettres patentes données à Versailles en mars 1738, François de Blumenstein, à raison du titre de noblesse conféré à son père Ferdinand par l'empereur Léopold, roi d'Autriche, est censé, reconnu, réputé pour noble et écuyer en ce royaume, afin que lui et sa postérité jouissent de tous les privilèges et immunités des autres nobles et gentilshommes, qu'ils y puissent acquérir et posséder tous fiefs, seigneuries et terres nobles et porter armes, timbres, telles qu'elles sont blasonnées et empreintes auxdites lettres données par l'empereur Léopold.

(Titres de Croptes).

aussi légitimement que la terre et les champs appartiennent à leurs possesseurs d'aujourd'hui ?

Etienne-François de Blumenstein avait eu de son mariage quatre fils qui tous prirent part à l'émigration [1].

L'un d'eux, lieutenant de vaisseau, se distingua dans le commandement des flottilles du Rhin et mourut à Saint-Domingue.

Deux autres occupèrent de hauts grades dans le corps royal du génie.

L'aîné, Jean-Baptiste-François de Blumenstein, succéda à son père à la seigneurie de Croptes. Il avait été baptisé le 21 septembre 1759, en l'église de St-Pierre-des-Salles, diocèse de Lyon, et avait été tenu par J.-B. Deroux la Loubière, sgr de Pommerol, et par dame Françoise de Berthelemy Lascase, son épouse.

En 1780, J.-B. de Blumenstein était sous-lieutenant à l'école de Mézières, lieutenant en 1786, capitaine en 1791.

En 1792, il émigre et rejoint dans les Flandres l'armée de Mgr le prince de Condé. Puis il passe, avec le grade de lieutenant-colonel, dans les armées portugaises, à la suite du prince de Valdeck, qui commandait en Portugal.

A la Restauration, son dévouement et sa fidélité à la cause monarchique lui valent le grade de colonel du génie et la croix de chevalier de Saint-Louis (1814).

De 1806 à 1830, il fut maire de Lezoux et, durant cette période, contribua pour une large part à la reconstruction de l'église paroissiale.

Il avait épousé Mademoiselle Eugénie de Chaillier, dont il eut trois filles :

Nathalie de Blumenstein,
Angéline,
Léonice.

C'est par elles que subit un troisième remaniement le château de Croptes. Le corps de logis ajouté par Annet de Montroignon fut profondément modifié : diverses parties changèrent de forme et de

---

1 L'acte dit de coalition de la noblesse émigrée des trois bailliages d'Auvergne, fait à Fribourg le 18 avril 1791, mentionne quatre membres de la famille Blumenstein. (V. Dom. coll. manuscr., pp. 480-485. Bibliothèque de Clermont).

destination, d'autres pièces furent ajoutées et les sommités du bâtiment tout entier, tours et tourelles, furent mis en rapport avec les goûts de l'époque. A l'intérieur, de fines et délicates peintures furent exécutées, qui font de cette demeure l'un des châteaux les plus coquets de l'Auvergne.

Aujourd'hui le château de Croptes appartient à l'héritier de Mlle Léonice de Blumenstein : M. le comte Edouard de Roquefeuil, qui a épousé, en 1880, Elisabeth du Sablon du Corail, fille unique de Pierre-Hyacinthe-Adolphe du Corail et de Marie-Blanche-Honorine de La Tournelle.

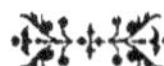

Eloge de la Ville de Clermont-Ferrand

Par le P. J. I. J.

Inscription pour la Ville de Clermont-Ferrand

Urbem ne Clari dicas à nomine Montis ;
 A Clara nomen Mons habet Urbe suum.
Templa, Domus, Fontes, Urbem ornant Cive frequentem,
 Prospectu exhilarant, frugibus arva beant.

Au Mont qui me soutient je ne dois pas mon lustre,
C'est de moi qu'il reçoit le beau titre d'illustre.
Les Temples, les Maisons, les Eaux, les Habitans,
 Leur nombre joint à leur mérite,
Les charmes de l'aspect, et des fruits et des champs,
 Leur abondance et leur bonté
 Font hautement d'un langage tacite
L'éloge et le bonheur de l'illustre Cité.

Pour la Place d'Espagne

Ainsi appellée, parce que des Espagnols, prisonniers de guerre, furent employez à la faire.

Reptilibus quondam fuerat quæ putida sedes
 Principibus nunc est hæc adamanda viris.
Insignem fieri è fossa fætente plateam
 Quis dedit ? Hostilis dextera struxit opus.

De reptiles infects jadis vile retraite,
Inutile fossé, limon contagieux,
J'offrois à tout passant un objet odieux ;
 Mais à présent, place noble et parfaite,
Des princes les plus grands je puis flatter les yeux
Et retenir leurs pas par l'attrait de ces lieux.
Quelle main terminant une telle infamie,
Fit de ce lieu d'horreur un cours délicieux !
 Ce fut une main ennemie.

---

1 Attribué au père Jean Imberdis, jésuite. — A Clermont de l'Imprimerie de P. Boutaudon, seul imprimeur du Roy ; de Mgr l'Evêque, du Clergé, de la Ville et du Collège royal, 1744, in-4° de 8 pages. — (Exemplaire unique, bibl. Boyer).

Pour la Place de la Grand'Ville

Ruris agrum quondam, nunc Urbis suspice partem,
    Hinc pasci gaudet Ruris et Urbis amor.

Je fus jadis un Champ, d'une illustre Cité
A présent devenu la plus belle partie.
Ma situation et ma rare beauté
Excitent bien souvent et satisfont l'envie
    D'offrir aux yeux en même temps
Les charmes de la ville et les attraits des champs.

Pour la Maison des Pensionnaires

Tecta superba tibi miraris structa, Juventus !
    Culti animi quantum sit decus inde liquet.

    Vous admirez, belle Jeunesse !
    Votre superbe logement,
Du zèle de LOUIS, qui pour vous l'interresse,
    Don précieux, glorieux monument ?
C'est un utile avis qui vous apprend sans cesse
    De quelle gloire et de quel prix
    Est l'étude de la sagesse
    Et la culture des esprits.

Pour la Fontaine dont l'eau s'empierrit

Gutta cavat lapidem, dictu mirabile ! verûm
    Hoc mirabilius, gutta fit ipsa lapis.
Saxeus hic pons est, liquidâ quem mobilis undâ
    Rivulus ipse sibi struxit et usque struit.
Ædificando operi medio fluit ille canali,
    Cæmentumque idem fit simul atque faber.

    L'eau, dites-vous, qui tombe goutte à goutte,
Perce à la fin le rocher le plus dur.
Mais, ô prodige encor bien plus grand et bien sûr !
    L'onde en coulant devient pierre elle-même,
Offre aux passans frappez d'une surprise extrême
    Un pont construit dont elle est constamment
    Et l'artisane et le ciment.

Pour la Place de la Flèche

Dum pacis leges LODOIX dabat Arbiter Orbi
Innocua hic statuit prælia laudis amor.

Traduction paraphrasée

Lorsque sur la terre et sur l'onde,
LOUIS, arbitre de la paix,
En prescrivoit les loix au monde
Soumis à ses sages projets,
L'amour d'une paisible gloire
Nous fit dans ces heureux climats
Fixer à d'innocens combats
L'honneur d'une noble victoire.

Pour la Salle du Concert

Ut statuit Claro Phœbus modulamina Monte
Sic juvat in Claro nos quoque Monte melos.

Comme la beauté de l'Inscription consiste dans le jeu de mots *Claro Monte,* lequel jeu ne se peut trouver en français, on ne l'a point traduite.

Vers sur la Fertilité de l'Auvergne

La ville de Clermont-Ferrand était autrefois appelée la Ville d'Auvergne, et c'est aux environs de cette ville que la terre abonde surtout en toutes sortes de fruits.

Quæ Natura aliis partita est munera terris
Hæc dedit Arverno singula quoque solo.

Heureuse Auvergne, la Nature,
Bornée ailleurs à partager ses dons,
Se plaît à rendre sans mesure
En tous ses biens tes champs féconds.

Sur le Couvert de la magnifique Cathédrale

Qui, quoique de plomb, est devenu blanc comme de l'argent et qui, quand il est éclairé du soleil, jette au loin un éclat éblouissant.

Quatrain par Demandes et par Réponses

D. Nostra quis insolitus perstringit lumina fulgor !
R.   Fulgida sic Templi plumbea tecta vides.

D. An tanto potuit plumbum splendore nitere ?
R.   Ædem Virgo sibi clarat amica sacram.

D. De quel nouvel éclat sens-je éblouir mes yeux !
R. C'est d'un couvert de plomb que part cette lumière.
D. Mais tel métal jamais fut-il si radieux ?
R. Pour ce Temple la gloire est toute singulière,
     Il brille sous le nom de la Reine des Cieux. *

* Ce Temple est dédié à la Sainte Vierge.

Hæc quinto decimo modulabar carmina lustro,
Claromontenses festo dum lumine Musæ
Exhilarant Cives, magno et pro munere, justas
Persolvunt Superis, LODOICO sospite, grates.
Vivit ïo ! Vivat patriæ columenque decusque,
Regnet et incolumis victorque et pacifer Heros.

Je formais tous ces vifs accords,
Fruits surprenans de ma vieillesse,
Quand nos Muses de leurs transports
Faisoient éclater l'allégresse,
Et par l'artifice des feux
Des Clermontois charmaient les yeux,
Quand par le retour le plus juste,
Elles rendoient au Ciel leurs vœux
Pour avoir d'un Monarque auguste
Conservé les jours précieux.
Il vit, on met fin à nos larmes,
Il vit, cessez tristes alarmes,
Vivez, Prince, que désormais
Le long cours d'une heureuse vie
Assure aux fortunez sujets
L'honneur, l'appui de la Patrie,
Et, malgré l'effort de l'envie,
Un héros vainqueur pour la paix.

L'ouvrage est terminé par ces mots : « Permis d'imprimer à Clermont-Ferrand ce quatorzième septembre mil sept cent quarante-quatre. CHAMPFLOUR, lieutenant particulier.

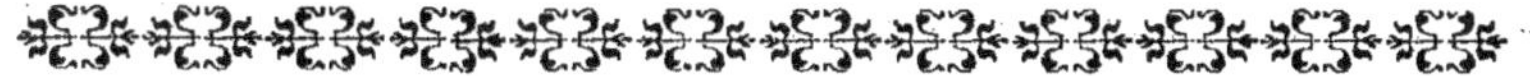

LE

Collège et l'Oratoire de Riom

Des Etudes et des Exercices scolaires

(1728-1781)

Une bonne fortune, due à l'obligeante amitié de M. le comte Guillaume de Chabrol-Tournoëlle, nous a mis dernièrement sous la main de nombreux lambeaux, plus que centenaires, de progtammes d'exercices littéraires, émanant du Collège tenu à Riom, avant 1789, par les prêtres de l'Oratoire de Jésus, et contenant une véritable méthode d'enseignement.

Les analyser, les comparer, écouter leurs instructives révélations fut pour nous une tàche à la fois pleine de charmes et d'intérêt. De charmes ! Pouvions-nous, nous qui avons vécu toute notre vie scolaire dans ce même collège de l'Oratoire, sous la direction d'éminents religieux, dignes successeurs des Le Gendre et des Massillon, — pouvions-nous ne pas tressaillir, en saisissant sur ces légères épaves d'un passé déjà lointain, les traces des leçons données à nos devanciers ? — D'intérêt ! Aujourd'hui que l'enseignement secondaire semble chercher sa voie au milieu de l'instabilité et de la multiplicité des programmes, n'est-il point souverainement important et curieux de pouvoir découvrir et indiquer à quel système d'enseignement nos pères devaient cette instruction profonde et solide qui leur permettait, en même temps que de lire le latin

comme leur langue maternelle, de parler et d'écrire le français avec
une pureté, une vigueur et aussi une grâce dont notre époque
semble avoir perdu le secret ? N'est-il point intéressant de rechercher.
s'il ne vaudrait peut-être pas mieux en revenir tout bonnement (sauf
à la modifier et à l'adopter à nos mœurs nouvelles) à la vieille
méthode qui a fourni à la France toute cette pléiade de littérateurs
et de penseurs dont elle s'honore, que se lancer dans d'aventureuses
réformes dont la nouveauté fait le prix, mais ne démontre nulle-
ment la convenance avec le génie national ?

C'est ce que nous nous proposons d'examiner à l'aide des documents précieux que nous avons rencontrés. En les reconstituant un
à un et en les classant, nous avons pu, par un heureux hasard, nous
procurer des programmes d'exercices scolaires pour toutes les
classes professées à l'Oratoire, depuis la Sixième jusqu'à la Philosophie et aux Mathématiques inclusivement, pendant la plus grande
partie du xviiie siècle (1728-1781). Il nous sera ainsi permis de juger
en connaissance de cause, et dans toutes ses parties, du système
d'enseignement secondaire antérieur à la Révolution, d'en signaler
les avantages comme les défauts.

Une chose qui nous a frappé tout d'abord, c'est la multiplicité des
exercices publics auxquels les Oratoriens soumettaient leurs élèves.
Sur les trente programmes environ que nous avons examinés, nous
en trouvons cinq de la seule année 1744 : deux en mars pour la
soutenance de thèses de mathématiques, un en mai pour celle d'une
thèse de philosophie, un quatrième en juillet pour « les écoliers »
de cinquième, et le dernier en août pour ceux de rhétorique. Comme
il est évident que nous n'avons pas mis la main sur tous ceux de
l'année, nous sommes fondé à conjecturer qu'il y avait dans la salle
des actes du Collège plusieurs exercices publics par an pour chaque
classe.

On juge facilement quel stimulant devaient être pour les élèves
ces épreuves publiques et quelle ardeur ils devaient déployer pour
recueillir des applaudissements d'autant plus enviables, qu'ils étaient
décernés sous les yeux de leurs parents, des amis de leurs familles
et de tous leurs condisciples.

Ces épreuves étaient sérieuses au reste. Voici comment elles
s'ordonnaient : Le professeur expliquait en classe à ses élèves

la matière qui devait former l'objet du concours public. C'était
tantôt une partie de l'histoire romaine ou de l'histoire nationale,
tantôt un sujet de géographie, parfois une dissertation mythologique,
ou encore et souvent l'explication d'un auteur classique. La prépa-
ration ainsi faite, on rédigeait le programme, que l'on répandait à
profusion dans la ville. Toutes les autorités ecclésiastiques, judi-
ciaires et autres, étaient invitées à se rendre, aux jour et heure
indiqués, dans la salle du Collège affectée à ces tournois scolaires.
Les noms des jouteurs étaient imprimés sur les programmes mêmes
et invariablement suivis de cette mention : « *...répondront aux
questions qu'on voudra bien leur poser conformément au programme.* » Au jour dit, une foule nombreuse et distinguée se
pressait autour de la tribune des écoliers. C'étaient les membres
des chapitres de Saint-Amable, du Marthuret et de la Sainte-
Chapelle ; c'étaient les graves officiers du Présidial, du Bureau des
finances, de l'Election, de la Monnaie, de la Maîtrise des eaux et
forêts, en un mot l'élite de la société riomoise. L'un des élèves
« figurants » s'avançait et faisait un compliment à l'assemblée.
L'examen commençait aussitôt, suivi le plus ordinairement d'une
petite « comédie » jouée par les élèves ; il était toujours terminé
par un gracieux « remerciement » adressé à l'auditoire par un
des écoliers interrogés.

On comprend l'influence que cette pratique devait exercer sur les
études et sur la formation des intelligences. Il était indispensable,
en effet, que les élèves qui affrontaient cet examen oral et public,
qui se soumettaient à l'obligation de répondre au premier assistant
venu, et de quelque façon que la question fût posée, pourvu qu'elle
rentrât dans le programme annoncé, possédassent admirablement
et imperturbablement leur matière. Ces élèves, en outre, s'habi-
tuaient à parler en public, à vaincre cette timidité qui paralyse si
souvent, de notre temps, les candidats au baccalauréat. Ils apprenaient à raisonner de bonne heure, non d'après une formule
apprise par cœur et retenue par une mémoire bientôt infidèle, mais
d'après une conception admise par leur entendement et, par cela
même, tenace ; car le mode d'interrogation, qui variait avec chaque
examinateur et était, par suite, essentiellement différent de celui
qu'employait le maître, la nécessité de répondre rapidement, sans
hésitation, avec facilité, à toutes les demandes ayant trait au sujet,

tout cela exigeait un effort d'intelligence, non un effort de mémoire. Quelle gymnastique fortifiante pour l'esprit ! Et puis, de quelle émulation devaient rivaliser tous les élèves de la même classe ! Comme chacun devait aspirer aux honneurs d'une interrogation publique ! Comme les parents devaient en être fiers et la désirer pour leurs enfants !

Enfin, ces examens réitérés et solennels n'avaient-ils pas encore un autre résultat non moins avantageux, celui de soumettre au jugement des parents et des auditeurs l'enseignement du maître et le maître lui-même ? Chacun n'était-il pas à même de contrôler et la capacité du professeur, et la valeur de ses leçons, et la fermeté de sa discipline, et l'accroissement des progrès de ses élèves ? Se sachant soumis à cette constatation, le maître ne devait-il pas, de son côté, s'efforcer de monter à la hauteur de sa tâche et de n'en jamais descendre ?

Oui, c'était là une idée des plus heureuses. Et nous pensons que si nos programmes actuels, au lieu d'exiger des élèves des épreuves seulement en rhétorique et en philosophie, et encore devant des juges déterminés, les obligeaient plusieurs fois par année à répondre *coram populo* à quiconque voudrait les interroger, conformément au programme, sur les matières vues pendant le temps scolaire, nous aurions fait un grand pas vers l'élévation du niveau des études.

Comment étaient rédigés ces programmes d'après lesquels on devait questionner les élèves ? C'est ce que nous allons indiquer en passant successivement en revue chaque classe de l'Oratoire et en déterminant quelques-unes au moins des matières qui y étaient enseignées.

La Sixième était la plus basse classe de l'Oratoire riomois. Nos documents nous révèlent qu'on y faisait apprendre aux élèves l'histoire sainte, l'histoire locale, et expliquer le *Selectæ e novo Testamento*, le premier livre de l'*Appendix de diis* et les deux premiers livres des fables de Phèdre.

On y enseignait, avons-nous dit, l'histoire locale. On le faisait d'une façon complète et étendue, et nous gageons que bien peu de « philosophes » de nos jours seraient capables de savoir sur l'Auvergne, sur son histoire et sa géographie particulières, ce que les sixièmes de l'Oratoire répondaient « le lundi 26 juillet 1779, à

deux heures précises », à tous ceux qui voulaient les interroger.
Qu'on en juge : voici les questions contenues dans le programme :

« Division de l'Auvergne, sa situation, son étendue. Description
de la Limagne. La Haute-Auvergne est-elle aussi fertile ? Le climat
est-il le même partout ? Quelles sont les rivières qui prennent leur
source ou passent en Auvergne ? Y a-t-il des mines en Auvergne ?
Quelles sont les fontaines minérales qu'on trouve dans cette
province ? Quelles sont les montagnes les plus hautes ? Quel a été
autrefois le gouvernement de l'Auvergne ? Le royaume était-il
héréditaire ? Comment fut gouvernée l'Auvergne sous les rois de
France ? Quelle était l'étendue du comté d'Auvergne ? Qui possède
la petite portion du comté d'Auvergne ? Combien y a-t-il d'évêchés ?
Quand fut créé l'évêché de Clermont ? Combien y a-t-il de paroisses,
de chapitres et d'abbayes dans ce diocèse ? Comment se gouverne
l'Auvergne ? Quels sont les tribunaux qu'il y a dans cette province ?
Par qui sont administrées les finances ? Combien y a-t-il d'élections
dans la généralité de Riom ? En quoi consiste le commerce de cette
province ? Quelles sont les manufactures les plus considérables ?
Combien y a-t-il de collèges ? Quelles sont les terres titrées de cette
province ? Nommer les principales villes de la Basse et de la Haute-
Auvergne et les hommes célèbres qu'elles ont produits, etc. »

Voilà pour la façon dont les élèves apprenaient et récitaient leurs
leçons. Veut-on savoir de quelle façon ils faisaient leurs devoirs et
expliquaient leurs auteurs ? Prenons pour exemple les fables de
Phèdre, auteur commun à la Sixième et à la Cinquième. Le programme permettait comme questions préliminaires toutes interro-
gations sur la fable en général, sur l'auteur, ses prédécesseurs dans
le genre, les différences qui marquaient sa manière de celle de ses
devanciers. Puis il passait en revue chacun des cinq livres des fables
et chaque fable de chaque livre. Voici, par exemple, les questions
proposées sur le cinquième livre :

« Quel est ce Particulon à qui Phèdre dédie le ve livre ?
» *Si marmori suo Praxitelem, fab. 1.* En quel temps florissait-il ?
» *Mironem argento, ibid.* Quel ouvrage rendit célèbre Miron ?
» *Demetrius Phalereus, ibid.* Qui il était ?
» *In queis Menander, ibid.* Ménandre. Où naquit ce poète ?

» *Operam Bathyllo, fab.* 7. En quel temps Bathylle vint-il à Rome ? Ce qu'étaient les pantomimes ?

» *Lætare incolumis Roma, ibid.* A quelle occasion avait-on fait la chanson qui commençait par ce vers ?

» *Equester ordo, ibid.* Quel rang tenaient les chevaliers romains?

» *Occasio depicta, fab. 8.* Comment les anciens représentaient-ils l'Occasion ? Pourquoi donne-t-on à cette fable le nom d'emblème ?

» *Ne sus Minervam, fab. 9.* Explication de ce proverbe.

» Qui a trouvé les fables qui sont après l'épilogue ? »

Comme on le voit, les remarques critiques, historiques et littéraires n'étaient alors pas plus négligées que de nos jours. Elles avaient même cet avantage qu'au lieu d'être mises en notes dans une édition où l'élève ne les lit pas, elles étaient données oralement par le professeur et forcément retenues par ses auditeurs. Alors, en effet, le texte n'était accompagné d'aucune observation, et se présentait à l'écolier hérissé de toutes ses difficultés ; il était pourtant possédé parfaitement par celui-ci. Aujourd'hui, l'édition annotée ne laisse presque aucun obstacle à vaincre, et cependant l'élève ne peut même plus parcourir ce champ aplani et libre de toutes barrières !

Ce n'est pas tout : les élèves de l'Oratoire savaient quelles fables de leur auteur avaient été imitées par notre La Fontaine, et ils se faisaient fort de réciter ces dernières à propos des apologues latins, si l'examinateur le désirait.

On voit avec quelle conscience et quelle intelligence le tout, devoirs et leçons, se préparait, même dans les basses classes. Nous allons nous fortifier dans ce jugement en continuant notre promenade à travers l'Oratoire.

La fable et Phèdre paraissent avoir tenu la plus grande place dans les études de la Cinquième. L'apologue y était étudié sous toutes ses faces et les élèves en connaissaient très exactement « les avantages et les qualités essentielles. » (Exercice public du 30 juin 1769).

En Quatrième, les auteurs mis entre les mains de la classe étaient Ovide et Virgile. Ainsi, le 22 août 1731, les écoliers « étaient prêts à expliquer les dix églogues de Virgile, le deuxième et le treizième livre des métamorphoses d'Ovide, et promettaient de tâcher de satisfaire aux difficultés qu'on voudrait bien leur faire. » Le mode d'explication était le même que celui que nous avons signalé pour les fables de Phèdre.

La mythologie commençait à jouer un grand rôle à partir de cette classe, et nous verrons que, les années suivantes, les élèves continuaient à s'en instruire avec soin. C'est qu'en effet, pour la parfaite intelligence des auteurs classiques, il est essentiel — parlons l'argot de l'école — de posséder les fables des anciens poètes « sur le bout du doigt. » Mais pour que cette étude approfondie de la religion païenne n'exerçât point de funeste influence sur l'esprit des enfants, dès la Cinquième on leur apprenait «le ridicule des dieux du paganisme », et on leur faisait jouer, par exemple, des dialogues où Mercure et Momus se moquaient à l'envi de tous les dieux des cieux, des mers, de la terre et des enfers. (Exercices publics des 9 juillet 1728, 30 juin 1769).

En Troisième, la narration occupait la première place parmi les devoirs scolaires. C'était déjà une classe littéraire que celle-là. A la fin de l'année, les élèves connaissaient la définition et l'importance de la narration, le but que doit poursuivre le narrateur, les qualités qui font la perfection du récit, les diverses espèces de narrations. Ils dissertaient sur les récits oratoire, poétique, historique ; ils savaient la différence que doit avoir le style dans l'histoire sacrée et dans l'histoire profane. Comme modèle de narrateurs, on leur proposait Esope, Phèdre et La Fontaine. (Exercice du 22 août 1766.)

La mythologie continuait à leur être enseignée : les divinités terrestres, célestes, aquatiques, infernales, les héros et demi-dieux les occupaient.

César était leur auteur. On ne se contentait pas de leur faire expliquer le texte des Commentaires. On leur enseignait en détail l'histoire de la conquête des Gaules et la guerre civile qui mit aux prises César et Pompée. (Exercice du 5 juillet 1743.)

La Seconde était aussi et plus que la Troisième une classe littéraire. La poésie surtout faisait l'objet du cours. De nombreux programmes nous révèlent ce détail. En 1781, nous assistons aux réflexions des humanistes sur les différents genres de poésie. En 1771 (6 février), nous avions déjà entendu un entretien sur l'élégie,

la poésie lyrique, épique et dramatique, dans lequel on avait adouci
« la sécheresse inséparable des détails, en citant pour exemples des
morceaux choisis tirés des poètes qui se sont le plus distingués en
chaque genre ». Le 22 février 1775, un exercice académique sur
l'épopée avait aussi mis en évidence les études des élèves.

L'histoire contemporaine était proposée pour leçon. C'est ainsi
qu'en 1780 nous trouvons un entretien, plein d'actualité, « sur
l'histoire et la géographie des Etats-Unis d'Amérique ».

Horace fournissait les explications latines. C'étaient les Odes que
l'on étudiait. Chacune des odes de chaque livre était examinée avec
le soin que nous avons vu apporter aux églogues de Virgile et aux
fables de Phèdre. (Exercice du 8 février 1747.)

Enfin, la Rhétorique donnait le complément à l'instruction
littéraire, si fort avancée déjà dans les deux cours précédents. Au-
dessus de la porte d'entrée de la classe se lisaient sur une pierre
noire en lave de Volvic ces mots, entourant une corne d'abondance :
« *Rhetorica. — Pleno se fundit copia cornu.* » Cet emblème se
voyait jadis encore, avant sa laïcisation, dans le Collège des Pères
Maristes, lesquels, par une pieuse tradition, avaient laissé la classe
de Rhétorique au même endroit, ou avaient tout au moins laissé la
même pierre au-dessus de son seuil. Cet emblème n'était pas men-
songer. Les brillants Oratoriens jetaient bien sur leurs élèves avec
abondance fleurs et fruits littéraires. La théorie et la pratique de
la rhétorique et de la poésie française y étaient l'objet des plus
louables efforts. Les diverses parties de ces deux arts y étaient
analysées minutieusement : les règles de l'invention, de la disposition, de l'élocution, de la prononciation, de la versification, des
divers genres de poésies, y étaient expliquées avec soin et insistance.
(Exercices des 19 août 1748 et 18 août 1750.)

On achevait d'y étudier Horace, sa vie, ses œuvres, son genre.
C'étaient les Epîtres qu'on méditait. L'art poétique forma, le 21 août
1744, un exercice académique pour la distribution des prix. Le
programme de cet exercice était divisé en divers paragraphes, se
rapportant à autant de parties de la pièce. Voici, pour donner un
autre exemple, comment était conçu le quatrième :

« *Carmine qui tragico, v. 220.* Poésie satyrique des Grecs.

» *Illecebris erat et grata novitate, v. 223.* Origine des pièces satyriques. Pour quelles raisons Horace donne-t-il icy les règles de cette poésie grecque ?

» *Regali conspectus in auro, v. 228.* Y avait-il quelque différence entre l'Atellane des Romains et la pièce satyrique des Grecs ? Stile de la poésie satyrique. Quel vers emploit-on *(sic)* dans la satyre ? »

Le programme se termine par cette mention : « Messieurs les écoliers de rhétorique expliqueront l'Art poétique, déclameront les vers de la poétique de Boileau qui ont rapport à leur auteur et répondront aux questions proposées conformément au programme. »

Avec la Philosophie, commençait la soutenance des thèses. Comme pour les autres classes, on distribuait des programmes imprimés surmontés des armes de l'Oratoire ou d'une image pieuse, car les thèses étaient toujours dédiées soit au Dieu très bon, très grand (*Deo optimo maximo*), soit au Christ ressuscitant (*Christo resurgenti*), soit au Christ jeûnant (*Christo jejunanti*), etc. Comme de juste, ces programmes étaient rédigés en latin. Le nom du candidat ou des candidats (car quelquefois la soutenance était confiée aux soins de deux élèves) se trouvait au bas de la feuille avec cette formule consacrée : « *Has theses, Deo duce et auspice Dei-para, tueri conabitur...* »

La thèse roulait presque toujours sur les prolégomènes de la philosophie, puis sur deux, quelquefois trois parties de cette science. Sous chacune de ces divisions principales, se trouvait un sommaire des principaux points que le candidat devait développer. De cette façon, il est permis de juger dans son ensemble de la nature et de la portée de l'enseignement philosophique des Oratoriens.

Cet enseignement, est-il besoin de le dire, était essentiellement spiritualiste et cartésien. En lisant avec un vif intérêt les divers sommaires de chacune des thèses que nous avons rencontrées, nous n'avons pas vu que les programmes philosophiques de nos jours aient fait beaucoup de progrès sur ceux d'alors. Chacune des grandes questions, chacun des problèmes importants que l'on insère dans les cours officiels, étaient développés avec soin à l'Oratoire. La division de la Philosophie seule est différente : « *Philosophiam distribuemus,* dit une thèse, *Logicam, metaphysicam, mathesim, moralem et physicam.* » Dieu est le fondement de la philosophie : « *Primaria philosophiæ causa efficiens, Deus optimus maximus.* »

C'est lui qui est le principe de la morale ; en lui résident le souverain bien et le souverain bonheur : « *In Deo, qui solus est hominis objectiva beatitudo ac summum bonum*. C'est encore de Lui que découlent les vérités premières, etc... » L'ontologie et la pneumatologie offraient aussi des sujets de dissertation.

Les thèses de Mathématiques se soutenaient avec le même éclat. Leur lecture nous démontre que l'étude de la géométrie plane était aussi étendue en 1774, à l'Oratoire, qu'elle l'est de nos jours dans nos établissements d'enseignement secondaire. N'était-on pas, au reste, dans la patrie de Pascal ? Pour la géométrie dans l'espace, nous n'avons vu aborder dans nos documents que le septième livre de notre géométrie actuelle, soient les théorèmes et problèmes concernant les solides : prismes, pyramides, sphères. L'étude de la trigonométrie rectiligne, celle de l'arithmétique, étaient, bien entendu, au niveau de notre science moderne.

Malheureusement, nous n'avons pas sur cet article un choix de programmes aussi varié que sur les autres. Un exercice de mathématiques par les pensionnaires de l'Académie royale de Juilly, dirigée également par les prêtres de l'Oratoire (21 août 1753), peut nous permettre de combler cette lacune en ce qui concerne l'Oratoire de Riom. Nous y voyons que l'étude des sciences exactes comprenait « les éléments d'algèbre et de géométrie, trigonométrie rectiligne et sphérique, la sphère, l'optique et la fortification, » avec les problèmes y relatifs.

Telle était l'instruction que recevaient les élèves riomois. On connaît maintenant à grands traits la méthode employée à l'Oratoire, la même sans doute qui était suivie dans tous les établissements d'alors. Cette méthode a été longtemps expérimentée, même depuis la Révolution, et a régné, on peut le dire, jusqu'à ces dernières années. On peut donc la juger en toute connaissance de cause. Les fruits qu'elle a portés répondent de son excellence.

Est-ce à dire que cette méthode fût parfaite et qu'elle n'eût pu être améliorée ? Dieu nous en garde ! Nous ne pouvons, il est vrai, prononcer un jugement d'ensemble sur le système entier d'enseignement pratiqué à l'Oratoire riomois, vu le nombre, relativement restreint, de documents que nous possédons. Cependant, nous croyons pouvoir y signaler des lacunes regrettables. Ainsi, l'enseignement du grec nous paraît y avoir été négligé d'une façon incroyable. Nous n'avons pu trouver un seul programme consacré à l'étude de cette langue, qui avait fait les délices du xvie siècle et contribué pour une large part à la perfection littéraire du xviie. Les sciences physiques et naturelles y étaient aussi laissées de côté ; il est vrai que leurs principaux développements ne datent que de la fin du siècle dernier. Cependant, même alors, les découvertes de Pascal, de Torricelli, de Mariotte, de Papin, de Buffon et de tant d'autres, avaient eu assez de retentissement pour être dignes de fixer l'attention des maîtres et des élèves. Enfin, l'habitude des déclamations, poussée à l'excès, pouvait engendrer bien des abus ; le xviiie siècle ne les a que trop mis en évidence dans sa littérature.

Nous n'aurions pas une idée générale de l'Oratoire, si nous ne parlions de quelques autres exercices, destinés ceux-là à l'émulation et à l'amusement des élèves ou à la distraction du public, c'est-à-dire des distributions de prix et des pièces tragiques ou comiques jouées par les écoliers.

Les distributions de prix ne se donnaient habituellement que vers la fin d'août. Les récompenses n'étaient pas nombreuses : cinq matières en Rhétorique, quatre en Seconde et en Troisième, trois en Quatrième, deux en Cinquième et en Sixième. On ne donnait jamais qu'un prix au même élève, même lorsqu'il en avait mérité plusieurs. Dans ce cas, on l'indiquait en ces termes : « Le prix de... a été mérité par tel élève (déjà couronné), mais obtenu par tel autre (non encore couronné). Voici au surplus la liste des prix décernés le dixième jour avant les calendes de septembre 1747 (le palmarès est en latin) :

Rhétorique. — *Amplificatio* (narration) : deux prix, trois accessits ; *stricta oratio* (analyse oratoire) : deux prix, deux accessits ; *soluta oratio* (discours en prose) : deux prix, deux accessits ; *interpretatio* (version) : deux prix, quatre accessits ; *memoria* (récitation) : un prix, un accessit.

Seconde. — *Soluta oratio* : deux prix, trois accessits ; *stricta oratio* : deux prix, trois accessits ; *interpretatio* : deux prix, un accessit ; *memoria* : un prix, deux accessits.

Troisième. — *Soluta oratio* : deux prix, trois accessits ; *stricta oratio* : deux prix, deux accessits ; *interpretatio* : deux prix, un accessit ; *memoria* : un prix, quatre accessits.

Quatrième. — *Soluta oratio, interpretatio* : deux prix, deux accessits ; *memoria* : un prix.

Cinquième. — *Soluta oratio* : deux prix, cinq accessits ; *memoria* : un prix, sept accessits.

Sixième. — *Soluta oratio* : deux prix, quatre accessits ; *memoria* : un prix, cinq accessits.

Avant la distribution, les élèves jouaient le plus souvent quelque pièce d'agrément. Ce n'était pas, au reste, seulement pour cette solennité, mais dans beaucoup d'autres circonstances que les Oratoriens transformaient leurs élèves en acteurs. Nous avons retrouvé des débris d'une foule de programmes nous indiquant que le théâtre du Collège retentissait souvent et des déclamations des artistes et des applaudissements des spectateurs.

Cette idée nous paraît fort heureuse. La représentation de ces tragédies, comédies, pastorales, données par les élèves, devait, en effet, produire un résultat analogue à celui des exercices scolaires publics. L'écolier s'accoutumait ainsi de bonne heure à parler avec aisance devant un auditoire inconnu, et comme cet auditoire était composé de gens d'élite, il se formait aux bonnes manières en même temps qu'à l'action oratoire. Qui dirait que cette coutume, si répandue au xviii⁰ siècle, du théâtre de société, n'a pas influé beaucoup sur la formation des nombreux orateurs qui plus tard se distinguèrent à nos tribunes publiques ?

Enfin, le sujet de ces pièces contribuait toujours à la culture intellectuelle des acteurs. Il était, en effet, presque constamment tiré de l'histoire grecque ou de la romaine. Le thème de la tragédie était tantôt la lutte de Persée et de Démétrius, tantôt la destruction de Carthage arrêtée dans le sénat romain ; parfois, c'était le retour d'Idoménée en Crète, etc. L'histoire nationale fournissait aussi l'occasion de ces amusements. Les événements les plus anciens, comme l'entrée du gaulois Brennus à Rome, ou les événements les plus récents, comme les victoires du maréchal de Saxe, enflammaient le patriotisme de tous. La pastorale revenait souvent sur les programmes : n'était-on pas en plein xviii⁰ siècle ? Imitée des églogues de Virgile, elle roulait soit sur le bonheur champêtre ou

sur la paix, soit sur les avantages des Lettres. Le plus souvent, ces
pièces étaient composées pour la circonstance, et sans doute par les
Oratoriens eux-mêmes. Voici, par exemple, le sommaire d'une
pastorale jouée pour une distribution de prix le 19 août 1748 :
« Deux bergers se rencontrent dans un hameau proche la ville de
Riom. Comme ils s'entretiennent sur les victoires du Roy, arrivent
deux autres bergers qui annoncent l'heureuse nouvelle de la paix.
Sur-le-champ, on propose des prix. Deux d'entre eux sont invités à
chanter et à se les disputer. Un cinquième berger, étant survenu, est
pris pour juge. »

On le voit, ces récréations, toujours de bon ton, de bon goût,
tournaient constamment soit au progrès intellectuel, soit à l'élévation
morale des élèves ; elles étaient donc loin d'être inutiles. Les parents
et le public le comprenaient bien ainsi. Un auditoire nombreux se
pressait toujours dans la salle pour assister à ces spectacles aussi
attrayants, dans ce siècle poli et lettré, par le sujet de la pièce que
par la qualité des acteurs. C'était un honneur, pour ceux des
auditeurs qui voulaient se donner un air d'importance, de monter
sur le théâtre, où ils voyaient et entendaient de plus près les comé-
diens, mais où ils les gênaient singulièrement dans leurs rôles.
Vieille coutume, qui existait du temps de Molière, et contre laquelle
Voltaire avait réagi avec bonheur ! Pour éviter cet embarras, les
jeunes acteurs avaient souvent soin de faire suivre le programme
de cette note vraiment curieuse : « Nous prions les personnes qui
nous honoreront de leur présence de ne pas monter sur le théâtre. »

Ici se bornent les révélations de nos documents. Nous eussions
aimé en pouvoir consigner de plus nombreuses. Avec quel plaisir,
en effet, eussions-nous continué notre excursion dans ce vieux
Collège, dont tous les coins et recoins sont si familiers à notre
mémoire reconnaissante ! Avec quelle joie l'eussions-nous revu,
sans ses transformations, tel qu'il était aux xviie et xviiie siècles,
plein du mouvement et du bruit que lui donnèrent, à un moment
donné (31 mars 1661), ses huit cents élèves ! *Huit cents élèves !* on
a bien lu. Telle était, en effet, sa réputation, que, de toutes parts
et des points les plus éloignés de la province et des pays avoisinants,
y accouraient en foule des écoliers désireux d'y recevoir, avec une
forte éducation religieuse et française, une saine instruction littéraire.

Riom alors, au surplus, malgré les tentatives d'usurpation, sans cesse renouvelées, de son terrible rival, Clermont, était toujours, à proprement parler, la véritable capitale de l'Auvergne ; et son propre lustre jetait un éclat d'autant plus vif sur son Collège, déjà si brillant par lui-même.... Aujourd'hui, Riom, hélas ! ne vit guère que de sa vieille renommée ; démembré, éclipsé par la grande ville sa voisine, il ne garde de son antique splendeur que son Palais de justice. Il est heureux de recevoir maintenant de son Collège d'enseignement secondaire classique ce qu'il lui donnait autrefois.... On peut dire que ce Collège, dirigé par des mains non moins dévouées, non moins habiles que jadis, le lui rend avec usure !

Comme appendice à cette étude, nous croyons intéressant de reproduire ici, d'après la note D du *Journal de l'Oratoire de Riom*, publié par M. Marc de Vissac, l'indication sommaire de la plupart des programmes qui y ont servi de base :

20 MAI 1729. — Thèse de *Philosophie*, sous la dédicace *Christo redivivo*, soutenue par Guillaume-Michel Chabrol de la Pégoire, de Riom. — Cet écolier n'était autre que le futur auteur de la *Coutume*.

22 AOUT 1731. — Exercices sur les *Eglogues de Virgile* et sur les *Métamorphoses d'Ovide,* par Jean-Amable Degoy d'Idogne et Jacques Pélissier, de Riom ; Antoine Frenaye, de Gannat ; Jacques Duverger, de Pionsat ; Gaspard Marcheix, d'Artonne ; Ignace Thave, de Saint-Ignat.

20 AOUT 1737. — Représentation de *Brennus,* tragédie jouée par Joseph de Bussières, de Marcillac ; François Viard de Fonpauld, de Gannat ; Michel Rollet, Antoine Demalet de Chazelles, Claude Geslin et J.-B. Lapeyre, de Riom ;

Suivie de *Idoménée,* sénatus-consulte, joué par Joseph Jaladon, de Marcillac ; François Vendran, de Nevers ; Paul-Amable Panay du Deffant, Joseph Dufour et Gabriel de Laval, de Riom.

12 JUILLET 1741. — Exercice académique sur la *Fable,* par Amable-

Victor Dubois de Macholles, Charles Legat, Pierre Massonet et Claude Salles, de Riom ; Pierre de Frémond, de Gannat ; Nicolas Agier, d'Aigueperse ; Louis Croisier, de Menat, écoliers de troisième.

23 Aout 1741. — L'*Empereur Alexandre,* drame joué par Guillaume Pissis, François Lenormand, Amable Chevogeon du Vivé, Torrin Tallon, Jacques de Beaufranchet d'Ayat, de Riom ; Philippe de Maincy, de Grenois ; Pierre Andraud, de Montaigut ; Pierre Thomas, de Brioude.

19 Juillet 1748. — Poèmes héroïques *sur le maréchal Comte de Saxe,* par les élèves d'humanité François de la Rue et Jean d'Arzilli, d'Ebreuil, et Gilbert Coinchon, de Montmaraud.

19 Aout 1748. — Exercices académiques sur la *Rhétorique* et la *Poésie française,* par J.-B. Verny, de Riom, et Gilbert Leclerc, d'Evaux, suivis d'une *Pastorale sur la paix,* figurée par Gilbert-François Chabrol, Vincent Paray et Antoine Lapeyre, de Riom ; Gabriel Viguier, de Toulouse, et François Mozac, de Fournolles.

18 Aout 1750. — Entretiens sur la *Rhétorique* entre Ariste, Eugène, Tissandre et Théophile, personnages représentés par Mathieu Brujas, François Milanges et Bénigne Massonet, de Riom, et Alexandre Périgaud, de Chambon.

28 Juillet 1751. — Thèses de *Logique* et de *Métaphysique,* soutenues par J.-B. Massonet et Vincent Puray, de Riom.

31 Décembre 1760. — Comédie dans laquelle les *Nouvelles ecclésiastiques* prétendirent qu'un personnage de paysan n'avait pas observé les lois de la bienséance.

18 Aout 1761. — *Moaz,* tragédie. — *Nigaudin à Paris,* comédie jouée par Gaspard Fradel, de Montaigut ; François Jusseraud et François Ducrohet, de Riom.

19 Aout 1766. — *La Destruction de Carthage arrêtée dans le Sénat romain,* grande scène jouée par Léonard Farjin de l'Espaud ; Claude-Pierre de Parades ; François Despérouses de la Beaume, Louis-Jacques Brugière de la Verchère et Pierre-Amable Soubrany (le futur conventionnel), tous écoliers rhétoriciens de Riom.

La pièce fut suivie d'une chanson sur les *Plaisirs de l'Automne.*

28 Mars 1767. — Thèses sur la *Logique* et la *Morale,* soutenues par Pierre-Amable de Soubrany et Louis Brugière de la Verchère, de Riom.

22 Août 1768. — Exercices académiques sur la *Narration*, par les écoliers de troisième : Julien de la Roche, de Venas ; Pierre Le Long, de Saint-Gervais ; Denis Chalvon, de Randan ; Antoine Desrièges, de Couzon, et Amable Mallet, de Riom.

Suivis d'une pastorale sur *Dorimène ou les Avantages du Hameau*, jouée par Guillaume Poignat de Bonnevie, d'Aubiat, et Guillaume Delarbre, de Riom.

Sans date. — *Philippe de Macédoine*, tragédie, par Jean Milanges, J.-B. Fontanier, Jean Carraud, Amable Touttée, Charles Granchier, Michel Duchamp, de Riom, et J.-B. Bavion, d'Aubusson.

Les Importuns, comédie, par Grégoire Coquery, de Riom ; Antoine Chirol, de Pontgibaud ; Antoine Montanier, d'Aigueperse, et autres acteurs jouant dans la pièce précédente.

6 Février 1771. — Entretien sur *l'Elégie, la poésie lyrique, épique et dramatique*, par Antoine Rouget, Antoine Chevogeon du Vivé, Joseph Demalet de la Védrine, Amable Chevogeon de Buchailles, Pierre Martin, Jacques Bonjour, Blaise Lesme et Joseph Bonneton, tous de Riom.

22 Février 1775. — Exercices littéraires sur *l'Epopée*, par Antoine Geslin, J.-B. Mandet, Pierre Bidon, de Riom ; Antoine Bordages, d'Aigueperse ; François Boudet et François Bergougnoux, de Maringues, et Anne Levadoux, de Saint-Bonnet.

26 Juillet 1779. — *Histoire géographique de l'Auvergne*, exercices complets, par Guillaume du Clozel, Gilbert Goyon, Gilbert Gannat, Gabriel Charvillat, Barthélemy Frenaye, Louis Armand et Antoine Rougier, de Riom ; Gilbert Laquintery, de Moulins ; Jacques Maymat, de Pionsat ; Antoine Laurent, de Langres, et Claude Barraud, d'Aigueperse.

1780. — Observations historiques et géographiques *sur les Etats-Unis d'Amérique*, en forme d'entretien, par les écoliers de seconde.

4 Juin 1782. — *De logomachiis dicet orator arvernus.*

La même année eut lieu une séance publique sur quelques sciences physiques, mathématiques et physico-mathématiques.